Михаэль Лайтман

Развитие Души

серия
КАББАЛА. ТАЙНОЕ УЧЕНИЕ

Работы Михаэля Лайтмана, автора 30-томной серии «Каббала. Тайное Учение», переведены на 19 языков мира (www.kab1.com). М.Лайтман является крупнейшим практикующим каббалистом нашего времени.

Учение Михаэля Лайтмана, основанное на исследованиях самых выдающихся в истории человечества каббалистов и на собственном опыте Пути, приобрело огромную международную популярность. Более 150 отделений школы М.Лайтмана работают по всему миру.

У каждого человека есть душа, но она, возможно, еще дремлет в нем. Как пробудить душу, раскрыть ее для принятия Высшего света, развить ее? В книге собран материал, показывающий этапы развития души и отыскания ее места в мироздании.

В книгу включен классический каббалистический источник — «Сефер Ецира» («Книга Создания»), а также литературные тексты о Каббале.

ISBN 978-1-77228-164-4
Laitman Kabbalah
Publishers 2023

ОГЛАВЛЕНИЕ

К читателю 4
Язык Каббалы 6
Предисловие 7
Общая картина творения 13
Памяти великих каббалистов 151
Беседы о духовной работе 177
Диалоги 307
Сфер Ецира (Книга Создания) 343
Сказка о печальном волшебнике 357
Пылающий терновник в Коцке 369
Йехил и Нехила (И. Башевис-Зингер) 459
От издателя 473

К ЧИТАТЕЛЮ

Известно, что Каббала является тайным учением. Именно ее сокрытие послужило поводом для возникновения множества легенд, фальсификаций, профанаций, слухов, невежественных рассуждений и выводов. Лишь в конце XX столетия получено разрешение на открытие Знаний науки Каббала всем и на распространение их по всему миру.

И потому в начале книги я должен в этом обращении к читателю собрать вековые наслоения мифов с древней общечеловеческой науки Каббала.

Наука Каббала никак не связана с религией. То есть связана в той же степени, как, скажем, физика, химия, математика, но не более. Каббала — не религия, и это легко обнаружить хотя бы из того факта, что никто из религиозных людей не знает ее и не понимает в ней ни одного слова. Глубочайшие знания основ мироздания, его Законов, методику познания мира, достижение Цели творения, Каббала скрывала, в первую очередь, от религиозных масс. Ибо ждала времени, когда разовьется основная часть человечества до такого уровня, что сможет принять каббалистические знания и правильно использовать их. Каббала — это наука управления судьбой, это Знание, которое передано всему человечеству, для всех народов земли.

Каббала — это наука о скрытом от глаз человека, от наших пяти органов чувств. Она оперирует только духовными понятиями, т.е. тем, что происходит неощутимо для наших пяти чувств, что находится вне их — как мы говорим — в Высшем мире. Но каббалистические обозначения и термины взяты Каббалой из нашего земного языка. Это значит, что хотя предметом изучения науки Каббала являются Высшие, духовные миры, но объясняются и выводятся исследователь-каббалист выражает названиями, словами нашего мира.

Знакомые слова обманывают человека, представляя ему якобы земную картину, хотя Каббала описывает происходящее в Высшем мире. Использование знакомых слов

К читателю

понятий приводит к недоразумениям, неправильным представлениям, неверным рассуждениям, фантазиям. Поэтому сама же Каббала запрещает представлять себе какую-либо связь между названиями, взятыми из нашего мира, и их духовными корнями. Это является самой грубой ошибкой в Каббале.

И потому Каббала была запрещена столько лет, вплоть до нашего времени: развитие человека было недостаточным для того, чтобы он не представлял себе всяких духов, ведьм, ангелов и прочую чертовщину там, где говорится совершенно о другом.

Только с девяностых годов XX века разрешено и рекомендуется распространение науки Каббала. Почему? Потому что люди уже более не связаны с религией, стали выше примитивных представлений о силах природы, волшебных в человекоподобных существах, русалках, кентаврах и пр. Люди готовы представить себе Высший мир как мир сил, энергий, силовых полей, мир выше материи. Вот этим-то миром сил, мыслей и оперирует наука Каббала.

С пожеланием успеха в открытии Высшего мира,
Михаэль Лайтман

ЯЗЫК КАББАЛЫ*

Когда необходимо описать Высший мир, неощущаемое пространство, каббалисты используют для описания слова нашего мира. Потому что в Высшем мире нет названий. Но поскольку оттуда, как из корня ветви, нисходят силы, рождающие в нашем мире объекты и действия, то для отображения корней, объектов и сил Высшего мира, применяются названия ветвей, их следствий, объектов и действий нашего мира. Такой язык называется «язык ветвей». На нем написаны Пятикнижие, Пророки, Святые писания — вся Библия и многие другие книги. Все они описывают Высший мир, а не историю еврейского народа, как может показаться из буквального понимания текста.

Все святые книги говорят о законах Высшего мира. Законы Высшего мира называются Заповедями. Их всего 613. В мере выполнения этих законов, человек входит в ощущение Высшего мира, ощущение вечности и совершенства, достигает уровня Творца. Выполнение достигается использованием Высшей силы, называемой Высшим светом или Торой. Все книги говорят о обретении веры, под этим в Каббале подразумевается не существование в потемках, а именно явное ощущение Творца.

Желающему войти в ощущение Высшего мира ни в коем случае нельзя понимать тексты буквально, а только пользуясь языком ветвей. Иначе он остается в своем понимании на уровне этого мира.

Принятые у религиозных евреев ритуалы, в обиходе также называются заповедями и описываются тем же языком, что и духовные действия и процессы. Ритуалы были введены в народ для оформления границ поведения, позволивших сохранить народ в изгнании.

Кроме истинной, духовной трактовки понятия Заповедь, начинающему необходима адаптация к духовной интерпретации слов: поцелуй, гой, объятие, Израиль, беременность, путей, роды, изгнание, народы мира, освобождение, половой акт, вскармливание и пр. Время постепенно рождает в человеке новые определения и сквозь них начинает ощущаться Высший, вечный мир.

---

* см. также: «Учение Десяти Сфирот», Вступление.

ПРЕДИСЛОВИЕ

Нет в наше время более привлекательного для людей знания, чем знание о своей судьбе, о Высших силах, об иных формах существования. Всевозможные книги о «духовных» учениях, гаданиях, амулеты, талисманы, кристаллы, красные нитки и пр. покупают образованные люди в больших современных специализированных магазинах. Периодические издания, книги по всевозможным «духовным» методикам и учениям выходят миллионными тиражами. Любая газета, радио, телевидение готовы освещать эти популярные темы, связанные с экстрасенсорикой, необычайными явлениями, предсказаниями. А уж гороскопы, — те просто обязаны быть везде, во всех видах, в каждом номере любой газеты или журнала!

Ежедневно открываются все новые курсы, семинары, тысячи разделов в Интернете, есть уже и примеры появления университетских курсов. Все большее количество людей начинают совершенно серьезно относиться ко всему тому, что у прошлого поколения в 70-80-е годы вызывало насмешку, иронию, недоверие и пренебрежение.

Прошло всего пятнадцать-двадцать лет, и люди почти полностью изменили свое мнение о «загробном мире», о душах, о существовании Высших сил, о предначертаниях судьбы и пр. И наоборот, все стали видеть в этом истину, подводить под «потустороннее» математический аппарат, исследовать «потустороннее» научными методами.

И эта революция в мировоззрении произошла не только у молодого поколения, выросшего за эти годы, но и у моих ровесников, еще ранее сформировавших свой материалистический взгляд на мир.

Интересно и то, что людей не беспокоят общие, глобальные процессы, происходящие и предстоящие миру, а только свои личные, мелкие судьбы и методы их улучшения. Причем речь идет о людях современных и достаточно образованных.

Это происходит не столько от разочарования в прошлых мечтах и целях, а потому что новое время привело к увеличению эгоизма в человеке.

Так и предсказывает Книга Зоар — что расцвет магии, оккультизма, «духовных» исканий будет последней подготовительной стадией, которая раскроет всем тщетность этих попыток изменить судьбу человека и приведет всех в мире к Каббале как к единственному методу управления своей судьбой.

Не зря сказано: «Не ворожите и не гадайте». Сказано именно потому, что в принципе это возможно. Но это ложный метод и попытка уклониться от неизбежного, только усложняющая осознание истинного пути.

Поэтому сказано в Предисловии великого ученика Ари Хаима Виталя к книге «Шаар Акдамот», что всего, чего достиг Ари, он достиг только своими прямыми усилиями, а не посредством «Каббала масит» — всевозможных духовных действий, аналогичных амулетам, заклинаниям и прочим «спасительным» средствам.

Но чтобы понять единственность и универсальность Каббалы, ее силу и уникальность, необходимо еще длительный путь всевозможных неудачных проб, попыток, горьких разочарований, опыт неоправданных надежд в поисках точного знания своего прошлого и будущего, в поисках пути управления своей судьбой.

И пока человечество не обретет этот опыт, оно будет постоянно и бесплодно искать методы управления миром с помощью науки, оккультизма и всеми иными способами. Потому что развитие человечества происходит только вследствие опыта и разочарований в результатах: только отсутствие желаемого и стремление его достичь толкает нас вперед.

Человека не интересовало бы ничего в мире, если бы он не был вынужден думать о своем будущем, о следующем мгновении. Только это и является вынуждающей силой, толкающей вперед все человечество.

Поэтому каждый задает себе вопрос: «Как могу я изменить свою судьбу, которая предназначена мне? Как узнать,

Предисловие

что хорошо в моем будущем и что плохо? Как заменить плохое на хорошее?»

Кроме этих утилитарных вопросов, человека сегодня не волнует больше ничего! Решениями глобальных вопросов человечество уже давно перестало интересоваться, поняв, что они не приведут к общему благоденствию.

Никакие науки этого мира, ни богатство, ни медицина, ни могущество не могут изменить рок, предначертанный каждому! Мы все и каждый из нас, подобно маленьким лодочкам, неудержимо несемся по течению реки жизни, реки времени. Ее поток несет лодочку точно по тому пути, который заранее предначертан.

Происходит это потому, что мы рождаемся с заранее заданными внутренними свойствами в заранее заданных внешних условиях. Все это не оставляет нам никакой возможности для вольных решений: все решения могут быть заранее просчитаны и предсказаны, если мы знаем все внутренние свойства человека и внешние влияния на него. В нашем нынешнем состоянии мы являемся не более чем роботами, даже не осознающими вынужденности своего поведения и запрограммированности своего мышления.

Задача природы — проявления Высшего управления — заключается в постепенном доведении нас до осознания этой несвободы. Мы должны оценить это состояние как отрицательное и устремиться к истинной свободе.

Чем же вольное состояние лучше, чем наше настоящее? Тем, что мы сможем выйти из-под власти природы, ее болевого влияния и достичь спокойствия, совершенства, наслаждения и вечности вместо ощущения постоянного, ежеминутного умирания...

Достижение этого состояния выбрано Высшим управлением, Творцом, как цель развития всего человечества, и к этому Он ведет нас заложенной внутри нас программой развития.

Поэтому Творец влияет на нас постоянно меняющимися воздействиями, а мы немедленно вынужденно реагируем на них, каждый согласно своим природным свойствам. Но поскольку мы существа, ощущающие наслаждение или его

Разешние душ

отсутствие, — такими нас создал Творец, — то постоянно меняющиеся воздействия извне мы ощущаем, как более или менее хорошие, дающие наслаждение, или плохие — вызывающие страдания.

Так мы накапливаем опыт добра и зла и подготавливаем себя к осознанию и ощущению цели творения — осознанию того, «что же такое истинное наслаждение». Это осознание должно привести нас к единственному решению — необходимости достичь ощущения Творца, вплоть до слияния с Ним!

Расцвет всевозможных «духовных» учений в наше время является следствием того, что Творец посылает нам свыше все новые проблемы, которые толкают нас именно к таким формам их решения, к стремлению развиваться выше нашей природы.

И неважно, что пока еще мы интересуемся ложными, а не истинными средствами изменения своей судьбы, ищем эликсиры удачи и вечной жизни. Эти поиски и разочарования постепенно разовьют в нас осознание и опознание истины.

Вот тогда-то каждый человек и все человечество поймет уникальность метода Каббалы в исправлении судьбы, осознает, убедится, что эта методика не изобретена человеческим разумом, а ниспослана свыше самим Творцом.

Если действительно каждый из нас подобен маленькой лодочке, безудержно и неуправляемо несущейся по реке жизни, то для того, чтобы изменить свое движение, как-то противостоять потоку, надо иметь свой мотор, свои силы.

А поскольку эта река — река жизни, по которой несется весь наш мир, то противодействовать ее течению может только тот, кто имеет силы выше нашего мира. Потому что вся природа нашего мира заключена в самой реке или в нас, несущихся по ней.

Человечество подсознательно давно уже чувствовало это и потому испокон веков обращалось к шаманам, колдунам, предсказателям, ясновидящим, якобы владеющим высшими силами.

Но и в них постепенно наступит горькое разочарование, умрут все надежды на чудеса, ожидания, связанные с не-

Предисловие

обычными «патентами» избавления от напастей, — изменением имени, купией амулета, составлением гороскопа и пр. Но постепенно количество разочарований переейдет в качественно новое отношение людей к ясновидению, шаманству, гаданиям, в том числе и тех, кто не проходит этот путь надежд и разочарований. И тогда только Каббала — единственный метод изменения своей судьбы — предстанет пред всеми не как надежда и иллюзия, а как единственное средство избавления от страданий.

Что же предлагается вместо амулетов и заклинаний? Простое чтение истинных каббалистических книг. На любом понятном вам языке. Истинных — потому что каббалист находился во время их написания на определенном духовном уровне. Поэтому его тексты связаны с высшим внутренним светом, которого он достиг.

А для читающего, в котором пока отсутствуют исправленные внутренние свойства, этот свет будет светить как окружающий. Но этот окружающий свет постепенно подготовит его к получению внутреннего света, который и даст ему свои личные духовные силы управлять своей судьбой. Высшее управление воздействует на все человечество в целом, дабы привести всех к заранее заданной Творцом цели. Эта вынуждающая высшая сила называется «окружающий свет» (ор Макиф).

Выйти из-под жестокого, толкающего к цели, Высшего управления возможно, только если человек берет управление на себя и идет вперед к той же цели, опережая более медленное подстегивание Высшего управления сзади.

Как убедить себя, что необходимо самому идти вперед, как именно идти вперед — этому и обучает Каббала. Если общее управление воздействует в целом, окружностями, ведя человечество к центру, то личное управление называется «линией», лучом света, ведущим человека прямо к цели. Но об этом уже говорит сама Каббала.

Общая картина творения

ОГЛАВЛЕНИЕ

Наше место в мироздании 15
Высшее наслаждение 19
Альтруизм — Высшая ступень 27
Общая картина творения 36
Первые ощущения в духовном пути 47
Лечение души 54
Личность и массы в изучении Каббалы 60
Элементы постижения 66
Ступени возвышения 68
Сила намерения 71
Высшие слои мироздания 76
Сопротивление эгоизму 80
В духовной темноте 87
Новый год деревьев 91
Плоды духовной работы 97
Точка в сердце 101
Терпение и настойчивость 107
Каббала и современный мир 110
Тайные силы нашей земли 114
Внутренняя работа 119
Источник существующего 122
О душе и теле 127
Лестница желаний 133
Путешествие в душу человека 141

НАШЕ МЕСТО В МИРОЗДАНИИ

Египетское изгнание означает изгнание человека из ощущения духовного, из ощущения истинного мироздания, в котором мы находимся. Вместо того чтобы ощущать все миры и Творца, человек ощущает только маленький фрагмент всего мироздания. И этот фрагмент мы называем «этот мир» или «наш мир».

В таком состоянии, не ощущая высшие духовные силы, человек абсолютно беспомощен, потому что не видит причин, начала всех действий, ведь все они начинаются в Высших сферах. А затем, зародившись в Высшем мире, оттуда все нисходит в наш мир. И уже в готовом виде предстает перед нами, как правило, неожиданно и неприятно, вдруг возникает перед нами, и мы не знаем, почему оно вдруг снизошло на нас.

Соответственно и мы, как правило, невпопад реагируем на невесть откуда свалившиеся на нас события. Но более того — мы не видим и результата наших действий, наших реакций на нисходящее свыше, потому что результаты всех наших действий уходят в Высший мир, в то место, откуда снизошли на нас.

А то, что нам кажется следствием наших поступков — это вовсе не следствие, а только некий побочный результат.

А главный результат наших действий невидим нами. Поэтому, когда на нас вновь невесть откуда сваливается новая неприятность, мы не можем связать наши поступки и их следствия, а потому научиться, как мы должны реагировать на все случаи жизни, как же нам поступать.

Получается, что мы — промежуточное звено посередине между началом и концом действия. Именно от нас действительно зависит конечный результат, все следствия наших поступков. А не видя всей цепочки причин и следствий, мы лишены всякой возможности разумно поступать! Ведь следствие от наших поступков нисходит от нас.

Исходя из того, какое место мы занимаем во всем мироздании, мы вроде бы по своему положению можем руководить всей природой, всем мирозданием. Но по своему разуму мы подобны слепым котятам: не видим ни начала действий, ни следствия всего происходящего, а потому постоянно совершаем ошибки и получаем от природы не вознаграждение, а наказание. Получается, единственное, чего нам не хватает — это видения всего мироздания в его истинном, полном объеме.

Вот такое состояние человека, когда от него абсолютно скрыто все мироздание, и называется египетским изгнанием, изгнанием из духовного, из всех Высших миров. Иными словами египетским изгнанием называется такое состояние человека, когда он ощущает только наш мир.

Как выйти в ощущение всего мироздания, видеть все действия от начала до конца, понимать все происходящее, управлять им, соединить все свои состояния до рождения в этом мире, всю жизнь в этом мире, с жизнью после смерти — именно этому и учит Каббала. Каббала по сути дела раскрывает человеку глаза, он начинает видеть Высший мир, а потому может совершенно здраво поступать и жить.

Начало ощущения человеком Высшего мира называется выходом из египетского плена. С начала ощущения Высшего мира и далее весь путь человека — это освоение им всего Высшего мира.

При выходе из этого мира человек получает душу — духовный сосуд, состоящий из 7 свойств, частей, называемых «7 сфирот». Каждое из 7 свойств, в свою очередь, состоит из 7 подступеней. Но человек получает эти 49 свойств неисправленными. Итого, человек должен исправить в себе 49 различных свойств. Освоение Высшего мира происходит ступенчато, поэтапно — в меру исправления 49 внутренних свойств человека.

Происходит это следующим образом: человек начинает ощущать духовный мир. В сравнении со свойствами открывшегося ему духовного мира он видит свои истинные свойства — свои мелкие земные эгоистические желания, тягу к склочничеству, к несправедливости, воровству, к маленьким подлостям и предательствам, поискам во всем не справедливости, а своих мелких выгод.

В контрасте восприятия себя и духовного человек начинает ненавидеть свои свойства. Даже прошедшие клиническую смерть и только мельком ощутившие Высший мир становятся добрее, лучше, альтруистичней.

Ненависть к своим свойствам отрывает человека от них, вернее, он начинает обращать их, использовать для совершения добрых поступков. Исправляя каждое из 49 своих свойств, человек, соответственно, поднимается в постижении духовного мира.

Находящиеся в ощущении только нашего мира, естественно, еще не в состоянии исправлять себя духовно. Для этого необходимо предварительное изучение Каббалы, чтобы начать ощущать Высший мир, начать ощущать Творца, что одно и то же.

Вообще Заповедь — это духовное действие по самоисправлению, которое совершает человек над собой. Например, Заповедь жертвоприношения: имеется в виду, что человек приносит в жертву часть от своего животного эгоизма, исправляет его и в исправленное уже альтруистическое желание получает Высший свет, ощущение Творца. Этот свет называется «Тора».

Постепенное исправление своих эгоистических желаний возможно только после того, как человек вышел из Египта, из общего эгоизма. Этот выход и называется *Песах* — от слов *пасах — переход*. Период постепенного исправления всех 49 эгоистических свойств называется ***Сфират Омер — исчисление урожая***.

В нашем мире мы выполняем Заповеди механически, потому как мы еще не можем духовно исправить себя, ведь мы еще не вышли из духовного Египта, из нашего эгоизма. Но, несмотря на это, мы празднуем эти духовные события в надежде, что сможем исполнить их в истинном виде, когда выйдем в духовный мир.

Духовный, Высший мир называется Эрец Исраэль. Этот мир называется Египет. Поэтому сказано в Торе, что все Заповеди человек может соблюдать только в Эрец Исраэль, а за его границей, т.е. находясь своими свойствами в нашем мире, он может только механически подражать их духовному выполнению.

Поэтому в течение 49 дней, начиная с первой ночи выхода из Египта, т.е. после празднования первого дня праздника Песах, начинается счет 49 дней, называемых Сфират Омер. Ощущение своих эгоистических свойств называется «вечер», «ночь», а их исправление и получение ими Высшего света называется «день».

А затем, после того как человек вышел из своего эгоизма, т.е. прошел Песах и исправил 49 эгоистических свойств на альтруистические, он достигает такого уровня внутреннего исправления, что в него входит весь Высший свет, называемый «Тора». И это духовное событие называется «Шавуот». Об этом очень подробно написано в Книге Зоар, в статье «Ночь невесты».

ВЫСШЕЕ НАСЛАЖДЕНИЕ

Сказано: «Знай Творца отцов и служи Ему». «Знать» Творца означает познать, постичь Его, ощутить Его, как самое близкое. Плохо душе, не ощущающей Творца! Стремящийся сблизиться с Творцом, отдать Ему все свои намерения, потому как есть в его сердце духовная точка, будущий духовный сосуд, зародыш души, но еще не познавший, не ощутивший Творца, ощущает только свое стремление, духовный голод.

Точка в сердце — зародыш будущей души не дается человеку непосредственно с его рождением в этом мире. Его помещает в сердце человека непосредственно сам Творец, в сердце того человека, которого Он желает приблизить к себе. А человек ощущает эту «точку» в себе, как желание к чему-то, находящемуся выше этого мира.

Мы говорим, что эта точка находится в сердце, потому что в сердце человек ощущает свои желания. Все желания человека по сути духовны. Это желания к свету Творца.

Но если человек находится в нашем мире, т.е. ощущает еще только эгоистические желания, то он видит не свет Творца, а его маленькую искру, нер дакик, облачающуюся в различные одеяния нашего мира.

Почему же все-таки мы говорим, что желания находятся в сердце? Да просто потому, что сердце, как мышечный насос, ощущает в своем кровяном давлении и нервном сокращении изменения всех ощущений человека и явно реагирует на все изменения его поведения и стремлений, подавая больше крови, увеличивая давление, учащая сокращения.

А поскольку следствия своих волнений человек ощущает в работе сердца, он и говорит, что его желания в сердце, хотя оно — не более чем биологический насос. Все желания человека вообще не находятся ни в одном физиологическом органе: человеку можно заменить все его органы, но его «Я» все равно останется с ним, т.е. это «Я» уже будет существовать в другом теле, но останется неизменным.

Например, человеку можно изменить лицо, но и после косметической операции он будет ощущать себя собой, и только окружающие будут видеть его другим.

Но, несмотря на то, что Творец поместил в человека духовное стремление, «духовную точку», зародыш будущей души, человек не в состоянии, даже под ее давлением, начать сближение с Творцом.

И только если снизойдет на него свыше духовное воодушевление, если только сам Творец лично возбудит его к духовному поиску и возвышению — только в таком случае встрепенется человек и поднимет голову от всей земной суеты к Творцу и приложит усилие прислушаться к высказываниям мудрецов.

«Только доброе преследует меня всю жизнь!» — сказал многострадальный царь Давид, потому что осознал, что Творец постоянно, в каждое мгновение, посылает ему только самое наилучшее для его духовного возвышения. Именно, что доброе не просто посылается Творцом, а преследует меня! Но как можно согласиться с этим простому человеку в этой полной страданий жизни?

Понять это можно, следуя сказанному великим Бааль Шем Товом: «Творец — тень человека», — как тень преследует человека и постоянно следует за ним, и движется вслед за каждым его движением, повторяя все движения человека, так и человек во всех своих желаниях, стремлениях, порывах следует за желанием Творца.

Иными словами, как только в человеке возникает какое-либо желание, он тут же должен понять, что это желание, возможно даже самое низкое, посылается ему Творцом.

Так же если человек вдруг испытывает стремление к духовному, он должен осознать, что это стремление в нем вызвано желанием Творца приблизить его, что еще прежде, чем возникло в нем это желание, оно возникло в Творце, и было послано ему, и потому он ощущает это стремление.

Допустим, появилась в человеке любовь к Творцу — это говорит о том, что Творец любит его и желает проявить свою любовь явно, сам Творец сейчас стремится к обоюдному проявлению любви с человеком.

Но процесс сближения человека с Творцом происходит постепенно. Вначале Творец посылает человеку такие желания, изыскивая особые возможности, как только видит, что человек находится в подходящем состоянии. Причем, с точки зрения человека, эти состояния могут быть совершенно неподходящие, возникающие, например, из больших страданий.

А появляющееся в человеке — в ответ на желание Творца к нему — желание к Творцу, страдание любви, тоска по ощущению Творца, как раз и говорят о призыве Творца. Но человек воспринимает только свои ощущения, и ему кажется, что только он один страдает и не получает желаемого, что Творец не отвечает ему.

Человек эгоистически забывает, что еще до ощущения своих желаний эти желания ощутил Творец, что ощущения тех же желаний в Творце намного больше, чем ощущает их человек.

Но если человек может постичь, что источник всех его желаний — Творец, то естественным представляется ему сказанное царем Давидом: «Только доброе преследует меня всю жизнь!». Потому что царь Давид представляет собой общую душу всех стремящихся к Творцу. И каждый из восходящих духовно является частью этой души.

Но для того, чтобы начать сближаться с Творцом, необходимо познать, что именно сам Творец преследует его, желая сблизиться с ним, точно в той же мере, что и он желает сейчас сблизиться с Творцом, а потому — преследует Творца.

А потому нельзя забывать об этом ни в каких своих переживаниях, даже когда возникают в человеке столь большие желания к Творцу, что не верится ему, что и в Творце есть те же желания, и уже кажется ему, что только он сам желает сближения, а то, что это посылает Творец, не ощущается как причина его желаний.

И если человек постоянно не забывает, что все его желания к Творцу являются следствием желаний Творца к нему, то чем больше его желания к Творцу, тем больше он ощущает в них, как желает его Творец. Таким образом, ощущаются в человеке обе стороны любви — тоски и страданий — и постоянно возрастают обе, без разрыва между ними: постоянно ощущая в себе стремление к Творцу, он не отрывается от осознания, что это его чувство, в общем-то, не что иное, как стремление Творца к нему, — и так ощущает это в себе постоянно и все более, пока не удостаивается слиться в общем взаимном чувстве обоюдной любви с Творцом. И такое совершенное состояние слияния человека с Творцом называется *возвращение любовью — тшува ми ахава*.

Но в действительности все происходит не так гладко, а обрывается в человеке осознание того, что стремление к Творцу посылается ему самим Творцом. И это потому, что не ощущает Творца. И при возрастании стремления к Творцу, когда накапливаются страдания любви в определенной мере, кажется человеку, что Творец отвергает его!

Как неверно, лживо это чувство! Человек не только прекращает идти вперед, чтобы довершить обоюдные стремления — свое и Творца — чтобы соединить их в меру, от которой раскрывается вечная любовь, но, забывая, что его чувство исходит от Творца, видится ему, что только он стремится к Творцу, а Творец отталкивает его, тем, что не отвечает на его стремление Своим раскрытием.

И это оттого, что забывает человек принцип: Творец отвечает только на полное чувство, а если стремление человека еще не достигло полной меры, Творец еще больше скрывается от человека, призывая его этим к Себе, вызывая этим в человеке большее стремление. А также забывает человек, что он — тень Творца и то же, что испытывает он к Творцу, испытывает Творец к нему.

Но невозможно, чтобы Творец на полпути раскрыл Себя, когда еще не окончательно созрели в человеке стремления к Нему. Потому что все эти ощущения желания Творца, стремления к Нему, ощущения отторжения Творцом, необходимы человеку, дабы полностью созрело в нем истинное чувство любви, чтобы смог ощутить его, когда раскроется ему Творец.

Разбиение желаний в Высших мирах произошло еще до создания нашего мира, — именно для того чтобы в абсолютно эгоистические желания проникли альтруистические, чтобы можно было управлять эгоизмом не только судом, но и милосердием. А когда человек стремится к своему Источнику, он обязан собрать все свои ощущения в одно и отнести их к Творцу, как к причине всего происходящего с ним, в нем. И этим человек оправдывает все деяния Творца по отношению к себе и ко всем творениям — «перевешивает весь мир на чашу милосердия».

Как следствие этого, человек достигает единения с Творцом. Именно полностью наполняя чашу стремлений, желаний к Творцу.

Этот процесс достижения человеком истинного желания к слиянию с Творцом, приводящий к духовному рождению человека, подобен процессу рождения нового организма в нашем мире, который происходит вследствие животного желания, называемого в нашем мире «эрекция».

И только после того, как достигает человек такого духовного желания, рождает он этим свое новое духовное состояние, потому что соединяется вместе в одном духовном совокуплении, в любовном порыве, извергая семя, облагороженное во всех трех духовных качествах: «душе», «времени», «мире», — что соответствует в нашем мире слиянию с определенной женщиной, в определенное время, в определенном месте.

Душа — означает определенную меру стремления и тоски.

Время — означает совокупность всех попыток слиться, не приведших к совокуплению. Потому что истинное совокупление возможно только при истинном желании, только оно приводит к водворению органов совокупления один в другой, точно как они были слиты до разъединения при рождении человека в этом материальном мире.

Но не сразу достигает человек состояния духовной готовности к столь высокому слиянию, называемому совершенным слиянием, а созревает постепенно именно под влиянием нисходящего на него свыше ощущения, что «Только доброе преследует меня всю жизнь!», что Творец непрерывно посылает ему призывы сблизиться. Прислушиваться к этим призывам каждое мгновение — зависит только от человека!

И поскольку не сразу возможно созревание в человеке столь высокого желания, посылает ему Творец страдания любви, называемые «Праведник, но плохо ему», когда кажется человеку, что Творец не желает слияния с ним. А потому он не ощущает в своей тоске любви ответную любовь Творца, необходимую для духовного совокупления, слияния в «нужном месте». И возникает в нем горечь безответной любви, но в будущем именно она обращается в наслаждение!

И не ответит Творец человеку, пока не созреет в нем истинное чувство. И постепенно, но все же созревает истинное чувство человека к Творцу. Поскольку «то, чего не делает разум, делает время». И это потому, что Творец по крупицам собирает все чувства человека, все его страдания любви, пока не соберет их в полное чувство, а затем передает его человеку.

Вследствие этого возникает в человеке истинная духовная эрекция. И происходит это в нужное для этого время. Потому что были человек и Творец слиты воедино до нисхождения души человека в этот мир. Но то было слияние в совокуплении свыше, со стороны, желанием Творца. А теперь это происходит желанием человека, человек исполняет роль жениха, мужа, а Творец — роль невесты, отдающейся жениху только по его истинному желанию.

И душа — это собираемое по частям желание человека к слиянию с Творцом, когда он в поте всех своих усилий преследует Творца, пытаясь не расставаться с сознанием, что все посылается Им, до тех пор, пока не достигает такого состояния, когда постоянно, дни и ночи, вращается только вокруг этой мысли, — пока не соберутся все страдания и желания в одно целое. Потому что страстные, все возрастающие, но безответные желания оставляют за собой горькие, большие страдания соответственно силе страсти.

И эти страдания ощущаются многократно Творцом, и в этом также «человек — тень Творца». Но зачем все это? Почему, как бы высоко уже не вознесся духовно человек, если еще не достиг истинного желания к слиянию с Творцом, падает он в горечь безответной любви?

Творцу известна мера истинного чувства каждого из Им созданных и какова мера еще не созревшего чувства, которое потому и обрывается, что еще не созрело.

И потому Творец создает в человеке чувство горечи страданий. Но если человек прислушивается к голосу Творца, помня, что «человек — тень Творца», это чувство становится началом совокупления. Тогда человек не падает в ощущение, что только он стремится к Творцу, что только он страдает от отдаления, а ощущает в своих страданиях, как сам Творец страдает в той же мере.

И тогда все страдания человека приводят его к тому, что ощущает не их, а страдания Творца, и только их желает погасить, дабы порадовать Творца, — и только тут возникает в нем истинное страдание и правильное отношение к слиянию с Творцом, и аккумулируются все страдания Творца в человеке, и человек собирает все желания в одну точку в своем сердце, в истинной постоянной мере.

И потому сказал Рашби, автор Книги Зоар: «Я к своему любимому, и к Нему все мои желания». А когда соберутся все желания в одно истинное — когда оно будет неизменным и только в нужном месте, тогда и произойдет «Великое трубление в рог» — водворение души в ее место.

Вследствие этого достигает человек совершенного познания духовного величия в вечном совокуплении, называемом «Знание». И тогда он видит, что все страдания и трудности, испытываемые им столь продолжительное время, ощущались им именно для знания, что означает «в нужное время», потому что известно Творцу, что именно время совершит в человеке то, что не совершит он сам, и восстанет совершенным праведником.

«В нужное место» — означает водворение души на ее же место. Но до нисхождения в этот мир, была душа в том месте в своем ничтожном, *малом (катнут)* состоянии. И Творец не создает в творении ничего нового, как сказано: «откушаете вы все прежнее», — нет ничего нового в конце творения, ничего отличающего его от начала — кроме того, что человек говорит: «Желаю я!» — я сам желаю и именно того, что изначально создал Творец.

«В ту же женщину — как сказано: ложь — красота, и пыль — притягательность, только боящаяся Творца восхваляема». И как во время духовного восхождения еще кажется человеку красота совершенством, к которому он должен стремиться, так в конце своего исправления, когда всеми своими чувствами он постигает Творца, то обнаруживает, что «видел обратный мир», что только боязнь Творца и страдания любви, тоска и страсть — это самое главное, и это совершенство, к которому надо стремиться.

В процессе своего стремления к Творцу он обнаруживает, что обманывал сам себя, а потому становится «праведником, которому хорошо», достигая полного слияния в совершенном совокуплении с Творцом в «большом трублении», и становится абсолютным праведником.

АЛЬТРУИЗМ — ВЫСШАЯ СТУПЕНЬ

В процессе образования 4-х последовательных ступеней желания и намерения из света — исходной ступени, Творца — создалось желание насладиться, называемое сосуд, кли, которое по своему количеству и качеству точно соответствует свету, входящему в него. И это окончательно созданное творение, которое чувствует себя самостоятельным, называется *бхина Далет, Малхут, творение.*

Когда бхина Далет начала получать свет Творца, она тут же поняла и ощутила, что Творец ей дает наслаждение, а она получает и наслаждается.

С одной стороны, это не так уж плохо: маленький ребенок все получает от матери. Она наслаждается тем, что дает ему, и он получает, он же наслаждается от получения. Что в этом плохого? Есть полное единение Творца и творения: один дает, а второй получает. Когда творение получает все, что дает Творец, оно называется Малхут мира Бесконечности, т.е. ничем не ограниченное получение света, который исходит от Творца.

Творец и творение полностью связаны между собой. В чем же все-таки существует отличие? В том, что творение в этом состоянии не самостоятельно, оно не под стать Творцу, т.к. не может по-настоящему наслаждаться. И наслаждение, которое оно получает, непостоянно, и сразу же пропадает по мере получения.

Для того чтобы развить творение до состояния ощущения постоянного наслаждения и в полной мере, т.е. чтобы наслаждение было совершенным, необходимо вывести причину наслаждения из творения наружу. Только тогда творение не будет ограничено объемом, величиной желания насладиться. Иначе получаемое наслаждение тут же гасит желание его получить. Желание и наслаждение взаимно аннулируют друг друга. Пропадает и кли и свет.

Как сделать кли таким, чтобы, чем больше оно наслаждалось, тем больше хотело и имело возможность наслаждаться? Это возможно только тогда, когда источник наслаждения, его причина, находится вне творения. Тогда творение будет наслаждаться тем, что отдает. Чем больше оно отдаст, тем больше получит наслаждения от отдачи. Этот процесс бесконечен.

Отсюда ясно видно, что альтруизм — это не искусственная выдумка, а естественная необходимость создать кли совершенным. Только в альтруистическом кли можно испытать одновременно с ощущаемым наслаждением еще большее желание насладиться.

Творец, создав Малхут мира Бесконечности, проделал этим лишь небольшую часть работы. Теперь надо развить это кли до совершенной формы: чтобы, продолжая получать, оно начало отдавать, и отдавать бесконечно, неограниченно, вне себя. Тогда это новое кли, нацеленное на отдачу, будет бесконечно получать.

Бесконечное развитие этого процесса возможно лишь при условии, что оба отдают: Творец отдает напрямую в силу своего желания и возможности, у Него есть, что отдать. Творение отдает в обратном направлении, в *отраженном свете*, в *ор Хозер* — получает, чтобы отдавать, наслаждается, потому что это единственная возможность дать наслаждение Творцу. Получение является следствием любви к дающему.

В нашем мире, существуя за счет наполнения маленьких эгоистических желаний, мы получаем маленькие наслаждения, наполняясь которыми, тут же перестаем их желать. А что делать дальше? Свыше дают нам другое желание, за которым мы тут же поневоле бежим, пытаясь его наполнить.

Поочередное рождение в нас желаний и их мимолетное утоление необходимо для нашего развития. Это хорошо наблюдать на детях: природа дает им постоянно новые желания, вынуждая двигаться и познавать. Иначе человек бы не развивался. Чем любознательнее вид, тем большего развития он достигает.

Это постепенный путь развития желаний — очень долгий, происходящий естественным образом на протяжении тысячелетий. Все человечество во все века только и занимается тем, что переходит от одного желания к другому, а, достигая одного, моментально желает большего.

Если бы у человека не было нового желания, он немедленно бы умер. Без стремления к удовлетворению новых желаний природа не может существовать. Потому что предвкушение наслаждения от будущего движет всем, дает движущую силу, настроение, энергию. Свет будущего, ор Макиф, светит издали, обещая войти в желание, наполнить его.

Четыре общих желания:
1) К животным наслаждениям — к тому, к чему стремятся и животные: безопасность, покой, сытость, секс, семья, дети.
2) К богатству. Это желание уже отсутствует у животных, но оно само еще очень примитивно, потому что само понятие богатства абстрактно, но оно представляется человеку как средство приобретения тех же животных наслаждений. Однако в чистом виде — это уже абстрактное понятие о богатстве.
3) К власти. Желание властвовать над себеподобными, ощущение потребности быть выше своего природного уровня, но не возвышением над самим собой, а над другими.
4) К знаниям, что поднимает человека над природой, но не над собой.

В каждом человеке есть этот набор желаний. Отличие между людьми лишь в том, какое сочетание этих желаний находится в каждом. Происходит постепенное развитие от низших желаний к Высшим, желания гонят человека вперед.

Если человек понимает, что у него отсутствует желание насладиться, осознает, какого наслаждения он лишен, он очень страдает, соответственно тому наслаждению, котого, как представляет, лишен. Сколько людей желают увеличить сексуальные желания, понимая, что смогут получать большие наслаждения. А сколько людей желают уменьшить желания к пище, понимая, что смогут не страдать, ограничивая себя!

Люди, не стремящиеся к богатству, власти, знаниям, не могут продвигаться и далее, чтобы потом перейти к желанию совершенства во всем. Для этого и даются нам в этом мире наши маленькие желания, чтобы, развивая их, прийти в конечном итоге к Творцу.

Желание каббалиста намного более сильное и эгоистическое, оно ведь развивается как следствие этих 4-х природных желаний. Творение, человек, само создает новое кли — отдающее, новое творение. Этого не создал Творец! В этом и есть совершенство Творца, создавшего творение и давшего ему возможность изменить себя, создавая в себе новое желание — отдавать, то, которого в нем первоначально не было создано Творцом. Творение этим уподобляется Творцу, приходит к полному совершенству. Довести творение до такого состояния является целью творения и называется полным и окончательным исправлением.

Возвеличивание дающего, Творца, дает возможность многократно увеличить наслаждение получением от Него. Величина наслаждения, обнаруживаемого в получаемом, «весит» столько, сколько в моих глазах «весит» дающий это наслаждение.

Здесь все зависит от творения, от того, насколько человек возвеличивает дающего, т.е. Творца. А поскольку Творец бесконечен, то и этот процесс увеличения желания Ему отдать, а потому и наслаждения от получения, бесконечен.

По своим физиологическим данным все люди равны. Отбросив внутреннюю начинку, измеряя только животной меркой, мы оцениваем только тело. А в теле возможны пересадки органов, невзирая на происхождение, развитие, качества.

Отличить людей действительно можно лишь по их внутреннему содержанию, уму, качествам. Нельзя «пересадить» эти свойства от одного к другому. Хотя, возможно, когда-нибудь научатся перекачивать из одного мозга в другой информацию нашего мира, потому что она тоже материальна, подобно хранимой информации в компьютере. Наша память всего лишь опыт тела в рамках нашего мира.

Как говорил мой Учитель, человек, уходя из нашего мира и вновь возвращаясь в него, ничего не меняет, кроме «рубашки»: душа осталась, ее «рубашка» сменилась.

Это и есть переселение душ. Есть души, которые сделали все исправления своих свойств, но, по особому предназначению, должны вернуться на землю. Но уже в ином обличии: Рашби не должен вернуться в своем обличии — Рашби, он вернулся как Ари. А Ари вернулся как Бааль Сулам. Это одна и та же душа, которая на разных этапах должна духовно обслуживать свои поколения.

Бааль Сулам пишет о себе, что он — *гильгуль (кругооборот жизни)* Ари, Ари пишет, что он гильгуль Рашби — это познается каббалистом по достижении уровня прежних каббалистов, когда он достигает духовного уровня своего прежнего гильгуля. Но все рождаются с эгоистическими желаниями, и никто не появляется на свет сразу каббалистом или пророком.

Первое действие, которое совершает творение навстречу Творцу, — сокращение. Из творения совершенно удаляется свет — наслаждение, творение говорит, что будет получать свет только в той мере, в какой оно может отдать Творцу. Такое получение называется отдачей.

В каждой капле получения света творение должно видеть, что наслаждение, которое оно получает, исходит от Творца, и оно наслаждается потому, что этого желает Творец, и наслаждается, потому что тем самым он дает наслаждение Творцу, как Он желает дать творению. В таком случае желание Творца насладить творение — Кетер — и желание творения насладиться, чтобы насладить Творца — Малхут, достигшая подобия Кетер — совпадают.

Для того чтобы уподобиться Творцу, творение — Малхут делится на 600 000 условных частей — душ и отдаляется от Творца настолько, что не ощущает его. Расстояние между нею и Творцом делится на 125 ступеней, каждая из которых задерживает свет в себе. За последней, 125 ступенью, свет не ощущается. Именно здесь и находится наш мир.

Наш мир — это не мир, в котором мы находимся, а такое духовное состояние творения, когда человек уже начинает ощущать, что он полностью изолирован от Творца, полностью отдален от Творца, знает, что есть Творец, ощущает Его отсутствие.

Именно из этого состояния, когда творение самостоятельно развивает в себе желание отдать наслаждение Творцу, своими усилиями получить ради Творца, оно из самого себя создает подобие Творцу.

Нисхождение миров и парцуфим по 125 ступеням создал сам Творец. Здесь еще нет никакого самостоятельного желания и действия со стороны творения. Только из самой низшей точки, будучи совершенно отрезанным от Творца, творение само, по собственному желанию, начинает путь наверх, по тем же 125 ступеням, навстречу Творцу к состоянию мира Бесконечности, из которого оно вышло.

Малхут мира Бесконечности разделилась на 600 000 душ, каждая из которых должна самостоятельно пройти свой путь от нашего мира, взращивая в себе все больший и больший экран — до мира Бесконечности.

И каждая такая частица, которая уже начинает проходить этот путь, называется каббалистом. И весь путь должны пройти эти частицы, находясь в нашем биологическом теле. И каждая из частиц будет одеваться в свое биологическое тело столько раз, сколько понадобится, чтобы пройти все духовные состояния.

Тогда и на самом низком уровне, животном, произойдет раскрытие мира Бесконечности, так называемый «земной рай». На нашей планете 7 миллиардов биологических тел. Как может хватить на 7 млрд. 600 000 душ? Число существующих биологических тел, 7 млрд., не имеет никакого отношения к количеству частичек-душ, называемых *точка в сердце, некуда ше ба лев*, которых может быть всего несколько десятков в одно время, «одетых в тела». Остальные биотела гуляют, как коровы по пастбищу, без души.

Альтруизм — Высшая ступень

600 000 — это условное количество частичек, на которые разбилась Малхут, и которые должны себя исправлять. Существует переселение, переливание этих частиц Малхут, которое происходит «ежесекундно» (мы не понимаем, что значит «вне времени», но в духовном не существует понятия времени, и поэтому трудно объяснить этот процесс). Необходимо приобрести ощущение истинного строения мироздания, тогда не будет вопросов, мы сами все сможем увидеть.

Строение духовных ступеней таково, что в низшей ступени находится часть Высшей. Точнее, нижняя часть (АХАП) Высшей ступени находится в высшей части (Г"Э) низшей ступени, подобно тому, как два цилиндра частично входят друг в друга: верхний наполовину входит в более широкий нижний.

Такое строение духовных ступеней имеет место во всех духовных мирах — Ацилут, Брия, Ецира, Асия. Последняя ступень мира Асия называется «этот мир» или «наш мир». Эта ступень особенна тем, что находящийся на этой ступени не ощущает части Высшего в себе. И хотя все свои ощущения получает свыше, т.е. от своей более высокой ступени, но кажется ему, что эти ощущения — его собственные.

На этой, самой низшей ступени, находится вся масса, населяющая наш мир. Такими, неощущающими более высокую ступень, рождаются все в нашем мире. Но есть особые личности, которые смогли ощутить часть Высшего, которая есть в них. Эту часть Высшего, ощущаемую таким человеком, он называет «мой Творец», «мой Создатель», потому что так он воспринимает Высшую ступень — как своего Создателя.

В «Предисловии к Талмуду Десяти Сфирот» подробно разбираются 4 вида проявления Высшей ступени или, как ее обычно называют, Творца, относительно низшей ступени — человека:

1) Двойное скрытие — когда человек совершенно не понимает, что все, что есть в нем, исходит от более Высшего, совершенно им неощущаемого.

2) Простое скрытие — когда человек понимает, что все, что есть в нем, все его качества и ощущения исходят от Высшего, как хорошее — вознаграждение, — так и плохое — наказание за его поступки и мысли.

3) Раскрытие — когда человек явно ощущает воздействие на него более высокой ступени, ощущает своего Творца и видит, как Творец с любовью относится к нему.

4) Слияние — когда Высшая ступень настолько раскрывает свои действия для осознания и ощущения низшей ступенью, что низшая ступень, т.е. человек, настолько меняет свои свойства, что полностью сливается с Высшей ступенью в полной, вечной любви.

Итак, все творение представляет собой как бы цилиндр, по высоте которого располагаются — от самого Творца и до нашего мира — последовательно входящие друг в друга, духовные ступени.

Единственное творение — это человек. Рождаясь, человек совершенно не ощущает более высокую ступень. Все, что есть вокруг него, он ощущает как свой мир, не понимая, что все это рисует ему более высокая ступень, что это Творец желает в таком виде предстать перед ним.

С помощью Учителя человек может начать осознавать, что то, что он ощущает, это и есть сам Творец, но только на самой дальней от Него ступени ощущения.

Если человек начинает изучать Каббалу, то сила, скрытая в текстах, воздействует на него так, что он начинает осознавать, что все его ощущения исходят от Творца. И, хотя еще не ощущает явно источника своих ощущений и мыслей, но уже осознает его наличие.

Как уже не раз говорилось, Каббала представляет собою описание творения и пути человека к цели его создания — к духовному возвышению вплоть до слияния с Творцом. Нет в мире иной цели существования у создания, все происходящее в мире происходит только для выполнения этой цели.

Естественно, что Творец не нуждается в человеке для выполнения Им задуманного и может управлять человеком через законы природы, приведя нас неосознанно, поневоле к желаемому Им состоянию.

Но желание Творца состоит в том, чтобы человек прошел путь своего духовного восхождения осознанно и сознательно избрал его, чтобы человек сам сотворил себя как духовное существо из того эгоистического и низменного материала, каким он появляется в нашем мире из рук Создателя.

Тора представляет собою инструкцию духовного возвышения. Эта инструкция совершенна, потому что дает человеку желание и силы духовно возвыситься и знания о том, как этого достичь.

Нет ничего в мире, кроме Творца, все собою заполняющего, и созданного Им человека. Исходное состояние человека, начальное его состояние — это появление человека в нашем мире. Затем из нашего мира человек поднимается в духовные миры — вплоть до Творца. Наш мир — самая низкая точка творения.

Творцом создано только одно — желание насладиться ощущением Творца. И это желание называется душой.

В зависимости от того, насколько это желание ощущает Творца, определяется его расстояние от Творца. Поскольку кроме Творца вокруг этого желания не существует более ничего, то все, что оно может ощутить, это только различные меры раскрытия им Творца и никогда ничего более.

Самое минимальное ощущение Творца возникает в сотворенном, в душе, в желании Его ощутить, если это желание имеет 5 эгоистически ограниченных по диапазону органов ощущений: зрение, слух, обоняние, речь, осязание.

Эгоизм, пропитывающий наши ощущения, руководящий нашим восприятием окружающего, сужает и искажает все наше восприятие Творца, представляя нам картину совершенно обезличенной природы.

ОБЩАЯ КАРТИНА ТВОРЕНИЯ

Сфирот — это свойства, которые специально «набросил» на себя Творец, как бы облачился в них, чтобы таким образом проявлять себя относительно созданий.

Это не Его личные свойства. О Его личных свойствах мы ничего сказать не можем, Он не постигаем, а то, что мы можем постичь, — это только то, каким образом Он желает раскрыться нам. И эти-то Его внешние относительно нас свойства, называются *Мидот* или *Сфирот*.

Каждое свойство Творца приходит к постигающему в виде определенного света и вызывает в постигающем определенное ощущение. По этому ощущению *Сфира* и получает свое название.

Каждое свечение от Творца к человеку — это определенное управление, сигнал, который вызывает в человеке определенную реакцию. В общем, все виды света, исходящие от Творца к человеку, называются *свечением Шехины*.

В меру своего исправления человек ощущает свет Творца, но если ни одно свойство человека не исправлено, он вообще не ощущает света, исходящего от Творца, хотя все равно Творец управляет им, но только неощутимо для самого человека. В таком случае человек не верит в Творца, в «Его существование».

В меру подобия своих свойств свойствам света человек частично ощущает исходящее от Творца свечение, ощущает Творца и начинает осознавать, что все воздействия Творца на него — это проявление любви и милосердия, даже в тех ощущениях, в которых ранее испытывал страх, жестокость и пр.

Все виды света сфирот — это и есть управление и отношение Творца к творению, т.е. сфирот проводят к творениям управление Творца.

Всевозможные виды светов, исходящие от Творца к творениям, сводятся к десяти основным видам, к 10 сфирот. Каббала именно и выясняет, что же исходит от Творца к творениям, т.е. изучает 10 сфирот. Поэтому основная книга по Каббале называется *«Талмуд Десяти Сфирот»*.

Из Творца исходит свет в виде 10 светов — сфирот, которые порождают все творение. Все многообразие творений исходит из всевозможных сочетаний свойств этих 10 сфирот, потому что в итоге сочетаний в каждой сфире образуется 10 подсфирот, и в каждой из них еще 10 подсфирот, и т.д. до бесконечности.

Все свойства творения исходят из свойств, заложенных в 10 сфирот. Поэтому есть отличия творений (есть более общие, есть более частные), отдельные ветви творения связаны между собой и затем образуют новые ветви, а все творение сводится к картине «Дерева» с корнями — источником, стволом и ветвями, полностью повторяющими корень: все происходящее в корне происходит затем в ветвях, и не может быть ничего в ветвях, что бы вначале не произошло в корне.

Цимцум (сокращение) — закон творения, в соответствии с которым творения не созданы совершенными, а каждое с определенным отсутствием совершенства. Под совершенством понимается полное соответствие каждого творения Творцу.

Олам Эйн Соф (мир Бесконечности) — общий порядок творения, по которому все изначально создалось Творцом в совершенстве, но это совершенство скрыто от самих творений и раскрывается ими постепенно, в зависимости от их самостоятельного желания.

Поэтому, хотя все творение находится в совершенстве, вечности и блаженстве, но изначально человек этого не ощущает, и только вследствие изменения своих свойств, в соответствии со свойствами сфирот, начинает ощущать истинную действительность, называемую в общем «будущий мир».

Все творение создано таким образом, что обязано прийти к раскрытию своего истинного состояния, таким образом происходит управление Творца через сфирот.

Маком (место) — отсутствие, скрытие Творца от творений рождает «место» — пустоту ощущений. Эту пустоту, отсутствие Себя, Творец сотворил нарочно для того, чтобы человек сам стремился ощутить своего Творца и сам отыскал Его в самом себе, в своих исправленных, наподобие сфирот, свойствах.

Вначале Творец создал все творение во всем его законченном совершенстве, затем скрыл Себя от творений, создав этим пустоту, — *олам Цимцум (мир Сокращения)*.

Решимо (воспоминание, запись) — после того, как все исчезло из ощущения творений, осталось некоторое воспоминание, запись в памяти о бывшем, исчезнувшем. Воспоминание о том, как это было бы, если бы не исчезло.

Благодаря решимо творения могут существовать в пустоте отсутствия света Творца, а иначе бы, без всякого наслаждения, просто бы аннулировались. Решимо меняется в человеке: смена решимо побуждает его к движению, к стремлению достичь то, что в нем возбудило решимо. Именно смена решимо в нас дает нам ощущение движения, времени, жизни.

Именно благодаря решимо являются в наши ощущения плохое и хорошее в равной мере, а нам остается именно осознать, что они равны, и перевесить своими мыслями и действиями в хорошую сторону. Именно это и дает человеку свободу воли, ведь если больше плохого или хорошего, то уже все заранее до человека решено.

А если бы Творец не был скрыт, т.е. совершенство было бы раскрыто, то не было бы вообще никакой свободы поступать самостоятельно, по воле человека, и вынужден был бы, видя совершенство, поступать как Творец.

Кав (линия) — вид управления Творцом, в соответствии с которым все творения исправляются и возвращаются к достижению и ощущению совершенства. Кав — это часть от того совершенства, которое все создания ощутят в будущем, после их исправления с помощью управления нисходящего на них по «линии», т.е. в соответствии с их состоянием в каждый момент.

В творении находится решимо, и к творению нисходит свет по линии (кав) из полного светом мира Бесконечности. В зависимости от решимо кав наполняет творение светом, дает творению ту или иную часть совершенства из мира Бесконечности. Вся задача творения — восполнить несовершенство человека, ощущение отсутствия Творца, отсутствие света Творца в творениях.

Для приведения человека к такому совершенному состоянию Творец использует управление добром и злом, хотя это проявляется так только относительно человека, но со стороны Творца это управление абсолютно доброе, и лишь в меру неисправленных свойств человека, воспринимается абсолютно доброе управление Творца, как злое, а в меру исправления свойств, — то же «злое» управление начинает восприниматься как доброе. Поэтому говорится, что внутри явного управления по закону «злое и доброе» находится скрытое управление абсолютным добром.

Решимо — это часть от общего абсолютного совершенного света из мира Бесконечности. Кав доставляет свет к творениям, находящимся в пустоте, отсутствии ощущения Творца, ощущении несовершенства, в соответствии с решимо в том или ином творении.

Поэтому говорится, что решимо возбуждает и двигает телом-желаниями. Но кав не только наполняет тело-желания, — наполняя их, он исправляет их согласно решимо.

Цинор (труба) — свет из мира Бесконечности спускается к творениям, находящимся в пустом пространстве, в ощущении отсутствия совершенства, наполняет их, и этим сливаются творения с Творцом.

Таким образом Творец приближает к себе творения. Сам Творец влияет на все творение независимо от «подачи света по трубе», но явно Его управление ощущается находящимися в Высших мирах именно таким, т.е. в соответствии с усилиями человека.

А после всеобщего исправления вновь Творец явно предстает пред всеми творениями как управляющий всем без ограничений абсолютным добром, т.е. не по «трубе», по качествам каждого, а полным добром ко всем, в равной степени и всегда.

В этом и заключается состояние конца исправления, когда все постигают абсолютное добро, любовь, вечность, совершенство познания и наслаждения. И это состояние уже заранее заготовлено Творцом в мире Бесконечности, а относительно творений оно должно проявиться в меру их совершенствования согласно решимо и кава.

Ор Пними и ор Макиф (внутренний и окружающий свет) — свет из мира Бесконечности, когда он нисходит на творения, разделяется на внутренний и внешний, наполняющий и окружающий. То, что раскрывает Творец творению, которое наполняет, называется «внутренний свет». Но то, что еще не постигнуто творением от всего совершенства, скрывается в «окружающем свете».

Поэтому весь свет Бесконечности, т.е. того совершенного состояния, которое в будущем постигнет творение, делится на его настоящее состояние частичного совершенства, которое оно уже постигло, находясь на каком-то уровне в духовном мире, и на ту часть совершенства, которую еще не постигло.

Поскольку творение получает не весь свет, а ограничивает его получение, то относительно бесконечного света частичные света измеряются по шкале 5 ступеней НАРАНХАЙ.

10 сфирот внешние и внутренние — есть раскрытие и скрытие Творца, исходящие от явного и скрытого управления, дающие в творение соответственно 2 следствия: душу и тело. Когда властвует тело, проявляются недостатки и скрытое управление в той мере, в которой оно властвует над душой. И, наоборот, в меру властвования души в человеке, — в той мере он находится в совершенстве.

Сочетание тела и души происходит в меру сочетания кав и решимо, и управление происходит в меру их сочетания: кав относится к внутренней части, а решимо, или кли, относится к внешней части управления. Но при рождении духовных парцуфим происходит соединение внутреннего и внешнего, а отличие их порождает власть одного управления над другим.

Адам Кадмон — первый и наивысший духовный мир. Поскольку весь свет на все более низшие миры исходит от него, проходит от мира Бесконечности через него, то в свете, который получают более низшие миры, находятся свойства келим мира Адам Кадмон.

Буквы являют собой келим. Свет парцуфа АБ еще не несет в себе букв, потому что там буквы полностью поглощены в свете. В свете парцуфа САГ уже проявляется буква «хэй», как корень будущего кли. В свете, исходящем от З"А, есть буква «вав», как начало будущего кли. В свете, исходящем от БОН, есть уже буквы, особенно на выходе из парцуфа, когда они сталкиваются и исчезают, то порождают этим 22 буквы, т.е. кли.

После разбиения кли в мире Некудим остается в каждом кли решимо от разбиения и не исчезает до окончательного исправления. Во время разбиения весь свет оставляет кли, и это порождает все пороки в кли. Отсюда возникает власть тела над душой, и мера этой власти определяет неисправность тела-желаний.

Это произошло специально, чтобы создать в человеке эгоизм, желание самонасладиться светом Творца. Но затем создается условие для исправления тела-желаний до уровня души-света, уготованного войти в исправленное кли-тело, настолько, что не будет никакого отличия тела от души, желаний человека от желаний Творца.

Затем нисходит в своих свойствах-желаниях кли-тело еще ниже, вплоть до того, что становится подобно животному. И все это уже заранее запланировано в разбиении кли в мире Некудим.

Но поскольку исправленное состояние также заложено в мире Некудим еще до разбиения кли, то возвратится каждое испорченное желание к своему исправленному состоянию и станет подобно свету, и в меру этого войдет в него свет.

В течение 6 000 лет, т.е. пока не все души исправились, а только отдельные личности становятся каббалистами, не ощущается духовность, раскрытие Творца в этом мире. Но после того как исправятся все души, возникнет состояние, называемое «конец исправления», и в этом мире во всем проявится Творец, и этот мир станет совершенным, потому что свет из мира Бесконечности снизойдет до него, потому что парса мира Ацилут исчезнет как преграда для распространения света. Такое состояние называется «седьмое тысячелетие».

Затем наступят последовательно еще несколько состояний, когда тело постепенно подчинится душе. Поэтому начнется «оживление мертвых тел» и постепенное их исправление под властью души.

Поскольку эгоистические свойства тела, АХАП, состоят из трех эгоистических желаний, авиют 2, 3, 4, то работа по их полному исправлению происходит уже методом «АХАП дэ-Ерида» — постепенным исправлением авиют 2 под парсой — эта ступень называется «8-е тысячелетие». Исправление авиют 3 и наполнение ее под парсой, на ее месте, называется «9-е тысячелетие». Исправление авиют 4 и наполнение ее под парсой называется «10-е тысячелетие».

О том, что произойдет в окончательном исправлении всех душ, когда свет Творца проявится явно и в нашем мире, никто не может знать. Даже каббалисты, поднимающиеся на все ступени духовных миров, могут постигнуть все ступени до 7-го тысячелетия, но как произойдет раскрытие Творца в нашем мире, — этого они постигнуть не могут.

Но Бааль Сулам пишет, что есть души, которые постигают такие, еще не происшедшие в действительности, состояния, они нисходят раз в 10 поколений в наш мир, и его душа является такой. Состояние окончательного исправления отлично тем, что сам первозданный эгоизм становится по своей природе подобен свету, что вообще невозможно представить. До тех пор, пока есть скрытие Творца, существуют миры АБЕА, и управление происходит через них.

Мир Некудим — корень и источник появления зла, с помощью которого Творец раскрывает свет из тьмы тем, что тьма вновь становится как свет. Все миры существуют только для раскрытия совершенства Творца в творении, в человеке, и поэтому все миры делятся на два вида: вначале раскрывается скрытие, а затем постигается совершенство. В мирах АБЕА заключается управление во время скрытия Творца.

Разбиение сосудов включает в себя две части:
1) порча и потеря,
2) исправление и дополнение.

Миры БЕА создались из разбитых келим мира Некудим, а 3 первые сфирот, головные келим мира Некудим перешли к миру Ацилут. А затем мир Ацилут дополняет себя и за счет келим миров БЕА.

Суббота и праздники — малое и большое состояние З"А мира Ацилут, где малое состояние означает *еника*, а большое — *геула, освобождение*. Но состояния эти временные и постоянно меняющиеся до полного, окончательного исправления.

Творец проявляет свое управление в виде *игулим* и *ёшер* — нисхождение общих сил и сигналов управления, где высший, сильный, больший — обозначается как внешние концентрические окружности, а наш мир — в центре.

Когда же Творец показывает отношение свойств в виде 3 линий — правой, левой, средней, — Он показывает этим управление по свойствам милосердия, суда, нисхождения в «виде человека», показывает, как эти силы одеваются в него.

Малхут называется картиной Творца, потому что только в ней и ощущает Творца человек в свойствах, качествах, полученных свыше. То, что постигает человек, он постигает в своем внутреннем ощущении, в своей Малхут, но в тех качествах, которые получил в нее свыше.

Десять светов

1. Наслаждение душ состоит в постижении света. Чем больший Высший свет, тем более высокое наслаждение получает душа. Основное во всех видах и проявлениях света — единство.

И это то, что желает раскрыть Творец в мире Бесконечности: дать совершенное и вечное наслаждение душам от ощущения единства. Мир Бесконечности означает состояния постижения душами бесконечного совершенства и наслаждения от единства с Творцом.

2. В мире Бесконечности — совершенство, и нет незаполненного этим совершенством места, т.е. все души испытывают только абсолютное совершенство и единство. Для того чтобы раскрыть это совершенство, Творец создал место, незаполненное этим совершенством.

3. То, что находится в мире Бесконечности в виде совершенства, находится также в линии (кав) в виде скрытия совершенства и в виде решимо, желания совершенства в решимо, его исправления и наполнения с помощью линии.

Когда с помощью линии закончится исправление всего решимо, это означает возврат к тому же состоянию бесконечного (ничем неограниченного) получения света, которое было вначале.

4. Решимо является основой и корнем духовного тела, и все действия, которые производятся, исходят из того, что есть в решимо, — как в семени заложены все свойства и все действия будущего объекта.

Кав является основой и корнем души, включающей в себя все разнообразные и даже противоречивые силы как одну силу. Кав управляет всеми действиями над решимо с целью возвратить все к начальному состоянию единства желания-творения с Творцом.

5. Свет мира Бесконечности действует во всех возможных направлениях, во всех состояниях творений, на всех их уровнях. Для него не существует никаких ограничений, и он воздействует на всех и вся своим совершенством.

Но мир создан не свойством совершенства и неограниченности, а ступенчато, последовательным проявлением сил Творца, множеством свойств, и множество различных по величине и качеству сил соединяются вместе для производведения одного действия. Именно благодаря этому в наших силах постигать действия Творца, потому что они из совершенных и неограниченных делятся относительно нас на дискретные, ограниченные, составные.

Поэтому Его совершенное одно действие мы можем описывать как последовательную серию действий и проявлений различных сил, хотя в Творце есть только одно желание — дать нам наслаждение, и только это исходит из Него.

В Его совершенстве, бесконечности и неограниченности мы не можем отыскать никакой возможности исследовать Его, но именно благодаря расщеплению Его одного единого действия относительно нас на множество различных и противоположных, есть у нас возможность говорить, ощущать, познавать, исследовать, описывать в итоге и Его единое действие, как сумму остальных.

6. Сфирот — это различные свойства, которые принял на себя Творец относительно творений, дабы ими создать творения и ими управлять творениями. Сам Творец не имеет никаких свойств. Относительно творений Он проявляет только одно свойство — «Добрый, творящий добро».

Но это свойство затем облачается в 10 частных свойств, называемых сфирот. Этими свойствами Творец «поворачивается» к творениям: создает их, управляет ими, приводит их также к одному единому свойству, подобно Себе.

Эти свойства-сфирот появились именно потому, что воздействовать на творения возможно, только если Творец скрывает свое совершенство, вообще скрывается от человека, а затем постепенно раскрывается — до полного раскрытия.

Все действия и все творения сотворены и действуют только для раскрытия творениям совершенства. Это и является целью творения. Эти различные свойства, мысли и есть сфирот, видимые творениям подобно тому, как если бы мы могли увидеть душу человека, увидеть ее мысли, являющиеся одним стремлением. Так видятся сфирот постигающему.

7. Решимо, из которого происходят все желания (келим, сосуды) является основой для управления вознаграждением за хорошие деяния и наказанием за плохие деяния. Кав — средство достижения единства, посредством исправления всего творения — желания насладиться, возвращающего зло к добру.

8. Сфирот называются «свет творения», «свет в творениях», потому что изначально творение ощущало отсутст-

вие света, а затем его раскрытие, свечение, от чего и происходит слово *сфира — светящаяся*.

Именно явление Творца и есть ощущение света творением: когда ощущается Творец, творение понимает, что означает свет, и становится способным отделить его от тьмы — ощущения отсутствия Творца. Все, что создано — это только желание ощутить свет. Ощущение света воспринимается как наслаждение. Творец есть свет, наслаждение в ощущениях творения.

Поэтому кроме Творца-света и творения-желания ощутить этот свет, — нет в мироздании ничего. Все силы, обстоятельства, все, кроме этих двух компонентов мироздания, — это только различные проявления действий Творца для того, чтобы привести человека к ощущению света.

9. После исчезновения света из мира Бесконечности осталось решимо — частичка света в пустом пространстве, в желании насладиться светом, состоящим из всех желаний.

10. Свет Бесконечности окружает все творение, решимо находится внутри творения, кав находится между ними и свет между ними.

ПЕРВЫЕ ОЩУЩЕНИЯ В ДУХОВНОМ ПУТИ

Когда человек начинает изучать Каббалу, в нем появляется больше эгоизма и желания к наслаждениям. Что нужно делать при этом? Только сидеть больше над книжкой и включиться в общий процесс учебы, пропускать через себя больше материала. Это время, когда важнее количество поглощаемого материала, чем углубленное его изучение, качество.

Желательно, чтобы учеба состояла из двух частей: изучения статей и основного материала. Статьи, читаемые перед основным материалом, напоминают нам перед занятиями о цели нашего изучения.

Желания определяют необходимость. Хорошо быть в связи с теми, кто занимается много лет. Необходимо больше участвовать в жизни группы, отключив свои мозги и включаясь в общее желание. Для этого нужно всегда чувствовать себя меньшим, чем сотоварищи по учебе.

Учитель в Каббале, прежде всего, настраивает человека на Творца, а не привязывает к себе, не замыкает учащегося на том, чтобы он служил ему, наоборот, Учитель должен быть как бы на заднем фоне и только направлять ученика на Творца. Если он поступает иначе — значит, преследует эгоистические цели, значит, он не каббалист...

Нельзя никогда говорить с товарищами о своих личных состояниях. Говоря кому-то о себе, ты вредишь им и автоматически — себе. Никто никого не посвящает в свои состояния, а говорить нужно внутренне только со своим Творцом. Учитель тоже не должен явно реагировать на внутренние состояния ученика. Нужно самому проживать свою горечь и постараться разобраться в себе. Но если необходимо, то наедине самое важное можно высказать Учителю и хорошо запомнить его ответ, который станет ясным только через некоторое время...

Когда человек находится еще до выхода в духовный мир, он ничего не чувствует, а только 10 ударов, которые проходят по нему. Он находится в безысходном состоянии, ничего не может сделать, а только кричать Творцу о помощи. Вдруг появляется какая-то сила, которая заставляет его прийти к конечному эгоистическому состоянию, прыгнуть в воду. Только тогда расступается вода, и он переходит *Конечное море — Ям Суф*.

Состояния тьмы бывают разными. Но когда ты еще чего-то хочешь, это еще не тьма. Если наступают состояния депрессии или хорошего настроения, то они командуют человеком. Эти состояния каждый должен пройти сам. Если в человеке есть стремление, то оно само уже является вознаграждением, потому что тебе дали возможность хотя бы стремиться к духовному, уже не быть пассивно неживым.

Мы не можем себе представить состояние, близкое к духовному, переход в духовное, потому что до этого спускаемся в своих ощущениях все ниже и ниже, — и вдруг толчок, который выводит тебя из этого состояния. Вся Каббала объясняет только пути движения вперед. Если ты начнешь интересоваться кем-то, кто находится на 50 ступеней выше тебя, это ничего не даст. Весь путь построен на «вере выше знания».

Духовного ориентира впереди нет, если я тебе его покажу, ты убежишь от него, потому что твоя природа обратна этому. Выход у желающего преодолеть это состояние один — только сесть за книгу и заниматься: мне плохо сейчас, и эта книга меня спасет. Если я утром почитаю — это даст мне направление на день, прочту во время перерыва — этим усилю направленность моих мыслей на остаток дня, вечером послушаю кассету — это даст мне правильный сон и мысль, с которой я проснусь...

Первые ощущения в духовном пути

Каждый раз нужно конкретно знать, что на самом деле хорошо для меня для достижения цели, а не для сиюминутного приятного ощущения. Стоит ли читать каббалистические тексты, ничего не понимая? Желательно заучивать почти на память текст «Птиха ле хохмат Каббала», чтобы вырабатывать в себе язык Бааль Сулама. Это — как основа накопления знаний в будущем. Человеку, который начинает идти вперед, каждый раз будут давать удары то с одной, то с другой стороны. Покоя у него уже не будет. Потому что вынудить человека двигаться внутренне можно, только создавая в нем недовольство чем-то: собой, окружающим, Творцом.

Иногда человеку полезно представить себе, что у него уже есть связь с Творцом. Он должен почувствовать себя так, как будто все, что он хочет, у него есть. Это как бы состояние совершенства, за которое он может благодарить Творца. Это не для создания иллюзии. Человек постоянно должен чувствовать, что он получает от Творца, — это самое оптимальное, самое благоприятное состояние. Если бы человек осознавал это, чувствовал, что получил все, появилось бы ощущение совершенства.

Как только занятия начинают давать результат, человек чувствует себя все большим и большим эгоистом. Чем больше на человека светит свет, тем больше он видит свою тьму, пока издали не засветит такой яркости свет, что тьма, которую он ощутит, покажется ему невыносимой и будет называться египетским изгнанием, из которого он настолько захочет выйти, что это вызовет силу Моше, которая и вытащит его из Египта.

Ступени сверху-вниз — это уровни скрытия Творца. Когда человек постепенно поднимается снизу-вверх, он как бы срывает эти завесы скрытия и каждый раз становится, ощущает себя, все ближе и ближе к Творцу.

Никогда в тебе не откроется больше эгоизма, чем ты можешь исправить. Ты должен аккуратно подниматься снизу-вверх. Все неприятности даются человеку, чтобы он сделал еще один шаг и осознал это. Тогда он иначе будет относиться к реальности и ощущать необходимость во всех «случайностях».

Книга «Шамати» — это статьи, которые написал мой Учитель со слов своего отца во время его занятий с учениками. После занятий Рабаш все записывал в тетрадку, которую он так и назвал «То, что я слышал» — «Шамати».

Когда мы с Учителем ездили в Тверию, Цфат каждую неделю на несколько дней, он все время читал эту тетрадку, а когда он ложился спать, то я читал ее. Перед смертью он отдал мне тетрадку, из которой и составлена вся книга «Шамати». В нее вошла эта тетрадь, лекции Бааль Сулама, его письма, которые он писал, живя в Лондоне. В последнем издании этой книги сохранены не только все слова, но и знаки препинания и «неточности», все, как это записано в тетради.

Когда умер Бааль Сулам, началась борьба за то, кто будет хозяином «Комментария к Книге Зоар», хотя право принадлежало старшему сыну, Рабашу. Против него выступали остальные дети и родственники, надеялись, что это даст большие деньги. Рабаш оставил все и уехал на три года в Англию...

Самое главное в книге «Шамати», которая постоянно настраивает человека на путь, которым он должен идти, не отклоняясь от цели творения, — это первые статьи книги: «Вся тяжесть человека в продвижении вперед заключается в том, что он приходит к состоянию, когда ему кажется, что весь мир держится на общепринятых свойствах, и только он оставляет свою семью и друзей, чтобы аннулировать себя ради Творца.

А происходит это из-за отсутствия веры, когда человек не видит, ради кого он должен себя аннулировать. И это создает у него ощущения тяжести и невозможности идти вперед. Но когда человек начинает чувствовать наличие Творца, то тут же у него возникает желание полностью раствориться в своем Источнике и жертвовать всем ради него».

Мы видим, что самое главное в работе человека — достичь ощущения Творца. И это должно быть всей работой человека, вся энергия должна быть направлена на эту единственную цель. И не запутаться и не думать, что человеку нужно что-то другое. Если эта мысль пронизывает тебя снаружи и изнутри, то это называется верой. Самое главное вознаграждение, которого он желает для себя, — это достичь состояния ощущения Творца, которое называется «верой в Творца».

Это состояние должно пронизывать тебя внутри и снаружи, и это будет главным вознаграждением. Очень важно человеку перед тем, как он что-то делает, вспомнить, для чего он делает, чтобы все определялось одной целью — ощутить Творца. А это будет являться лекарством от всех наших бед и болезней, потому что мы сами вытащить себя за волосы не можем, у нас нет таких сил, как бы мы ни пытались. Единственное, что нам может помочь — это свет, свечение свыше, т.е. ощущение Творца.

Творец и сегодня находится вокруг нас, но мы Его не ощущаем. Потребность в ощущении Творца является первым шагом для приобретения необходимых для этого органов восприятия духовного, келим. А чтобы этого достичь, необходимо заниматься в группе настоящей Каббалой, с настоящим Учителем, по истинным источникам.

Такое изучение возбуждает на себя окружающий Высший свет, ор Макиф, и чистит келим. Если человек занимается Каббалой, он чувствует себя все хуже и хуже, ощущает все больше собственную ничтожность. Но если он понимает, что это движение вперед, то радуется этому «отрицательному ощущению».

Когда человек изучает только простую Тору, не Каббалу, он чувствует себя все уверенней и лучше, зарабатывает все больше очков. Ему светит снаружи общий для всех масс, изучающих Тору, *окружающий свет, ор Макиф клали*, который придает человеку уверенность в правоте своего пути, присущей верующей массе.

Но этот общий окружающий свет не дает ощущения Творца. Для этого необходимо, чтобы ор Макиф вошел в парцуф как ор Пними, тогда какая-то часть Малхут, соответственно количеству вошедшего света, совпадет по желаниям и свойству с Творцом и сольется с ним воедино.

Это уже индивидуальный путь, где действуют другие законы: экран, масах и отраженный свет, ор Хозер. Здесь действует другая цель — вызвать индивидуальное свечение внутри, ощутить Творца.

Чем дальше человек движется к намеченной цели, тем больше свет — *линия (кав)* высвечивает в нем отрицательные качества, показывая ему, насколько он еще далек от Творца и не может выполнить законы этого света. Поэтому, занимаясь Каббалой, человек начинает ощущать себя все хуже и хуже, доходя до полной безысходности.

Он не может ни жить так дальше, ни уйти от этого, ни вернуться к прошлому состоянию. Одним словом — тупик, из которого есть только один выход — кричать Творцу о спасении. Тогда открывается Творец и вытаскивает его из Египта в духовный мир.

Действие человека состоит из двух составляющих: само действие и намерение, с которым совершается это действие, т.е. для чего я делаю действие, к какому результату я хочу, чтобы оно бы меня привело.

Так мы поступаем и в нашем мире, когда хотим что-то совершить. Все наши поступки исходят из четких намерений чего-то достичь. Кроме умственно недоразвитых людей и маленьких детей, все поступают только во имя достижения определенной цели, во всем. Говорится, что результат действия уже заложен в начальной мысли о нем.

В духовном нашу цель должен завершить результат — ощущение Творца. Это ощущение спасет нас от всего. Имеет ли значение, какие механические действия я должен делать для осуществления заданной цели при одном и том же намерении? Если это намерение человек присовокупляет к своим занятиям — это хорошо. Если оно сопровождает человека на отдыхе, на прогулках — еще лучше. Если с этим намерением он ест — совсем хорошо.

Ну, а если эта мысль не покидает его и при нахождении среди неверующих людей, которые пытаются его отвлечь от нее различными земными развлечениями, то она очень сильна, и когда он будет находиться на занятиях Каббалой, у него появится огромная возможность достичь желаемого.

Первые ощущения в духовном пути

Чем более эгоистическая часть желаний человека может взять на себя намерение достичь Творца, тем более высокий свет сможет войти в кли.

Желательно, конечно, всегда находиться среди таких людей и заниматься такими делами, которые не отвлекали бы тебя от главной цели, а помогали ее осуществить. Если же человек не в состоянии этого сделать — не страшно, потому что мы должны понять, почему мы не в состоянии сохранить намерение.

Чем больше мы хотим следовать намерению ради Творца, тем больше убеждаемся, что не можем этого сделать в силу наших чисто эгоистических желаний самонасладиться. Но последняя точка перед раскрытием Творца наступает тогда, когда мы, вопреки нашим желаниям, все же пытаемся сохранить намерение ради Творца.

Эта мысль и проходит красной линией в первой статье «Шамати», где говорится, что нет иного, кроме Творца. Нет никакой силы, которая могла бы что-то делать против Творца, либо помимо Него. Это то, что раскрывается человеку, и это называется верой.

ЛЕЧЕНИЕ ДУШИ

Любое увеличение света считается праздником. Обычно весь мир и все души, которые постигают духовное, получают свет из мира Ацилут в зависимости от ступени, на которой они находятся. Обычный уровень называется *будни, Йом холь*, а следующий уровень — *начало месяца — Рош ходеш*. В Йом холь каждый день отличается от предыдущего характером свечения. Поэтому есть отличия между днями недели. В Рош ходеш ЗОН мира Ацилут поднимается в ИШСУТ, на одну ступень выше, и светит светом другого качества. Следующий уровень — Суббота, Шабат.

В духовном каждый день, каждый час и каждая минута имеют свои оттенки. Происходит постоянное изменение влияния света на души в нашем мире, а в соответствии с этим происходит постоянное исправление и движение. Кли без постоянного изменения воздействия света остается в полном покое. Кли движется либо под воздействием страданий из-за отсутствия света, либо под влиянием притяжения света.

ЗОН мира Ацилут задает все движение душам. Оттуда исходит постоянное добро, но воспринимается оно душами искаженно в силу того эгоизма, который есть в каждой из них. И задачей исправления душ является изменение ощущения плохого на хорошее, исправление келим с эгоистических на альтруистические. В меру своего исправления, душа начинает ощущать свет, Творца как абсолютное добро.

Самостоятельно человек не может этого достичь, он должен просить Творца о помощи, поняв, каким врагом является для него эгоизм. Раскрытие Творца выводит человека на качественно более высокий уровень. Человек меняет свое представление о вознаграждении и наказании. То же наказание превращается в наслаждение.

Если бы мы отключили ощущение боли из организма, то не знали бы о приближающейся болезни и не смогли бы себе помочь, лишились бы главного симптома. То есть иногда нужно потерпеть боль ради будущего выздоровления. Принятие горького лекарства, воспринимаемого как необходимое средство выздоровления, оборачивает горечь в сладость, поэтому лекарство кажется уже не таким горьким.

Любое нехорошее духовное, душевное самочувствие говорит о том, что где-то есть неисправность в себе, и надо лечить душу. Отключать же болевые ощущения — во вред человеку.

Рош ходеш Адар — это особый месяц, потому что в нем отмечается праздник Пурим, самый большой праздник, когда необходимо выпить до полного отключения, чтобы не чувствовать никаких страданий и забот. Это состояние косвенно напоминает наше будущее состояние полного наслаждения и совершенства, когда отключены мозги и включены только ощущения.

Мы должны научить человека войти в себя, раскрыть в себе 10 сфирот. Одна, первая, Кетер — свойство Творца, остальные — Его проявления по отношению к творению, к Малхут. Нужно научить человека различать все эти свойства и отличать их от себя, черной, эгоистической точки, в которую она получает от свойств всех 9-ти первых сфирот.

Насколько она сможет исправить свои свойства, настолько сможет уподобиться всем 9-ти верхним, слиться с ними. И это значит, что она полностью сольется с Творцом.

Почему раковая клетка становится опасной для жизни человека? Потому что она перестает думать о теле и начинает функционировать отдельно, все пожирать, а не давать телу то, что обязана отдавать. Все клетки организма знают, какими они должны вырасти, если что-то в них происходит, знают, как восстановить свое нормальное функционирование, тесно связаны с функциями организма в целом.

Если человек так же поступает относительно Творца, Вселенной и человечества, что в принципе одно и то же, то он будет нормально функционировать, и здоровье его всегда будет поддерживаться в хорошей форме. Если же нет, то он уподобляется клетке, которая начинает думать только о себе, и обращается из живой в раковую.

Когда начинают обучать Каббале, говорят, что нужно начинать «ло лишма», говорят красивые слова, очень мягко, потому что имеют дело с «женщинами», «детьми», «рабами» — тремя внутренними эгоистическими свойствами в человеке: желанием получить (женщины), желанием все схватить безрассудно (дети) и мелкими наслаждениями (рабы наслаждений). А затем, когда они начинают приобретать логический независимый разум, хотя еще и остаются в эгоистических свойствах, могут уже видеть себя со стороны, начинают человеку постепенно раскрывать альтруизм ради отдачи.

Человека нужно довести до такого состояния, чтобы он вскричал к Творцу, иначе его эгоизм (Фараон) не выпустит его из Египта. Каждое состояние человек должен тщательно проанализировать, пока не дойдет до понимания необходимости присоединять мозги для анализа этих ощущений. Если же нет, подобные состояния будут повторяться, пока человек не осознает это и не вскричит к Творцу, чтобы у него забрали все, что есть, лишь бы избавиться от своего главного врага — эгоизма, не дающего ему прийти к Творцу.

Оба состояния — глубокой депрессии и большого наслаждения — являются крайними и не позволяют человеку правильно проанализировать ситуацию. Но сам человек должен стараться сделать это, спросить самого себя: «Почему мне дали такое состояние? Что я могу сделать?» Если в любых состояниях будешь углубляться в мысль, что ты получил это от Творца, то страдание перестанет быть страданием и станет наслаждением, в меру величия Творца в глазах человека. Больше ни о чем не надо будет думать.

Свет исходит от Творца, в нем нет никаких составляющих, он Един и прост. Они появляются только от контакта с душой, кли, которое раскладывает свет на 10 частей своими 10 желаниями.

Душа Адама — это парцуф, но он отличается тем, что в нем находится сама Малхут, на которую был произведен Цимцум Алеф. В остальных парцуфах Малхут не находится, т.к. она, впитав все *четыре свойства Творца (Шореш, Алеф, Бет, Гимел), свое свойство (Далет)* расценивает как отрицательное, эгоистическое, и делает на него *сокращение, Цимцум Алеф*, не желает использовать его.

Допустим, ты полнейший эгоист. Есть рядом с тобой четыре хороших человека, от которых ты впитываешь по одному хорошему, присущему каждому и только ему, свойству. Но у тебя остается еще одна часть, которая не подлежит воспитанию, твоя собственная эгоистическая часть. Поэтому альтруистические свойства от окружающих ты используешь, а свое — нет. И вся твоя работа связана с уподоблением свойств другим, с тем, как стать похожим на них, хотя ты и сделан из иного материала, эгоистического.

Когда Малхут полностью перебрала все свойства Творца, она начала думать, как уподобить свое истинное свойство Творцу, чтобы и с самим эгоизмом тоже можно было работать, как с чистым альтруизмом. В себя она не может вобрать ни одно из 9-ти свойств Творца.

Тогда образовывается *особый парцуф*, который состоит из 9 свойств, и называется *Адам Ришон до грехопадения*. Потом к нему присоединяется сама *Малхут, Далет дэ-Далет*, на которую был сделан Цимцум, как дополнительная часть, а затем делается *зивуг* на весь парцуф. Как только свет входит во внутрь, в ту часть, которая не может получать свет, происходит разбиение всего сосуда на мелкие части.

Кли — это желания. Если на них есть экран, они называются целыми, если нет — разбитыми. 9 желаний, которые были в Адаме до греха, являются свойствами Творца и имели экран. Как только присоединили последнее свойство и сделали на него зивуг, тут же потеряли экран и разбились. Исчез экран из 9-ти сфирот также, и все 10 сфирот стали чисто эгоистическими.

Они перемешались между собой настолько, что теперь каждая эгоистическая частичка состоит из таких же 10-ти частиц. Получилось бесконечное множество эгоистических сфирот без экрана. Свет полностью удалился из них, и они остались в полной темноте. Такое состояние парцуфа Адам называется «этот мир», еще не «наш мир», и находится под *сиюм Гальгальта*.

Что делать с ним дальше? Все свойства перемешаны. Если эти эгоистические желания смогут получить какое-то свечение ор Макиф, то частички в таком кли смогут по-разному реагировать на этот свет. Самая последняя частичка никак не сможет реагировать, но все остальные способны, т.к. в них есть бывшие свойства света. А если это так, то некоторые частички можно как-то исправить.

Такое общее кли называется «Я» в своем ощущении, и под влиянием ор Макиф кли ощутит какое-то желание к духовному и выделит в себе частички, которые можно исправить и получить в них свет.

А есть часть, в которую свет получить невозможно. То есть будет четкое разделение на кли, с которыми можно работать, получить в себя свет и приблизиться к Творцу, и кли, с которыми работать нельзя. В этом задача человека...

Кли, которое ощущает в себе возможность приблизиться к духовному, можно сравнить с человеком, который начинает чувствовать тягу к духовному. У такого человека существует еще и биологическое тело, через эгоистические желания которого можно сделать большие исправления. Свет должен пройти до самого нижайшего состояния нашего мира, чтобы исправить и его также.

В творении есть всего два компонента: ор и кли. Если бы свет ушел из кли бесследно, то никогда нельзя было бы вернуть его обратно. Но так задумано Творцом, что, уходя, свет оставляет после себя в кли остаток, воспоминание, решимо и начинает светить ему снаружи. Существует очень много видов решимо и кли. И от различных комбинаций кли и света зависит вся работа человека.

Бывает, что человек, соблюдая пост, вдруг чувствует себя плохо. Как может быть, скажем мы, что, соблюдая заповедь Творца, можно чувствовать плохое?

Если бы человек всегда ощущал только хорошее при исполнении той или иной Заповеди, он автоматически, из чисто эгоистических побуждений, стремился бы исполнять все указания Творца, но никогда бы не смог выйти из своего эгоизма, который именно и подсказывал бы ему все действия. При этом он ощущал бы себя истинным праведником.

Необходимо разбиение келим, другими словами, страдания, чтобы в процессе их ты сам выявил, где свет, а где тьма. Это называется *акарат ра — осознание зла*. А происходит это, когда человек начинает приобретать свойства света, видит противоречия между ними и своими свойствами, и от этого его состояние все время ухудшается. Ни в коем случае нельзя думать, что будет лучше от выполнения заповеди, тогда все будут бегать за этим, захотят давать подаяние тоже ради эгоизма.

Есть 10 процентов людей, которые рождаются со свойством «эгоистически отдавать». Это тоже определенный вид эгоизма.

Есть только один путь — узнать свою природу под влиянием света, свой вид эгоизма, осознать зло, которое он причиняет настолько, чтобы пожелать избавиться от него и просить Творца об этом.

Каббалой должны заниматься люди, имеющие одну определенную цель: ощутить Творца, люди, готовые испытывать различные тяжелые ситуации ради этого, чтобы познать свою природу зла и избавиться от нее.

Мы в нашем мире пользуемся эгоизмом в завуалированном виде в различных ситуациях. Это либо хорошее, доброе отношение, альтруистические якобы дела, обучение детей вежливости. Все это прикрытый эгоизм, более изощренный. В нашем мире не может быть проявления альтруизма, он начинается только в духовном мире, при приобретении экрана и ор Хозер.

Человек, занимающийся Каббалой и еще не вышедший в духовный мир, называется учеником Каббалиста, а те, кто не занимается исследованием собственных свойств, находятся в чисто эгоистическом состоянии. И только тот, кто уже перешел махсом и находится в духовных мирах, может называться Каббалистом.

Когда страдания от жажды ощутить Творца достигают определенного уровня, они сразу же заполняются ощущением Творца, Его светом.

ЛИЧНОСТЬ И МАССЫ В ИЗУЧЕНИИ КАББАЛЫ

Если человек занимается Каббалой, хочет приблизиться к Творцу, хочет действительно добиться единства, слияния с Творцом — это получается у него по мере того, насколько он сможет построить экран сопротивления своему эгоизму, насколько он с помощью экрана способен сделать из себя духовный объект, занимается внутренним совершенствованием с помощью Каббалы. Этот путь — для единиц, но этой единицей может стать каждый.

Для масс специально создана система воспитания, основанная на точном знании их природы, чтобы они стали и всю жизнь оставались духовно неживыми. Они выполняют механически заповеди Творца, но работой сердца в этом не участвуют. Работой сердца называется стремление к альтруистическому намерению во всех своих действиях. Чтобы духовно продвинуться, нужно поднять сердце, желания на определенный уровень, т.е. работать с необходимым намерением ради Творца.

С человеком нужно говорить о том, что он может услышать. И на таком уровне, на котором он может понять. Я помню, как к Рабашу, моему Учителю, пришел молодой парень, очень тонкий, чувствительный. Пришел во время нашего урока, когда только Учитель и я сидели и занимались. Парень попросил разрешения присутствовать. Учитель разрешил и продолжил объяснения.

И вдруг я вижу, что он с пониманием ловит каждое слово Учителя. А я не слышу этих слов, не понимаю их! Простые слова, но мне они не были тогда понятны. Новичок их понимал, потому что был намного «тоньше» меня, «грубого технаря». Но в итоге я в Каббале, а он — неизвестно где. Все зависит не от того, каким создан человек, а что он делает с собой.

Каббалу нужно распространять пассивно: книги, Интернет, библиотеки, давать читать знакомым. Наша задача по распространению Каббалы заключается в том, чтобы каждый на земле знал о том, что есть такое учение, с помощью которого он постигает сам смысл жизни, достигает бессмертия, заменяет страдания на наслаждения, поднимается на самую высшую ступень мироздания, из абсолютного раба своей природы становится властелином. Информация об этом должна дойти до всех. А далее уже все зависит от самого человека. Когда его подтолкнут свыше — он вспомнит и возьмет книгу или свяжется с нами. Именно это мы наблюдаем в жизни.

А подтолкнуть человека к Каббале — это очень просто свыше: надо добавить ему только немножко страданий. Тогда он задумается о смысле своей жизни, о смысле переносимых страданий, у него возникнет стремление узнать их причину — зачем, ради чего он страдает.

바аль Сулам говорит, что если хоть один зрячий идет впереди массы слепых, и они держатся за него, то он приведет к нужной цели.

Все человечество обязано достичь своего наивысшего уровня развития. Но к нему есть два пути: дорога Торы и дорога страданий. Весь вопрос в том, сколько мы перестрадаем. Об этом и кричат каббалисты: можно избежать массовых страданий, катастроф. От того, насколько каждый сможет захотеть подняться на другой уровень развития, зависит возвращение к корням.

Что значит образование человека? Человек получает знания, которые, в принципе, не противоречат его первоначальному воспитанию. Получаемые знания дают жизненную опору. Но никакое знание не способно удержать человека в строгих рамках веры, потому что знания и вера — это два противоположных подхода к действительности. Поэтому руководители верующих, в принципе понимая это противоречие, проводят строгую селекцию в обучении. Любой отход от строгих рамок узкой жизни религиозной общины чреват отходом общим.

Бааль Сулам в своем «Предисловии к Талмуду Десяти Сфирот» пишет, что именно противники изучения Каббалы являются причиной того, что уже не первое поколение отходит от религиозного образа мышления.

Ведь не видя в обычном религиозном подходе никаких объяснений смысла жизни, причин происходящего, ясного пути к цели творения, люди, как правило, только ввиду душевной слабости убеждают себя в том, что то спокойствие, которое они ищут, они найдут именно соблюдая заповеди, как вся масса верующих. Потому что слияние с массой создает ощущение уверенности, чего, в принципе, и ищет возвращающийся к вере.

Для масс — чем меньше у них светское образование, тем лучше для них и для их руководителей — тем легче ими управлять. Я ни в коем случае не принижаю этим массы — религиозная масса в моем понимании намного предпочтительнее, чем светская, ведь и та, и другая действуют только под влиянием:

1) исходных свойств — программы, заложенной в унаследованных свойствах *(маца)*;
2) внешних условий, общества, обстоятельств.

Массы совершенно инертны и не имеют никакого личного духовного движения. Бааль Сулам подробно описал это в своей статье «Свобода воли» в книге «Дарование Торы».

Чем образованней человек, тем менее он нуждается в руководителе, более свободен. У евреев стремление к знаниям, как эгоистическое стремление, более развито. Поэтому люди, которые уходили для получения образования, ничего в этом плохого не видели. Но поскольку светские знания превосходили то, что они получали в религиозном воспитании и образовании в детстве, они поневоле отходили от религии.

В нашей каббалистической группе почти все имеют высшее образование, здесь занимается много докторов наук. И начиная изучать Каббалу, они видят, что эта наука, намного более логичная, цельная и «научная», чем светские науки. Потому что светские науки не определяют даже границ своего постижения.

Ученые считают, что, изучая и постигая природу, составляя некоторые комбинации из уже готовых в природе элементов, они становятся на голову выше человеческого уровня. А сами занимаются не более чем раскрытием действия Высшей силы в своих узких эгоистических рамках познания.

Тот, кто приходит в Каббалу — не тот, кто возвращается к вере! Кто такой сегодняшний «возвращающийся к вере»? Это человек, который сумел убедить себя, что жить надо так, что так легче уйти от жизненных ударов, легче найти успокоение. Но настоящее возвращение — это возвращение не к ритуалам, а к Творцу. Как говорит Книга Зоар, слово *тшува* — возвращение — состоит из двух слов *шув* — *хей*, что означает *слияние* с Творцом всеми своими желаниями.

В этом отличие Каббалы от религиозного образа жизни. Необходимо еще и внутреннее усовершенствование, внутренняя духовная работа. Иначе «возвращение» будет для тебя являться только бегством от тех неприятностей, которые тебе дает Творец.

...Ты спускаешься еще ниже того уровня, который может дать тебе духовное развитие, ты фанатично выполняешь написанное и закрываешь глаза на все, вместо того, чтобы правильно реагировать на то, что посылает тебе Творец, видеть во всем окружающем его призыв сближаться с Высшим. Каббала не против выполнения, а против механической мотивации: «Потому что так написано!». Каждое действие человека должно быть направленно четко на сближение с Творцом, и это действие и его результат обязаны быть полностью осознанными и контролируемыми.

Каждый человек находится на духовном уровне, который он получает извне. Это можно уподобить тому, как если бы от нашего мира и до Эйн Соф существовали «краники». К какому кранику ты можешь подключиться соответственно своему духовному состоянию, такую ты и получаешь подпитку, силу, мысли.

От поколения к поколению увеличивается эгоизм. Эгоизм — это единственный материал природы. В каждом поколении Творец своей духовной инъекцией впрыскивает дополнительную порцию эгоизма. Поэтому каждое следующее поколение вынуждено развивать себя, свою науку, культуру, технику в большем размере, чтобы удовлетворить добавочные желания к наслаждениям животным, богатству, власти, знаниям. Этим одно поколение отличается от другого.

С другой стороны, это как бы считается падением поколений. Потому что с увеличением эгоизма нравственность падает, пороки растут, жестокость приобретает ужасные формы. И это параллельно с общим увеличением жизненного уровня и коммуникации. Возникает ощущение тупика. Это происходит и в каждом народе, и во всем мире. Да и в каждой семье: насколько сегодня дети независимей и отдаленней от родителей уже с малых лет.

Поиски — это общая тенденция, когда никакие животные наслаждения, ни деньги, ни власть, ни знания удовлетворения не дают. Возникает ощущение безысходности. И это будет раскрываться все в большей степени от аккумулятивного процесса всех поколений.

И если это откроется всем, то никто не сможет смотреть на себя и терпеть себя в силу осознания собственного зла. И тогда взгляды и чаяния всех устремятся только к Творцу, единственному источнику, который сможет дать силы избавиться от собственного эгоизма и заменить его альтруизмом.

Эгоизм станет собственным могильщиком. Осознание собственной природы как явного зла для себя явится тем рычагом, с помощью которого человек будет вынужден обратиться к Творцу в поисках единственной возможности спасения.

Толкая каждый раз человека к наполнению все большего желания, эгоизм приводит себя к собственной смерти.

Страдания от поиска постоянного наполнения требований эгоизма не исчезают, каждый должен их пройти, дабы осознать. Просто к Творцу нужно прийти, сменив страдания телесные на страдания духовные, страдания от желания любви к Творцу.

Но если бы каждый смог хоть как-то корректировать свой путь, ускорять осознание зла, можно было бы уменьшить количество личных и мировых катастроф. И наша цель в распространении Каббалы именно в том, чтобы сократить путь страданий всем, кто это способен услышать.

ЭЛЕМЕНТЫ ПОСТИЖЕНИЯ

Уверенность человека в себе определяется его психологической готовностью страдать ради достижения желаемого. Потому что все достижимо, но чем особеннее желаемое, тем большее усилие необходимо приложить для его достижения. А поскольку духовное приобретение выше нашего мира, т.е. больше всего, что есть в этом мире, то для его достижения необходимо приложить усилия сверх всех усилий нашего мира.

Сильный человек — тот, кто может приложить все необходимые усилия и ощущает в себе терпение настолько, что ничто его не останавливает вплоть до достижения цели. И такого называют героем, а слабый чувствует, что нет в нем терпения, и поддается страданию.

Все приобретения духовных качеств сводятся к трем: знание, стойкость (геройство), богатство. И постигаются полностью только с полным постижением всех духовных ступеней.

Мера терпения к страданиям ради приобретения духовного является самой большой из всех мер терпения, необходимых для всех приобретений нашего мира. И эта мера терпения и есть сила жизни человека в человеке. До 40 лет в человеке присутствует эта сила в своей полной мере, а, начиная с 40 лет, эта сила уверенности в себе уменьшается, пока не исчезает вовсе в момент смерти.

Знание — самое большое приобретение и наивысшая ступень постижения. А потому для достижения знания требуется наибольшее усилие и страдание. А для обладания *духовным пониманием (Бина)* требуется уже получение особой помощи свыше. Наивысшим достижением человека является постижение Творца.

Но любое постижение духовного основано на совместном относительном влиянии духовного на человека: человек постигает не сам духовный объект, а меру его воздействия на себя, в соответствие с мерой совпадения своих свойств и духовного объекта.

Это полностью подобно тому, как человек в нашем мире постигает окружающее только в той мере, в которой его органы чувств могут воспринять окружающее. И, конечно, остается непознанным еще многое извне, что не ощущается органами чувств.

И более того, человек воспринимает не окружающее, а то, каким образом оно воздействует на него. Поэтому окружающее — не более чем совместное производное от взаимодействия внешних факторов и чувств человека.

Также и в постижении духовных миров — духовное постижение есть совместное производное от встречи внешнего, духовного света с духовным ощущением человека, его духовным желанием, экраном.

И это раскрывается пророкам и каббалистам. И это постижение совершенно достаточное, как в нашем мире совершенно достаточно нам наполнить наши органы восприятия, и не более.

В духовном высшем свете Творца нет никаких изменений, а все изменения, якобы происходящие в нем и ощущаемые каббалистом, ощущаются только вследствие изменения свойств самого каббалиста. А потому как ощущается только воздействие света на духовное ощущение человека, то говорится, что самого Творца, т.е. Высший свет вне нас постичь невозможно, а постигаются только его воздействия на творения.

СТУПЕНИ ВОЗВЫШЕНИЯ

Во всем мироздании есть только Творец и его главного творение — человек. Поэтому все, что ощущает человек — это только Творец, ведь кроме Творца не существует перед человеком более ничего. Если человек ощущает не самого Творца, а ощущает нечто вокруг себя, как ощущаем мы — это означает, что Творец скрывается от него за ширмой, называемой «этот мир».

Духовный мир — это мир ощущения Творца, существующий только внутри ощущающего его человека. Если человек не ощущает Творца — значит он не находится в духовном мире. Если человек начал ощущать Творца — мы говорим, что человек вышел в духовный мир. Чем больше человек ощущает Творца — тем выше он находится в духовном мире. От нашего мира, где отсутствует ощущение Творца, и до максимального Его ощущения человек должен пройти подъем по 125 ступеням. Каждая ступень означает, что человек все более явно ощущает Творца.

Степени ощущения Творца (сверху-вниз):
(наклонным шрифтом обозначены *миры*, отделяющие человека от Творца)
человек — Творец
(Неограниченное ощущение Творца называется *миром Бесконечности* — ощущение без конца, без ограничения, без разделения между человеком и Творцом).

человек — *АК* **— Творец**

человек — *Ацилут + АК* **— Творец**

человек — *Брия + Ацилут + АК* **— Творец**

человек — *Ецира + Брия + Ацилут + АК* **— Творец**

человек — *Асия + Ецира + Брия + Ацилут + АК* **— Творец**

человек — *Этот мир + Асия + Ецира + Брия + Ацилут + АК* **— Творец**

Человек воспринимает только тот мир, который непосредственно находится перед ним, а остальные миры, отделяющие его от Творца, не ощущает. Иными словами, ощущается только более высокая ступень и она воспринимается как природа (если человек воспринимает этот мир) или Творец (если человек вышел на ступень мира Асия или выше). Всегда высшая ступень называется Творец, потому что она действительно порождает, управляет и питает более низшую.

Этот мир — все, что предстает пред нашими глазами, то, что мы воспринимаем во всех своих ощущениях. Иными словами, именно так мы воспринимаем Творца сейчас, еще до того как начали исправлять наши органы восприятия. Исправление органов восприятия означает не исправление зрения, слуха, тактильной чувствительности и пр., а исправление намерений сердца, которое воспринимает поступающее через 5 органов чувств как наслаждение или страдание.

Все ступени миров устроены так, что в каждую ступень входит нижняя часть Высшей. И каждая ступень, в свою очередь, опускает свою нижнюю часть в верхнюю часть нижней ступени.

В итоге получается, что где бы ни находился постигающий духовные ступени человек, всегда в нем находится нижняя часть более высокой духовной ступени.

Возможность духовного возвышения со ступени на ступень реализуется именно благодаря тому, что в любой момент в человеке есть более высокая ступень, на которую он желает подняться. Проблема только в том, как использовать эту возможность?

Ступень, на которой находится человек, определяет все его свойства и желания. Изменить свои свойства на лучшие человек может только, если переместится на более высокую ступень. Тогда свойства той Высшей ступени станут его естественными свойствами. Но пока он остается на своей ступени, он думает и поступает только согласно тому, что получает от этой ступени, — это определяет все его самосознание.

Как же можно тогда изменить свои свойства, желания, мысли, если они являются продуктом, следствием среды-ступени, на которой находится человек? Именно для этого и находится в каждой ступени часть от более высокой ступени! А иначе бы не было никакой возможности у человека подняться со ступени на ступень.

Получается, что часть Высшей ступени, которая находится в низшей, является как бы посредником между обеими ступенями. Однако посредником можно быть, если иметь общие свойства обеих ступеней. Но ведь таких свойств нет в духовном, ведь если бы были одинаковые свойства, то они были бы одним целым.

Оторваться от свойств своего уровня и приобрести иное свойство, высшего уровня, можно только совершенно перестав ощущать свои потребности, свойства, желания. А потом принять в себя иные свойства, желания, стремления.

Поэтому в духовном властвует принцип альтруизма, ведь способность оторваться от себя, от своих желаний, необходима для духовной жизни, перемещения, сближения. (Если бы из духовного мира в наш мир случайно забрел ангел, житель духовных миров, он бы, наверное, удивился и воскликнул: «Да как же Вы можете существовать только в своих желаниях, в своем эгоизме! Ведь он не позволяет Вам ничего изменять, а потому не позволяет расти, жить, обмениваться, улучшаться!»).

Поэтому Высший парцуф специально опустошает часть своих желаний, абстрагируется от них, желает только «отдавать» ими. Эти желания становятся как бы не его. Этим он обеспечивает возможность находиться своими желаниями в низшем, желать то, что желает низший, но не для себя, а только чтобы сравняться с низшим. Такое сравнение с низшим является возможным для Высшего и благодаря такой помощи Высшего, низший может ощутить в себе Высшего, но не как Высшего, а как «своего».

СИЛА НАМЕРЕНИЯ

Что такое перевоплощение душ? Об этом пишет Ари в своей книге «Шаар гильгулим» («Врата кругооборотов»): душа такого-то от «правой руки Адам Ришон», т.е. от его свойства Хесед, от соответствующей силы. С того момента, как произошло разбиение души Адам Ришон и образовались отдельные души, они «соединяются» с физиологическими телами нашего мира: человек может ощущать себя как носитель тела и носитель души.

Все души связаны между собой, и если бы не эгоизм, вспрыснутый в нас и разделяющий на отдельные души, мы бы ощущали себя как единое целое. Поэтому основная Заповедь говорит об отношении к другому как к себе на основе всеобщей любви.

Нет ничего, кроме Творца и одной общей души, практически слитой с Ним. Все исправление заключается в изменении своих собственных ощущений. Вокруг нас ничего не меняется. Снимается только пелена с глаз, и сразу становится видно, что мы уже находимся в полном слиянии с Творцом.

Но чтобы прийти к этому состоянию, необходимо очень много работать, все зависит от настойчивости. Учитывается не количество и качество полученных знаний, а только усилия, приложенные для достижения цели.

Что значит соблюдение Заповеди? Это значит, что мы должны в нашем мире физически выполнять Заповеди на духовно неживом уровне и одновременно выполнять их на духовном уровне. Вот тогда это и будет исправление. Научить человека выполнять Заповеди духовно можно, только воспитывая его духовно. Это зависит от его желания. Мы изучаем элементы духовных Заповедей и методы их выполнения, а затем, приобретя экран, научимся их выполнять с его помощью, потому как настоящее выполнение Заповеди — это получение света с помощью экрана.

Нет ничего, кроме двух составляющих мироздания: Творца и творения, желания насладить и желания насладиться. Желание насладиться, исправленное антиэгоистическим экраном, называется «парцуф» — духовный объект. А когда парцуф принимает в себя наслаждение ради Творца, делает зивуг дэ-акаа, его действие называется «Заповедь».

Свет, который при этом входит в него, называется «Тора». То есть если человек в момент физического выполнения Заповеди одновременно выполняет ее духовно и получает в себя, в свой исправленный эгоизм, свет Торы, то он соединяет в себе два мира.

Человек, выполняя Заповеди в нашем мире, должен еще выяснить, что он хочет получить от того, что он совершает. Просто автоматическое выполнение не дает духовного возвышения, но уже ставит человека на «неживой духовно уровень». И только намерение человека, в меру силы этого намерения и его направленности, выводит человека в духовный мир и определяет его духовную ступень и меру ощущения, постижения Высшего света, Творца. Поэтому сказано, что «Заповедь без намерения мертва, как тело без души». То есть находится на духовно неживом уровне.

Обучение правильному намерению и есть предмет и задача Каббалы. И потому она называется скрытой частью Торы, ведь о намерении человека никто из его окружающих знать не может, но только он сам. А зачастую и сам человек не может точно определить своих намерений.

Поэтому Каббала вначале учит человека на нем самом, как определить свои истинные намерения. В итоге человек начинает ощущать свой эгоизм и истинную сущность своего желания абсолютного наслаждения без всякой потребности думать о других и принимать во внимание чьи бы то ни было мнения и желания.

В начале своего духовного продвижения человек абсолютно не понимает, для чего он встает рано утром, едет на занятия, остается на трапезы и беседы. Делает он все это неосознанно. И только потом, когда ему открывается Творец, и он начинает видеть и чувствовать, как его вели, все становится на свое место.

Все миры не существуют без человека, ощущающего их. Только человек, своим восприятием того или иного фрагмента их бесконечного и однородного света, называет воспринимаемый им фрагмент своим миром и дает ему имя.

И наоборот, в потенциале все ступени миров и сами миры уже заготовлены в самом человеке. Это градации его познания духовного, по которым он постепенно, ступень за ступенью начинает постигать внешний, вне нашего мира, мир.

Для быстрого продвижения мы обязаны получать друг от друга желания к духовному восхождению, заражаться желаниями своих товарищей по учебе. Но мы общаемся ежедневно с большим количеством посторонних Каббале людей и получаем их мысли и желания. Если мы будем приносить эти посторонние желания в группу, то, заразив ими, подсознательно, неосознанно, своих товарищей, будем мешать их продвижению.

А затем это, естественно, бумерангом вернется снова к нам, в виде слабости и отсутствия мотивации к занятиям Каббалой. Поэтому каждый, общаясь вне группы, должен постоянно проявлять осторожность в общении и выборе окружения.

Вся задача человека в том, чтобы очиститься абсолютно от всего постороннего, независимо от того, считает ли он это плохим или хорошим. Нужно оставить только свое чистое «Я», через которое он сможет ощутить Творца. Можно двигаться вперед, используя только свои желания-келим или исходящие из Высшего парцуфа, Учителя, который его ведет.

У Рабаша было заведено собираться один раз в неделю и возбуждать в себе важность духовной работы для создания общего кли. Такие дружеские собрания «Ешиват хаверим» проводились каббалистами во все времена, начиная со времен рабби Шимона. О таких собраниях пишется в книгах Рамхаля, Ари, многих хасидских каббалистов, великих учителях прошлых столетий, живших в России.

Влияние общества, масс, возбуждает в человеке его животные желания, которые становятся серьезной помехой на пути духовного продвижения. От такого воздействия нужно убегать, отталкивать тех, кто пытается каким-то образом повлиять на вас вольно или невольно. Даже только участие в разговоре может привести к потере тех духовных достижений, на которые были потрачены долгие месяцы.

Я ни в коем случае не приветствую отстранение от общества, но начинающему ученику надо быть крайне осторожным в том, какую информацию он впитывает. Ведь, по сути, вся наша свобода воли сводится только к тому, к какому кругу общества мы примкнем, под чье влияние мы себя подставим.

Человек — это эгоистическая точка творения, которая должна созреть для духовной работы. Только созревшая, раскрывшаяся точка в сердце человека, только она — первична, все остальные действия — вторичны, исходят из нее.

Создано только желание получить наслаждение, желание самонасладиться на всех уровнях своего эгоистического развития. Оно называется «клипа» (кожура), потому что эта сила сохраняет человека, пока он не достигнет своего развития настолько, что пожелает снять с себя эту клипу и достичь самого плода. Но плод — это исправленная клипа, желание отдавать, услаждать, подобно Творцу.

Клипа — это духовная сила. Духовное тело клипы состоит точно так же, как и духовно чистое тело, из «головы» и «тела». «Голова» клипы называется «знание», а «тело» — «получение». «Голова» духовно чистого тела называется «вера выше знания», а само «тело» называется «отдача».

Только группа единомышленников может вытащить человека из тех состояний, в которые он впадает, абсолютно не контролируя себя и не осознавая этого. И если человек изо дня в день встречается со своей группой, со своими товарищами, это способствует очищению его мыслей, дает толчок для движения в нужном направлении.

Если у человека возникли какие-то личные духовные переживания, значит, у него появились какие-то индивидуальные отношения с Творцом, еще нечетко ощущаемые, но уже отношения. Об этом нельзя никому рассказывать, иначе все исчезнет. Это подчас скрывается внутри человека от самого себя.

Все, что есть в духовном, — это желание получить и экран-масах на него. Принятие решения в кли происходит либо на основании желания (эгоистическое кли), либо на основании масаха (отдающее духовное кли), либо на основе их слияния (получающее духовное кли).

Человек должен стремиться проанализировать все, что приходит к нему. Принимать все приходящее как средство для вхождения в духовный мир, посылаемое ему Творцом. И на это не существует никаких рецептов, в каждом отдельном случае человек должен сам убедиться в том, что он может, а чего не может, приложив в каждом отдельном случае все силы и методы для решения каждого вопроса.

Когда же он видит, что, испробовав все, не может вырваться из рамок своего мирка, своего собственного эгоизма, тогда он поднимает руки и кричит о помощи Творцу. Сам эгоизм видит собственную смерть и начинает кричать. Только в таком безвыходном состоянии Творец помогает человеку, потому что человек готов принять помощь Творца.

Мы все дойдем до «гмар тикун» — полного исправления, все дойдем до нашего корня в «Эйн Соф», хотим мы этого или не хотим. Все движется к окончательному исправлению, концу этого мира, к концу эгоистического существования, независимо от нашего желания.

Насколько обиходное понятие «конец мира» противоположно истинному его значению! Но при помощи занятий в группе под руководством настоящего Учителя и по истинным источникам можно ускорить свое индивидуальное продвижение к духовному и в духовном еще при этой жизни. Такой путь называется «Путь Каббалы». И можно идти либо этим путем, либо путем страданий, меняя один жизненный круговорот на другой, и все равно прийти к тому же результату.

Путь Каббалы не означает уменьшение страданий или стремление их избежать, не ради этого мы идем этим путем. Страдания от недостаточного эгоистического наслаждения предметами нашего мира, человек меняет на страдания от отсутствия духовного и этим сокращает время своего пути к цели. Приходит к ней не за многократное пребывание в страшных страданиях в нашем мире в различные времена, а за одну эту, настоящую его жизнь. Поэтому говориться: «Израиль освящает время».

ВЫСШИЕ СЛОИ МИРОЗДАНИЯ

«Талмид хахам» — «Ученик мудрого» — так называется ученик, который хочет учиться напрямую у Создателя. Чему же можно учиться у Творца? Единственное свойство Творца — наслаждать свои творения. Если человек желает приобрести такое свойство, услаждать Творца, как Творец услаждает человека, он называется «Ученик Творца».

При условии приложения усилий к произведенной работе он добьется того, что Творец, в конце концов, услышит его молитву о помощи. А тот, кто вроде бы желает достичь духовного и на глазах у всех показывает всем, что делает ради приближения к Творцу, а в сердце пусто, тот ничего не получит. Ни собственное сердце, ни Творца обмануть нельзя.

Когда человек ничего не желает, кроме Творца, когда все силы и время он тратит на достижение этого, то его желание будет удовлетворено Творцом. Человеку, идущему по духовному пути, запрещено говорить о том уровне, где он находится, потому что там, где начинаются чувства, заканчиваются слова.

В первую очередь, человек должен знать то, что ему нужно для его собственного исправления. Мы до конца не понимаем, что такое сосуд, пригодный для получения духовного света, и что такое свет.

При изучении сочинений Бааль Сулама и Рабаша становятся нам понятными их указания и методика общего продвижения и входа в духовный мир. Бааль Сулам дал нам точное направление, по которому мы сможем выйти в духовный мир и приблизиться к Творцу.

Почему мы не едим в Йом Кипур? Если больному скажут: не есть один день и одеться в белую одежду, чтобы излечиться от болезни, — он это сделает для своего же блага. На таком уровне — поступки масс по отношению ко всем религиозным предписаниям, а тем более к таким, которые по традиции и по общепринятому мнению решают, какую долю удачи и счастья выделит человеку наш мир.

Мы же должны выполнять Заповеди Творца только потому, что это Его указание. Нам непонятно, как духовное связано с нашим миром, каким образом происходит одевание духовных миров на наш, материальный? Как человек, ничего не понимая, изучает наш материал и вдруг получает возможность влиять на духовные миры?

Человек приходит на занятия, слушает: если он понимает, что ничего не понимает — это уже истина. Творец дает ему такое чувство, потому что желает приблизить к себе. И наоборот, если не желает человека, дает ему удовлетворение в учебе, работе, семье. Рост возможен только из ощущения неудовлетворенности.

Воспитанием в человеке ощущения своего совершенства воспитатели полностью лишают его возможности как упасть, так и подняться. На этом построено все воспитание масс — ощущать себя совершенными. И это умертвляет человека, ведь его эгоизм удовлетворен.

Так и в нашем духовном развитии — только величина неудовлетворенности определяет величину стремления выйти из рамок привычек и лени и вынудит духовно возвыситься.

К цели, которую мы поставили перед собой, может привести только достаточное по своему количеству и качеству, индивидуальное для каждого, усилие. Поэтому привлечение желающих изучать Каббалу, проведение занятий, любой вид распространения истинных каббалистических знаний — приносит огромную пользу тем, кто этим занимается. Такой человек является проводником идей и знаний о Творце в нашем мире.

Знания в Каббале, до тех пор, пока они не прошли через сердце человека, через его чувства, не являются истинными. Поэтому все науки можно изучать, совершенно не меняя своих качеств. Никакая наука в мире не требует от ученого изменить свои взгляды, исправить черты характера.

Потому что все науки заняты поиском знаний только о внешней части мироздания, только в пределах нашего маленького мирка. Но уже сегодня наука начинает раскрывать зависимость итогов эксперимента от индивидуальности экспериментатора. А в дальнейшем ученые обнаружат, что все истинные знания можно получить, только если человек сравняется с природой изучаемого.

Поэтому, если мы желаем понять мироздание на ступени, где зарождаются все события нашего мира, где находятся наши души до их нисхождения и после их возвращения, если мы желаем осознать всю картину бытия вне зависимости только от времени нашего мира, вне времени, как мечтают от этом физики — это будет возможно только для тех, кто станет сам подобным этим Высшим слоям мироздания.

Именно Каббала и обучает приему овладения ощущением Высших слоев мироздания. Свет Хохма можно получить только в подготовленное кли, идя верой выше знания. И самое интересное и удивительное во всей науке Каббала то, что кли начинает формироваться только у того, кто может незаметно, сам для себя, совершать какие-то действия на отдачу.

Но кто учит и понимает, как ему кажется, остается с полученными знаниями на уровне животного. Его знания только подпитывают собственный эгоизм, а не способствуют созданию кли с экраном.

Человек должен контролировать возникающие в нем желания. Все желания посылаются нам свыше. Одновременно с желаниями к свету могут дать еще несколько желаний: к славе, деньгам, знаниям, удобствам. И каждое мгновение нужно выбирать, проверять себя в том, что действительно ты хочешь в данный момент получить, а что стоит предпочесть, исходя не из чувств, а из изучения Каббалы.

Невозможно отказаться от удовольствий нашего мира, предлагаемых как на ладони, которую остается только сжать, чтобы их получить. Как можно пренебречь ими ради какого-то будущего духовного удовольствия, совершенно непонятного нам сейчас?

Лишь немного приблизившись к Творцу своими свойствами, мы начнем понимать всю иллюзорность удовольствий нашего мира, их недолговечность и никчемность по сравнению с той мизерной капелькой духовного наслаждения, получаемой от слияния с Творцом. И тогда человек естественно предпочтет духовно-эгоистическое наслаждение материально-эгоистическому.

Каждому даются различные возможности для того, чтобы он начал двигаться в правильном направлении. И самое главное — увидеть и не упустить возможность, данную Творцом. Мы должны стремиться только к Творцу, т.е. пытаться видеть Его управление нами во всем, что случается с нами, во всем, что мы ощущаем, в каждой мысли, вдруг всплывающей в нашем сознании.

Великие каббалисты описали в своих книгах, как человек должен найти путь в духовный мир. Сверху дается Творцом столько, что этого более чем достаточно для продвижения. Мы бесконечно должны быть благодарны Творцу и тем каббалистам, которые дают нам это.

Великие Учителя, которые передали нам волю Творца, цели Его управления нами, стояли на такой ступени духовного постижения, что нам, пока мы не достигли наинизшей из ступеней духовной лестницы, невозможно даже представить себе их величие.

На ступенях, где находятся наши духовные Учителя, нет понятия «получить ради себя». Даже удовольствие, которое они получают от общения со светом Творца, предназначено для Творца. Великие каббалисты нашли особые слова выразить понятным нам языком действия Творца, облекли свет Творца и Его действия в определенные фразы, слова, т.е. огрубили настолько, чтобы мы смогли как-то воспринимать его вначале, а затем, в процессе серьезных занятий и приложенных усилий, идя навстречу Творцу, смогли бы ощутить непосредственно каждый Его свет во всем совершенстве.

СОПРОТИВЛЕНИЕ ЭГОИЗМУ

Все исправления в парцуфе З"А мира Ацилут, прообразе человека нашего мира, происходят в духовном процессе, называемом «Суккот».

«Человек», духовный сосуд — душа, является подобием состояния З"А в мире Ацилут. Свет, который получает душа, исходит из взаимодействия Бины, З"А и Малхут мира Ацилут.

Все действия, которые должен производить З"А, связаны с Заповедью, называемой «Лулав», что соответствует З"А, и «Этрог», соответствующий Малхут. Человек должен соединить в себе эти понятия, свойства. И вся эта внутренняя работа проводится в Сукке. Сукка — это окружающий свет, ор Макиф Бины, окружающий З"А, из которого человек вбирает в себя внутренний свой свет, ор Пними.

Бааль Сулам объяснял: «Есть два понятия в Сукке: скрывающее облако и то, из чего делается покрытие Сукки, из отходов растений, веток. Если человек сможет сделать такой же навес от наслаждений, которые он получает свыше, тогда вместо облака, которое закрывает его от Творца, он начнет видеть «облако славы» — раскрытие Творца».

Работа человека во время возведения покрытия Сукки и символизирует построение экрана, масаха, для отражения удовольствия, исходящего от ощущения Творца.

Эта работа называется «МАН дэ-Има», что значит молитва о получении силы сопротивления эгоизму. И если человек просит искренне, эта сила нисходит на него и дает возможность получить с помощью экрана Высший свет, свет мудрости и постижения, ор Хохма.

Свет этот несет с собой полную информацию о том, где находится человек, что с ним и вокруг него происходит, как называется ступень, на которой он находится. Человек, постигнувший свойства определенной духовной ступени, называется именем этой ступени. А затем, постигнув более совершенную, более высокую ступень, меняет свое имя. В этом и заключается смена имени, которая так популярна в наше время.

Потому что, поднимаясь по духовным ступеням, человек обретает новые свойства, подставляет себя под все большее изобилие. И человеку в нашем мире представляется, что, искусственно изменив свое имя, он также подставляет себя под лучшее духовное воздействие свыше.

В наш мир спускаются души, предназначением каждой из которых является постижение своей ступеньки, с которой она снизошла в наш мир и облачилась в биологическое тело. Человек обязан в течение одной из своих жизней достичь, будучи в своем теле, корня своей души, несмотря на помехи тела, достичь того же духовного уровня, с которого спустилась его душа.

Есть души, которые должны достичь своей ступени, и только. Этот путь они совершают, условно поднимаясь по 6 000 ступеней, называемых «годами». Поэтому говорится, что время существования мира — 6 000 лет.

Но есть особые души, которые должны достигнуть не только своей ступени, а затем подниматься со всеми мирами АБЕА до уровня парцуфа САГ мира Адам Кадмон. Этот уровень называется «7 000 ступеней» или «7 000 лет». Или достичь уровня парцуфа АБ мира Адам Кадмон, называемого «8 000 лет». Или уровня парцуфа Гальгальта, называемого «9 000 лет».

Но совсем особые достигают уровня «10 000 ступеней» или «10 000 лет», выходя своими постижениями, ощущениями в мир Бесконечности.

Такая душа спускается в наш мир раз в десятки поколений. За всю историю человечества их можно перечислить по пальцам. Все великие каббалисты относятся к такому виду душ.

Выполнение Заповеди, связанное с Суккой, символизирует слияние Творца и творения на самой высшей ступени. Как это происходит?

З"А, состоящий из 6-ти сфирот, дает ориентацию согласно сторонам света: север, юг, восток, запад, верх и низ. Малхут получает от всех этих 6-ти свойств, сфирот З"А. Поэтому сначала прикладывают этрог к лулаву, а затем произносят благословение. Таким образом выполняется Заповедь Сукка и Лулав.

Ни в коем случае исполняющий не должен представлять себе, что своим механическим выполнением заповеди он выполняет духовные действия. Ничего духовного своими руками, ногами, губами человек не может совершить! Духовное действие может совершить только тот человек, который приобрел экран на свои эгоистические желания и может получать Высший свет ради Творца.

Методика достижения таких состояний называется «Каббала» и приобретается только под непосредственным руководством Учителя. Самоучка стать каббалистом не может. Все, даже самые великие каббалисты имели своих Учителей, а без них не смогли бы овладеть постижением духовных сил. Но, получив от истинного Учителя правильное направление и связь с Творцом, каббалист может затем сам увеличить эту связь настолько, что может превзойти своего Учителя.

Сам праздник Суккот состоит из 7 дней, подобно вхождению света в 7 сфирот З"А из Бины — по дням, каждый день, каждое духовное состояние, новый свет в новую сфиру. А 7-й день, день перехода света от З"А в Малхут, день получения света Малхут, называется «Симхат Тора», «Веселие Торы». Потому что совокупность всего света, получаемого в Малхут, затем нисходит в души, и этот общий свет называется «Тора».

Этот свет не входит в Сукку, а «Симхат Тора» является самостоятельным праздничным днем. Сукка — это прохождение света с помощью экрана через З"А в течение 7-ми дней, а «Симхат Тора» — вхождение света Торы, З"А, в Малхут и их полное соединение.

Ночь, предшествующая Симхат Тора, называется «Лейль Ошана Раба». Это особая ночь, когда группируется весь окружающий свет вокруг З"А, а поскольку он — вокруг

З"А, то это состояние называется «ночь», перед превращением его во внутренний свет, в ор Пними, который затем войдет в Малхут.

Любое действие с намерением «ради Творца» — духовно, такое же действие, но с намерением «ради себя» — материально и эгоистично. Начинающему каббалисту очень и очень трудно заставить себя физически выполнять заповеди, то, что выполняют с легкостью все верующие, но он должен стремиться к их выполнению. Трудно выполнять действия, потому как каббалист начинает рассматривать все свои поступки, мысли, явления в силу их воздействия на его путь, оценивается их ценность в мере, которой они способствуют достижению цели — связи с Творцом.

А потому как достижению связи с Творцом способствует мысленаправленность и внутренние усилия против эгоизма, человеку крайне трудно производить вообще какие бы то ни было физические действия, якобы связанные с духовным.

Потому что действительно никак никакие физические действия не оказывают на духовный мир, на Творца, никакого влияния. Связь человека с Творцом проходит только через сердце человека. Но выполнение механических заповедей необходимо, потому как и их выполнение является желанием Творца.

Только одно усилие в борьбе с самим собой помогает в продвижении к постижению духовного — усилие постоянно удерживаться в мысли о существовании Творца во время изучения Каббалы, о том, что изучаются Его действия, ради постижения цели творения. Подробнее об этом можно говорить только при тщательном изучении «Предисловия к Талмуду Десяти Сфирот».

Эгоизм позволяет нам что-либо делать только тогда, когда он видит в этом какую-то выгоду и получает удовольствие от того, что делает. А для получения силы действовать против эгоизма нужна молитва к Творцу о помощи. Это единственный прямой путь, прямая связь с Творцом. Постепенно эта связь становится более устойчивой, четкой и ясной. Человек начинает чувствовать то, что с ним происходит, понимать, для чего ему посылаются эти состояния, знать, что он должен делать. И тогда такие состояния становятся трамплином для восхождения на следующую ступень.

Что такое тайна, тайное учение? Тайна существует только относительно человека, который в нее не посвящен, а для посвященного она не называется «тайной». Так же для человека — то, что для него сегодня является тайным, завтра уже будет явным. Открыть тайну может только сам человек. А помощь со стороны, так сказать миссия Учителя, — это указать на правильное место приложения усилий ученика, подтолкнуть его к поиску.

Само по себе усилие измерить невозможно, т.к. оно очень лично и относится к области чувств, а чувства мы не можем передать — невозможно ощутить то, что чувствует другой. И вообще усилие, прилагаемое в нашем мире, — это эгоистическая форма деятельности, когда человек из эгоистических потребностей постоянно меняет свои удовольствия, гоняясь за маленькой искоркой света, облаченной в различные одеяния, неосознанно пытаясь ее поймать в предметах нашего мира.

Усилием в Каббале называется то, что человек выполнить не в состоянии, пытаясь сделать что-то против своего «Я». И когда, испробовав все, что только было возможно, и видя, что не в состоянии ничего сделать, даже сдвинуться с первоначальной точки, у человека возникает требование к Творцу, настоящая молитва к Нему, такая молитва и есть истинное усилие.

Только Творец может вытащить нас из эгоизма, а сам человек этого не в состоянии сделать. И если еще кажется человеку, что остается хоть какая-то ничтожная возможность постичь духовное самостоятельно, которую человек еще не испробовал, его эгоизм не позволит появиться истинному крику души, крику о помощи. Эгоизм не сдастся на милость Творца до тех пор, пока человек не убедится, что без выхода в духовное он мертв, а выйти в него может только с помощью Творца.

Этот путь абсолютно не похож на другие, т.к. здесь невозможно просчитать наперед свое следующее движение. Оно, как шаг в абсолютную темноту, как новое открытие. И так каждый шаг, и невозможно на предыдущем опыте строить будущие ходы. Иначе человек бы шел вперед своим разумом, а не его отрицанием, верой в Творца выше знания.

Истинность усилия и его правильное направление можно проверить только постоянным возвращением мыслями к Творцу. Нужно знать, что каждое мое новое ощущение послано Творцом, потому что Он так желает. Он дает нам столько, сколько мы можем осилить в данный момент. И для каждого это сугубо индивидуально и несравнимо. Единственное, чего мы можем достичь, — это осознания собственного эгоизма, т.е. увидеть противника-врага в глаза, а не воевать с ветряными мельницами. Этап этот общий, но ощущения абсолютно индивидуальны.

Нет прямой зависимости между величиной эгоизма и длительностью того пути, который нужно пройти. Даже у людей, работающих в одной группе и занимающихся ради личного возвышения, желания неодинаковы. У одного увеличиваются, у другого остаются прежними, а у третьего уменьшаются. И ничего с этим со стороны сделать нельзя. Все зависит от того, насколько сам человек сможет упросить Творца помочь ему. Но сделать это очень сложно, т.к. эгоизм чувствует унижение в такой просьбе.

Но другого пути нет. Без помощи Творца и входа Его света в кли оно не станет альтруистическим. Без свойств света кли — абсолютно эгоистическое желание получить наслаждение — неспособно сделать какого-либо движения в духовном.

И когда человек, испробовав все пути, убеждается в том, что нет никакого выхода, лишь тогда его эгоизм поднимает руки и готов принять любую помощь. Чтобы достичь такого состояния, человек должен постоянно возвышать духовное в собственных глазах по сравнению с физическим, даже с чисто эгоистической целью вначале, как бы желая извлечь из духовного какую-либо пользу.

Мы должны пользоваться инструментами того мира, который сейчас имеется в нашем распоряжении. А затем, по мере уменьшения эгоистического желания, нужно будет использовать средства, помогающие поддерживать желание заниматься Каббалой. Стимулом станет уважение и почет, затем — власть, пока не появится единственное желание — увидеть Творца. Потом становится более важным сделать что-то ради Творца. А затем уже будет неважно, сделал ли ты что-то для Творца, т.к. знание и вера в то, что сделал что-то ради Него, — это наслаждение.

Таким образом, мы не должны пренебрегать силами и средствами, которые имеются в наших руках. И нужно помнить, что Творец влияет на нас с помощью предметов того мира, в котором мы находимся.

В ДУХОВНОЙ ТЕМНОТЕ

Стремление человека к Творцу — это наивысшее стремление познать себя. В принципе человеку в таком стремлении мешает эгоизм. Человек стремится только к самоудовлетворению и самонасыщению. Когда же его перестает удовлетворять то фальшивое состояние, в котором он находится, то у него появляется стремление познать Творца, изначальную точку своего происхождения, свое истинное состояние.

Бааль Сулам был готов говорить с кем угодно для того, чтобы к нему пришли ученики. Он издавал газету, по материалам которой была потом написана книга «Матан Тора». Но желающих заниматься практически не было.

И вот парадокс. Раньше были каббалисты и не было учеников, а сейчас имеется огромное количество жаждущих заниматься, а вот каббалистов нет.

Такое состояние, в котором мы находимся, впервые дано нам за всю историю: снизу возрастает огромная потребность, а сверху нас загоняют во все большую духовную темноту. И это хорошее состояние, говорящее о том, что если у нас появится настоящее желание, то мы получим ответ, в точности соответствующий ему.

Чем определяется сила любви между человеком и Творцом? Она определяется степенью страдания и страсти. Страдание — от отсутствия света в кли, а страсть — от ощущения наполнения светом Творца в момент соединения. То есть если человек сможет собрать в себе настоящие желания, то сможет получить хороший ответ.

Вся проблема людей, пытающихся пробиться в духовное, ощутить его, в постижении различных философий разумом, не учитывая того, что разум — это продукт нашей эгоистической природы, и познать духовное разумом нельзя. Начинающие изучать Каббалу, как правило, идут по этому пути. Мы привыкли к тому, что сознание первично. Но затем, когда человек идет путем выше разума, он начинает понимать, что эгоистическое кли — это желание насладиться, а не мысль о наслаждении с Творцом. Духовное же кли — это желание насладить Творца своими действиями.

Мы открываем книги, учим их, пытаемся понять головой. Но ощутить то, о чем там написано, головой невозможно. И пройти отделяющий наш мир от духовного «махсом» — вход в духовный мир — при помощи одного осознания тоже нельзя.

Единственное, что могут ученики, — это объединиться в группе вокруг Учителя, отдать свои желания в общий «плавильный котел» и получить объединенное, увеличенное многократно, желание. На каждого из товарищей надо смотреть как на бесценную помощь, которая позволит мне сократить мой путь на десятки жизней на этой земле.

Бааль Сулам пишет в п. 155 «Предисловия к ТЭС», что только ученики, сидящие вокруг одной книги, могут извлечь из нее то, что является болью их сердец, если понимают, для чего они хотят этого достичь.

Каждый должен как бы аннулировать себя по отношению ко всем остальным. Собираясь вместе, выпивая и закусывая, мы ни на одну минуту не должны забывать, для чего мы здесь. А делаем мы это пока для того, чтобы сблизиться физически, а затем — и в духовном, как это делали в прошлом великие каббалисты. И если каждый в группе будет мечтать собраться вместе, и это желание огнем загорится в его сердце, то такое желание найдет свое решение.

Наше сознание, мозг, вторичны, т.к. они обрабатывают информацию и способствуют выполнению желаний, осуществлению их в действии. Мозг — это чисто вспомогательный аппарат. И как только человек поймет, что главное — это усовершенствование наших чувств, а не сознания, он сразу увидит дорожку в духовный мир. Но проблема в привычке и доверии.

Человек не привык доверять своим чувствам. Сначала он хочет понять, а затем уже чувствовать и действовать. Но если мозг — наше препятствие, то зачем он нам дан? Для того чтобы мы, постоянно его увеличивая, шли выше разума, т.е. с помощью ощущений. Путь выше разума — это путь проб и ошибок, чтобы каждый, идя по нему, набил свои собственные шишки, начав воспринимать все жизненные обстоятельства как помощь Творца в продвижении к духовному.

Существуют всевозможные силы, созданные Творцом, такие, как дурной глаз, злой язык и пр., созданы они для того, чтобы человек научился собой управлять. Золотое правило гласит: «Будь скрытным в своих путях к Творцу». Даже от собственного эгоизма нужно скрывать свои цели, а уж от других и подавно. Человек не должен отличаться от окружающих одеждой, поведением, не говорить с кем попало о своих стремлениях, а, будучи среди посторонних — просто поддерживать общие разговоры. Если этого не соблюдать, можно вызвать на себя действия огромных отрицательных сил.

И даже, когда сами изучающие Каббалу собираются вместе, они не должны говорить о том, как они любят Творца и друг друга, т.к. этим они будут высказывать только свое личное мнение, свои ощущения.

Группа людей, изучающих Каббалу, собирается вместе под воздействием Высших сил, Творца, они обретают общую цель в жизни, которую с каждым днем видят все яснее. Вопрос только в том, как можно быстрее приблизиться ней.

Существует очень четкая шкала от нас до Творца. Мы в самом низу, а Творец в наивысшей точке. И мы должны подняться от нас до Творца по этой шкале. Есть различные пути возвышения. Один из них при помощи возбуждения снизу. Это наш путь, когда под воздействием сверху человек сам начинает стремиться к духовному познанию и возвышению: читает книги, начинает заниматься в группе и т.д.

А есть второй путь возвышения — возбуждение сверху, когда Творец самостоятельно возвышает и поднимает нас.

Какая разница между этими двумя путями? Возбуждение сверху — это постоянный подъем всего нашего мира, независимо от личных стремлений.

А тех, кто проявляет личное стремление, приводят к изучению Каббалы. Если они не пользуются тем, что им дали, с них начинают спрашивать. Поэтому человек должен очень серьезно относиться к своей работе и к тому, что ему дают.

В нас есть так называемые «ламед бет ницуцим», 32 искры, «лев а-эвен». Это эгоизм, который может быть исправлен только тогда, когда придет общий свет, называемый «Машиах». Только он может исправить его. Нам же необходимо проявить стремление к исправлению этой части эгоизма в нашем мире — как только проявится в нас такое желание, произойдет явление «Машиаха»-избавителя нашего от пут этого мира.

НОВЫЙ ГОД ДЕРЕВЬЕВ

«Ту бишват» — это праздник, венчающий цель нашей работы. В начале своего духовного развития, своего пути, каббалист ощущает, что он находится в изгнании, т.е. спускается в Египет. Все описания Торы проходит он в своих ощущениях. Поэтому началом года, началом духовного рождения, считается Песах, когда мы празднуем выход из Египта, из нашего эгоизма. Ведь сразу же по избавлению из эгоистического рабства человек начинает ощущать Творца.

Но до выхода из изгнания необходимо прежде ощутить в полной мере гнет изгнания, страдания от своего эгоизма, чтобы страстно захотеть избавиться от него, выйти на свободу. Тогда лишь человек кричит Творцу о помощи, чтобы вывел его из египетского изгнания.

После выхода из Египта человек проходит пустыню, это знаменует отторжение от последствий эгоизма и исправление по порядку нашего отсчета «Сфират а-Омер». А когда чувствует, что и здесь ему самостоятельно не справиться, не преодолеть пустыню, он снова взывает к Творцу о помощи. Таким образом, создается настоящее кли, готовое принять Тору — свет Творца. А если он правильно использует полученную им Тору, то приходит к плодам своего труда, которые называются «Ту бишват» — новый год деревьев. Это плоды, которые он желает получить в награду за свои труды.

Но ведь всегда человек желает получить вознаграждение за свои труды? Отличие только в том, что именно он считает вознаграждением: эгоистическое наслаждение или услаждение Творца. Именно для приобретения истинного желания человек и должен пройти выход из Египта и всю Синайскую пустыню.

Как человек, который встает ночью, едет куда-то на занятия, пробирается через серьезные, созданные самим Творцом трудности, ощущая хроническую усталость, не видя плодов своего труда в течение долгих месяцев, а то и лет, может еще просить не только о том, чтобы ему не давали никакой награды за все это, но чтобы вся награда оказалась совсем в ином виде — ничего не желать для себя! И все это только для того, чтобы почувствовать, что он хоть что-то может сделать ради Творца, что-то отдать Ему.

Каждого в отдельности подталкивают через его эгоизм свыше, рисуя перед ним различные эгоистические картины вознаграждения, какие человек может понять в меру своего развития. А человеку кажется, что он идет только по своей воле.

Но в итоге всех приложенных усилий человек получает то, чего он заранее никак не мог бы предположить, а если, даже будучи эгоистом, уже пожелал стать альтруистом, немедленно бы не смог произвести никакое действие, даже пальцем пошевелить, поскольку энергия для совершения движений дается изнутри эгоизмом и до тех пор, пока не вышел из эгоизма, не может совершить альтруистического движения.

Но как только вышел из эгоизма — уже не в состоянии совершить никакого эгоистического движения. Точно как раньше не мог совершить альтруистического. Поскольку природа обоих миров одинаковы, а отличие только в их материале.

Поэтому, если человек упорно продолжает работать над собой, встает на утренние занятия (группа начинает занятия ежедневно в 3 часа утра, занятия — с 3 до 6, разъезжаются на работу, возвращаются на вечерние занятия с 19 до 21 и едут спать, чтобы завтра снова продолжить этот порядок жизни, несмотря ни на что), то у него вдруг открываются глаза. Это Творец раскрывает человеку свое управление миром, он начинает видеть духовный мир, для него все становится ясным и простым: человек превращается в праведника, потому что, видя истинную картину мироздания, оправдывает действия Творца.

И вроде бы достигнута цель, человек все понимает, ему раскрылся Творец, чего еще желать? Но это не так. Именно с этого момента и начинается настоящая работа по исправлению эгоизма. Плоды труда на каждой ступени превращаются в средства действия для поднятия на следующую ступень. И в этом преимущество духовной работы.

Человек не может сказать, что уже всего достиг. Ему всегда светит свет более высокой ступени, вечное стремление к которому постоянно подталкивает человека вперед, ближе к Источнику света — наслаждению от услаждения Творца. Душа человека, сосуд-кли, получая свет ради отдачи Творцу, постоянно развивается и только в таком виде может существовать, испытывая вечное наслаждение.

Мы устроены так, что не можем быть в нашем мире в состоянии вечного удовольствия. Едва ощутив наслаждение, человек уже в следующий момент перестает его ощущать. Как только пища входит в предназначенное ей место в желудке, она гасит аппетит, и наслаждение постепенно ослабевает.

Все наслаждения, которыми только можно насладиться в этом мире, облачены в различные одежды, только в этом и отличие между ними. Внутри же всех этих оболочек — свет Творца, к которому-то мы и стремимся. Но поскольку воспринимаем его через одеяния, в эгоистические желания, покидаем этот мир, не заполнив и половины наших желаний.

В духовном мире плоды предыдущей ступени превращаются в корень, из которого вырастает новое дерево. И так — до бесконечности. Малхут Высшей ступени, наинизшее ее проявление, является Кетер — наивысшим свойством в более низкой ступени.

Прийти к более высокой ступени можно, только ощутив ее, но не на основании знаний, полученных ниже. Раскрытие новой ступени всегда является для человека неожиданностью. И поскольку этот процесс бесконечен, то он и является частью духовного совершенства.

Олицетворяя то, что человек получает от Творца за свой труд, он должен накрыть праздничный стол на «Ту бишват» всеми видами фруктов, которые плодит наша земля, земля Израиля. Потому что источник земли Израиля — духовный мир. Человек этим как бы подчеркивает, что желает насладиться плодами духовного мира. Именно поэтому мне непонятно, как можно на этот праздник привозить заморские плоды?

В «Ту бишват» человек как бы обновляет плоды своего труда. Человек должен стараться, чтобы его отношение к объекту стремления, к Творцу, постоянно менялось. Мы всегда рисуем в своем воображении то, к чему стремимся, даже если не знаем, что это такое. Так вот этот рисунок, а следовательно, и наше отношение к Нему, должны меняться, становиться все более истинными. Мы, таким образом, все больше понимаем, что такое духовные плоды за наш труд.

Когда человек все четче и четче начинает видеть плоды своего труда, он все яснее ощущает и главную цель — слияние с Творцом — и прикладывает силы уже в соответствии с этой целью.

Вообще, от нас ничего не зависит, кроме усилия и стремления. И даже ощущение того, что мы к чему-то стремимся, что нас к чему-то тянет, нам дается свыше.

Бааль Сулам пишет в книге «При хахам»: «Наш мир и духовный разделяет «махсом». Это, как стена, в которой совершенно не виден проход. Человек может приближаться к ней, ходить вдоль стены, и именно в тот момент, когда он меньше всего ожидает, что приложенные им усилия накопились до необходимого предела, перед ним прямо в стене открывается вход в духовный мир. Заранее, как в нашем мире, глядя на стену нельзя вообразить, что в духовной стене есть проход. Но когда настает время, он немедленно открывается перед человеком.

Во всех книгах Торы — начиная с Танаха и кончая объяснениями постижения Высших миров Рабашем — о нашем мире, о нас, людях, еще не прошедших махсом, ничего не пишется. Все эти книги являются инструкцией духовного движения для находящихся уже в духовном мире. Каббалистические книги описывают духовные миры при помощи языка ветвей, говорится о том, как автору книги раскрылся Творец и как он постиг Творца, находясь одновременно и в нашем мире.

Духовный сосуд, душа человека, состоит из 10 сфирот: 9 первых сфирот создают условия, при которых 10-я сфира, Малхут, творение, может существовать. Малхут и есть Адам Ришон — сумма всех душ. 9 первых сфирот создают в Малхут картину того или иного мира, в зависимости от свойств самой Малхут. В итоге нет ничего кроме 10 сфирот, нет ничего кроме света Творца и Малхут.

Человек — это эгоистическое кли, созданное из Малхут. И если бы это кли не смешалось со светом, невозможно было бы его изменить, исправить, и оно бы всегда оставалось постоянным и абсолютно удаленным от Творца. В результате разбиения этого сосуда-кли произошло ударное проникновение альтруистических свойств Творца, 9-ти первых сфирот, в эгоистические свойства Малхут. Разбиение сосуда — результат «прегрешения» Адама. Как следствие этого появилась возможность исправить Малхут в самой нижней ее части, в которой ранее не ощущалось никакого духовного движения.

Человек «нашего мира» получает свыше возбуждение к духовному постижению, к личному духовному росту. Изучением Каббалы и получением извне свечения окружающего света он начинает исправлять и одухотворять все уровни личного «нашего мира» в себе. Поскольку человек включает в себя все уровни общего «нашего мира», то он исправляет таким образом и свой собственный мир, т.е. себя, а относительно себя и всю общую Малхут, состоящую из всего количества душ.

Человек — это ощущение Творца. Именно та точка в кли, которая начинает ощущать Творца, и называется «человеком». Иначе — это двуногое, прямоходящее. В человеке постоянно происходит борьба между добрым и злым началом. По мере раскрытия в себе этих качеств он начинает осознавать, что такое сфира, парцуф, каким именем сфиры, парцуфа или персонажа Торы он называется. Суть не в наименовании, а в личном ощущении и в том, какие желания существуют в человеке, как они изменяются в результате исправления, исчезая и появляясь в совершенно новом качестве.

Все изменения желаний эгоистических на альтруистические, все исправления сопровождаются, перемежаются очень сильными падениями. И чем выше ступень познания, тем тяжелее, ниже и круче человек падает в своих ощущениях.

Так, однажды, Рашби, написавший Книгу Зоар, ощутил себя каким-то Шимоном с местного базара, где он что-то продавал, покупал и вовсе не стремился к духовному. В такие моменты у человека пропадают ощущения всех его постижений.

Для постижения более высокого уровня человеку нужно получить определенную порцию эгоизма, исправить ее, т.е. создать экран. Только сила приобретенного экрана определяет следующий духовный уровень человека. Каждая очередная неисправленная порция эгоизма вводит человека в ощущение падения, свет уходит, все духовное становится пустым и ненужным. Вследствие добавления эгоизма к уже исправленному своему кли исчезает свет, и человек чувствует боль от потери.

Но раз человеку дали такой силы эгоизм, значит, у него есть возможность его исправить, а, исправив его, он на это количество получает уже больший свет Творца и достигает более высокой духовной ступени, испытывая при этом ощущение подъема. И так далее, пока все его свойства не станут подобны свойствам Творца, т.е. человек сам становится равным по свойствам Творцу.

ПЛОДЫ ДУХОВНОЙ РАБОТЫ

Какое бы усилие человек ни прилагал для достижения духовного, даже самое малое, он желает получить вознаграждение. И иначе не может быть, т.к. мы являемся чисто эгоистической структурой. Всегда преследуется какая-то цель. Иначе эгоизм не позволит сделать и шага.

Человек начинает работу с нуля. Еще вчера он хотел весь наш мир, а сегодня Творец посветил ему издалека небольшим окружающим светом, и человек начинает стремиться к духовному, меняя все прелести этого мира на духовные ощущения. Что конкретно он хочет получить в духовном, ему неизвестно, т.к. светящий издалека свет еще не облачен в кли и дает лишь ощущение будущего наслаждения, имеющегося в духовном и уже не имеющегося в окружающем, подталкивая к действию. Окружающий свет, «ор Макиф», воздействует на наш эгоизм и тянет его к духовному — эгоизм сам себе является могильщиком.

Вначале наше стремление к духовному определяется тем, что мы желаем пользоваться им так же, как и нашим миром. Человеку кажется, что он овладеет такими духовными силами, которые позволят ему быть ясновидящим, парить в воздухе, владеть будущим и т.д. Но постепенно человек осознает, что вместо всего этого он желает отдать все свои силы и цели Творцу, аннулировать себя, поменять свою власть в себе на власть Творца в себе, пусть Творец правит в нем. В этом и есть настоящий рост человека.

Какая связь между генетическим евреем и евреем духовным? Есть определенная предрасположенность генетического еврея стать духовным. Творец так вселяет души в тела, что тикун в первую очередь должны пройти генетические евреи или те, кто примыкает к ним. На сегодняшний день евреи являются бо́льшими эгоистами, чем все остальные народы.

Но в исправленном состоянии, когда исправленное стремление к Творцу называется «Исраэль», это уже альтруистические желания, желания отдать, Г"Э, а остальные народы — эгоистические желания, желания получить, АХАП. Поэтому сказано, что Исраэль будет в меньшинстве, Г"Э, а с приходом остальных народов к исправлению проявляется в общем кли свет Хохма, как в каждой душе, так и в общей душе всего человечества.

Народы мира подсознательно ощущают свою духовную зависимость от евреев. Эти чувства дает им Творец, чтобы подтолкнуть, подготовить евреев к исправлению. Нам трудно представить, что означает в духовном общее кли, когда один должен ждать другого и полностью зависеть от его исправления.

Поэтому и государство Израиль имеет право на существование только в той мере, в которой оно дает право на существование альтруизму, развитию идеи сближения с Творцом во всем мире. Государство Израиль — это подарок Творца. Но, кроме желания Творца дать наслаждение свыше, должно быть еще и встречное движение человека получить именно это наслаждение снизу. В настоящий момент у нас еще такого желания нет.

В итоге, мы постепенно теряем то, что уже получили, но не осознаем этого. Более того, мы готовы кому угодно отдать нашу землю, потому, что мы духовно не соединились с тем, что получили в подарок. Мы еще не готовы принять то, что называется духовной Эрец Исраэль. Эрец — это Малхут — желание, Исраэль — прямо к Творцу. То есть Эрец Исраэль — это такое состояние человека, когда все желания устремлены к Творцу. Тогда говорится, что человек находится в Эрец Исраэль.

Поэтому сказано, что нет ничего более важного, чем находиться в Эрец Исраэль, что все Заповеди имеют силу только когда человек находится в Эрец Исраэль, а то, что Заповеди выполняются за пределами Эрец Исраэль, — это только чтобы не забыть, как их выполнять, когда человек достигает Эрец Исраэль.

Поэтому мы не только не можем, не в состоянии принять подарок Эрец Исраэль, но даже готовы избавиться от него. Мы не ощущаем Дающего этот подарок, а поэтому не можем оценить его значения.

Пока мы не очистимся от клипот, они будут давить на нас. И на сегодняшний день мы видим, что зависим от арабов. Они будут нами управлять до тех пор, пока мы не заменим эгоистические келим на альтруистические. Когда же мы внутренне почувствуем и скажем, что Эрец Исраэль наша, моментально все арабы отступят, т.к. все, что происходит на этой земле, определяется духовными корнями. А на духовные корни можем влиять мы своими желаниями. А пока мы влияем, но себе во вред!

Нет иной возможности стать достойными Эрец Исраэль: или путем Каббалы, или путем страданий. Вся работа человека, пытающегося найти связь с Творцом, ощутить Творца, раскрыть Его в своих ощущениях, идет в двух состояниях: скрытие Творца — «эстер пашут» и двойное скрытие Творца — «эстер кафуль».

В «эстер кафуль» — двойном скрытии — человек находится в состоянии полной слепоты, полном скрытии от Творца: для него существует только наш мир. В «эстер пашут» человек начинает понимать, что Творец влияет на всю его жизнь, хотя явно и не ощущает Творца. Но периодически эти ощущения у него пропадают, и тогда он полностью окунается в наш мир. Такая смена внутренних состояний происходит в нем постоянно.

Вся борьба человека с самим собой, проявление его свободы воли, возможна лишь в состоянии полного скрытия Творца. И человек, находясь в этом состоянии, должен его ценить, т.к. только оно может принести плоды, привести к появлению «саженцев новых деревьев», которые принято сажать 15 числа этого месяца и которые затем дадут духовные плоды.

Духовное вознаграждение достигается в состоянии скрытия, когда человек, ничего не видя, не понимая, двигается в полной темноте, действуя вопреки здравому смыслу. Когда же он достигает раскрытия Творца, он с сожалением вспоминает свое прошлое состояние в абсолютной темноте, т.к. четко видя и чувствуя сейчас управление Творца, он как бы теряет сейчас свободу воли.

Есть два вида управления: общее и частное. Общее управление осуществляется через окружающий свет на все человечество, на всю природу в целом, и это управление ведет весь мир по определенному плану к концу исправления, к осознанию того, что путь материально-технического прогресса порочен и загоняет все человечество в тупик. Этот путь дает ощущение внешней полноты, изобилия и абсолютной внутренней пустоты.

Частное управление — это управление каждым из нас через внутренний свет. И тот, кто в нашем мире начинает искать связи с Творцом, находится под воздействием Его частного управления.

Контакт с духовным миром происходит только при наличии экрана, который создан на эгоистические желания. Человек меняет свои эгоистические свойства на альтруистические настолько, насколько позволяет ему сила экрана. А в исправленные келим он получает свет Торы.

Путь духовного восхождения долгий и тяжелый. На каждой ступеньке ты должен родиться заново, пока не становишься подобным Творцу по свойствам и полностью сливаешься с Ним.

Поэтому в праздник Ту бишват мы обращаемся к Творцу с просьбой посадить нас, как сажают новые саженцы, и возродить к истинной жизни.

ТОЧКА В СЕРДЦЕ

Когда человек получает в себя, в свое сердце, т.е. в свои ощущения «черную точку», т.е. пробуждается, это означает, что он переходит из состояния «говорящий» в состояние «человек».

В нашем мире есть состояния: неживое, растительное, животное, говорящее и состояние «человек». Когда в сердце человека «помещается» черная точка, он начинает ощущать острую потребность найти корень, Источник своего происхождения, он перестает быть двуногим, прямоходящим, высокоразвитым животным и становится человеком.

И это только потому, что в него вселилась точка более Высшего мира. Именно включение в человека нашего мира его начала из мира духовного делает из существа нашего мира уже существо мира духовного, на ранг выше всех.

С момента появления черной точки человек начинает ее развивать. Еще инстинктивно, не понимая того, что с ним происходит, он начинает искать что-то, что выше него, что не принадлежит нашему миру. А фактически он ищет корень своего происхождения.

Когда же человек постигает корень своего происхождения, он приходит к Творцу. И нет у человека другого пути, только выполнить — поневоле или свободным выбором — свое предназначение. Человек начинает поиски с самого себя, а находит Творца. Потому что мы исходим из Творца.

«Черная точка в сердце» — это желание к Высшему, находящееся внутри всех имеющихся желаний человека, внутри всех его стремлений (деньги, почет, безопасность, власть). Эта точка обычно скрыта от самого человека.

Вселившаяся точка показывает человеку, что всех наслаждений нашего мира недостаточно для наполнения ее. Потому что она происходит свыше и наполнить ее можно только получением свыше. И по мере развития черной точки человек из «говорящего» становится «человеком».

Черная точка может развиваться только при условии попадания в нее Высшего света. После Цимцум Алеф (Ц"А) свет в эгоистическое кли попасть не может. Если свет войдет в кли вопреки Ц"А, то произойдет разбиение кли. Такое уже случилось однажды в мире Некудим. Следующие миры вышли так, что в них уже не может произойти разбиение келим в мирах, но произошло разбиение души Адама Ришон. Но после этого свет уже не может войти ни в какое эгоистическое кли. Получается, что мы как бы отрезаны от возможности исправить наши келим (сосуды, души).

Поэтому и дана нам Тора, в которой находится тот свет, который должен войти в нас и исправить нас настолько, что мы сразу же станем ощущать вечность, объективную, истинную мудрость познания.

Как это происходит? Во время изучения действий, происходящих в духовных мирах: хотя сам человек еще не совершает их и не находится в этих мирах, на него действует находящийся вокруг него окружающий свет, ор Макиф, который начинает снаружи светить, в соответствии с изучаемым материалом. Но этот ор Макиф светит только в зависимости от намерений человека во время изучения. Если целью учебы является очищение келим и их исправление, то ор Макиф светит человеку снаружи. Если же он преследует иную цель или учит бесцельно, окружающий свет перестает действовать.

Из точки в сердце должна появиться сфира — зародыш — убар, затем из зародыша развивается состояние, называемое «малое духовное состояние» — «катнут», когда на все полученные желания и возможности есть только желание отдавать. Такое состояние неполноценно. Если человек ничего не желает, он не может получить. А отдать ему тоже нечего. Человек обязан достигнуть цели творения — получать наслаждение, но получать ради Творца, чтобы возможности получения наслаждения были неограниченны. Для этого должно произойти смешение эгоистических и альтруистических желаний, взаимодействие келим дэ-ашпаа с келим дэ-кабала. Такое состояние называется «большое духовное состояние» — «гадлут».

В «Мегилат Эстер» описывается процесс взаимодействия келим дэ-ашпаа с келим дэ-кабала. Сначала готовилось покушение на Царя. Царь — это всегда Творец. Мордехай — состояние «катнут» человека, т.е. исправлены только келим дэ-ашпаа, или Г"Э, — узнал о покушении на царя и передал об этом своей дочери, царице Эстер. Заговор был раскрыт, и заговорщики уничтожены. Говорится о духовных действиях, которые изучаются отдельно.

Казалось бы, что после того, как Мордехай сделал все, чтобы помочь Царю, доказав свою преданность и ничего не желая взамен (келим дэ-ашпаа ничего не желают), Царь должен был бы возвысить Мордехая. А вместо этого Царь возвышает Амана — ненавистника, антисемита, врага Мордехая.

Аман олицетворяет АХАП, келим дэ-кабала, эгоистические желания, в которые после их присоединения к келим дэ-ашпаа и полного их исправления можно получить свет Творца ради отдачи. Поэтому Царь возвышает Амана, чтобы Мордехай получил эти эгоистические желания и смог получать, а не только отдавать.

Пурим считается самым высоким праздником. В этот день нужно напиться до такой степени, чтобы не различать, где Мордехай, а где Аман. В таком состоянии келим дэ-кабала и келим дэ-ашпаа будут полностью наполнены светом Хохма, т.е. «вином».

Праздник Пурим противоположен Йом Кипур, когда мы совершенно не получаем свет Хохма, т.к. делаем на него Цимцум, который в нашем мире выражается постом. А Пурим — это Гмар Тикун — окончательное исправление, полное получение света во все келим, между которыми нет уже различия.

Наш мир находится под управлением мира Ацилут. Все, что выше него, к нам не относится. Все исправление в мире Некудим происходит под управлением мира Ацилут, который состоит из 5-ти парцуфим.

Самый главный парцуф мира Ацилут — Арих Анпин — это парцуф, полностью заполненный светом Хохма, как парцуф Кетер в мире Адам Кадмон, А"К. А"А передает свет низшим парцуфим маленькими порциями, которые называются «каплями», чтобы их не повредить. Эти «капли» «выделяются» и «стекают» по определенной системе уменьшения света, которая называется «Сеарот» — волосы.

Парцуф Сеарот — это внешний парцуф, окружающий А"А. В нем есть волосы головы и волосы бороды. Первые находятся над экраном, а через волосы бороды именно и спускается свет вниз через парцуф Аба вэ-Има, АВ"И, в парцуф Зеир Анпин, З"А, и в парцуф Малхут, называемый «Шхина», а с нее в души, находящиеся в мирах Брия, Ецира, Асия.

Почему ученики, изучая Каббалу, очень долго не понимают того, что учат, и не могут запомнить, как будто все специально стирается из памяти? Дело в том, что, изучая наш мир, мы можем себе представить, нарисовать, изобразить как-то изучаемое. А когда человек изучает духовную науку, там метод подобия, сравнения не помогает, т.к. в нашем мире нет ничего такого, с чем можно было бы сравнить духовные объекты.

Для изучающего Каббалу не существует никакой модели изучаемого им материала. И до тех пор, пока не появится у человека хотя бы маленькая модель изучаемого, даже в виде точки, до тех пор ему кажется, что он все меньше и меньше понимает материал, не продвигается, а то и куда-то проваливается. Это может длиться очень долго. Период накопительный, очень похожий на зарождение, деление и размножение клеток. И пока их мало, они не видны.

И как только зародыш духовного кли проявляется в человеке, он начинает все понимать и запоминать. Человек начинает ощущать, как это работает, как каждую секунду изучаемый материал как бы светится, освещая все вокруг, дальнейшее движение.

И если он осознает, что все, что с ним происходит, исходит от Творца, от какой-то Высшей силы, хотя и явно им не ощущаемой, то у него есть четкое внутреннее представление. И только усилием воли вместе с намерением раскрыть Творца человек начинает ощущать Его, раскрывая Его лицо. А цель Творца — привести человека к состоянию совершенства, т.е. к полному слиянию с Творцом, к состоянию бесконечной любви вследствие познания абсолютной доброты, любви Творца к нему.

Есть такие состояния, когда человеку кажется, что он ощущает духовный мир и даже не верит Учителю, который не подтверждает это, настолько ощущения кажутся ему реальными. Но приходит момент, когда человеку раскрывается истинное видение мира, не вокруг него, а в нем.

Человек видит, что все в мире — это Творец, действия Творца, что все окружающее — это формы воздействия Творца на человека. Он четко ощущает ту духовную ступень, на которой находится, и осознает ее. А происходит это потому, что свет начинает входить в подготовленное человеком кли, человек получает душу, которая его и учит дальнейшему продвижению. Знания поступают вместе с образами, уже не нужна ему книга, Тора, его путеводитель. Человек четко знает и видит, что делать и как. И лишь тогда начинает понимать, что находится в абсолютной пустоте. От остальных пока это скрыто.

В состоянии двойного скрытия Творца человек даже не думает о существовании Творца. В простом скрытии человек понимает, осознает, что все происходит от Творца, но еще Его не ощущает, но это уже начало раскрытия.

Состояние частичного раскрытия Творца может произойти в результате каких-либо серьезных психических переживаний, душевного кризиса, стрессов и страданий. Потому что страдания в сердце как бы сами неосознанно взывают к Творцу. Но т.к. человек еще не подготовил свое кли с помощью занятий с намерениями, то такой подарок Творца человеку получить некуда. И состояние частичного раскрытия Творца постепенно исчезает.

Из духовного мира человек обратно, в ощущение только нашего мира, уже не опускается, т.к. в духовном можно только подниматься. Если такое падение и происходит, то оно контролируемо.

Если любую науку нашего мира изучать через ее духовный корень, то такое изучение называется каббалистическим. Истинная Каббала не изучает того, что произойдет в будущем с человеком в нашем мире, т.к. она базируется на выходе человека в будущем из нашего мира в духовный. А все, что сейчас идет под прикрытием Каббалы (астрология, экстрасенсорика, целительство, гадания), — только для привлечения людей «каббалистами».

Каббала — это методика исправления себя и мира, а не просто наука в нашем понимании. На человека, занимающегося Каббалой для своего собственного исправления, не действует никакие астрологические и другие предсказания. Все они базируются на психических и психологических характеристиках конкретного человека. Но это не имеет никакого отношения к тому, исправлено или не исправлено его кли.

Истинные экстрасенсы видят, что совершенно не могут ничего сказать о каббалисте, кроме того, что не видят его и его будущего, видят, что он бесконечно удален от них, что его невозможно «достать» их усилиями.

ТЕРПЕНИЕ И НАСТОЙЧИВОСТЬ

Когда я пришел к Рабашу, он меня отправил заниматься к своему старому ученику Гилелю. До Гилеля я пробовал заниматься у многих, но никаких четких объяснений не получал. Занятия с Гилелем понравились мне своей логичностью, четкостью, рациональностью. Вроде бы все было понятным. Мне казалось, что остается только изучить 6 томов «Талмуда Десяти Сфирот» и после этого можно уже участвовать в небесном управлении собой и всем миром.

Но вот Рабаш забрал меня к себе на занятия. И с этого момента все, что якобы было понятным раньше, вновь стало совсем непонятным. Возникало все больше и больше вопросов без ответов. Учеба приносила не понимание, а осознание того, что я ничего не понимаю.

Только значительно позже я понял, что Рабаш, давая вначале теоретические знания, лишь затем показывал ученику, как участвовать в управлении. Но поскольку переход к участию в небесном управлении не рационален, каждый должен был выйти самостоятельно, возникало ощущение совершеннейшего непонимания.

Учитель обучал человека не теоретически знать имена духовных объектов и «жонглировать» ими, не понимая их природы, а **желал довести своего ученика до состояния ощущения этих объектов!** А это совершенно иной путь обучения. Здесь уже цель — не количество знаний, полученных учеником, а их качество: насколько то, что ученик слышит, поможет ему самому сблизиться с тем, о чем он читает в книге. Учитель новеньких не брал, отдавал кому-то, но наблюдал за ними и стоящих забирал к себе.

Человеческие желания понять, управлять, властвовать — очень хорошие желания. Они способствуют дальнейшему наращиванию желаний. Нужно только приобрести тот волшебный ключик: экран и обратный свет — и человек входит в духовное!

Бааль Сулам специально написал «Предисловие к ТЭС» таким образом, что чем больше его учишь, тем больше вопросов появляется. Это необходимо для того, чтобы была возможность во что-то вложить свое усилие с применением определенного намерения. Усилие идет снизу, а намерение дает Творец сверху тогда, когда человеку уже некуда деться, когда он все испробовал, прижат к стене. Тогда он просит Творца о помощи и получает ее, если просьба истинная.

Самое главное терпение, настойчивость и, я бы сказал, настырность. Молитва определяется состоянием человека в зависимости от места нахождения нецуцот. Пока человек не дошел до духовного, ему кажется, что чем меньше усилий он будет в это вкладывать, тем лучше. Когда же он уже вошел в духовный мир, то сожалеет о том, что так мало сделал для достижения духовного.

Что значит сделать сокращение? Есть люди, которые хотят похудеть. Чем они отличаются от других? Они понимают, что наслаждение от похудения больше, чем наслаждение от пищи. Пища становится их врагом, они ее ненавидят. И начинают соблюдать диету. Это и есть сокращение (желания), Цимцум. Главное, осознать зло. Для этого и дана нам Тора, в которой есть та прекрасная особенность, которая позволяет нам понять, что является нашим врагом и препятствием в достижении духовного.

Человек в жизни должен пройти много трудностей. Поначалу ему кажется, что он делает ненужную, бесполезную работу, пока не поймет, где истина.

Пока человек не делает Цимцума, с ним не о чем разговаривать. А когда он уже в духовном, то находится в надежных руках, и никакие разговоры ему тоже не нужны — он уже видит то, что надо ему видеть.

Если человек еще не получил сверху правильное намерение, он может внести свой вклад в действие. Пусть пока ради себя, но с надеждой что-то изменить хотя бы в действии, если пока не в намерении.

Никто не требует от человека усилий ради усилий. Цель творения в наслаждении. Усилия — это страдания, недостаток чего-то. Если можно без них перейти к намерению ради Творца, к духовным наслаждениям, пожалуйста. Мы не должны искать в своей работе тяжестей. Если усилия приятны, то это уже не усилия. Когда мать кормит ребенка, она наслаждается.

А простой процесс поглощения пищи не требует усилий? Как тяжело кушать больному! Допустим, усилие думать о Творце, ранее бывшее для тебя неприятным, тяжелым, искусственным, становится вдруг приятным, необходимым и важным. Тогда оно из усилия превращается в наслаждение. Так не нужны усилия. Они необходимы только для того, чтобы перейти этот духовный барьер.

Когда человек начинает заниматься духовным, то и его работа становится другой. В ней появляется иное наполнение. Окружающие этого не замечают. Вот вышла кассета с мелодиями духовных миров. Вы можете дать сыграть ее лучшим музыкантам мира, и в их исполнении она перестанет отличаться от любой другой музыки. Люди, не занимающиеся духовным, могут низвести уже законченное духовное произведение до уровня самого обычного красивого исполнения. И наоборот.

Нельзя сожалеть о прошлом, винить себя в том, что что-то делал не так, не так прожил. Все делалось наилучшим образом, и так должно было произойти, все это низошло свыше. Это когда-нибудь откроется каждому из нас. Чем больше вы будете входить в духовное, тем больше прошлое начнет отдаляться от вас. Вчера покажется вам, как существовавшее много лет назад. Утро и полдень вечером будут восприниматься вами давно прошедшими. Прошлое прошло. Будущее скрыто и от тебя не зависит. Жить нужно только настоящим, теперешней минутой, которая находится на грани между прошлым и будущим.

КАББАЛА И СОВРЕМЕННЫЙ МИР

Вся проблема развития человечества в том, что научно-технический прогресс обгоняет моральный. В итоге плоды развития науки и техники оказываются в руках тех, кто по своему морально-нравственному развитию не соответствует той силе, которую в свои руки получает. А потому использует высокоразвитую технику на своем низком моральном уровне во вред окружающим и во вред всему миру.

По этой причине Аристотель и Платон предупреждали, что принимать в ученики необходимо очень осторожно, после жесткого отбора, и только тех, кто желает «чистого» знания и не согласится продать его тому, кто пожелает использовать это знание в своих эгоистических целях.

А поскольку лишь очень немногие личности являются по своей природе бескорыстными служителями науки, а в основном все желают не только знаний, но и благ, лучшего финансирования своих проектов, то результаты научно-технического прогресса заранее продаются в основном на цели войны и уничтожения.

Прямым путем исправить сплетение науки и техники с диктатом и насилием невозможно. Но именно для этого и сказано древними пророками, что исправление мира возможно не развитием своих эгоистических возможностей и силы, а только познанием основ и объективных законов всего мироздания.

Если бы все человечество смогло обрести такое зрение, чтобы увидело все источники организации всего мироздания, все его законы, причины всего происходящего и следствия от поступков отдельного человека, народов, всего человечества в целом, несомненно, каждый отдельно и все вместе устремились бы изменить свое поведение, дабы достичь наилучших для себя результатов. И не смогли бы действовать во вред себе, как не может человек сознательно прыгнуть в огонь или нанести себе увечье.

Поэтому исправление человека и всего человечества в целом зависит только от раскрытия каждому и всем всего мироздания, дабы явно видеть все причинно-следственные связи явлений.

Именно эту цель и ставит перед собой наука Каббала: раскрыть всем единые законы мироздания, дабы человек и все люди следовали им на благо себе. Причем раскрытие это обязано быть явным всем, как явно человеку, что определенным действием он вредит себе, а из другого — извлекает пользу. Само название этой методики постижения мироздания происходит от глагола «получать» — получать Высшее совершенное знание.

Личности, открывшие для себя способ получения этих знаний, называются «каббалистами» — «получающими». По мере освоения этих знаний, человек естественно действует только в силу своего нового осознания картины окружающего мира, а потому не нарушает законы мироздания. Вследствие этого он получает только положительные воздействия от окружающего мира, выходит на уровень бессмертия, неограниченной реализации своих возможностей.

Поэтому каббалисты так заинтересованы в распространении каббалистических знаний среди всех. Ведь в итоге их обретения человек перестанет поступать слепо, исходя только из своего маленького эгоизма, распоряжаясь нашим миром, как маленький ребенок, и начнет действовать здраво, принимая во внимание все условия и законы природы.

Знание всеобщего управления и всей природы мироздания дает человеку разум поступать так, что его воздействия на систему мироздания положительны и не приведут к отрицательным реакциям обратно на человечество и на него лично. Каждый из обретающих такой уровень знания начинает явно осознавать, насколько поступки всех людей влияют на каждого из нас и на всех вместе, человек проникается ответственностью за свои действия не только перед собой, но ответственностью коллективной перед всем человечеством.

Более того, человек начинает видеть связь между своими поступками, влияющими на все мироздание не только в настоящем, но во всех состояниях: он видит, как его поступки в этом мире, пока он находится в своем теле, определяют его состояния после исхода его «Я» из тела, влияют и определяют качество его последующего воплощения в тело в следующем круговороте.

Природа Высшего мира, где находятся все источники управления нами, альтруистическая. Чтобы влиять на нее, человек обязан также производить альтруистические действия. И нет места возражениям: как может человек изменить свои эгоистические поступки на альтруистические? Именно когда человек явно видит все последствия своих поступков для себя, своих близких, он немедленно меняет свое поведение, потому как в силу своей природы не в состоянии нанести себе прямой вред.

Но если возразят, что человек и в нашем мире часто поступает так, что наносит себе большой вред, вплоть до самоубийства, — это опять таки потому, что он не осознает следствий, желает избежать огромных страданий и пр. Но если перед ним — явная картина его состояния во все времена, и ему ясна причинно-следственная связь поступков и даже мыслей — не может человек в силу своей эгоистической природы поступить плохо, как не может думать о том, как причинить вред своим детям!

Поэтому только в раскрытии человеку всей картины мироздания в ее вневременном объеме — до его жизни в этом мире и после его ухода из этого мира — можно видеть метод спасения человечества и каждого из нас от страданий и источник счастья и совершенства.

В силу вышесказанного, группа Бней Барух ставит своей целью широкое распространение каббалистических знаний во всех слоях населения, проводит бесплатные лекции, разъяснения, уроки, выпускает фильмы и аудиокассеты, участвует в любых телевизионных и радиопередачах, проводит семинары и пр.

Деятельность группы совершенно автономна, она не получает никаких средств ни от какой организации, ни общественной, ни государственной, члены группы работают, и каждый вносит свою долю в деятельность группы, поддерживая ее существование как материально, так и своим участием во всех мероприятиях.

ТАЙНЫЕ СИЛЫ НАШЕЙ ЗЕМЛИ

Сказано в Торе, что нет в нашем мире ничего, что бы не имело своего корня-источника наверху, в Высшем мире: каждый объект, каждая сила, каждое происшествие в нашем мире вначале происходит в духовном мире, а затем нисходит оттуда в наш мир и воплощается в действии в телах нашего мира.

Из Высшего духовного мира нисходит в наш мир все: управление нами, все наши свойства, программа существования и действий для каждой частички творения — от атома до человека в целом, от государства до человечества, от микрочастицы до всей вселенной.

Есть среди нас люди, которые могут воочию видеть эту однозначную связь между нашим миром и его Высшими корнями — причинами, источниками всего происходящего у нас. Каждый человек может достичь такого состояния, когда он явно будет видеть все, «что» и «почему» с ним происходит, и все, что должно с ним произойти.

Такое духовное постижение позволяет человеку правильно выбрать свой путь в жизни и четко понимать, как действовать. Высшая сила желает, чтобы человек стал сознательным элементом творения. Но для этого человек должен сперва ощутить Высший мир, полностью ознакомиться с его устройством, а затем уже он сможет получить от Творца бразды правления. И только тогда у человека окажется в руках то, что, как ему кажется, уже есть у него сейчас, — возможность управлять этим миром.

Постигающие Высший мир называются каббалистами, потому что они получают Высшие знание и силу. «Получать» на иврите — «лекабель». И от этого свойства получать свыше происходит название человека, достигшего такой способности. Этого могут, как я уже сказал, достичь все. Человек, перед которым открывается это высшее знание, начинает видеть четкие корни — истоки всего происходящего.

Что же выясняется в связи с происходящим сегодня с нами? Выясняется, что наш мир устроен по полному подобию Высшего, духовного мира: в Высшем мире существует общая еврейская душа, называемая «Народ Израиля» и общая нееврейская душа, называемая «Народы мира». Для «Народа Израиля» отведено в Высшем мире место, называемое «Эрец Исраэль» — Земля Израиля. Для «Народов мира» в Высшем мире отведено место, называемое «Хуца ла-Арец», что означает «Вне Страны».

Душа «Народ Израиля» может существовать в Высшем мире только в месте, называемом «Страна Израиля». А как только она выходит из этого места в Высшем мире — она немедленно попадает под власть нечистых сил «клипот». И такое ее состояние называется «Изгнанием из Страны».

Отличается духовная «Страна Израиля» от «Вне Страны» тем, что Творца и совершенное, вечное, духовное наслаждение можно ощутить только в духовном месте, называемом «Страна Израиля». Поэтому к такому состоянию, к этой «Стране Израиля» инстинктивно стремятся все души. Ведь нахождение в ней дает бессмертие, вечность, совершенство сил и знания. Ощущение слияние с Творцом в «Стране Израиля» называется «Рай».

Творцом запрограммировано так, что все населяющие Высший мир души евреев и народов мира стремятся в «Страну Израиля», потому что только там все они находят свое конечное, высшее, полное совершенства, состояние, называемое «Гмар Тикун» — «конец исправления». Но души в духовном мире не могут достичь этого состояния до тех пор, пока его не достигнут люди в этом мире. Такое состояние достигается человеком с помощью получения Высшей силы.

Высшая сила, вытаскивающая человека из рамок этого мира, называется «Машиах» — от слова «лимшох» — вытаскивать. Благодаря этой силе человек может духовно возвыситься над всем творением и достичь вечности и совершенства, называемых «Райский Сад». Отсюда становится понятным подсознательное, неосознанное историческое стремление народов к этому ничем не примечательному месту на нашей земле — к Эрец Исраэль.

Достижение же всеми народами конечного, «райского» состояния возможно только после того, как этого состояния достигнет в нашем мире народ Израиля.

В духовном мире есть «закон соответствия», который говорит о том, что овладеть духовной ступенью можно, только предварительно овладев ее свойствами. Например, если человек в нашем мире приобретает свойства духовного мира Брия, то он немедленно становиться полным его жителем: ощущает себя в нем, находясь одновременно физически в нашем мире, может свободно общаться со всеми, находящимися в мире Брия, душами.

Вследствие этого закона каждый объект должен занять свое место, как в духовном мире, так и в нашем, — в соответствии со своим названием: например, «Народ Израиля» духовный должен поместиться в духовную «Страну Израиля», а народ Израиля в нашем мире должен, поэтому, занять свое место в земной Эрец Исраэль.

Таким образом, полное духовное освобождение должно состоять из совмещения нашего народа с земной Эрец Исраэль и нашего духовного совмещения своими свойствами с духовной Эрец Исраэль.

Как только это произойдет вследствие нашего исправления, вследствие того, что мы своими свойствами станем соответствовать духовной Эрец Исраэль, немедленно наступит всеобщее освобождение от сил зла. И этого неосознанно ждет все человечество и подталкивает нас к этому, потому что мы первыми должны принять на себя духовное исправление — соответствовать нашим духовным корням.

Как наш народ, так и все народы, обязательно придут к этому совершенному состоянию, потому что оно запрограммировано Творцом. Желаем мы того или нет, но ежеминутно мы продвигаемся по этому пути к цели творения. Но в отличие от всех остальных творений, Творец дал человеку возможность ускорить этот путь и обратить его из пути, полного страданий, в путь, полный радости уже сейчас. Перейти с пути страданий на путь Торы можно только с помощью Каббалы.

Поскольку наш народ, несмотря на все переносимые страдания, ни в коем случае не склоняется к избранию «Пути Торы», Творец подталкивает нас к необходимости принятия этого пути страданиями. Послав нам Катастрофу, Он вернул нас на эту землю, вручил нам ее. Но мы еще не приняли эту землю, этот подарок от Него. Мы еще не выросли до осознания того, что же это такое — «Эрец Исраэль». И более того, большая часть уже оказавшихся здесь вновь стремится в другие страны. Мы не любим то, что у нас, и то, что в нас. Преклоняемся перед Америкой. Даже те же налоги, которые мы бы с удовольствием платили чужому правительству, своему мы платить не желаем.

Но самое главное и непростительное в том, что мы пренебрегаем подарком Творца — землей Израиля, которую он нам вручил, но которую мы не желаем получать.

А все это исходит из того, что мы не понимаем, что существуем здесь и побеждаем только потому, что мы находимся на своей земле. Никакая армия не спасает государство — мы же видим, как разваливаются колоссы, армады и армии. Народ Израиля может существовать только в стране Израиля, потому что здесь наш духовный корень. А потому мы обязаны понять, что несмотря ни на что, мы не имеем права отдавать ни пяди нашей земли другому народу.

И это ни в коем случае не относится к сиюминутной политике — это только потому, что нам не простит этого Творец, потому что устройство духовных миров таково, что отказ от Эрец Исраэль приведет нас к несказанным страданиям! Потому что мы выходим из-под духовной опеки нашего Высшего корня, из которого нисходит на нас наша защита.

Как же мы должны поступать в нашем конкретном случае? Тора дает на это единственный ответ — заявить всему миру, что **это наше**! А поскольку все остальные народы подсознательно только этого и ждут, то, как только мы со всей решимостью заявим об этом, они немедленно примут такое заявление, если только оно будет исходить от всей нашей внутренней силы.

Это подобно тому, как в прошлом мы одерживали победы благодаря нашему убеждению, что иного пути нет, что это наше право. А как только уступали — это приводило и приводит только к еще большим потерям и страданиям. Только «Верой выше знания» — верой в управление Творца, вопреки всем обещаниям и земным расчетам, мы можем спастись. Только полностью приняв в своем сердце тот факт, что только нам принадлежит земля Израиля, мы сможем лишь одним этим чувством отогнать от нас всех наших врагов. И более того, все они сами нас оставят, как только мы примем на себя это решение.

Мы должны осознать, что это не арабы, а сам Творец их руками подгоняет нас к осознанию, что, продавая то, что дает нам духовную силу, нашу землю, мы вновь полностью отдаем себя в их руки. Творец, подгоняя нас, желает, чтобы мы осознали, что находимся в тупике, и что только обращение к Нему спасет нас и даст достичь нашего предназначения.

Но если мы не примем данный нам дар Творца, как бесценный подарок, если не поднимем флаг нашего духовного призвания, не примем на себя возложенное свыше на нас, наши страдания не прекратятся, не убежим мы от них и не откупимся, ничем не задобрим врагов наших. Ведь все они в руках Творца, и все их действия только направлены на то, чтобы подтолкнуть нас к цели творения.

ВНУТРЕННЯЯ РАБОТА

Мы акцентируем свою внутреннюю работу:
1) во время занятий,
2) вне занятий.

Во время занятий, как утром, так и вечером, в первую очередь все должно начинаться с мысли-причины «Для чего я открываю книгу, для чего я слушаю, для чего я думаю, зачем мне надо изучать Каббалу».

Это необходимо для того, чтобы немедленно проконтролировать, что причиной моего поведения является поиск духовного спасения, а не просто жажда познания, потому что само знание, почерпнутое из книги без постижения самих объектов, мертво. Ведь изучающий не понимает, что он учит, что стоит за названиями духовных объектов.

Может быть, он изучает какие-то зависимости между абстрактными объектами, но и зависимости-то эти совершенно им неощущаемы. Поэтому вся учеба имеет смысл, только если она — средство достижения духовного **с целью ощутить Творца, а главное, чтобы вызвать на себя излучение окружающего света ради исправления своих свойств, потому что ощутить Творца можно только в мере сравнения своих свойств с ним!**

Советую еще раз просмотреть «Предисловие к ТЭС» п. 155 и начало, где сказано о количестве и качестве усилий человека, которые он должен приложить в изучении Каббалы. Основное — это качества усилия: насколько мне важно, чтобы результатом учебы стало мое исправление. А оно зависит от глубины осознания эгоизма, как препятствия к совершенству и вечности, от стремления к ощущению

Творца ради исправления, а не ради любознательности. Таким образом, качество усилия — это производная от подготовительной работы над собой, выяснения, что именно я желаю видеть результатом того, что встаю, спешу на урок, пытаюсь не дремать в эти ночные часы, зачем живу вообще. Количество же усилий измеряется не столько часами, которые я провел над каббалистическими книгами, а количеством раз в течение часа, когда я отключился в мыслях о цели учебы и снова, волевым усилием вернулся к мысли о причине и цели. Частота выхода и входа в эти мысли и дает результат, потому что помехи посылаются свыше, специально, чтобы правильная цель стала постоянно мыслью, на которой уже базируются остальные мысли, из которой уже исходят все поступки, вся деятельность человека.

Это что касается времени, проводимого над книгой в группе. В остальное же время необходимо постоянно стремиться находиться в состоянии внутренней беседы с Творцом, тихонько внутри себя постоянно обращаться к Нему, стремиться, чтобы никакие внешние помехи, а их специально посылает Сам Творец, не нарушали течение связи и беседы с Ним. Постоянная мысль о том, что Он существует и есть то, что должно быть основой, подкладкой, из которой будут строиться все мысли и решения человека.

Этим человек привыкает, приучает себя к ощущению Творца. Требуются большие усилия для того, чтобы не оторваться от мысли и беседы с Творцом. Сам Творец обрывает эти мысли и течение беседы в человеке, специально, чтобы дать человеку самому контролировать, осознавать, насколько он внутри этого мира, внутри мыслей об окружающей его реальности.

И усилия во время учебы, и усилия в остальное время необходимы для того, чтобы в итоге создать в человеке острую потребность ощутить Творца, иначе он совершенно вне цели и не чувствует, что только раскрытие Творца может помочь ему справиться со своим эгоизмом и следовать Творцу. А явное раскрытие Творца следует немедленно, как только в человеке возникает истинное желание получить свыше свет, силу ради исправления, а не ради получения знания или наслаждения.

Я предлагаю всем моим ученикам принять на себя обязательство контролировать эти два усилия во время учебы и вне ее. В итоге, с помощью Творца мы выйдем на раскрытие Его нам, и тогда наши занятия обретут истинную практическую базу... Поскольку мы все изучаем вместе, относимся к одной группе, объединены одним Учителем, то кроме света, окружающего каждого, мы все вместе окружены общим окружающим светом. Надо осознать коллективную ответственность за исправление группы, а затем и всего мира посредством моих собственных усилий для исправления себя, но не других. Да поможет нам Творец сблизиться с Ним!

ИСТОЧНИК СУЩЕСТВУЮЩЕГО

Все созданное состоит из двух составляющих: *света* и *кли — сосуда — души*. По своей природе они совершенно противоположны друг другу: свет по своей природе дает наслаждение кли, а кли создано только ощущающим это наслаждение, желающим его получить.

Источник же всего существующего — свет. Он создал кли, потому что желает дать наслаждение. И потому создал в кли только одно свойство — желание наслаждаться. И только в той мере, в которой свет желает дать наслаждение, в той мере и возникает в кли желание насладиться. В Каббале это известно под правилом «нет кли без света», то есть свет первичен, а кли вторично.

Но созданное кли еще не является завершенным, потому что оно несовершенно: только получать и наслаждаться невозможно. Ведь как только наслаждение удовлетворяет, наполняет голод, желание насладиться — оно больше не ощущается.

Так происходит с голодным человеком, наполнившим себя желаемой пищей: естественно и явно каждому, что в момент насыщения его голод пропадает, и исчезает само ощущение наслаждения. Мы явно ощущаем наслаждение от пищи только в момент, когда наш голод и пища соприкасаются. Но затем, как только пища поступает дальше, голод уменьшается, а соответственно этому пропадает и наслаждение.

Поскольку Творец совершенен, Он желает создать совершенное кли, создание. То есть такое, которое бы постоянно бы наслаждалось исходящим от Него светом. Для этого кли постоянно должно ощущать голод, несмотря на то, что наполняется. И даже наоборот: чем больше наполняется — тем больший голод, а, следовательно, и большее наслаждение должно ощущать.

Как соблюсти подобные условия? Для этого необходимо, чтобы источник наслаждения или получатель наслаждения был не внутри кли, а снаружи — тогда, сколько бы не наслаждалось, кли все равно бы ощущало себя незаполненным, поскольку наполняет не себя.

Поэтому созданный эгоизм, желание насладиться — это еще не то кли, которое задумано Творцом. Для того чтобы наполняться наслаждением безгранично, необходимо его одновременно отдавать — и тогда будет постоянная возможность получать его непрерывно.

Приобрести дополнительно к своему природному свойству — желанию получать наслаждение свойство — желание отдавать наслаждение, услаждать, кли может только от света, от Творца.

Но как может кли, совершенно противоположное свету, войти с ним в контакт и получить это совершенно противоположное ему свойство? Ведь желание отдавать настолько противоположно ему, что оно никогда не может так противоестественно для себя поступить, тем более обменять свое свойство на противоположное? Этого не позволит сама природа кли.

Поэтому создается такое состояние, как разбиение кли: когда обманным способом кли вводят в такое состояние, что оно поневоле приобретает обратные ей желания наслаждать, бескорыстно отдавать.

Такое состояние *разбиения кли*, называемое *швира*, ощущается кли очень трагически. Потому что кли имеет только одно свойство — ощущать наслаждение, а при разбиении сосуда исчезает весь наполняющий его свет, что равносильно смерти.

Исхождение света из кли определяется как изгнание, разрушение, смерть. Но именно этот процесс создает в кли новые, ранее не присущие ему свойства. Происходит это потому, что свет непосредственно входит в кли и оставляет в нем свои свойства.

Но затем кли должно постепенно само принять на себя свойства света и с их помощью изменить все свои природные эгоистические свойства.

Этот процесс исправления природных свойств кли на противоположные, альтруистические, происходит постепенно, по ступеням, от малых исправлений к большим. Вплоть до того состояния, когда все свойства света станут свойствами кли.

В таком состоянии, называемом «конец исправления», нет уже никакого отличия между светом и кли, между Творцом и творением. Оба они слиты вместе, единством и подобием своих свойств, вплоть до совершенного, наивысшего состояния.

В нашем мире разбиение кли соответствует мрачным дням периода осады Храма и его разрушения (как 1-го Храма, так и 2-го). Мы учим, что состояние изгнания обязано предшествовать *состоянию духовного восхождения, исправления — «галут кодэм ле-геула»*. Таков порядок изменения свойств творения на свойства Творца.

Но в нашем, наинизшем состоянии, какое только возможно в творении, мы лишены памяти о нашем духовном прошлом, когда мы были в контакте со светом, когда наши души проходили разбиение и падение в этот мир. Как же можно осознать изгнание и устремиться к избавлению от него, если не известно — что именно потеряно?

Все состояния кли оцениваются только относительно одно другого. Поэтому, до тех пор, пока в человеке не появится ощущение потери, понимания того, что именно потеряно им при духовном падении, невозможно, чтобы у него появилось желание выйти из нынешнего состояния, дабы достичь прошлого, совершенного. А как же это возможно, если свет и мы совершенно противоположны по свойствам, и поэтому свет не может светить нам?

Есть в каждом «спящие» остатки от бывшего в нас света. Их можно возбудить внешним свечением окружающего света. А окружающий свет можно вызвать, изучая Каббалу. Вот в этом-то и заключается особое свойство Каббалы.

Поскольку авторы Каббалы находились уже в состоянии наполнения внутренним светом в исправленном кли и писали свои произведения в таком состоянии, то, читая написанное ими, мы вызываем на себя их внутренний свет. Но на нас он светит, ввиду неисправности нашего кли, как свет внешний. И его свечение готовит нас к тому, чтобы и мы получили этот свет в себя.

5-го Ава мы отмечаем день смерти Ари. Сказано, что «велики праведники после смерти еще более, чем при жизни», потому что, уходя из нашего мира, они оставляют за собой созданное ими, их методику, их учение, их силу. И после ухода из материального мира они продолжают помогать нам. Их помощь каждый ощутит, если исправит себя и войдет в контакт с ними.

И более того, уходя из этого мира, праведник еще более способен помочь тем, кто прилагает усилия, исправляя свои свойства, чтобы связаться с ним.

Ари — это совершенно особая душа. Вообще, эта душа не должна была нисходить для своего исправления в этот мир. Она сама совершенна и не нуждается ни в каком исправлении. Все ее предназначение состоит в том, чтобы, нисходя периодически в этот мир, предлагать человечеству методику духовного возвышения, каждый раз в виде, подходящем для типа душ того поколения, в котором она появляется.

Первое нисхождение этого кли в наш мир произошло в явном виде в лице Рашби, автора Книги Зоар. Это были годы после разрушения Храма и изгнания народа со своей земли. Но именно потому по замыслу и плану Творца настало время для первого раскрытия Каббалы не для единиц, а для большего числа душ, находящихся в этом мире.

До Рашби только великие мудрецы знали Каббалу и занимались ею. Появление Книги Зоар стало откровением Творца изгнанному народу. Постепенно, в течение поколений до появления Ари, в каждом поколении отдельные каббалисты и маленькие группы занимались Каббалой, и Книга Зоар была единственным их источником.

Нисхождение в наш мир той же души в виде Ари означало наступление качественно нового периода в исправлении человечества, в постижении Творца. Ари дал нам совершенно иную методику вхождения в духовный мир. Методику новую, подходящую для нас.

Эта методика отлична от методики Рашби тем, что предлагает активное исправление себя каждому! Начиная с того времени и в последующих поколениях появились уже большие группы каббалистов. Каббала стала уже известной многим. Ее наличие перестало быть тайной для масс.

Следующее нисхождение той же великой души в наш мир произошло в теле Бааль Сулама. То, что сделала эта душа в своем последнем облачении, невозможно оценить: она создала универсальное средство постижения Высшего мира для всех! Сегодня каждый, как мы, здесь находящиеся, может взять книги Бааль Сулама, его сына Рабаша и по ним безошибочно достичь цели творения.

О ДУШЕ И ТЕЛЕ

Мы изучаем все результаты отношения человека с Творцом, все мысли, желания, ответы, все, что является результатом постижения человеком Творца на той ступени, где он находится. Даже в нашем мире есть ступени постижения еще до выхода в духовный мир, еще в подготовке к выходу уже человек начинает осознавать соотношения духовных понятий между собой, хотя это совершенно несравнимо с настоящим ощущением и постижением.

Когда говорят: «Иди и спроси Рашби, рабби Аба, Рабаша», — это означает «поднимись на его ступень и спроси, почему он так объяснил». Человек не встречается ни с кем, он поднимается на уровень, например, Рашби, и потому видит и понимает, как Рашби. Это означает, что он встретился с Рашби.

Таким образом, каждая духовная ступень называется именем, и если человек ее достигает, он называется именем этой ступени. А если он постигает только часть этой ступени, то называется ее сыном. Например, все мы называемся сыновья Адама, потому что каждый из нас является частью этой ступени и должен этой части самостоятельно достичь.

Тот, кто поднимается на какую-то ступень, чувствует, что происходит на этой ступени, он постигает свойства данной ступени и по ее свойствам он видит Творца. И это картина, которую он видит на определенной ступени. Если он постигнет более высокую ступень, картина изменится.

Это не кинотеатр, где крутят 125 фильмов, по фильму на каждой ступени. Есть только простой Высший свет и человек, поднявшийся на какую-то духовную ступень, приобретший какие-то духовные свойства, именно этими свойствами ощущает часть Высшего света. И эта часть называется им «мир».

Так и мы, ощущая ничтожно малую часть Высшего света в своих эгоистических свойствах, называем всю совокупность своих ощущений «наш мир».

Есть только желание получить те или иные свойства Творца, и в зависимости от них человек видит ту или иную картину, образ. Однако те, которые приобретают одни и те же свойства от Творца, несмотря на то, что один отличается от другого своим желанием, они видят одну и ту же картину, но под разным углом, в зависимости от желания каждого, как в нашем мире — сколько людей, столько и мнений.

Как в нашем мире каждый видит его иначе, так как мысли и идеи каждого разнятся друг от друга. Однако общая картина одна. Впечатление мое и другого отличны, но есть общие соглашения о том, как смотреть на те или иные вещи. Мы можем понимать один другого не по нашим свойствам или желанию «получить», так как по этим качествам мы отдаляемся друг от друга, а понимаем друг друга по тем свойствам Творца, которые мы постигаем на духовных ступенях.

Адам родился только с *альтруистическими желаниями (келим дэ-ашпаа)*, ухаживал за всеми деревьями райского сада (мог использовать все свои альтруистические желания). Но как же мог исправить ***эгоистические желания (келим дэ-кабала)***, если не имел их, вернее, не ощущал их в себе?

Поэтому обязан был согрешить, отведать «плод дерева добра и зла» — смешаться с эгоистическими желаниями (*келим дэ-кабала*), чтобы произошло смешивание *келим дэ-кабала с келим дэ-ашпаа*, а затем постепенное исправление ***келим дэ-кабала***. Его грех был запланирован свыше.

Что такое грех? Это нарушение закона, зная это или не зная. Адам знал? Не знал. Он хотел? Не хотел. Но нарушил? Да.

Все грешники от того, что им кажется, что они могут больше дать, сделать лучше. Самые худшие грешники одеты в самые красивые и внешне хорошие одежды.

В духовном нет порчи просто так, все делалось с определенной целью: соединить эгоизм с альтруизмом и исправить т.о. эгоизм. Если бы в каждом эгоистическом желании, кли, не было альтруистической искры, которая попала туда именно в момент прегрешения Адама, невозможно было бы исправить эгоизм и духовно вознестись. Поэтому прегрешение Адама обязательное, вынужденное, необходимое.

Мы находимся в полной духовной тьме. Окружающий свет, ор Макиф, если он светит снаружи, то он возбуждает *эгоизм (рацон лекабель)*, а внутрь эгоизма он не может войти. Так пробуждают человека к духовному.

Для этого внутрь эгоистической еще души помещают так называемую *точку в сердце (некуда ше ба лев)*. Это действительно подарок свыше, и она называется *последней точкой* Высшего духовного объекта, *точкой ахораим* более высокого парцуфа.

Если смотреть сверху-вниз, то кроме кли, масаха, решимот нет ничего более. Но если идти снизу-вверх, то у души есть 3 линии: правая, левая, средняя. Ты постепенно овладеваешь каждой из них, соединяешь их воедино согласно своим усилиям. Это и страдания левой линии, и возможности справиться с ними силой правой линии, и получение света Творца в среднюю линию.

Есть тут некоторая дуальность: со стороны Творца все понятно, и грех Адама предусмотрен, он должен был согрешить, а кто-то должен исправить этот грех. Все предопределено и всему есть место, все находится уже в конце исправления.

А со стороны человека все скрыто, он еще не раскрыл ту закономерность, которая кроется в скрытом от него. В этих вещах я пока что должен идти верой выше знания. Неизвестность давит на меня и толкает приложить усилия, чтобы открыть для себя Творца и быть с ним в связи.

Со стороны Творца нет никакого изменения, все находится в самом совершенном состоянии — *Гмар Тикун* и наслаждается светом Творца. Это человек вдруг начинает страдать от своего эгоизма и хочет его исправить с самой начальной точки до мира Эйн Соф, с получения на отдачу. Это со стороны ощущения творениями своего состояния.

Если человек, находящийся в нашем мире, не получит эту альтруистическую точку, духовное свойство сверху, нет никакой возможности совершить духовный поступок.

Далее пишется, что когда человек духовно рождается, в нем тут же появляется *ахораим нефеш дэ-кдуша*, т.е. *последняя ступень самой души*, которая называется из-за сокращения точкой и которая помещается в сердце человека, т.е. в его *эгоизм (рацон лекабель)*, проявляемый, в основном, в сердце человека.

Люди, в которых нет этой точки, являются животными, и подобно тому, как и у животных, их желания не выходят за рамки этого мира. Такие люди могут увлекаться разными теориями и вроде бы «духовными» философиями, предсказывать будущее, обладать особой чувствительностью.

С духовным же их ничего не связывает — только точка в сердце может вывести человека из животного состояния и привести в духовное. Хотя внешне и те, и другие смотрятся одинаково, никто не может видеть эту разницу, кроме того, кто находится в соответствии духовных свойств, когда точка в сердце развивается в парцуф.

Иногда такая точка может находиться в сердце много кругооборотов жизней без развития. Но если этой точки нет, человек может сидеть несколько лет в группе и изучать Каббалу, записывать все, делать графики — но не более. А приходит он в группу, может быть, для того чтобы стать преподавателем Каббалы, гордиться знаниями и пр. Если в нем не говорит требование и страстное желание соединения с Творцом, он долго не продержится в группе, она его сама духовно вытолкнет. Таким образом, все зависит от наличия точки в сердце человека.

Я спрашивал моего Учителя, можно ли приобрести такую точку в сердце, если ее нет. Если человек вошел в какую-то группу и видит, что в ней все подвержено одному желанию — найти Творца. Люди учатся, приезжают издалека, только об этом и говорят, занимаются с Учителем по определенным источникам, он заражается общим желанием, хотя как будто знает, что у него нет этой точки. Считается, что особо страстное желание может привести к появлению такой точки в сердце. Так говорил и Ари. Настолько должно быть сильным включение своего желания в объединенное желание группы, чтобы это смогло произойти. Потому что, даже когда есть эта точка, она по свойствам разная у разных людей. Например, рабби Иосеф Каро, написавший «Шульхан Арух»! Это титанический труд! Но он спал на уроках Каббалы.

Конечно, есть люди, которые легко и естественно воспринимали лурианскую Каббалу, а есть такие, которым была непонятна Каббала Ари, и они не могли отказаться от методики Рамака. Ари внес такое изменение в изучение Каббалы, что теперь ее можно изучать со стороны келим, душ, т.е. снизу. Каббала методики Рамака изучала мироздание со стороны светов, со стороны Творца.

Мы же изучаем со стороны экрана, масаха, который способствует распространению света. Я до Бааль Сулама учил Каббалу по различным источникам и не находил ответа на свои вопросы, пока свыше не показали мне книги Ари и Бааль Сулама.

Что такое верхняя ступень? Это Творец и будущее состояние. Нижняя ступень — это творение и его настоящее состояние. Все ступени, как гармошка, находятся внутри человека и раскрываются по мере продвижения.

Что такое время? Это живое понятие? Изменяется ли время и как? Вне человека, внутри его? Может быть, на каждой ступени есть свои часы?

Можно ответить, что понятие времени — это результат действия клипот. Пока человек не посылает Творцу свое полное согласие со всем происходящим с ним, до тех пор он ощущает время. Понятие времени исчезает после **полного исправления (Гмар Тикун) души** человека, когда ничего не потребуется изменять, все находится в полном покое.

Корень времени находится в раскрытии *хисарона* и необходимости исправления. С первым сокращением образовалось пустое пространство, предназначенное к исправлению. И так как понятие *«хисарон»* противоположно понятию «*шлемут*», и не могут противоположности прийти сразу к чему-то общему в одном деле, поэтому произошел цимцум, который и положил начало понятию времени и места в нашем мире, когда две противоположности могут прийти друг к другу или в порядке изменения места или в порядке изменения времени. Но до Цимцума не было понятия места и времени.

Если бы изобрели специальные часы, которые были бы связаны с сердцем человека, то можно было видеть по ним, как по-разному живут люди с точки зрения духовности. Одни могут жить 1 000 лет, а у других — вся жизнь, как одно мгновение. Обычные часы показывают время неживого. То есть они показывают темп продвижения духовно неживого к цели всего творения.

ЛЕСТНИЦА ЖЕЛАНИЙ

Желание — это единственное, что создал Творец. Вся остальная материя является производной от желания насладиться. В оголенном, обнаженном виде желание насладиться и есть творение. Если желание духовно, то не облачено ни во что. Если желание становится эгоистическим, то по мере приобретения эгоизма, оно одевается в материальную оболочку или неживой природы, или растительной, либо животной или человеческой.

Само желание определяет все: как саму природу, так и ее взаимодействие и все внутренние процессы, все физико-химические природные законы, которые есть в материи. Изучая желания в Каббале, мы можем от нее, как следствие, перейти к изучению неживой, растительной, животной и человеческой природы, и видеть, как все это облачается в материю.

Само желание на каждой ступени разное и собой определяет ступень. На лестнице от нас до Творца проградуировано 125 ступеней — желаний. Наш мир — это отрицательное желание, которое не входит в общее количество, затем от первой ступени духовного мира до вершины лестницы есть 125 ступеней, каждая последующая из которых характеризуется более альтруистическим желанием.

На этом промежутке есть 5 миров: АК, Ацилут, Брия, Ецира, Асия. В каждом из миров 5 парцуфим, где парцуф в свою очередь делится на 5 сфирот. Таким образом:

$5*5*5 = 125$ ступеней.

Миры, парцуфим, сфирот определяют степень желания и определяют его духовный уровень при подъеме снизу вверх. Задача человека — добраться до самой высокой духовной ступеньки в своем продвижении к Творцу.

Это является целью всего творения. В нашем мире с каждым в отдельности и со всеми вместе происходят только такие события, которые подталкивают человека в своем развитии подойти к махсому, перейти через него и начать духовно подниматься.

Каждая духовная ступень определяет все мысли, желания человека, всю его духовную «внутренность». Все меняется в человеке при переходе от одной ступени к другой. Каждая новая ступень командует человеком, он находится под полным ее влиянием. Нельзя перейти на новую ступень, не постигнув абсолютно предыдущую.

Кроме желания, существует только Творец, т.е. свет. Для чего необходимо воздействие света на человека? Свет, ощущение Творца — это ощущение жизни, как в нашем мире, так и в духовном. Но свет еще и обладает силой, способной поднимать человека на новую ступень. Есть определенные действия, которые обязан выполнять человек, вызывая на себя при этом влияние света, который и приподнимает его со ступеньки на ступень.

В «Предисловии к Талмуду Десяти Сфирот» п. 155 Бааль Сулам пишет о том, что дает Каббала людям, еще не находящимся в духовном мире: «Необходимо спросить, почему каббалисты обязали каждого человека учить Каббалу. Потому что есть особое свойство в ней для тех, кто занимается ею. И несмотря на то, что они не понимают то, что учат, но, благодаря огромному желанию понять, возбуждают окружающий их души свет.

Каждому человеку, стремящемуся прямо к Творцу, обещано, что он достигнет всего, что задумано Творцом для него и для каждого еще в замысле творения. И тот, кто не достиг этого в данной жизни, достигнет в следующей. И пока человек не пришел к совершенству, свет, который впоследствии должен наполнить его, пока светит ему снаружи, ожидая того момента, когда человек очистит свои желания от эгоизма и даст возможность свету войти в них, чтобы ощутить Творца.

Когда человек занимается Каббалой и произносит имена светов и намерений, которые имеют отношение к его душе, окружающий свет тут же начинает светить ему снаружи и незаметно для него очищает его желания, давая ему все большее и большее желание возвыситься, влияя на него своей святостью и чистотой и приближая т.о. к духовному». Так пишет Бааль Сулам о важности изучения Каббалы.

В самой Каббале есть две части: *тайны Торы — Ситрей Тора* и *вкусы Торы — Таамей Тора*. Каждый парцуф состоит из 10-ти частей: Кетер, Хохма, Бина, Хесед, Гвура, Тиферет, Нецах, Ход, Есод и Малхут. В любом парцуфе любого мира есть эта градация на 10 сфирот. Кетер, Хохма, Бина относятся к *тайнам (содот, ситрей)* Торы, даже если они находятся в нижайшей ступени духовного мира. Их запрещено изучать, раскрывать и познавать.

Хесед, Гвура, Тиферет, Нецах, Ход, Есод и Малхут относятся к *вкусам, таамей Тора*, их необходимо изучать, раскрывать и познавать, и от степени их раскрытия зависит общее состояние человечества и степень его приближения к духовному. *Таамей Тора* — это смысл Заповедей.

Большой ошибкой невежд является то, что они считают, что вся Каббала состоит из *тайн (ситрей Тора)*, и потому ею нельзя заниматься. А кто, как не каббалисты, которые сами на себе постигли духовные миры, занимаясь Каббалой, могут сказать истину.

Кетер, Хохма, Бина (тайны Торы и мысли Творца) Творец может раскрыть как подарок избранным, дошедшим до высочайшего уровня.

Уровень постижения зависит не от количества занятий, а от их качества: не ждать от занятий каких-то мелких выгод, а заботиться лишь о том, насколько они могут их исправить для выхода в духовный мир. Можно заниматься час в день, но если остальное время это живет в вас, все подчинено одной цели, то результат будет. Если человек не дошел до перехода в духовный мир, это не пропадает, и в следующем кругообороте его душа начнет с того уровня, на котором она остановилась в нашем мире.

Общая картина творения

Что же происходит с душой, когда она проходит путь снизу-вверх, начиная с Малхут, Есод, Ход, Нецах, Тиферет, Хесед, Гвура, и доходит до *ситрей Тора — Бина, Хохма, Кетер*? Она их просто обходит, перескакивает и идет дальше, постигая следующие 7 низших. А три верхние сфирот — это силы Творца, которые помогают душе постичь 7 нижних.

Все, что ни делает человек, это продвигает его к цели творения. Даже человеческие страдания не проходят просто так, а накапливаются и потом учитываются. Но чтобы сократить этот длинный путь страданий и медленного неосознанного продвижения вперед, Творец и дал нам Тору, которая направляет нас по правильному и менее болезненному пути.

Только в последние несколько десятилетий в наш мир начали нисходить особые души, стремящиеся к Каббале, и в большом количестве. Это значит, что предыдущие состояния накопились и проявляются в таком виде, как сейчас. Ничего не пропадает и постепенно находит свое выражение.

До этого шли методом страданий, которые вылились в желание заниматься Каббалой. В следующий раз эти же души будут более интенсивно заниматься Каббалой, и в течение месяца-двух могут добиться огромных результатов, чего раньше не смогли сделать за годы. Предыдущая жизнь накопила уже определенный запас желаний.

Если у человека есть уже большие желания заниматься только Каббалой и с одной целью, то 3-5 лет совершенно достаточно, чтобы выйти в духовный мир.

Раньше общих, организованных молитв не было, а каждый молился самостоятельно о том, что накопилось в его сердце. Любое желание человека — это его молитва.

Вообще-то настоящей молитвой называется работа человека в сердце. А желание — уже результат подготовительной работы сердца. С желанием ничего нельзя сделать, можно лишь особой работой, изучением, обдумыванием подготовить себя к тому, чтобы возникло нужное желание.

Ни от каких наслаждений человек не должен отказываться, хотите вы этого или не хотите. Вы уже желаете и приказать своему сердцу не можете. Только интенсивная работа над собой, различные вспомогательные средства помогут изменить желания сердца в сторону духовного. Даже сегодня мы должны говорить, что хотим ощутить Творца, хотя и для самонаслаждения. Желание должно быть цельным, тогда оно дает результат.

Творец посылает нам душевные и физические страдания. Зачем же, с другой стороны, создана такая возможность, чтобы облегчать, смягчить душевные страдания с помощью различных психологов, социальных работников и других, а физические страдания — с помощью врачей? Это делается для того, чтобы между людьми возникло взаимодействие и взаимопомощь, чтобы один помогал другому, что приведет к слиянию душ в одну.

Ни в коем случае нельзя трактовать страдания как наказание за прошлое, а как определенное, жесткое влияние Творца с целью направить тебя в необходимую для выполнения замысла творения сторону. Если человек понимает эти страдания, он может в дальнейшем устремляться к ним сам, мысленно, а не ждать, пока его подтолкнут сверху. Как только степень стремления уменьшается, страдания увеличиваются, но это чисто условно.

Отсутствие страданий тоже не означает, что вы на правильном пути. Просто существует определенный период, когда Творец не требует от вас чего-то определенного, не подгоняет вас, т.е. ваше время еще не пришло.

Человек приходит на занятия потому, что обстоятельства его вынудили это сделать. Остаться на занятиях, продолжать их — тоже в первый период не зависит от него, он находится еще под тем толчком, который ему дали. А вот дальше зависит от усилий самого человека, когда он осознает и понимает, зачем его сюда привели, и вкладывает в это свое постоянное усилие.

У каждой души есть своя миссия в этом мире. Есть души, которые спускаются для какой-то определенной цели, достигнув которой, они рано покидают этот мир. Ари, например, умер в 36 лет, оставив огромное количество записей.

Я не советую изучать Каббалу и остальную Тору параллельно. Дело в том, что в Торе существует четыре языка:

язык Танаха — описательный, юридический — как в Талмуде, язык сказаний, как в легендах, повествованиях, и язык Каббалы. Все языки говорят об одном и том же, об одних и тех же духовных процессах — как приблизиться к Творцу и достигнуть цели творения.

Но когда человек только начинает заниматься, он, как ему кажется, понимает описательный и юридический языки. Язык сказаний уже труднее понять, потому что он аллегоричен. Ну, а язык Каббалы он вообще не понимает. Важно за всеми этими языками видеть духовное действие, а если он читает описание жизни какой-то бедуинской семьи Авраама и понимает это дословно, то стоит отложить все описания до тех пор, пока не изучите язык Каббалы, чтобы с его помощью понять и видеть за всеми описаниями те же духовные действия, о которых говорит Каббала. Тогда, читая Тору, вы не будете ее снижать до уровня нашего мира, а будете возвышать, понимая, что она говорит только о духовном.

Над своими желаниями мы не властны. Если мы находимся на какой-то ступени своего духовного развития, и она определяет всю нашу внутреннюю структуру, то мы можем сделать все, что эта ступень определяет. А практически, что это значит для меня? Я ведь не знаю, что запрограммировано для меня на этой ступени. Но я обязан прилагать все усилия, чтобы в конечном итоге обнаружить, что не в состоянии ничего сделать, — и таким образом изучить себя. Мне дан, кроме желания, еще и разум.

В духовном мире есть только наслаждение или его отсутствие, т.е. либо сладкое и правда, либо горькое и ложь. Правда всегда сладкая, а ложь горькая, что всегда совпадает. В нашем же мире эти показатели, как правило, не совпадают, т.е. ложь сладкая, а правда оказывается горькой.

Поэтому в нашем мире мы всегда находимся в тяжелом положении перед выбором. Выбрать ли сладкое, внешне и обманчивое, либо идти по пути горькой, но истины. Тело различает только горькое и сладкое, а разум — правду и ложь.

Мы не имеем возможности сопротивляться тем желаниям, которые возникают в нас. Можно только всякими подсобными путями пытаться осознать, что сладкое в нашем мире — это зло. Тогда в этом сладком можно почувствовать горечь. В этом нам помогает умственный выбор, он может изменить выбор тела.

Например, я курю с раннего возраста, и мне это доставляет наслаждение. Когда я смогу убедиться в том, какой вред это мне наносит, я брошу курить, оно станет для меня горьким. Такая путаница родилась в нас грехопадением Адама.

В мире Ацилут существовала прямая зависимость между горьким и сладким, ложью и правдой. Если я пробую что-то, и оно сладкое — значит это правда, альтруизм, ближе к Творцу. После греха Адама, разбиения его души и нисхождения осколков вниз, под мир Ацилут, произошла путаница между всеми определениями настолько, что сладкое стало ложью, а горькое — правдой.

Человек поднимается в духовное по трем линиям: правой, левой и средней. От правой линии получает свет, а от левой желания, кли. Человек постоянно должен двигаться между ними до мира Ацилут, где все сливается вместе: духовное — сладко, эгоистическое — горько.

Все, что создано сверху — все миры, парцуфим, Адам, — все это создано Творцом и еще не называется творением. Творением называется то, что начинает проявлять самостоятельное желание. Все люди, которые живут на земле, выполняя те или иные действия, поступают так или иначе потому, что Творец их так запрограммировал, они еще не творения в полном смысле. А творением называется тот, в ком появляется независимое желание к Творцу.

Вот ученики пришли в группу для занятий Каббалой, потому что их направили свыше. А когда у них появится первое самостоятельное желание к духовному, они будут называться творением. А возникнет оно тогда, когда человек перейдет махсом и будет на самой низшей точке духовного мира. Такое состояние называется зарождением души в теле матери — зародыш. И только каббалисты являются самостоятельно существующими, каждый в свою меру.

...А все остальные — роботы Творца. Для них не существует ни вознаграждения, ни наказания, у них нет никакой свободы воли, они полностью направляются Творцом.

Творец их подталкивает постепенно к накоплению страданий от эгоизма, с которым они созданы, и тогда весь предыдущий опыт страданий заставит их понять, что эгоизм — зло, и сделать выбор пути к духовному с помощью Творца.

Характер человека не имеет никакого отношения к духовному уровню. Любое действие человека может быть одухотворенным или чисто эгоистическим в зависимости от того, куда он направляет свои желания. Важно не само действие, а намерение при этом. Если бы можно было самое большое в нашем мире наслаждение получить с намерением ради Творца, то оно бы называлось духовным, несмотря на то что по своей природе оно чисто животное. Но так как человек создан с очень сложным животным организмом, то и действия влияют на нас.

ПУТЕШЕСТВИЕ В ДУШУ ЧЕЛОВЕКА

В научно-популярных и учебных фильмах объясняют устройство и принципы работы различных органов человека, например, сердца, показывая путешествие в маленькой капсуле по сосудам, вливающимся в сердце. Мы видим, как по этим сосудам импровизированный кораблик попадает в само сердце, и изнутри можем увидеть, как оно работает. Попытаемся и мы воспроизвести такое же путешествие, но не внутрь тела, а внутрь души человека.

Любой орган тела можно извлечь из него, препарировать, и каждый может изучать, как он функционирует. Но как взять в руки душу, показать ее, разделить на части, показать, что находится внутри?

Ведь мы будем говорить о том, что никто не видит и не может пощупать. И все же мы попытаемся ощутить в себе части души и их взаимодействия.

В Каббале сказано, что поначалу душа человека представляет собой маленькую черную точку — она, вообще-то, не маленькая сама по себе, но относительно духовного она, как маленькая точка, потому что в ней, хотя и есть все огромное желание самонасладиться, созданное Творцом, но по шкале духовных свойств ее как бы не существует, потому что никаких духовных свойств у нее нет, она вся эгоистична.

Поэтому, если мы представим себе пространство, в котором находятся только духовные, альтруистические силы, желания, объекты, то в нем нет даже этой точки.

Почему же мы говорим, что она в нем существует? Да потому что с нее начинается переход из нашего пространства — пространства эгоистических сил, желаний, которые рисуют в наших ощущениях этот мир, — в мир иной, в пространство иных ощущений и иной реальности.

Эта черная точка появляется в человеке не просто так, сама по себе, а начинает ощущаться им только по мере его усилий в правильном изучении Каббалы. Я говорю «правильном», потому что если человек изучает Каббалу по настоящим источникам (Книга Зоар, сочинениям Ари и Ашлага) с настоящим учителем, (получившим, в свою очередь знания от своего учителя-каббалиста), в группе, (собрании стремящихся идти по пути, указываемом их учителем по книгам), то поначалу человек постигает свое «Я» как «абсолютно черное тело». Есть такой термин в физике, говорящий о том, что такое тело ничего не отражает, а только получает внутрь себя.

Такое поглощающее тело физики изображают в виде полой сферы, измазанной внутри сажей, которая полностью поглощает луч, входящий в нее и не выпускающий никакого отраженного света из себя.

Эта физическая модель подобна той духовной модели, которую каббалисты называют «черной точкой» — это ощущаемое человеком в себе свое «Я» как абсолютно эгоистическое свойство, которое стремится только все поглотить, но ничего не отдать.

А даже если и кажется постороннему наблюдателю, что человек что-то отдает, человек, уже ощущающий себя как черную точку, способен увидеть, что это только закамуфлированная форма получения, в ином виде — по принципу «я тебе, а ты мне», то есть обмен, как в купле-продаже. А самого себя он ощущает как абсолютный эгоизм. Даже если и стал из «невоспитанного» эгоиста «воспитанным».

Но поскольку это уже начальная, отправная точка его развития, находящаяся на грани этого мира, нынешних ощущений человека, и будущего мира, будущих ощущений в иной сфере, то относительно духовного пространства это состояние уже считается существующим в нем.

Можно себе представить, что человек находится в одной сфере, которая называется «этот мир», а рядом с этой сферой находится другая сфера, называемая «будущий» или «духовный мир». Обе сферы соприкасаются в одной точке одна с другой. И вот эта их общая точка и есть «черная точка», которую начинает ощущать будущий каббалист.

Какими же свойствами обладает эта черная точка, т.е., что ощущает в себе человек, достигший ее ощущения в себе.

Для начала необходимо пояснить, что все миры — и этот, который мы сейчас ощущаем, и тот, который еще не ощущаем, все, что только относится к человеку, что он когда-либо получал, получает или получит, ощущал, ощущает или ощутит в этом или в ином мире, во всех состояниях, нынешнем и после своего ухода из этого мира, во всех своих круговоротах, от начала и до конца мироздания, — все это существует в каждом из нас уже сейчас, но только скрыто от нас!

Где же это скрыто? Мироздание устроено очень просто. Но именно эта простота и недоступна нашему осознанию. Есть только созданный Творцом, Высшей силой, человек. Человек ощущает Творца, а больше-то и некого ощущать. Ощущение Творца называется «свет». В человеке ощущение света, Творца, вызывает наслаждение. Нет ничего, кроме Творца, Высшей силы, наслаждения и человека, его ощущающего.

Поэтому все, что только способен ощутить человек — это ощущение Творца — закамуфлированное, скрытое всевозможными «переодеваниями» Его в объекты нашего мира, от которых мы получаем наслаждение, или явное, когда человек создает в себе особый орган явного ощущения Творца.

Поэтому нет никакого отличия между нахождением человека в нашем мире и в ином: всегда он ощущает только Творца — скрыто или явно.

Каждый человек, даже будущий великий каббалист, рождается в нашем мире только в эгоистических желаниях самонасладиться тем, в чем видит наслаждение. Если он ощущает стремление к духовному: неудовлетворение этим миром, отсутствие наслаждения во всем его окружающем, если он никак не может успокоить себя ничем, никакими занятиями — это означает, что Творец желает, чтобы данный человек начал сближаться с Ним. Поэтому Он и создает в человеке это состояние неудовлетворенности, приводящее его к вопросу: «Какой есть смысл во всей моей жизни?»

Если этот вопрос стоит перед человеком во всей своей остроте и ничем его не «смыть» и не заглушить, человек ищет и постепенно находит то место, где ему объясняют, как найти ответ на этот вопрос. Творец приводит человека к этому вопросу тем, что меньше проявляет себя во всех окружающих человека объектах.

В итоге человек начинает ощущать меньшее наслаждение, меньшее присутствие Творца, хотя еще не понимает, что все это от Творца и что Творец вообще существует. Это подгоняет человека искать источник наслаждения, т.е., подсознательно, Творца.

В зависимости от того, насколько остро стоит перед человеком этот вопрос, он находит более или менее правильное место, более или менее истинный ответ на свой вопрос о смысле жизни: или оказывается в каком-то «духовном» кружке, примыкает к какому-то религиозному движению масс, успокаивается какой-то теорией. Чем сильнее ощущение отсутствия Творца в человеке, тем вернее он находит источник своего духовного питания. Возможно, что еще не в этом кругообороте положено человеку явиться, достичь явного ощущения Творца, еще должен перебрать в себе множество различных желаний, стремлений.

Возможно, что на это уйдет еще не одна его жизнь в этом мире. Но если желание человека истинное, а это поначалу зависит только от Творца, то человек попадает в группу каббалистов. А далее он уже развивает данное ему Творцом желание под влиянием группы. Впрочем, в каждой группе, в любом сообществе, человек проникается его желаниями и стремлениями.

А затем оказывается, что один остается и находит там свое место, а другой продолжает после некоторого времени своего пребывания в этой группе свои дальнейшие поиски. Так и в каббалистической группе постоянно меняются люди — одни приходят, другие уходят, но те, кто остаются и проявляют свои желания, свои бойцовские качества, — идут в атаку на препятствие внутри себя, отделяющее их от ощущения Высшего мира, самого Творца, — и достигают цели.

Так же, как Творец подталкивает человека к поиску выхода из этого мира в духовный тем, что даже во всех объектах нашего мира убирает себя, — и человек не находит наслаждения ни в чем окружающем, — так и вход во вторую сферу происходит через ощущение отсутствия — только уже не просто наслаждений этого мира, — а ощущение отсутствия Творца. Это ощущается в сердце. Но ведь сердце всего лишь мышечный орган, помпа, как же оно может ощущать наслаждения или страдания?

Поскольку сердце реагирует своими нервными узлами на самочувствие человека, то мы ощущаем как бы сердцем, но вообще орган ощущений любых наслаждений, даже самых низменных и простых — это духовный орган. И называется он «черная точка», потому что человек воспринимает свое состояние, как черное, из-за абсолютного отсутствия духовного наполнения, а величину своего желания к духовному — как ничто, точку.

Именно на грани обоих миров, этого и того, находится эта точка: по своему эгоистическому качеству она относится еще к нашему миру, по тому, как оценивает ее человек в своих дальнейших стремлениях, она находится уже в том мире — там, где его желания.

А теперь представим себе фильм, в котором мы показываем наше путешествие: как мы, разместившись в капсуле, въезжаем внутрь ощущений человека.

Вначале мы путешествуем по абсолютно эгоистическим желаниям, перед нами широкие зеленые поля, необъятные просторы человеческих желаний получить все возможные удовольствия, постоянно то тут, то там появляются новые рекламы о том, каким образом можно получить удовольствие даже от домашней работы, купив особое устройство, как можно дополнить свое удовольствие от еды, питья, секса, езды в автомобиле, даже в состоянии болезни больше насладиться или меньше страдать. Только об этом люди говорят, пишут, думают, все заняты поиском источников наслаждений, бурят скважины, чтобы оттуда выкачивать наслаждение, как нефть из земли, летят куда-то далеко за добычей новых наслаждений, как охотники, уходят на поиск источников наслаждений геологи и исследователи, ученые тяжело работают в своих лабораториях, чтобы узнать побольше о нашем мире, чтобы человек мог меньше страдать и больше наслаждаться, чтобы за минимальные усилия мог получить максимум наслаждения, — все усиленно думают и ищут пути решения этой глобальной человеческой проблемы. Мы видим, как человек в каменоломне вгрызается в породу, от нее летят осколки — он пытается извлечь из своей работы на предприятии хоть маленькое удовлетворение, иначе он не сможет двинуть рукой. Все стараются дать друг другу совет: как бы им лучше прожить, получить удовольствие, как глоток воздуха, необходимый каждому.

А когда уже исчерпаны возможности, люди идут войной друг на друга: авось это принесет им дополнительные возможности насладиться, насытить свои желания власти, славы, гордости, — и в этих видах наслаждение господствует над людьми.

Самые лучшие люди думают над тем, как развить человечество до такой степени, чтобы никто не желал наслаждаться за счет страданий другого, весь мир ищет, как бы максимально получить от всех, при этом ничего не дать от себя, но чтобы не вызвать в обездоленных жажды возмездия, иначе «наслаждение выйдет боком».

В нашем фильме мы показываем не одеяния наслаждений, а сами наслаждения — коробочки, на которых написано качество и количество наслаждения. Например: «обмениваю 10 грамм наслаждения от секса на 10 грамм наслаждения от порции героина», — такого вида — оголенные от внешней оболочки наслаждений, от одеяний, — объявления помещаются в газетах.

В судах осуждают тех, кто захватил без спросу чужие наслаждения, а не обменял их, отдав свои. В магазинах стоят продавцы наслаждений и покупатели, желающие эти наслаждения получить. Можно даже и не показывать одеяния, например, кровать в обмен на деньги.

«Я считаю, — говорит продавец, — что эта кровать должна доставить вам больше наслаждения, чем вы готовы за нее отдать. В том количестве ваших денег, которое вы мне предлагаете, нет того количества наслаждения, которое вы получите от кровати».

Картины — как в фильме, показывающем последствия атомной катастрофы, — остались и выживают те, кто находит крупицу удовольствия среди разрушенных остатков, гор разочарований.

Люди бродят по миру, летят в самолетах, кричат на всех углах только для того, чтобы обменяться наслаждениями. Именно так устроено Творцом, что каждый может в этом мире дать наслаждение другому, как сказано Творцом: «Идите и обеспечивайте друг друга».

В итоге мы видим, как весь мир как бы толпится у прилавка под вывеской «люблю себя», и каждый выбирает то, что ему приглянулось в каждый момент. Так же ведут себя и животные: когда голодны — озираются в поисках добычи, а когда сыты — лежат не двигаясь, во время случки — не спят, бегают по улице, подчиняясь зову инстинкта, когда проходит это время — спокойны и ленивы.

Человек приходит к врачу и просит отключить ему центр сексуальных удовольствий, чтобы спокойнее жить, он подсчитал, что страдания от этих стремлений больше, чем наслаждения. А сколько человек тратит времени и сил на то, чтобы получить еду и насладиться ею, а сколько он платит за наслаждение сексом!

Если подсчитать, стоит ли прилагать такие усилия, когда наслаждения исчезают в несколько мгновений?

Эти кадры проходят перед зрителем во всевозможных вариациях, показывая ему, и как вследствие страдания, отсутствия наслаждения, ищут друг друга молекулы, стремятся к слиянию атомы, отторгаются однородные и притягиваются разнородные поля, свойства, элементы, люди...

Потому что в общем законе мироздания все сводится только к недостатку и его наполнению, а они по своей природе противоположны.

Человек ищет способы проголодаться, чтобы почувствовать большее наслаждение, чтобы больше оценить удовольствие, потому как оно пропорционально предварительному желанию.

Все в этом мире устроено так, что необходим голод, ощущение страдания, и только в меру этого недостатка, страдания, ощущается наслаждение от его наполнения. Само страдание не создано, не существует как самостоятельная категория, а просто отсутствие наслаждения есть страдание.

Поэтому сказано, что Творец создал творение, наполнив **нечто** Собой, а затем удалившись из этого **нечто**. В итоге осталось ощущение отсутствия наслаждения, называемое страданием. Желание наполниться наслаждением называется творением.

Не физиологическое тело называется творением, не весь материал нашего мира, неживое, растительное, животное, человек — не это называется в Каббале творением. Творением называется только ощущение отсутствия Творца, желание наполниться — насладиться Им.

Поэтому, когда мы добираемся до этого ощущения в человеке, которое называется черной точкой, мы можем сказать, что обнаружили творение. А до того все, с чем бы мы ни сталкивались, — это все силы и действия Творца, потому что вся природа находится под Его властью, действует в силу тех законов, которые Он в нее вложил, и потому не может называться творением. Творение — это существующее кроме, вне Творца. Поэтому только одно можно называть творением — ощущение отсутствия Творца.

Итак, мы уже видим в человеке эту черную точку. Вот она всплывает прямо перед нашей капсулой, в ней человек ощущает отсутствие Творца, и потому в ней он ощущает все свое «Я», свой эгоизм, свое стремление только насладиться всем, чего можно пожелать, в этой точке он ощущает, каким его создал Творец.

Нет в этой точке никаких свойств — есть в ней чернота, отсутствие всякого света Творца, а потому человек ощущает в ней самого себя, свои свойства, без примеси света.

Поэтому он ощущает два противоположных состояния: свое желание самонасладиться, отсутствие в себе Творца и стремление к Творцу. Он ощущает свои желания относительно Творца, как самые низкие и ничтожные, а Творца — как высшего и совершенного. Он не впадает в депрессию от ощущения своего ничтожества, а осознает, что это Творец специально создает в нем эти ощущения для того, чтобы человек почувствовал в себе полное стремление к Нему.

Вся совокупность этих и других — подобных, следующих из условия отсутствия Творца, — ощущений называется *черная точка в сердце — некуда ше ба лев*.

Но как человек может в таком состоянии ощущать свойства Творца и ощущать свои свойства как противоположные Творцу? В черной точке отсутствует ощущение наслаждения светом, Творцом, но не ощущение осознания себя и Творца.

Творец именно в таких состояниях раскрывается человеку, но не как источник наслаждений, а как источник Высших свойств, величия, совершенства. Именно в таких критических состояниях боли, отчаяния человек может оценить свойства Творца, а не попасть под ощущение наслаждения, в сыто-идиотское состояние опьянения наслаждением.

Итак, наша капсула находится внутри черной точки, а наш гид объясняет нам, всем сидящим в капсуле, что ощущает человек, если он достигает такого состояния. На наш вопрос: «А в каком месте организма мы находимся», гид отвечает, что черная точка называется «точкой в сердце», но это только потому, что когда человек что-то чувствует, неважно что, адреналин воздействует на сердце, и через тело, как через проводник, мы реагируем на все ощущения.

Но, начиная с ощущения черной точки и далее, уже вступая в духовные состояния, человек осознает, что он уже ощущает не свое тело, а нечто внутри себя, своего нетелесного «Я». И даже если вдруг лишится тела, выйдет из него, как исходит душа в момент смерти, ничего от этого не изменится, он только как бы разденется, снимет платье, но останется сам по себе.

Если человек достигает ощущения духовного мира еще при жизни, то переход и ощущения его в этой жизни и после нее не отличаются, как у простого человека, который всю жизнь чувствует свое физиологическое тело, и вдруг оставляет его, и переходит в совершенно незнакомые ему ощущения.

Мы продолжаем кружиться по черной точке. Мы переходим из одного состояния-ощущения человека в другое, по мере нашего перемещения гид поясняет нам все изменения в мыслях и желаниях человека — что он делает и что в ответ получает.

Весь путь человека состоит из 4-х стадий слияния с Творцом, к которому и плывет наша капсула с наблюдателями. Только вот объяснения мы слышим нашими ушами, а вот если бы могли одновременно и почувствовать, что же ощущает себя человек, находящийся в том состоянии, в котором мы сейчас, сидя внутри нашей капсулы, находимся?

Но гид говорит, что наша капсула защищает нас от ощущения этих состояний, потому что неподготовленному человеку невозможно их пережить, как невозможно нам, например, согласиться с тем, что самое наилучшее для нас, это все отдать и вообще о себе не думать.

Поэтому наша капсула — это особое устройство, которое специально придумали каббалисты, для того, чтобы объяснить человеку, что в нем вечно, кто он такой на самом деле, что всю жизнь в этом мире он думает только о своей внешней рубашке, которая хоть и близка к телу, но это вовсе и не тело.

Как каббалисты смогли создать такую капсулу? Существует такой прием у каббалистов, что они могут своими силами поднять человека в Высший мир, в ощущения Творца, но затем вынуждены будут его опустить, чтобы он достиг этого сам.

Памяти великих каббалистов

ОГЛАВЛЕНИЕ

О великих каббалистах 20 века (Бааль Сулам и Рабаш) 153
Человек, а не ангел (Памяти Бааль Сулама) 159
Посредник Творца (Памяти Рабаша) 171

О ВЕЛИКИХ КАББАЛИСТАХ 20 ВЕКА

(Бааль Сулам и Рабаш)

Нам очень немного известно об этих великих каббалистах, хотя они и были, практически, нашими современниками, а с рабби Барухом Ашлагом (Рабаш) я, можно сказать, жил вместе в течение десяти лет (1981-1991 гг.), проводя с ним все время, кроме нескольких ночных часов, когда я уходил домой (и жил я по соседству с ним).

В своем письме 1927 года Бааль Сулам пишет, что он заслужил свыше облачение в него души великого Ари. Он пояснил далее, что та же душа, воплощенная в авторе Книги Зоар, рабби Шимоне (Рашби), облачилась затем в Ари, а уже в наши дни в человека по имени Йегуда Лейб Алеви Ашлаг, который получил имя Бааль Сулама по названию его комментария на Книгу Зоар — «Сулам».

Он родился в 5-й день месяца Тишрей 5647 г. (1886 г.) в Варшаве в семье Симхи Алеви. Уже в 12-летнем возрасте самостоятельно изучал Талмуд и знал его, а в 14 лет проработал уже все «тосфот». Знания его в открытой Торе были столь обширны, что в 19 лет он получил звание раввина от великих раввинов Варшавы того времени! А то было время больших знатоков Торы! Он сразу же начал работать судьей в раввинском суде Варшавы и отработал в этом качестве, а также учителем по подготовке судей в течение 16 лет.

Бааль Сулам считал себя учеником адмора из Калошин — рабби Меира Шалом Рабиновича, приходящегося внуком «Йегуди Акадош». После смерти своего Рава он стал учеником его сына, рабби Йошуа из города Пурсов. Рабби Йошуа считал себя учеником и последователем каббалистического течения великих каббалистов прошлого из селения Пшисха, и от него рабби Ашлаг получил направление во внутренней работе стремления к Творцу.

Уже в те свои первые годы, благодаря своей покорности Учителю, своему преклонению перед адмором из Бельц (как он сам говорил), он достиг первых духовных ступеней познания Творца. Следует заметить, что это еще было время, когда каждый большой рав обладал также духовными постижениями, что совершенно ушло с началом XX века.

В 7-й день месяца Шват 5667 г. (1907 г.) в семье рабби Й. Ашлага родился первенец, будущий рав и адмор рабби Барух Шалом Алеви Ашлаг. А когда сын подрос, отец брал его всегда с собой к своим учителям в Пурсов и в Бельц.

В Суккот 1922 года семья прибыла в Эрец Исраэль, в порт Яффо, и оттуда сразу же поднялась в Иерусалим. Поначалу рабби Й. Ашлаг планировал зарабатывать на пропитание простой работой, не раскрывая никому, кто он. Но судьба распорядилась иначе: его сразу же узнали, как известного в Варшаве судью и учителя. Он начал сразу же преподавать и продолжил изучение Тайной Торы самостоятельно в стенах ешивы «Хаей Олам».

Один из учеников ешивы, Йошуа Горовиц, уговорил его стать его Учителем по Каббале. Но рабби Йегуда поставил ему условие, чтобы тот собрал группу желающих изучать Каббалу. Так начались занятия в доме Бааль Сулама с группой учеников. Уже в то время все великие предводители поколения, такие, как рав Зоненфельд, рав Кук и рав Коэн, отзывались о нем, как о великом последователе Ари.

В 1924 году Бааль Сулам переехал в район Гиват Шауль и начал работать там раввином этого района Иерусалима. Его ученики ходили пешком из Старого города до Гиват Шауля на урок, начинавшийся в 1 час ночи. С рассветом расходились по домам.

В этой группе занимались: рав Барух Шалом Ашлаг, рав Йошуа Сандер Горовиц, рав Йегуда Гирш Брандвайн, рав Давид Минцберг, рав Менахем Эйдельштейн, рав Беньямин Смаковский, рав Моше Барух Лембергер, рав Леви Ицхак Краковский, рав Моше Яир Вайншток, рав Авраам Ашкенази, рав Ицхак Меир, бывший помощник рава из Пурсова, и другие. Первым среди учеников стал старший сын Бааль Сулама, рав Барух Шалом Ашлаг.

Все годы семья страдала от недостатка в самом необходимом. Ученики, как могли, помогали Раву. В 1926 году Бааль Сулам уехал в Лондон и там написал свои комментарии на книгу «Эц Хаим» великого Ари, названные им «Паним Меирот» и «Паним Масбирот». В течение полутора лет не выходил он из своей комнаты, пока не закончил свой труд. В 1927 году этот труд вышел из печати. В 1928 году рабби Й. Ашлаг вернулся в Эрец Исраэль.

В 1932 году Бааль Сулам с семьей переехал жить в Яффо. В 1933 году вышла из печати его книга «Матан Тора», и он приступил к своей основной работе — «Талмуду Десяти Сфирот» — комментарию на все сочинения великого Ари, где изложил порядок создания всех Высших миров от Самого Творца до нашего мира. В этой Книге более 2 000 страниц, она состоит из 16 частей и содержит весь основной материал науки Каббала.

В 1936 году Бааль Сулам переехал в Бней-Брак. Он был очень дружен с крупнейшим каббалистом Хазон Иш, и тот перед праздником Песах сам приходил участвовать в выпечке мацы в печи Бааль Сулама. Но затем Бааль Сулам переехал в Тель-Авив и в 1943 году начал работу над своей великой книгой — комментарием «Сулам» на Книгу Зоар. Писал он по 18 часов в сутки, вплоть до того, что даже с посторонней помощью невозможно было разжать его пальцы, чтобы вытащить перо.

Рукопись не проходила никакой проверки, а писалась сразу же начисто из прямого постижения Высших миров. Постигнутое прямо превращалось в строчки, и рукопись немедленно уходила в типографию. Не хватало денег на бумагу и чернила, кофе и сигареты — то, без чего Бааль Сулам писать не мог! Зачастую во многих местах он желал бы написать более подробное объяснение, но, ввиду отсутствия бумаги, был вынужден сокращать текст.

В 1953 году он завершил свой великий труд, но затем добавил еще 3 тома. В честь завершения всей работы ученики устроили большую праздничную трапезу в Мироне, на которой Бааль Сулам произнес речь, которая сегодня опубликована под названием «Маамар ле сиюм Зоар» — «Статья к окончанию Книги Зоар».

Бааль Сулам сказал, что если бы это было в его возможностях, он бы написал полный комментарий на Книгу Зоар в 200 томах, но только ввиду отсутствия средств не начинает эту работу! Он также желал написать комментарии на «Сказания», на «Изречения мудрецов» в «Талмуде» и в «Мидрашим».

В последний в его жизни праздник Суккот он много говорил о том, чего смог достичь, какого Высшего света удостоился, еще будучи в этом мире. Обычно каждый год его ученики искали ему на праздник особый этрог, но в тот последний свой год он сказал им, чтобы не старались ради него, а только ради себя.

В день ухода рабби Й. Ашлага из этого мира, в день Йом Кипур 5717 года (1956 г.), он указал начать молитвы на два часа раньше обычного. Все ученики молились в соседней комнате, Бааль Сулам лежал на своей постели, и когда хазан рав Моше Барух Лембергер остановился и не смог более произнести ни одного слова, все молящиеся поняли, что их великий Учитель оставил их!

* * *

В 7-й день месяца Шват 5667 года (1907 г.) родился рав Барух Шалом Алеви Ашлаг (Рабаш). По прибытии в Эрец Исраэль Бааль Сулам послал своего старшего сына Баруха учиться в ешиву «Тора Эмет». Баруху было тогда 15 лет. Решив овладеть всей мудростью, он принял на себя обязательство не отходить от книг и учил стоя, дабы не уснуть, по 16 часов в сутки. Поскольку Бааль Сулам брал себе в ученики только женатых мужчин, Барух в эти годы пользовался тем, что, подавая им чай, мог услышать объяснения Бааль Сулама своим ученикам.

В 17 лет Барух получил аттестацию раввина от двух великих предводителей поколения того времени — рава

Зоненфельда и рава Кука. Затем учился у рава Марахов и у рава Элимелеха Коэн Рубинштейна.

В 18 лет женился на дочери рава Ихезкель Элимелеха Линдер и уже начал заниматься у своего отца, как все ученики, не пропуская ни одного занятия. Отец относился к нему не как к сыну, а как к ученику. Но Рав рассказывал мне, что ему было труднее всех склониться перед своим Учителем, потому что он же был и его отцом!

В 1942 году начал сам преподавать по велению Бааль Сулама, хотя не прекращал свои занятия и должен был также работать, дабы прокормить семью.

После ухода отца, по настоянию учеников он принял на себя управление группой и продолжил занятия. Переехал в Бней-Брак, обосновался на улице Минц, у себя же в квартире основал место для обучения. Впоследствии его ученики построили здание на улице, носящей имя Хазон Иш.

Каждую ночь, как и во времена Бааль Сулама, продолжал рав Барух Ашлаг свои уроки с группой учеников. Даже в ночь Йом Кипур и на 9-е Ава, но тогда изучались Высшие корни тех бед, которые нисходили в эти дни в наш мир. Каждое утро в начале читались статьи о внутренней работе человека, которые рав Барух писал для своих учеников, затем изучались две различные части из «Талмуда Десяти Сфирот». Занятия начинались в 3.30 ночи и продолжались до 6 утра, а затем все расходились на работу. Рав Барух Шалом обязывал всех своих учеников работать. Также не принимал к себе в ученики неженатых, а если я приводил кого-то еще неженатого, поступающий обязывался жениться в кратчайший срок, а до этого не имел права находиться на уроках рава Баруха, а я был вынужден организовывать уроки «для женихов».

Вечером занятия начинались с 17 часов по книге «Эц Хаим», затем часть из «Талмуда Десяти Сфирот» и заканчивались в 20 часов недельной главой из Книги Зоар.

Что было совершенно необычно в раве Ашлаге — это его остроумие и постоянное чувство радости. Из учеников он образовал группы, которые еженедельно собирались и обсуждали свои пути духовной работы. Для этих групп рав Барух Шалом писал еженедельные статьи.

Мой Рав, хотя и находился всегда у всех на виду, был очень закрытым человеком. Только находясь один в Тверии, он преображался, спокойно уходил в себя, часами пел про себя с закрытыми глазами, сидя в своем кресле. Мог часами таким образом уединяться с Творцом в себе. Это были его счастливые часы! По его виду я понимал, какое это должно быть счастье — ощущение вечности, величия Создателя, понимание мироздания.

О том, каким был Рав, я мог бы написать тома, но это остается только во мне. Его доброжелательность и отзывчивость привлекала к нему каждого ученика.

В 29-й день месяца Сиван 5750 года (1990 г.), после многих лет тяжелой болезни в состоянии паралича, не стало его жены. Рав немедленно потребовал меня к себе. Мы сидели вдвоем в его комнате, и он сказал: «Что же, надо открывать новую страницу!»

Все 7 дней траура мы сидели, и он рассказывал мне... об устройстве духовных миров. Встав после 7 дней, он приказал: «Ищи мне жену! Я не имею права быть неженатым!» Трудно перечислить, где я только не был и какие попытки предпринимал, чтобы выполнить его поручение! Но затем Рав вдруг остановил меня и сказал: «Есть один человек, который ценит меня и знает еще по уходу за моей покойной женой, и мой ученик, женатый на ее дочери, предлагает мне ее в жены».

Мы сделали скромную хупу и продолжали свои совместные поездки в Тверию. Но через 10 месяцев, накануне осенних праздников 1991 года Рав почувствовал себя плохо. Как я не отговаривал его от молитвы перед всеми в праздник Нового года, от этого своего обычая он не отказался. Когда мы, как было между нами заведено, повторяли перед праздниками всю молитву вместе, гуляя в парке или в лесу, я уже видел, как ему тяжело. В пятницу, в 5-й день месяца Тишрей 5752 года (1991 г.) моего Рава не стало.

Остался один.

ЧЕЛОВЕК, А НЕ АНГЕЛ

(Памяти Бааль Сулама)

Молитва — это, как говорится в Торе, «работа сердца», это желания, исходящие из сердца. Человек не властен над этими желаниями. Человек так устроен, что он сам очень редко может сказать, даже самому себе, чего именно желает, каковы его истинные намерения. Его молитва зачастую скрыта и от него самого.

Все, что изложено в молитвеннике — это то, чего человек должен достичь в своих просьбах. То есть если человек будет работать над собой по исправлению своих желаний и мыслей, он сможет достичь тех же желаний и просьб, которые были у авторов молитвенника, членов Великого Собрания, издавших наш молитвенник 2000 лет назад в преддверии длительного изгнания.

Но для достижения совпадения своих желаний с желаниями тех великих нужно пройти десятки предварительных этапов осознания зла, понять, что оно в себе несет, что мы полностью сотворены из эгоизма, и именно он и является источником зла. И это должно быть осознано и прочувствовано всем телом.

Для постижения этого необходимо раскрытие Творца, потому что все постигается в сравнении, только в контрасте Его и наших свойств, когда мы ощущаем Его величие и свое ничтожество. Необходимо понять и прочувствовать, кто Он и что от Него все зависит. ...И абсолютно недостаточно тыкать пальцем в небо и говорить: «Я верю!» **Верой называется ощущение Творца** в себе самом, Его наличие в самом человеке.

Есть несколько состояний в душах:
1) до того, как они нисходят в наш мир;
2) когда они получают определенный эгоистический довесок, что воспринимается ими, как облачение в физическое тело, в результате чего их ощущение, весь их «мир», сокращается до размеров «нашего» мира;
3) когда души ощущают себя и весь духовный мир после своего окончательного исправления.

Состояние, в котором души находятся до нисхождения в наш мир, состояние, которое они ощущают, называется «олам Эйн Соф» — мир Бесконечности. Потому что в таком состоянии душа получает ничем не ограниченный свет Творца. Затем душа получает дополнительный эгоизм, от чего ее связь с духовным уменьшается настолько, что она одевается в человеческое тело и после нисхождения в «олам а-Зе», этот мир, уже не ощущает ничего духовного, — настолько, что (человек) не верит, не ощущает Творца, не ощущает ничего из того, что ранее составляло весь ее (души) мир.

«Этот мир» — это ощущение нашего нынешнего состояния. То есть та часть всего мироздания, Творца, которую я ощущаю сейчас в моих эгоистических органах ощущений, называется «мой, этот мир».

Следующая ступенька, более высокая — она достигается исправлением органов ощущения, а потому на ней более широкое ощущение мироздания, которого я достигну, исправив свои органы ощущений, — пока я не достиг ее, называется мною мой «будущий мир», т.е. тот мир, который я почувствую в сравнении с тем, в котором я нахожусь сейчас.

Оба эти мира я ощущаю в своем физическом теле в настоящем: я чувствую себя и свое окружение сейчас каким-то определенным образом — ощущаю мой «этот мир». И в этот же самый момент ощущаю то, что будет. Это ощущение называется мой «будущий» мир. И когда я дойду до «завтра», то снова буду ощущать себя в своем «этом мире» и назову ту ступеньку, которую достигну, «этот мир». А то, что увижу как «завтра» (послезавтра по сравнению с настоящим), — будет называться мой «будущий мир».

Человек, а не ангел

Есть несколько писем Бааль Сулама, которые человек должен читать до тех пор, пока не запомнит наизусть для того, чтобы в нужный момент смог вспомнить и опознать происходящее по прочитанному.

В духовном поведении человека возвышение происходит только по «средней линии». Находиться в состоянии, называемом «средняя линия», означает, что для человека «Тора — Творец — Исраэль» объективно одно и то же, сливаются в одно целое:

— Творец — Источник, к которому человек стремится;
— Тора — это свет, наполняющий человека в данный момент;
— Исраэль — это сам человек, его желания к Творцу.

Как же три абсолютно не связанных понятия могут стать одним и тем же? Цель всего творения заключается в том, чтобы создать в этом мире человека и чтобы он, находясь в этом мире, в этом состоянии, в своей физической оболочке, полностью слился с Творцом, т.е. чтобы человек своими свойствами поднялся через все духовные миры до самого Творца. Вернее, чтобы все духовные миры вместе вошли в него настолько, чтобы он и Творец составили единое целое. Это означает слиться с Творцом, возлюбить Творца, идти по всем Его путями, выполнять Его Заповеди. Потому как все качества, желания, свойства человека становятся как свойства Творца.

Для достижения человеком этого своего вечного совершенного состояния, замысла творения, и дана ему Тора в этом мире, после его нисхождения в этот мир, погружения в эгоизм, погружения в материальное тело. Тора дана человеку, а не ангелам, как сказано в самой Торе, потому что только человек из всех созданных Творцом имеет явный, законченный эгоизм.

И если человек принимает на себя путь Торы, то в конце концов может так нейтрализовать свое эгоистическое тело (желания), что оно перестает быть тем, что отделяет его от Творца, и человек сливается с Творцом так же, как это было до спуска его души в этот мир, до придания ему эгоистического «довеска». Более того, именно вследствие исправления эгоизма человек и может подняться по духовной лестнице до уровня Творца. А иные творения, поскольку лишены эгоизма, не могут использовать ничего в качестве орудия подъема и остаются постоянно в своем первоначальном состоянии.

Потому, кроме человека, все остальные творения называются духовно неживыми, неподвижными. Даже ангелы, силы Творца, через которые Он управляет мирозданием, не являются самостоятельными силами-желаниями, а только исполнителями Его воли. А человек, именно благодаря своему столь развитому эгоистическому желанию, может, преобразив его, стать вровень с Творцом.

Душа человека — это часть Творца в нем. Изначально появляясь в эгоистической оболочке, человек не ощущает Творца и духовного пространства, потому как все его органы восприятия пропитаны эгоизмом, антидуховным свойством. Но, заменяя этот же эгоизм на альтруизм, человек снимает с себя эгоистическую рубашку и начинает ощущать все мироздание. Вплоть до того, что ничто (ни одно эгоистическое желание, свойство) не отделяет его от Творца. В таком случае и происходит единение всех трех категорий.

Наша задача — с помощью Торы ликвидировать эгоистическое препятствие между душами и Творцом. Но из всех книг Торы самая эффективная ее часть — Каббала, потому как вызывает самое интенсивное излучение духовного света на человека, в то время, когда он ее изучает.

Нет никаких перемещений в духовном «пространстве», из одного мира в другой, есть только изменения внутренних ощущений — то, что позволяет мне увидеть моя «внутренняя рубашка». Человек ощущает всегда только Творца. Но всегда ощущает Его только через все свои фильтры — эгоистические свойства. По мере аннулирования их приходит ощущение Творца, ощущение мироздания, всего объема, в котором и сейчас находимся мы, но не ощущаем этого. Меры, порции снятия с себя эгоизма, меры исправления, называются ступенями духовной лестницы или мирами. Таким образом, миры есть ни что иное, как меры ощущения Творца.

Эгоистическая помеха в ощущении истинного мироздания существует только со стороны человека, внутри него. Со стороны Творца не существует никаких помех, Он совершенен в своем отношении к человеку, открыт. Скрытие ощущает или не ощущает сам человек. Он сам же и скрывает все миры от себя, как бы невольно прячась за эгоистическую задерживающую оболочку.

Аннулирование эгоизма происходит не за один раз. Творец свыше первоначально дает человеку определенные периоды, называемыми жизнями в этом мире, как шанс для возвышения. Но кроме первоначального возбуждения к духовному, остальное зависит от человека. За каждую земную жизнь человек должен снять с себя какую-то определенную часть эгоистической природы и немного приблизиться к Творцу. Такие периоды повторяются до тех пор, пока человек не исправит себя так, что его **желания, называемые в Каббале телом**, уже не будут преградой между ним и Творцом, пока он сольется свойствами с Творцом, независимо от того, в каком мире он физически находится.

Расставание с эгоистической оболочкой называется земной смертью. Затем следует новое рождение в нашем мире. Исправленные от эгоизма части общей души сливаются вместе и происходит как бы «пересортица», потому что все души — это одно целое творение, и оболочки — один эгоизм. Только для того, чтобы было возможно произвести исправление общей души, произошло деление единственного созданного творения, души Адама, на части, отдельные души, потому как отдельную часть легче исправить, чем все целое.

Поэтому и происходит перемещение душ из мира в мир и такой порядок их исправления. А в итоге, в конце исправления, вновь все частные души соберутся в одно общее желание, общую душу, получающую в себя весь свет Творца. Так проявляется совершенство.

Для того чтобы помочь нашему исправлению, Творец спускает в наш мир кроме обычных душ еще и особые души, которые, достигнув в нашем мире конечного исправления, не уходят из него, а продолжают духовно работать в двух мирах, чтобы помочь нам. При этом они пишут книги, ведут за собой учеников, воспитывают их. Они являются представителями Творца, Его посланниками.

Эти особые души, выполнив свою миссию на земле, уходят в духовный мир, но и тогда существует возможность связаться с ними, спрашивать их и получать ответы, советоваться и даже чувствовать, как они облачаются в вас и через вас действуют. Конечно, это зависит от духовной подготовки человека.

У каждого есть возможность почувствовать внутри себя связь с этими великими праведниками. Такие состояния называются «ибур нешмат цадик» (зарождение души праведника в человеке). Неявно же мы их и сейчас ощущаем, т.к. идем по их пути, занимаемся по их книгам.

Существует только мир Бесконечности, мир полного слияния с Творцом. А все остальное, все остальные ощущения человека — лишь отдельные фрагменты этого совершенного ощущения, потому и называемого мир Бесконечности, что эти ощущения бесконечны, ничем не ограничены.

Один фрагмент мира Бесконечности называется Адам Кадмон, второй — Брия, следующий — Ецира, затем — Асия. И самый маленький, самый «узкий» фрагмент ощущения — этот мир. То есть мир Бесконечности, при ощущении его в моих эгоистических чувствах, сужается до нашего мира. По мере расширения моих ощущений я смогу его назвать, например, миром Брия и т.д. Все зависит от широты моих ощущений.

Все, что мы изучаем, мы изучаем относительно человека, который это постигает. А кроме человека, существует только мир Бесконечности. Существует огромное количество исправлений, которые должна пройти Малхут мира Бесконечности, называемое душа, творение. Ничто не создано зря.

Бааль Сулам приводит пример о какой-то букашке в джунглях, которая всю свою жизнь проводит в бесконечных поисках пропитания, и никому нет никакого дела до ее существования. Однако, не только она, но и каждая ее частичка имеет огромное значение для того, чтобы все достигли конца исправления.

Ничто не создано Творцом зря. И все, что происходит, происходит только в соответствии с приближением к цели, дополняет друг друга. Относительно нас это может быть с нашего согласия или против него, с нашего одобрения или нет, с нашим пониманием либо с полным его отсутствием. Но, так или иначе, все движется вперед к своему завершению, согласно замыслу Творца, к его полному раскрытию созданиям в этом мире.

Как различные части Малхут мира Бесконечности, отличающиеся между собой лишь величиной своего желания, дают в нашем мире различные уровни природы — неживая, растительная, животная, человек, так и среди людей имеются различные виды, подвиды, народности и т.д.

Почему-то всех интересует, какая разница между мужчиной и женщиной, но никого не интересует, какой тикун (исправление) должен пройти камень, ведь он тоже создан в нашем мире и тоже должен достичь цели своего создания. Вся остальная природа, кроме человека, в своем исправлении зависит только от исправления человека.

Человек, работая над собой, «одухотворяет» всю природу к концу исправления. Самостоятельно ни животным, ни растениям не нужно исправляться — у них нет права выбора, нет свободы распоряжаться своим эгоизмом, поэтому им не дана Тора.

Что же касается людей — не всем дана исполнительная Тора нашего мира в одинаковом объеме: народам мира даны 7 Заповедей, евреям даны 613. Идет речь о физическом исполнении Заповедей на духовно-неживом уровне. Разные люди по-разному выполняют Заповеди — это зависит от того количества исправлений, которое каждая душа должна совершить, спускаясь в этот мир. Нет привилегии —

родиться неевреем или евреем: просто одному надо сделать больше исправлений, а другому меньше.

Также женщине и мужчине нужно выполнять определенные, соответствующие природе душ каждого, Заповеди. Мера религиозности человека не определяет его внутренней тяги к Творцу. Много верующих и неверующих среди нас, у которых не возникает никаких вопросов к Творцу, о Его замысле творения, об исправлении, о цели творения.

Эти люди просто не получили желание свыше духовно изменяться, они лишь механически выполняют те действия, которые должны выполнять в силу своего воспитания. По механическим действиям в нашем мире действительно все люди разные: еврей — нееврей, мужчина — женщина, маленький ребенок, подросток, взрослый.

Для находящихся в духовном мире ясно видно, что один человек желает духовного восхождения — он таков, потому что получил желание от Творца, т.к. его время духовно расти пришло, а другой отличается только тем, что такого желания ему еще не дали свыше.

Поэтому нельзя разбивать людей ни по какому признаку, по национальности или половой принадлежности. Вопроса, нужно ли заниматься Каббалой, не существует. Занимается тот, кто получил позывные свыше, чувствует к Каббале тягу и желание. Исключения очень редки, но существуют примеры тому — женщины-каббалистки, наши пророчицы: пророчица Двора, пророчица Хульда и др.

Ангел — это робот, который выполняет определенную работу в духовном мире: «переносит» «что-то» с «места» на «место» и не более. Он не поднимается и не опускается по духовным ступеням, как люди, духовно не растет. Это определенная духовная исполнительная сила, которая действует на каждой духовной ступени.

Ступеней пророчества достигают в результате работы, получают в качестве подарка за свой труд. В мире есть только Творец, человек и путь, по которому человек приближается к Творцу, называемый Торой. Все, что окружает человека (общество, семья, друзья), является лишь оболочкой, одеянием, отделяющим человека от Творца, через которые Он действует на человека, вводя его в различные сложные, порой даже невыносимые ситуации, принося страдания и разочарования.

Как мы попадаем в наш мир? Грубо говоря, Творец берет от себя маленькую частичку и вспрыскивает в нее эгоизм. После разбиения цельного, созданного Творцом, желания на мелкие эгоистические части, из них постепенным исправлением создаются высшие миры Ацилут, Брия, Ецира, Асия. Из более чистых «осколков» строятся Высшие миры. Затем из самого истинно эгоистического желания, сердцевины всего творения, Малхут мира Бесконечности образуется душа первого человека, Адама, которая также раскалывается затем на мелкие осколки — наши души.

Начинающие изучать Каббалу ошибаются в определении частного и общего управления: «Зависит ли все от Творца или от меня? Он что-то делает, либо я?» До того, как человек начинает что-то делать, он должен быть уверен в том, что все зависит от него, а после окончания работы сказать себе, что все зависело от Творца. Если мы так думаем, то идем по правильному пути.

Есть вещи необъяснимые, их можно только прочувствовать, т.к. облачение духовного в материальное не облачается в слова. Науки нашего мира можно объяснить, науку духовного тоже, но «одевание» одного мира в другой необъяснимо. Все каббалистические объяснения заканчиваются объяснением разбиения души Адама. И не потому, что каббалисты не хотели больше объяснять, а потому, что это может не понять, но прочувствовать — и только индивидуально — сам человек. Описать же не ощущаемые чувства и понятия в словах невозможно.

Эгоизм — это огромная духовная сила, кроме нее мы ничего не ощущаем. Мы даже не представляем, от чего нам надо избавиться. Поскольку чтобы познать самих себя, мы также должны увидеть себя со стороны, почувствовать что-то отличное от нас, сравнить себя с чем-то внешним.

Почему мы видим объекты нашего мира? Потому что они состоят из того же эгоизма. Иначе мы просто не могли бы их ощущать. Эгоизм состоит из множества стадий и видов. И самая маленькая, самая примитивная его часть — та, которая ощущает только саму себя. Это и есть ощущение человека в нашем мире. Мы настолько маленькие эгоисты, что ощущаем только самих себя, как маленький ребенок.

А вот когда мы немного «повзрослеем», «подрастем», наш эгоизм перейдет грань нашего мира, за которой мы начнем ощущать Творца. Тогда наш эгоизм будет называться духовным. И тогда мы возжелаем не мелких физических наслаждений, «нер дакик» — наслаждений нашего мира — а наслаждений духовных, света Творца. Будем желать только самого Творца!

Человек действует только в силу своих желаний, осознанных или неосознанных. А разум нам дан как вспомогательный механизм для того, чтобы разобраться в своих желаниях. И поэтому он не может быть выше их. Скажем, человек в силу своего желания, «своих эмоций», совершил какое-то действие, которое он потом осознает разумом.

Как осознать происшедшее? Творец через совершенное человеком действие проявил свое управление для того, чтобы человек затем смог осознать и в следующий раз поступать соответственно своему выводу. От Творца зависит, буду ли я помнить свой поступок, поступлю ли «разумно», или Он будет меня учить, ведя дорогой страданий.

Учат нас каждую секунду. Но исправить, в принципе, мы ничего не можем. Мы должны только осознать, что являемся абсолютными эгоистами и слабаками перед своим эгоизмом. Все остальное, кроме этого осознания, за нас сделает сам Творец. Чем выше, дальше, человек продвигается в духовном, тем хуже он ощущает себя, свою природу. Чем в большей степени ему открывается Творец, тем в большей степени он видит, кем является относительно Творца.

Это и называется духовным продвижением. Допустим, человек исправил себя на 99 %, но оставшийся один неисправленный процент он видит под огромным увеличением, оценивая его со стороны исправленных в себе 99 %.

Маленькая «соринка в глазу» расценивается им как страшный грех.

Это и есть **праведник**: в той мере, в которой нам светит свет, мы видим и свет, и свою собственную тьму. То есть во время какого-либо действия или учебы мы одновременно постигаем и Творца, и себя. Когда человек ощущает **только** свое полное ничтожество — он впадает в отчаяние. Он не чувствует Творца, и весь мир для него черный. Если же человек проходит эти состояния отчаяния, познавая одновременно и их духовный Источник — Творца, которого он может просить, ругать, требовать, но понимает, что все — от Него, то у него уже существует с Творцом духовная связь. Ощущая одновременно с собой Творца, человек уже не впадает в отчаяние, понимает, что его состояние свыше временно необходимо!

Творцу абсолютно неважно, как к Нему обращаются — только бы человек понял, что Он существует. И это Он посылает нам различные желания, чтобы мы проявляли к Нему различные отношения, и так развивались.

Бааль Сулам в одном из своих наивысших пророчеств пишет, как Творец призвал его к себе и сказал: «На тебе Я хочу сейчас основать новый мир. Начиная с сегодняшнего дня, ты в своих книгах будешь создавать новый путь всем людям ко Мне». После этого Бааль Сулам начал писать Талмуд Десяти Сфирот. Но понял, что ничего написать не сможет, т.к. у него не было связи с землей в силу его высочайшего духовного уровня, хотя внешне он ничем не отличался от других людей и жил среди них на земле. Тогда он взмолился к Творцу, чтобы Он опустил его до такого состояния, чтобы он смог написать людям, и Творец выполнил его просьбу.

Талмуд Десяти Сфирот начинается с описания четырех ступеней создания первого желания, т.е. начинается с описания состояния, существовавшего до начала творения. Как пишет Бааль Сулам в другом месте, он ничего не писал, не постигнув описанного во всей его величине, изнутри. Это говорит нам о том духовном уровне, на котором находился Бааль Сулам.

Далее он пишет о том, что в кругообороте душ душа Рашби, автора Книги Зоар, душа великого Ари и его душа — это одна и та же душа, возвращающаяся в наш мир с целью приспособить методику Каббалы для каждого времени, в подходящем для данного времени виде.

Это потому, что в каждом поколении нисходят в наш мир нового типа души, для которых необходима и новая методика самоисправления. Есть наивысшие души, нисходящие в наш мир для исправления мира, для указания нам пути к цели творения. Такие особые души посылаются в наш мир, чтобы нас спасти. И таким образом, как личного посланника Творца мы должны оценивать великого рабби Й. Ашлага.

ПОСРЕДНИК ТВОРЦА

(Памяти Рабаша)

Творец воздействует на нас через различные объекты нашего мира. И человек должен понимать, что все происходящее с ним — это ни что иное, как обращение Творца к нему. И если человек будет должным образом реагировать на такие воздействия, то он все яснее будет чувствовать и понимать, чего от него желает Творец, вплоть до того, что начнет ощущать Творца!

Творец воздействует на нас не только через отдельных людей, а через все существующее в нашем мире. Специально таким образом и устроен наш мир, потому как именно через него Творец может самым оптимальным путем влиять на нас, продвигая нас к цели творения.

Сталкиваясь с различными жизненными ситуациями, мы не чувствуем в происходящем влияния Творца. Это потому, что мы, по своим свойствам являясь полной Его противоположностью, не можем Его ощутить. Но как только человек хоть в чем-то становится подобен свойствам Творца, немедленно в этой мере он начинает ощущать Его.

Поэтому, мы должны на каждый удар судьбы правильно поставить вопрос: «Для чего это мне дано?» А не «За что и почему я получил это наказание? Для чего Творец это сделал мне?» Наказаний не существует, хотя вся Тора полна их описаниями. Есть только необходимое «подталкивание» человека к совершенству, от которого мы эгоистически стремимся убежать.

Сознание — лишь вспомогательный, второстепенный механизм, помогающий правильно понять ощущения. Если мы будем расценивать всю нашу жизнь как один огромный учебный класс, в котором нашим учителем является Творец, обладающий всеми знаниями, которые Он пытается передать нам, — в той мере, в какой в данное мгновение мы можем их воспринять, — постепенно, поступенчато начинает приходить ощущение Творца во вновь рожденных, открывающихся в нас, духовных органах чувств.

Творец создал лестницу для нашего восхождения. Ее можно даже назвать самодвижущейся. Эту лестницу, видимую Яковом, описали нам Й. Ашлаг, получивший поэтому имя «Бааль Сулам», и его старший сын Рабаш, мой Учитель.

Но мы пока стоим спиной к источнику, и только прилагая определенные усилия, сможем повернуться к нему лицом и приблизиться. Для этого Творец посылает нам Учителей, книги и товарищей по учебе и духовному продвижению.

Ученик, с которым занимается Учитель, находится в этом физическом мире и, отягощенный своим эгоизмом, не может оценить и понять того, кто находится рядом с ним, — того, что его Учитель, находясь рядом с ним, одновременно постигает уже и духовные миры.

Если ученик может зачеркнуть в себе свой разум, свой здравый смысл, свои мнения, свои выводы и действовать головой Учителя, то он как бы ставит вместо своей головы голову Учителя, который находится в духовном мире, и таким образом может, пока еще неосознанно, связать себя с духовным.

Мы в нашем мире не видим, не ощущаем Творца, и поэтому невозможно нашему эгоизму что-то сделать для Творца. А своего Учителя ученик видит зримо, общается с ним, учится у него, проникается верой и уважением к нему, поэтому может что-то сделать для него.

Это подобно тому, как АХАП Высшего (Учителя) падает в Г"Э низшего (ученика). Сравняться с АХАПом Учителя означает принять полностью его советы, поступки, мысли. Если ученик сливается с АХАПом Учителя, тот может приподнять его временно, чтобы показать, что такое духовное.

Когда мы читаем книги наших праведников, таких, как Бааль Сулам, Рашби, Рабаш, мы непосредственно связываемся с ними через окружающий свет, ор Макиф, который, светя нам, очищает наши желания-келим.

И потому, читая их книги, мы постоянно должны помнить о том, кто их написал и на каком уровне был автор. Тогда мы связываемся не только с идеей и направлением, но и с мостиком, который может помочь нам в продвижении, мы связываемся с самим автором. И абсолютно не важно, что автор не находится в данный момент в нашем мире. Мы можем связаться с ним в своих ощущениях, изучая его книги.

Старший сын Бааль Сулама, мой Учитель Барух Ашлаг, в 18 лет закончил ешиву и пошел работать рабочим по укладке бетона на стройке. Вставал до рассвета, съедал килограмм хлеба с головкой лука, запивал литром воды и шел на работу. Таков был и вечерний рацион. По праздникам к пище добавлялся кусочек селедки или чего-то другого, что и делало трапезу праздничной.

Рабаш прожил очень тяжелую жизнь. Работая на прокладке дороги Иерусалим — Хеврон, рабочие жили в палатках, продвигаясь по мере укладки дороги. Рабаш договорился с поваром, чтобы ему разрешили с 3 часов ночи заниматься на кухне. За это он наполнял и разогревал котел с чаем, и повару не надо было вставать рано.

И так он жил, будучи уже женатым. Жена и дети жили в Иерусалиме. А когда Рабаш приезжал в Иерусалим, то ходил на занятия к отцу через пустыри от стен старого города до района Гиват Шауль, где жил тогда Бааль Сулам. По дорогам свободно разгуливали волки.

В доме Бааль Сулама царили нужда и голод. Но Бааль Суламу необходимы были несколько вещей, без которых он не мог обойтись: кофе, сигареты, бумага, чернила. Он писал — в этом была его жизнь.

После смерти Бааль Сулама Рабаш уволился с работы и начал создавать группу учеников. Дело двигалось медленно и сложно. Ученикам, которые начинали заниматься, было по 14-15 лет, а когда они выросли и женились, то занятия шли уже с меньшим рвением и желанием. Вместо ежедневных занятий они могли приходить раз в неделю или в месяц.

Каждому человеку посылаются проблемы, чтобы он их решил, нашел способ решения. Подчас, мизерная преграда, не больше паутины, при некоторых обстоятельствах может стать непреодолимой стеной.

Позже, в 1984 году я привел к Учителю десятки новых учеников. Рабаш начал писать статьи для еженедельных групповых занятий. Но и до этого он постоянно вел записи раскрывающихся пред ним духовных миров. Я же систематически записывал на магнитофон все занятия с Учителем.

Сегодня на основе этих материалов уже вышли книги, являющиеся серьезным дополнением к работам Бааль Сулама.

Рабаш говорил о многих важных вещах. Но об одном он говорил очень четко: не забывать, что есть Хозяин на земле. Когда надо, Он посылает посредников, а когда надо делает так, что мы двигаемся сами.

Есть много путей к Творцу, а также разных вспомогательных Его воздействий на человека. Поэтому все трудности, возникающие на пути ученика, в том числе и уход Учителя из этого мира, можно рассматривать как изменение в индивидуальном управлении Творца.

Творец меняет свое управление и, как всегда, к лучшему, т.е. любое изменение приближает к концу исправления. Хотя наш эгоизм, диктуя нам свои условия, говорит, что раньше было лучше, проще, приятнее, но мы должны пытаться явно увидеть во всех проявлениях событий и «случайностях» управление Творца.

Ушел Рабаш, и десятки учеников остались без Учителя — это изменение качества работы каждого из них и замена управления Творца на более быстрое и жесткое.

Когда человек приближается к духовному, у него появляется ощущение как у парашютиста-новичка, которого выталкивают из самолета: он знает, что у него за спиной уложен парашют, но в первые секунды, когда он прыгает в бездну, он молится, спрашивая себя, зачем это ему нужно.

Но вот над головой раскрывается спасительный купол парашюта, и человек чувствует, что он полностью им защищен. Но ненадолго: скоро ему предстоит встретиться с землей, и, уже забыв о куполе, он применяет все свои знания, умения и волю, чтобы при приземлении не переломать себе кости. Но этот страх только относительно него, а купол держит и мягко опускает на землю.

Рабаш рассказывал историю о своем ученике, который получил приглашение к министру по поводу его назначения на новую должность. В этот же вечер была трапеза у Учителя. И ученик не поехал к министру на прием, хотя потерял должность — и деньги, и благополучие. Он выбрал для себя более важное — встречу с Учителем.

Рабаш не оставил ничего из написанного, готового к печати — он боялся публиковаться после своего великого Учителя и отца. Однако время быстро меняется, и меняется запрос на определенную форму материала по Каббале. Сегодняшнее поколение не в состоянии воспринять ту внешнюю форму подачи материала, которая была пригодна до нас.

Рабаш, можно сказать, был последним великим каббалистом прошлого. В нем заключалась вся прошлая жизнь иудаизма. Его знание истории иудаизма и повествования о жизни великих наших предводителей последних веков впечатляли, потому что он рассказывал их, как повествования о своей жизни.

Из его рассказов было понятно, что с началом нашего века начался упадок духовного в массах настолько, что вход в духовный мир закрылся, и наступил период духовной тьмы. Если любому человеку прошлого века предложили бы вложить всю свою жизнь в духовное постижение, он бы, не задумываясь, согласился, а человек нашего времени настолько погряз в обывательской суете, что не может освободиться от ее оков.

...Каждый ученик должен стремиться к наиболее близкой связи с Учителем, т.к. Учитель — это тот, кто находится на более высокой ступени, и достижение этой ступени является целью каждого ученика.

Когда ученики находились рядом с Рабашем, то ощущали неиссякаемый духовный источник. Было очень тяжело думать, как он, и, тем более, понимать, его поступки и мотивации. И ему было сложно с учениками, т.к. должен был опускаться до их уровня, прятать свое знание, чтобы дать ученикам «свободу выбора».

Все понимание и ощущения даются человеку по мере его продвижения в духовном, чтобы не сломался. Очень тяжело понять человека, живущего одновременно и духовной, и нашей жизнью. Понять то, чему он придает ценность, а на что не обращает внимания, очень сложно, порой даже невозможно, пока не достигнешь хоть какой-то духовной ступени.

Рабаш очень интересовался естественными науками — физикой, химией и др. Все, что он слышал об этом, он связывал с Каббалой и видел, что уже открылось, а что — еще нет.

Стремление идти по духовному пути дается Творцом, а усилия для достижения этого должен приложить сам человек. Человек, который изучает Каббалу, должен каждую секунду спрашивать себя, для чего он учит: для знаний, полученных в собственный эгоизм, или для ощущения Творца, чтобы исправить себя.

Идущие по пути к духовному учатся методике духовного возвышения, распространяют книги и другие материалы по Каббале. В эти несколько часов они как бы выполняют волю Творца по распространению Его идеи в мире, являются Его компаньонами в этом мире, сближаясь с Ним мыслями и действиями.

Раскрытие Творца творению — это тот момент, миг, когда творение по своим качествам сравнивается со светом, идущим от Творца, ощущение Творца возникает в том качестве человека, которым он сравнялся с Творцом. Тот, кто стоит на каком-то духовном уровне, сам является этим уровнем и называется его именем.

Постижение, сравнение своих качеств со всеми ступенями духовной лестницы человек обязан пройти, находясь в нашем физическом мире, на протяжении одного кругооборота. А все предыдущие, пройденные перевоплощения, прошлые жизни являются подготовкой, подталкиванием к лестнице, по которой каждый может подняться к Творцу.

Беседы о духовной работе

ОГЛАВЛЕНИЕ

Почувствовать сердце другого 179
Притяжение духовного света 185
О важности намерения 189
Разум и сердце 200
Эволюция желаний 209
Отличие духовного видения от материального 216
Начало эпохи масс 221
Состояния до махсома 226
Из книги «Шамати» (Услышанное) 228
Продвижение к цели 236
И тогда раскроются небеса… 241
Указания Творца 255
Не упустить мгновение 270
О группе 277
Всегда начинать с Творца! 285
Шестой орган чувств 291

ПОЧУВСТВОВАТЬ СЕРДЦЕ ДРУГОГО

Необходимость страданий

Все, что нам дается в этом мире, является прекрасной основой для достижения духовного. Известно, что каббалисты иногда специально создают для себя тяжелые ситуации в этом мире для того, чтобы интенсивнее продвигаться в духовном. Каждый получит ровно столько, сколько ему требуется для духовного развития, излишка ни у кого не будет.

Все происходящее нужно рассматривать как помощь сверху. Нет ничего тяжелого или сложного: каждому дают ровно столько, сколько нужно для его духовного продвижения. Все происходящее с каждым в отдельности нужно рассматривать как духовное развитие.

Стыд в этом мире проявляется тогда, когда мы получаем удар по нашему самолюбию. Ничего общего это со стыдом духовным не имеет. Мне стыдно из-за того, что в присутствии других страдает мое самолюбие. В духовном же мне стыдно от осознания той разницы между мной и Творцом, которую мне раскрывают сверху. Это происходит тогда, когда человек чувствует Творца, Его совершенство, Его желания в сравнении со своими низменными желаниями.

В нашем мире я чувствую только себя, и малейшее унижение моего эгоизма вызывает во мне стыд. Ни рядом находящегося, ни тем более Творца я не чувствую. Если бы я начал чувствовать сердце другого, то я приобрел бы масах и вошел бы в духовное.

Немного света и немного тьмы

Осознание зла в нашем мире не имеет ничего общего с этим ощущением в духовном. Какое зло я могу почувствовать в нашем мире: разницу между «отдачей ради получения» и «получением ради получения»? Для духовного и то и другое расценивается одинаково.

Чем помогают человеку предыдущие кругообороты? Каждое новое страдание следующего кругооборота делает человека более мудрым. Его душа, которую он пока не чувствует, видит, что происходит с ней, приобретает больший опыт, пока к человеку не приходит вопрос: в чем смысл жизни? И этот вопрос уже не дает ему покоя до тех пор, пока он не находит на него правильный ответ: в раскрытии Творца как источника всех страданий.

Вначале приходят к Творцу с претензией за испытываемые страдания и только потом с желанием раскрыть Его. Каждый миг этого мира, осознаваемый и не осознаваемый нами, является нашим помощником в духовном. О прошедшем, каким бы оно ни было, нельзя сожалеть. Все наши ощущения, впечатления и действия записываются на единственном нашем материале — желании насладиться, оставляя на нем след пути продвижения к духовному.

Если человек чувствует себя хорошо, то он находится под управлением наслаждения, которое властвует над ним. Скажем, я почувствовал вдруг влияние какого-то наслаждения и стал его пленником. Состояние ощущения тьмы дает человеку возможность, силу и обязанность работать для группы. Бывают такие ситуации, когда человек теряет мотивацию и оказывается неспособен пошевелить и пальцем, чтобы что-то сделать. Тогда важна помощь друзей, которые могут поднять человека с кровати. А раньше он помогал им и далее будет рядом с ними в трудную минуту.

Я могу сказать вам, что у меня бывают моменты, когда я не могу сидеть за компьютером. Что делать? Тогда я выполняю другие работы: механические, подсобные, до тех пор, пока это состояние не пройдет. Чем больше человек будет сопротивляться таким состояниям, тем острее он ощутит и тем скорее пройдет их. Но избежать этих состояний нельзя, можно только иначе воспринимать их. Подобные ощущения необходимы нам. Я вижу порой, какие состояния проходят наши ученики. Человек должен подготовить себя, чтобы как можно скорее пройти эти состояния. Нельзя поддаваться им и делать из себя мученика.

Тьма наступает всегда после ощущения света. Любое ощущение не бывает само по себе, а только относительно чего-либо. Если мне сейчас холодно, то только по сравнению с предыдущим ощущением жары. И именно разницей между этими двумя ощущениями (раньше было жарко, а теперь холодно) я и наслаждаюсь. Кто продвигается быстрее, тот и ощущает тьму в большем размере и каждый раз превращает ее в свет.

Ощущение отсутствия наслаждения в жизни — это помощь сверху, которая дается для продвижения, чтобы почувствовать себя немного человеком, по сравнению с животным существованием нашего мира. Человек — это сосуд ощущений: что происходит с ним, то он и ощущает. Он представляет собой как бы пластинку, на которую записываются все впечатления: немного света и немного тьмы, немного Творца и немного творения — это и есть человек.

Тот, кто не хочет находиться под личным управлением Творца, идет по пути страданий, так называемым «естественным путем». Но при этом все равно движется по пути всеобщего исправления.

Наши праведники пишут, что в течение 3-5 лет человек может выйти в духовный мир. Это и правда и неправда одновременно. Тот, кто думает, что он без особых усилий может перейти через *махсом* (барьер между материальным и духовным мирами), глубоко заблуждается. Иной раз этот путь занимает даже 8 и 10 лет, но все это время необходимо быть в состоянии особой напряженности. Я вижу в нашей группе увеличение желаний, но не хватает объединения всех желаний в единое целое.

Обычный человек не ощущает свой эгоизм как зло и пребывает в животном состоянии. Он удовлетворен своими эгоистическими желаниями и находится ниже *клипот* (неисправленных желаний), то есть под ними. Выше клипот расположен махсом, а еще выше — духовный мир с системой темных и светлых свойств, противоположных друг другу.

Вся разница между получением света Малхут мира Бесконечности и Малхут окончательного исправления — лишь в намерении этого получения. Только это намерение и изучается в Каббале. Желания были созданы до нас. Творение — это то, что чувствует уже созданные желания. Поэтому вся работа творения заключается в придании своим желаниям намерения «получать ради отдачи».

Сначала творение должно понять, чем отличается «получение ради себя» от «получения ради Творца». Почувствовать свойства Дающего, ощутить, насколько эгоистическая природа противоположна Ему и вредна для самого творения, какое зло она представляет.

Все должно осуществиться в человеке

В духовном каждый обязан выполнять все правила и изучать их самостоятельно, лично. Нужно пройти все духовные состояния, ничего не минуя, ведь ничего нельзя сократить. Все имена, которые упомянуты в Торе, должны осуществиться в человеке. В материальном мире я — тот, кем родился и должен выполнять законы этого мира. У мужчин они одни, у женщин другие.

Этот мир создан для того, чтобы с его помощью выйти в духовный мир. Нужно жить в этом мире полной жизнью: нельзя отделяться или вести жизнь аскета, потому что это не дает продвижения в духовном. Путь к духовному исправлению, к выполнению Замысла творения проходит согласно корню твоей души. Необходимо правильное соотношение материального и духовного.

У нас в группе есть закон: не может прийти к нам человек только для того, чтобы использовать группу. Если такой человек пропускает занятия и приходит, когда ему вздумается, а появляется вдруг только на совместную трапезу, то это не может долго продолжаться. Мы ждем, чем все это закончится, даем ему еще возможность влиться в группу. Но если и эту возможность он не использует, то приходится с ним распрощаться.

Как работать с характером

Меня спрашивают, как я работаю со своим характером. Я с ним вообще не работаю. Если я захочу проанализировать черты своего характера, то смогу стать Фрейдом или кем-то еще в этом роде. Я не отрицаю подобные учения, но к связи с Творцом они привести не могут. Я должен изучать и ощущать свойства Творца, а не свои собственные, которые я получил уже изначально сверху.

Свойства Творца с Его помощью должны одеться на мои. Мои же личные свойства вообще не меняются, а только немного корректируются. Я видел, что мой Учитель не менялся. На себе я ощущаю то же самое. Все черты характера, индивидуальные особенности и наклонности потребуются нам в конце исправления, поэтому запрещено убивать их в себе или насиловать себя изменением того или иного качества.

Важно только то, каким способом я использую эти качества: «ради получения» или «ради отдачи». Если я смогу с помощью Высшего света изменить все свои намерения на отдачу и построить экран на эгоистическое получение — это будет именно то, что нужно.

Малхут мира Бесконечности смогла сделать сокращение, потому что свет, который полностью заполнил ее, дал ей понимание значимости света и подсказал ей действие, которое она должна совершить, — сокращение. Пока мы не чувствуем Творца, мы не можем сделать никакого исправления своих свойств. В нашем мире невозможно произвести никакое сокращение. Впервые оно становится возможным при переходе махсома. Тогда человек получает огромные силы от Творца.

В нашем мире ничего само по себе не происходит, а исходит из Высших миров. Говорится, что нет такой травинки внизу, над которой не было бы духовной силы, подталкивающей ее к росту. Мы можем только ускорить темп нашего развития, но не изменить сам путь. Когда говорится о сокращении времени наших страданий и трагедий человеческих, то речь идет о секундах. Можно заменить страдания физические на страдания душевные — осознание того, что недостаточно сделал для Творца. Минута таких страданий равноценна годам физических страданий.

Что же делать людям, которые уже родились со страшными болезнями, не позволяющими им управлять собой, и пребывают всю жизнь в страшных муках и страданиях? Я не могу всего объяснить. Но каждая душа на каком-то этапе жизни должна пройти подобные состояния. В Малхут мира Бесконечности есть такие желания и свойства, которые могут исправиться только с помощью страшных ударов, болезней, потери рассудка, душевных расстройств. И все души связаны между собой, но в неисправленном состоянии мы этого не можем видеть. Только в конце исправления будет понятно все совершенство созданного. А сегодня многое кажется нам несправедливым со стороны Творца.

ПРИТЯЖЕНИЕ ДУХОВНОГО СВЕТА

Воскрешение из мертвых

Когда человек осознает все зло, которое есть в нем, то просит Творца дать ему силы победить это зло и переходит махсом. Переходя из мира Асия в Ецира, а затем в Брия, человек приобретает свойства Бины «отдавать». А когда попадает в мир Ацилут, то начинает исправлять свои получающие сосуды, поднимая АХАП. Это называется *тхият а-метим* (воскрешение из мертвых), когда эгоистические желания во всем их многообразии начинают постепенно исправляться. По мере исправления АХАП наступает конец исправления. И когда Малхут со всеми желаниями поднимается в Кетер мира Ацилут, тогда все творение в единстве и совершенстве достигает вечности.

Свет АБ-САГ служит для исправления эгоистических сосудов путем изменения их намерения с получения на отдачу. Если человеку уже надоели животные наслаждения, власть, почести, деньги, то есть все наслаждения этого мира, и вместо них он жаждет эгоистически насладиться Творцом, то, попав в соответствующую среду себе подобных, он начинает с помощью изучения Каббалы притягивать к себе окружающий духовный свет.

Каждый раз при чтении каббалистической литературы под руководством Учителя окружающий духовный свет притягивается все сильнее. Его свечение постепенно дает человеку желание отдавать. И тогда он просит Творца о помощи. У человека начинают постоянно чередоваться состояния падения и отчаяния и состояния подъема и радости. Эти перепады света шлифуют душу человека, как морская волна шлифует гальку. При подъемах человек ощущает величие Дающего наслаждения. Появляется желание сблизиться с Ним, уподобиться Ему, стать таким, как Он. Если при этом человек сможет сократить свои келим-желания, он переходит махсом и включается в Творца, как зародыш в мать.

Пока человек не переходит в духовный мир, он ничего не может ощущать из того, что в нем. Ему даже невозможно объяснить что-либо из-за отсутствия в нем соответствующих сосудов. После перехода через махсом он получает новое кли (*кли* — желание насладиться, *новое кли* — желание насладиться, исправленное намерением «ради отдачи»), но эгоистические сосуды у него тоже остаются. Благодаря этому он ощущает одновременно оба мира: духовный (видит духовные корни) и материальный (знает, как связаны ветви нашего мира с духовными корнями). Такой человек одновременно находится в двух мирах и знает каббалистический язык. Он пользуется им или только сам или вместе с теми, кто находится с ним на том же духовном уровне: это либо те, кто живет сегодня с ним в двух мирах, либо те, кто писал книги 1000 лет назад.

Человек, не перешедший махсом, не имеет никакого понятия о духовном, которое основывается на отдающих сосудах, представляющих собой понятия намного более высокие, чем ум и знание. Никто не может знать, когда он попадет в духовный мир, не знают даже за один миг до перехода.

Книга «Шамати» — духовная «скорая помощь»

Статьи в книге «Шлавей Сулам» («Ступени лестницы»), которые написал Барух Ашлаг, подробно говорят о каждом состоянии человека. Эти статьи являются путеводителем по жизни, рассчитаны на общий уровень учеников. До него так никто не писал. Книга «Шамати» («Услышанное») написана в более общем виде, а «Шлавей Сулам» раскрывают и объясняют «Шамати». Если у кого-то недостаточно времени, а он хочет быстро и более остро прочувствовать написанное и силой изменить свое состояние, тот должен читать «Шамати». Я сам неоднократно проверял это, читая, переводя и записывая отдельные выдержки из «Шамати». В этом отношении она более результативна и полезна.

Чем больше изменений своих состояний проходит человек, тем более он верит в то, что любое его действие, желание, плохая и хорошая мысль, падения и взлеты — все происходящее в нем — это результат действия Творца. И если человек все время мысленно соединяет себя с Творцом, всегда возвращается к одному и тому же Источнику, то он как бы отбирает у Творца первенство и сам становится хозяином своего положения, становится как Творец.

В рамках нашего мира есть много биологических, физиологических, психологических и природных сил, которые мы порой не умеем использовать. Все они могут неожиданно для нас плохо или хорошо влиять на наше тело или на животную часть души, но не на саму душу, являющуюся частью Творца свыше.

Огромное количество колдунов, предсказателей судеб, гадателей на кофейной гуще и прочих знатоков пытаются менять наши судьбы, нашу карму, лечить нас. Это использовал и КГБ в бывшем Советском Союзе, который содержал при себе армию разных экстрасенсов, психологов и т.д., чтобы с их помощью психически влиять на неугодных инакомыслящих.

Знание своего будущего, своей судьбы мешает развитию духовного кли, пониманию Творца и отдаляет нас от Него. Поэтому Тора запрещает нам пользоваться подобными «услугами».

В 1986 году один из учеников Баруха Ашлага, моего Учителя, пошел к гадалке, чтобы узнать свое будущее. Я попросил его поинтересоваться насчет Учителя, который тогда очень плохо себя чувствовал. И она сказала, что он будет жить до 1991 года, а после она его уже не видит. Я рассказал об этом Учителю, на что он ответил, что постарается жить дольше.

Однако в 1991 он умер. Такие вещи существуют, но относятся они исключительно к животному телу, у которого нет никакой связи с вечностью, и которое не имеет ничего общего с духовностью, где действуют совершенно другие силы и куда никто, кроме каббалистов, не имеет доступа. Наше будущее, каждый миг нашей жизни, все должно быть связано только с Творцом, а если человек думает о другом «будущем», то падает в эгоистические желания и теряет связь с Творцом.

О ВАЖНОСТИ НАМЕРЕНИЯ

Творец дает человеку желание к духовному

Когда нам кажется, что мы говорим о прошлом, то речь идет о том, чего уже нет, о ступени, которая уже сделала свое. И возвращаясь к прошлому, мы останавливаемся в своем движении, подобно соляной глыбе, которая никогда не сдвинется с места. Человек как бы спотыкается об нее и становится зависим от прошлого.

Что делать в таком случае? Только цель может вернуть тебя на правильный путь, помочь сделать всего один правильный шаг. Все приходит сверху: и удачи и неудачи. Великий каббалист Бааль Сулам так просил, чтобы ему дали учеников, так страдал из-за этого. Мы не можем даже взвесить подобные вещи, находясь в материальном мире. Очевидно, мир еще не был готов к занятиям Каббалой, хотя сам Бааль Сулам искал учеников повсюду.

Мы делаем работу настолько правильно, насколько нам кажется. Но чтобы сделать лучше, нельзя спускаться на предыдущую ступень и искать там недостатки. Просто в дальнейшем необходимо стараться делать лучше. Человек рождается заново, и мгновение до его рождения уже не существует для него. Каждый должен рассматривать себя как постоянно рождающегося вновь. Никаких расчетов с прошлым нельзя делать. Такие действия противоположны духовному. От человека требуется каждый раз раскрывать глаза по-новому, как младенец.

Прошлое не может быть поводом для улучшения будущего, даже если оно и было идеальным. Главное — увеличить желание стремиться к будущему. Этим стремлением проникаются от товарищей по группе, говоря с ними о важности цели, а не о материальных вещах. Каждый может получить от группы желание, равное количеству участников в группе. Это может быть и во время общей трапезы, и во время выполнения общей работы, и во время занятий. А потом все огромные желания каждого сливаются в одно единственное желание, являющееся целью группы. И огромный свет, привлеченный этим желанием, наполнит всех.

Желания духовные и материальные

Все мысли, которые связаны с Творцом, относятся к Нему. Человек должен отследить те мысли, которые говорят о единстве с Творцом, о желании слиться с Ним, отделить их от остальных мыслей. При этом считается, что человек выходит из своих животных желаний, приподнимается над ними. К духовным мыслям можно присоединить все дозволенные, необходимые в этой жизни. Все они соответствуют получению света.

Человек не может указать себе, чем заниматься, об этом ему указывают сверху. Оттуда спускается желание, которое рождает мысль, как достичь желаемого, чем человек и занимается. Вдруг человеку спускают желание к духовному. Творец показывает этим, что желает этого человека. А тому вдруг кажется, что есть что-то привлекательное в духовном, к нему он начинает тянуться и желать его.

Но одновременно Творец желает, чтобы человек жил и жизнью тела и его необходимыми потребностями, связывая одновременно духовный и материальный миры. Ему сверху постоянно даются различные помехи для того, чтобы он снова и снова тянулся к духовному. Иногда бывают периоды, когда дается только желание к духовному. Тогда человек чувствует себя хорошо, готов к нему, доволен.

А потом наступает разочарование, безразличие, нежелание ни к чему. В это время у человека отбирают свечение, свет Творца. Человек падает, не видя ничего интересного, а иногда начинает тянуться к материальным желаниям. Тогда, если он находится в группе, то должен с ее помощью, с помощью Учителя и занятий выйти из состояния падения и получить вновь свечение сверху. Говорят: то, что не делает разум, делает время. Понятия времени, как такового, в духовном нет. Есть смена состояний, и это — исправления.

Перед праздником Песах мы *кошеруем келим* (подготавливаем посуду). Посуда, которая не была в употреблении год, становится кошерной. Но мы также знаем, что посуду кошеруют, опуская ее на одну минуту в кипяток. Какая разница между минутой и годом? Это пример того, как человек может исправить себя в течение минуты с помощью Каббалы по сравнению с обычным годом. То, что можно сделать вложением усилий против своей эгоистической природы, значительно сокращает время на пути к духовному. Мы просто не ощущаем это и потому не можем оценить.

Любовь к ближнему приводит к любви к Творцу

Как через любовь к ближнему можно прийти к любви к Творцу? Нельзя полюбить Творца, не избавившись от желания получать, не выйдя из своей природы, из материальных одеяний. А это означает слияние со всеми остальными душами без разницы между ними и тобой. А когда процесс исправления кончается, ты приобретаешь кли, свойства которого полностью подобны свойствам Творца.

Но пока кли не становится кошерным, слияния с Творцом не может быть. Степень кошерности, готовности кли к слиянию, характеризует степень его подобия Творцу. Но предварительной стадией этого слияния служит какое-то количество людей, перед которыми человек должен принизить, аннулировать себя и подготовить кли для получения света. Это условия для получения желаний отдачи.

Человеку кажется, что он уже любит Творца и ничего плохого не делает другим. Для чего тогда он должен любить сначала других, а потом Творца? В любом деле нельзя оставаться нейтральным, нужно быть либо положительным, либо отрицательным. Любовь к ближнему не обязательно должна проявляться во внешних действиях и хороших делах ради кого-то. Важно внутреннее аннулирование, внутренние страдания.

Любовь к ближнему означает любить людей не только за какие-то положительные качества, а и за отрицательные, как мне кажется, черты характера и за негативное отношение к другим. Любовь к ближнему должна быть выше его отношения ко мне, когда мое желание получить и мои ощущения находятся вне рамок моего тела. Что бы я ни ощущал — как хорошее, так и плохое, — это не может повлиять на мое доброе отношение к ближнему. Во мне проявляются исправленные свойства желания получить, свойства Бины: отдавать ради отдачи.

Творец, создав свои творения, скрылся от них и раскрыл перед ними какой-то отдельный фрагмент — наш мир. И отношение творений к Творцу строго зависит от того, хорошо ли им в этом мире или плохо. Творец желает, чтобы творения в результате исправления строили бы свои отношения как друг с другом, так и с Ним на основании свойств отдачи. Поднялись бы над своим желанием получать ради себя, приблизив себя этим к Творцу. И начали получать Его свет, испытывая наслаждение как от получения, так и от отдачи.

И первым шагом к этому должно быть исправление, при котором человек прекратит думать о себе. Самостоятельно нельзя достичь подобного. Для этого нужна помощь сверху и получение свойств Бины, ор Хасадим, приносящие наслаждение от отдачи. А ор Хохма, даже если и распространяется, неощутим творением, человек в нем не нуждается. Он нужен творению лишь для того, чтобы быть выше него.

Достигнув этого состояния, человек приобретает свойство любви к ближнему. А следующей ступенью будет любовь к Творцу со свойством получать ради отдачи Творцу. В этом случае человек начинает использовать желания, которыми до сих пор не пользовался. А сейчас эти желания получать, то есть ор Хохма, оденутся в ор Хасадим (намерение ради Творца) и войдут в его исправленные келим.

Таким образом, мы видим, что любовь к ближнему — это исправление, которое человек должен пройти, чтобы выйти из своего желания получать ради себя. Любя ближних, человек приобретает их келим-желания, а любовь к Творцу даст ему возможность в дальнейшем ощутить свет

Творца во всех полученных келим. Из одной точки, которую представлял собой человек до исправления, он превращается в бесконечное, вечное и совершенное кли, которое он отдает Творцу с огромной любовью.

Для чего нужен большой эгоизм?

Сначала творения проходят этап накопления и увеличения эгоизма. Чем больше его будет, тем больший свет сможет получить творение в своем завершающем этапе исправления. И это соответствует цели Творца, смысл которой — максимально приблизить к себе творения, до полного слияния и дать им бесконечное наслаждение. Если исправление произойдет на то маленькое желание получить, с которым Творец создал творения и поместил их в нашем мире, то этим не будет достигнута цель творения. Она предусматривает рост творения относительно Творца до уровня Малхут мира Бесконечности.

В нашем мире келим человека созданы с желанием к животным наслаждениям, богатству, славе, власти и науке. Если человек не увеличит и не изменит свои желания, он не сможет получить бесконечное кли. Последней ступенью, которую человек достигает перед махсомом, является желание к духовному, к Творцу, и желание это настолько сильно и едино, что мысль о нем постоянно сверлит мозг и не дает возможности ни жить, ни спать. А с нашими маленькими желаниями мы можем спокойно жить без духовного.

Как происходит увеличение желания в направлении к духовному? Дают человеку немного увидеть и ощутить духовное, как оно хорошо и привлекательно. А с другой стороны, показывают то плохое в человеке, что не дает достичь этого прекрасного. В человеке находятся все желания и в большом количестве, но они скрыты от него. Их постепенно проявляют, раскрывают в человеке добавочные желания получить для себя.

С помощью силы группы, Учителя и занятий мы можем постепенно притягивать к себе ор Макиф, который будет светить и даст возможность получать ор Хасадим. А он и изменит наши получающие келим на отдающие. И каждый раз при получении добавочного желания нужно менять намерение с получения ради себя на получение ради Творца. Но само желание остается тем же. Другого желания нет.

Малхут мира Бесконечности перед сокращением получила для себя свет, насладилась им, сколько смогла, до тех пор, пока не открыла Источник наслаждения, не испытала горечь и стыд от намерения получать свет ради себя. И поэтому сделала сокращение.

Когда человек начинает получать ради отдачи, перед ним раскрываются те же желания, что и в Малхут мира Бесконечности. Но при этом он может четко разделить их на плохие и хорошие. С помощью изменения намерения исправить желания и получить в исправленные желания свет Творца, давая Ему при этом наслаждение. Желания переходят из состояния Алеф (Хохма) в состояние Бет (Бина).

Правда, возникает вопрос: как Малхут мира Бесконечности, получив ради себя, находится в состоянии любви к Творцу и слита с Ним в единое целое? Дело в том, что у Творца нет никакого желания. С Его стороны творение должно получать и наслаждаться. Творение выполняет желание Творца. Другое дело, что творение, получая, противоположно по свойствам Творцу, который отдает. В таком случае творение всегда осталось бы творением и не поднялось бы до уровня Творца, не пожелав отдать Ему получаемое.

Но Творец вместе с желанием получить создал в творении такую возможность, чтобы оно, исправив себя и поставив над собой антиэгоистический экран, начало получать наслаждение с целью насладить этим Дающего. И таким образом, стало единым с Творцом по свойствам и по действиям с помощью изменения намерения с получения на отдачу.

Со стороны Творца нет никакого ограничения в отдаче творению. Но само творение теперь может получить ровно столько ради отдачи, сколько позволяет ему сила его экрана. В Малхут мира Бесконечности вообще не чувствовалось никакого ограничения или уменьшения света — наслаждения. Единственное, чего хотела Малхут, — быть как Творец, и это привело ее к сокращению света.

Что такое «клипа»? Каждое желание, направленное само на себя, внутрь своего тела, с намерением получать ради себя, называется клипой. Если же творение направляет то же желание с себя на Творца, на отдачу, то оно выходит из состояния клипы в духовное состояние.

Поэтому в духовном мире все желания человека имеют одно направление и намерение: ради Творца. Сам же человек как бы не существует. Его задача — обслуживать Творца. В этом все его существование и цель нахождения в духовном. Такое состояние называется средней линией. Остальное не существует. Все подчинено одному закону. Как мать, которая полностью отдана своему ребенку: ее самой нет, она до конца растворена в нем.

Вопрос о смысле жизни приводит человека к духовному

Чтобы усилить связь творения с Собой, Творец дает человеку различные помехи, то есть желания к чему-то другому, помимо Творца. Естественно, человек бежит навстречу этим желаниям. И тут начинается настоящая работа человека, ведь он находится перед выбором пути. Огромные желания к Творцу не исчезли, а просто погашены клипой, желанием получить наслаждение ради себя. Эти наслаждения находятся под властью эгоизма.

Если человек исправит их, он получит добавочное желание к Творцу. Изменится только направление желания, а само желание остается. Так постепенно желания, направленные на творение переходят в разряд Творца. Каждое из них поднимает человека по духовным ступеням и приближает к Творцу. Все в человеке находится внутри него, снаружи только свет Творца. Поэтому исправление тоже проходит во внутренних свойствах человека, а они, получающие, противоположны свойствам Творца, который отдает.

В свойстве получать ради отдачи есть одна тонкость. Не одно и то же получать потому, что я это делаю ради Дающего, или получать, желая быть, как Дающий. Ребенок выполняет желание мамы и ест потому, что любит ее. Получать же, желая быть как Дающий, — это значит уважать Дающего как личность, как самого Дающего. Получающего привлекает в получении не только и не столько удовольствие и наслаждение от полученного им, сколько уровень, высота нахождения Хозяина. Поэтому, когда человек переходит к состоянию получения ради отдачи, то становится как Творец. Между ними нет никакой разницы. Оба равны в отдаче, намерениях, любви. Но творению, работа которого направлена на преодоление своих желаний, как бы тяжелее, чем Творцу.

Если у человека не возникает вопрос, каков смысл его жизни, то он не подходит для Каббалы. Возможно, через несколько кругооборотов такой вопрос встанет перед ним, пробудит его, и тогда он начнет искать ответ. А пока надо оставить его и не мешать ему.

Если же жизнь в этом мире совершенно не устраивает человека, то его не интересуют ни слава, ни почет, ни другие наслаждения. Если он не находит себя в этом мире, несмотря на различные возможности, а только одна мысль постоянно преследует его: в чем смысл жизни, то он созрел для изучения Каббалы. На этот вопрос Каббала отвечает так: «Раскрой и ощути Творца. В этом твое спасение и наполнение».

А есть и такие, кто, уже находясь в группе, могут неожиданно оставить ее, уйти, а через некоторое время вновь вернуться. Но от возникновения вопроса о смысле жизни до практических действий в раскрытии Творца человек проходит длинный путь в своем сознании. Даже слыша советы праведников об ощущении Творца, человек ничего не может сделать в этом направлении, пока сам Творец не даст ему такую возможность.

Творец ведет человека шаг за шагом

Главным средством для достижения цели является среда, окружение. И когда нужно, Творец готовит эти условия для человека, ведет его шаг за шагом. Но когда человек получает уже нужные условия, то все дело в его усилиях, которые он сможет вложить, чтобы удержаться в нужном месте. В этом его выбор. Иначе он возвращается на путь страданий. Группа, со своей стороны, должна поддержи-

О важности намерения

вать каждого, но окончательному желанию человека уйти нельзя противиться. Пока человек нуждается в помощи и не сопротивляется ей, он ее должен получать в самом лучшем виде. Но выполнять действия вместо Творца и насильно удерживать человека нет необходимости.

Усилия — это не просто какие-то действия, а действия согласно цели, которой хочет достичь человек. Если такое правило соблюдено, то свои усилия ради этого можно приложить и на кухне, и в покупках, и в помощи товарищам по группе, и в изучении Каббалы. Во всем, что бы ни делал человек, он должен каждый раз напоминать себе, что свои усилия он вкладывает для того, чтобы достичь цели. Выполняя какую-либо работу, он хочет этим доставить удовольствие товарищам по группе, чтобы они любили его и относились к нему хорошо. Соответственно и он должен относиться к ним таким же образом. А от любви к ближнему переходят к любви к Творцу. Именно этого и хочет достичь человек.

Таким образом, каждое действие становится целевым, выигрышным и является трамплином к достижению самой цели. Главное, чтобы действие было обусловлено целью. Конечно, речь идет о действиях дозволенных, а не о запрещенных. Нельзя воровать или убивать ради отдачи. Начните даже с того, что своей едой вы хотите насладить Творца. Но самое главное, чтобы работа в группе не проходила без цели.

Во время общей трапезы необходимо думать о том, для чего мы здесь сидим. Если мы этого не будем делать, то многое потеряем. Не забывайте и о том, что мы стоим на пороге важных событий. До сих пор мы строили наше окружение. Теперь нужно использовать его. Только тогда, когда желания человека не наполнены, и он страдает от этого, возникает вопрос о смысле жизни. Я не говорю о депрессивном состоянии безразличия и нежелания жить. Когда нет желаний, человек находится в состоянии *домем* (духовно неживой). Смысл жизни человек ищет тогда, когда есть много желаний, и он стремится получить на них ответ.

Вопрос поиска смысла жизни приводит человека к духовному. Но иногда специально отрывают от духовного и дают материальные желания. Делается это для того, чтобы человек, приложив усилия, исправил эти добавочные эгоистические желания. Тогда он возвращается в духовное, но уже на более высокую ступень, вновь задавая себе вопрос о смысле жизни. Этот процесс происходит до тех пор, пока человек не придет к окончательному исправлению.

Новая ступень всегда начинается с тьмы

Когда человеку светит искра света, он безрассудно бежит за нею. Но вот искра исчезает, и вкус к духовному пропадает на время, чтобы опять появиться, но уже с помощью усилий самого человека. Делается это сверху для того, чтобы человек не превратился в робота, а продвигался вперед с помощью собственных сил и не потому, что духовное притягивает, а по собственному желанию и осознанию. Поэтому, когда хочется идти в ресторан, а не на занятия, нужно пересилить себя и идти вопреки животным желаниям, чтобы не оставаться их рабом. Можно работать, поднявшись над своим желанием, контролируя каждое состояние и руководствуясь осознанием истины. Для этого только необходимо отключить рассудок и не думать ни о чем.

Новая ступень всегда начинается с тьмы, а это говорит нам о том, что предыдущее состояние тьмы исправлено. Конечно, в новом состоянии тяжело, и не помогает никакой предыдущий опыт. Важно постоянство в пути. Но больше всего помогает человеку строгий график работы в течение дня, которого с точностью нужно придерживаться, постепенно переходя от одного пункта к другому. И неважно при этом, чувствует ли себя человек хорошо или плохо. Важно выполнить намеченное. Это относится к каждому товарищу по группе. Распределение должностей связывает группу в одно целое и накладывает на нее коллективную ответственность. Главное — не выйти из системы, из установленных для себя рамок и не оставаться в плохом настроении.

На самом деле человек ничего не может сказать о том состоянии, в котором находится. Он не знает, плохое оно или хорошее. Истина скрыта от него. Только труд, а также сумма качественных и количественных усилий переводят

О важности намерения

человека из одного состояния в другое без особого понимания им смысла этого. Другого выхода нет. Только так можно стать из животного человеком.

Люди, которые не проявляют достаточную активность в группе, смогут продвигаться благодаря остальным. Есть и такие, которые пришли в группу, не задавая себе вопрос о смысле жизни, но понимая цель, которая движет группой. Их привел сюда Творец, и они тоже идут вперед вместе с группой. Есть различные оттенки душ, и для всех находится место в группе. Группа — великая движущая сила, влияющая на судьбы каждого, если они находятся в ее рамках.

Говорится, что человеку дают такие страдания, которые он может выдержать. Почему же люди вдруг не выдерживают и уходят из группы? Мы должны верить в то, что человек способен справиться с получаемыми сверху падениями. А если не справляется, то не прилагает достаточно усилий для этого. Возможность справиться всегда существует. Вопрос в том, что и сколько делается для этого, насколько применяется при этом свободный выбор, и принимается ли правильное решение.

Перед вложением усилий человек должен сказать себе, что если не он для себя, то кто же, что только он сам является хозяином своего положения, и все зависит от него. Это обязан сделать каждый прежде всего. Другими словами, если человек вкладывает достаточно усилий, то сможет повернуть свое окружение лицом к себе. Если же нет, то потеряет в темпе и скорости. В состоянии падений творение должно сделать все, чтобы устоять.

Иногда человек может «подписать» с группой или с самим Творцом как бы соглашение, что он будет вкладывать больше в хороших состояниях, то есть создаст своего рода фонд своих добрых дел, чтобы в состоянии падения смог рассчитывать на помощь. Но усилия — в любом случае зависят от самого человека.

2000 год

РАЗУМ И СЕРДЦЕ

От противоположности — к подобию Творцу

Единение с Творцом означает единство с Его свойствами. Если ты хочешь быть таким же, как Он, выполняй те же действия. В материальном мире один предмет настолько близок к другому или далек от него, насколько короче или длиннее расстояние между ними.

В духовном мире, где нет места и расстояния, а есть одни только желания, близость измеряется единством свойств. Чем больше разница в свойствах, тем дальше один от другого. Так же как топор отделяет часть от целого, так же разница в свойствах отдаляет одного от другого. Таким образом, единство свойств сближает, а их различие отдаляет. Если один желает чай, а другой кофе, то их желания еще кое-как можно объединить. Но между желаниями чая и бифштекса нет ничего общего.

Если двое людей испытывают друг к другу ненависть, ясно, что они далеки друг от друга, как запад от востока. И наоборот, взаимная любовь сближает обоих настолько, что они сливаются в единое целое, несмотря на расстояние между ними. Как видим, расстояние не играет никакой роли. Главное, что оба хотят доставить друг другу только хорошее, и понятия об этом у обоих одинаковы. Если же один любит и ненавидит одно, а другой — совершенно противоположное, то они далеки друг от друга и испытывают взаимную неприязнь.

Когда творение любит то, что любит Творец, и ненавидит то, что ненавистно Творцу, то они представляют собой единое целое. Если же только часть свойств творения сходны со свойствами Творца, то они едины только в этой части сходства и противоположны в остальном. Но полярного отдаления между ними тоже нет.

Итак, только общие желания объединяют, а противоположные отдаляют. Творения рождаются абсолютно противоположными Творцу. Но постепенно, с помощью исправления, которое необходимо им, творения начинают приобретать общие с Творцом свойства и, следовательно, приближаться к Нему. По мере исправления наших желаний мы все больше и больше становимся подобными Творцу и все полнее сливаемся с Ним общими желаниями. Все выше и выше поднимаемся по духовным ступеням сфирот, парцуфим и миров навстречу Источнику, из которого мы вышли.

Таким путем, от полной противоположности Творцу, через частичное и все более увеличивающееся подобие Ему, мы, наконец, становимся как Творец. Полностью сливаемся с Ним в одно целое, выполнив этим Цель творения. Не только ощутив на себе доброту Творца и Его способность творить добро, но и приобретя такую же возможность отдавать все это вновь Творцу, как Он сам это делает постоянно.

Но чтобы дойти до такого состояния, творения прежде всего должны узнать, кто такой Творец, каковы Его свойства, а уже затем менять свои свойства на подобные Творцу. А главным свойством Творца является отдача, а не получение. У Творца вообще нет понятия «ради себя». Он не должен наполнять свои желания и Ему не от кого получать. Он — Совершенство и Вечность и находится над всеми.

Духовное должно стать единственным и главным

Наша работа по единению свойств с Творцом делится на две части: *моха вэ-либа* (разум и сердце).

Первым исправлением является правило: перестать думать о себе, то есть нужно отключить наш мозг. Но как же мы перестанем думать о себе, когда только этим и занимаемся. Это может сделать свет АБ-САГ, который приходит свыше и исправляет наши качества. Человек перестает думать о себе, о пользе для себя любого действия, которое он совершает, и переносит желания с себя на Творца. Это и есть работа мозга и приобретение свойств Бины. Первое исправление — получение свойств «отдача ради отдачи».

Но человек все же должен работать для своего существования и для существования детей и семьи. Считается, что работа для жизненной необходимости не является работой для себя. Почему же Творец создал нас такими, что мы 99.9 % работы и забот посвящаем только себе? Это сделано для и во имя будущего исправления, то есть для работы ради духовного, ради и во имя Творца. Только сам человек может решить, сколько времени он должен посвящать необходимым жизненным затратам, а сколько — духовному.

У каждого свои понятия о жизненной необходимости. Порой человек начинает думать, что с радостью отказался бы от еще нескольких часов работы, если бы это было возможно. Такие мысли засчитываются как духовное действие. Важно, что человек делает в свободное от необходимой работы время. Занимается ли духовным или тратит его зря. Заниматься духовным нужно тоже с радостью, с возвеличиванием Творца, с надеждой приобретения совершенства и вечности, а не вынужденно, с целью наполнить себя дополнительными наслаждениями.

Духовный путь начинается с того, что в этом мире человеку дается желание получения всех материальных наслаждений: быть богатым, счастливым, преуспевающим, иметь все почести, приобретать знания. А потом во имя духовного он должен быть готовым всем этим пожертвовать. Только когда для человека духовное становится единственным и главным, можно к нему приблизиться.

Конечно, мысли о существовании семьи, детей, об их здоровье и благополучии не должны оставлять человека никогда. Они как бы сопровождают его на пути к духовному. Только сам человек решает, что ему важнее и необходимее. Невозможно одновременно думать о двух вещах и одинаково ощущать их. Если я думаю о Творце, то очень тяжело думать еще о чем-то. Это не относится к начинающим, чьи головы еще заняты различными мыслями. Их мысли скачут, новички думают то о материальном, то о духовном.

Но тот, кто уже находится в духовном и чей мозг полон любовью к Творцу, не может одновременно с мыслями о любви к Творцу думать о любви к жене. Это чувство следует за главным. Но когда кли человека становится все более широким, то оно может вместить в себя и связать одновременно и наш и духовный мир. Можно любить всех без исключения. Одно не противоречит другому, в природе нет противоречий. Все зависит от нашего отношения к чему-либо.

Поэтому важно, когда есть противоречия и помехи, не сойти с дороги, не пытаться убежать, а использовать все себе на пользу и ждать, пока кли не станет достаточно широким. Нет ничего в этом мире, что может сделать человеку плохое, если он работает на духовное. Просто мы не понимаем этого во время своего развития, потому что находимся в несбалансированном состоянии. Все раскрывается потом.

Мужчина, занимающийся Каббалой, или женщина, интересующаяся ею, вдруг обнаруживают, что меняется их отношение к детям, к супругу, уменьшается чувство любви к ним. Но все это временно. Семья должна понять и терпеливо ждать. Те неоценимые каббалистические знания, которые получают взрослые, переходят к детям и начинают развиваться и набирать силу внутри семьи.

Мама, интересующаяся Каббалой и уменьшившая на две трети свою любовь и заботу о детях, возвращает это им в духовно-каббалистическом совершенстве. Духовные законы настолько глобальны, что окружают всю действительность своей вечностью и совершенством. Но мы в нашем мире этого не видим и не можем проанализировать.

Что должна делать женщина, чье сердце разрывается между работой, семьей и духовным? Прежде всего, выполнить то, что наиболее жизненно необходимо и считать, что оно приплюсовывается к ее духовному. Муж и отец в семье тоже должен так рассуждать. Нельзя оставить работу и не содержать семью, нельзя не есть и не спать, не заниматься детьми. По мере возможности нужно это выполнять.

Приверженность человека к духовному проверяется на тех единичных свободных часах, которые он обязан уделить духовному развитию. Тогда и часы необходимой работы засчитываются ему как духовные. Но главное — максимальное качество часов, использованных для духовного.

Женщина, уделяющая пару свободных от семейных забот часов духовному, выигрывает больше мужа в силу разницы положения в жизни и семье и потому, что ей требуется меньше исправления, чем мужчине.

Только из этого мира можно достичь духовного

Что значит не думать о себе? Выясним, прежде всего, что понятие «о себе» означает привязанность к этому миру и к своему телу, которое считается мертвым духовно и не имеет отношения к вечности. Я обязан заботиться о своем теле, потому что я «одет» в него, я должен предоставить ему все необходимое. Но главной моей заботой должно быть то, на что одето тело, — моя душа. Ей надлежит быть в постоянной связи со своим Источником — Творцом, что выходит за рамки желаний, находится над ними, то есть выше разума и всех обычных животных устремлений.

Одно не уничтожает другое, только отличается по свойствам. Существует рядом, не живя за счет другого, а только помогая. Я против того, чтобы ученик был выжат, как лимон. Он должен быть здоров и не спать на занятиях. Очень важно, как он организует свое пребывание дома и на занятиях. И в этом ему большим помощником должна стать жена.

Все свойства Творца символизируют отдачу ближнему. Свойства творения полностью противоположны Творцу. И не надо этого стесняться. Чем больше мы раскроем разницу между нашими свойствами и свойством Творца, тем сильнее надежда получить свет Творца после исправления наших свойств. Нельзя стать праведником, не побывав грешником. В чем человек сначала проигрывает, в том он потом и выигрывает. Насколько вначале человек не может и пальцем пошевелить ради ближнего, настолько в исправленном виде сможет получить ради Творца.

Даже когда мы пытаемся сделать что-то ради ближнего, мы делаем это, чтобы иметь какую-то выгоду для себя. Иначе творение не могло бы существовать. И каждый раз надо пытаться делать что-то ради кого-то, чтобы еще и еще раз убедиться в том, что мы не способны на это. Но заранее говорить об этом нельзя, нужно пытаться снова и снова выполнять действия на отдачу.

Когда человек раскроет, что не в его силах сделать что-либо ради ближнего, а, тем более, ради Творца, то придет к решению изменить свои свойства с помощью Творца, чтобы все его желания были направлены на Творца. В каждом человеке сочетаются две противоположные системы: материальная и духовная. Исправляя себя, человек все больше видит, что одно не противоречит другому, что, только живя в материальном, можно достичь духовного, продолжая доставлять телу жизненно необходимые условия для существования.

Исправление желаний души

Когда человек с помощью Каббалы переходит в духовный мир, перед ним раскрывается душа, духовное ощущение. Душа состоит из 613 желаний. Исправляя каждое из них в отдельности ради отдачи, человек совершает Заповедь, а Свет, заполняющий исправленное кли, называется Торой. Каждое новое исправление следующего желания поднимает человека над своим телом по ступеням духовной лестницы навстречу Творцу до своего конечного состояния, Окончательного исправления.

Все 613 ступеней находятся в духовном мире над *махсомом* — (барьером), отделяющим наш мир от духовных миров. Но поднявшийся в духовный мир человек одновременно живет и своей нормальной жизнью в нашем мире. О том, как уживаются материальная и духовная системы, для чего необходимо одновременное существование человека в них, какую роль в этом играет семья, дети, работа, все окружение человека, его судьба и удача, какова связь между всеми этими составляющими мы сейчас пока говорить не будем, это мы рассмотрим далее. Но в окончательное исправление входят со всем багажом вместе.

Мы знаем, что в нашем теле даже самая маленькая частица его владеет полной информацией обо всем теле в целом, о том, какие функции она выполняет, за что ответственна. Откуда это происходит? В голове существует информация обо всем, и все устроено так, что налажена связь с каждой точкой тела — настолько, что стоит какой-то частице выйти из строя, как все остальные части тут же узнают об этом и о том, что нужно сделать, чтобы восполнить недостающее. Напротив, отрезанный орган тут же теряет всякую связь с телом и не владеет информацией о его деятельности.

Аналогично и творения, которые находятся в полном отрыве от Творца, не ощущают Его, не имеют никакой связи с Ним, а потому не понимают Творца и Его свойства и совершают противоположные по намерению действия, т.к. свойства Творца и творения различны, и творение не получает свет Творца. Если мы сможем с помощью исправления присоединить себя снова к Творцу, то нам тут же раскроется все о Творце и о Его замысле творения. Наши свойства будут едины со свойствами Творца, и мы сольемся с Ним в одно целое.

А пока мы отдалены от Творца и получаем от Него только маленькую искру жизни, наинизшую жизненную ступень, какая может быть только в нашем мире, у которой нет никакой связи с действительностью. Хотя первоначально душа была создана так, что не отделялась от Творца, но, пройдя путь пяти миров, приобрела эгоистические свойства такой степени, что отделилась от Творца в нашем мире, не имеющем ничего общего с духовным, и ощущает только себя. Таково положение всех творений. Ни одно из них не ощущает другого и его потребностей.

Первое кли, которое создал Творец, называется состоянием *Алеф* (первое). Это кли наполнено светом настолько, что нет разницы между светом и кли. Но по мере приобретения желания получить душа все ниже и ниже спускается по пяти мирам, все больше отдаляясь при этом от Творца, все меньше и меньше Его ощущая и приобретая эгоистические свойства ощущать только себя. Опустившись под махсом, окончательно отделивший ее от Творца, душа попадает в наш мир и воспринимает только то, что получает с помощью пяти органов чувств и ничего вне себя. Поэтому нам и кажется, что вне нас ничего не существует.

Чтобы снова слиться с Творцом, необходимо стать с Ним одним целым, единым организмом, единой душой. Для этого нам нужно только ощутить Его. Тогда наши келим исправятся и получат свойства отдачи. Мы перестанем думать только о себе и ощутим, что вне нас есть духовный мир и Источник нашего создания — Творец. Мы откроем себя на получение света Творца с помощью заповедей, направленных сначала на ближнего, а затем и на Творца.

Действия, которые мы будем направлять на ближнего, явятся необходимой практикой, чтобы понять, что нет никого, кроме Творца. А потом уже все помыслы, стремления и желания направить только к Нему, чтобы прийти к состоянию, в котором были раньше. Но сейчас мы сами желаем этого состояния и если достигнем, удостоимся в 613 раз большего наслаждения, чем мы испытывали раньше. Человек, дошедший до конца исправления, не только удостаивается света Творца, но и сам становится Источником света.

Перед ним раскрываются *таамей* (вкусы) Торы и *содот* (тайны) Торы, то есть то, что находится над кли без всяких ограничений. Человек из творения переходит в разряд Творца. Мы даже представить себе не можем, что это такое. Свет, который мы получаем, — это бесконечность, вечность и совершенство. Не существует ни малейшего желания, которое не было бы наполнено. И тогда свет будет царствовать внутри нашего мира, который будет как бы находиться на духовных силах. Они, не меняя законы этого мира, повернут все происходящее в нем с плохой стороны на хорошую.

Чем больше человек продвигается навстречу махсому, несмотря на то, что его решения до сих пор эгоистичны, тем все больше он приобретает духовных свойств, которые пока еще использует ради получения. Изучая Каббалу, человек умом начинает понимать строение духовных миров и может уже использовать эти понятия, хотя и ради получения, но уже с другой точки зрения. Такое видение помогает человеку контролировать свои мысли и желания, смотреть на них уже как бы со стороны. Когда он больше привержен духовному, то находится в подъеме, что уже как-то связывает его с Творцом. Отход назад, к материальному, приводит к падению и отрыву от Творца.

Весь жизненный путь человека устроен так, что прямо или косвенно он ведет его к Цели творения. А это можно сделать только, когда человек страдает от ненаполненных желаний, когда он пуст. Чего только не предпринимает человек в погоне за достижением желаемого, чтобы в конце-концов выйти на путь, ведущий к цели! Все, что не ведет к цели, доставляет множество страданий. Если человек не раскрывает себя навстречу сигналам сверху, не изучает Каббалу, уходит от страданий, то замедляет свой путь развития. И наоборот, человеку, стремящемуся к наполнению своих келим, каждый раз показывают, насколько они пусты, и раскрывают перед ним все большие и большие незаполненные желания.

Развитие согласно Цели творения и с помощью Каббалы делает путь каждого более гладким и красивым, продвигая человека вперед. Если же он не руководствуется Целью творения, то живет подобно животному и безмерно страдает. Эти страдания рано или поздно заставят человека повернуть на правильный путь. Чем ближе человек к Творцу, тем помехи становятся все более сильными и жестокими. И героями являются те, кто проявляет наибольшее терпение и продолжает идти вперед даже без видимых результатов.

Изучение Каббалы раскрывает человеку, насколько его мысли находятся в желании получать для себя. Но такие мысли принимаются Творцом, потому что из этого состояния человек постепенно перейдет в состояние «лишма», т.к. сам желает этого. Каббала является тем концом веревки, за который может ухватиться каждый и прийти к единению свойств с Творцом. Расстояние между этим миром и миром Бесконечности представляет собой всю остальную часть веревки, на втором конце которой стоит сам Творец и притягивает человека к себе, раскрывая перед ним тайны Торы.

2000 год

ЭВОЛЮЦИЯ ЖЕЛАНИЙ

Есть мир, который называется нашим миром. Его свойство — получать ради получения. Это — мы, и здесь мы находимся. Над нами расположен духовный мир, который отделяется от нашего мира махсомом.

При продвижении по нашему миру в направлении махсома мы проходим различные ступени желания получить ради себя: *неживое, растительное, животное, говорящий*. Уровень «неживое» состоит из чисто животных желаний. На «растительном» проявляются желания к деньгам, богатству. На уровне «животное» раскрываются желания к славе и почестям. Желания на ступени «говорящий» связаны с образованием и знаниями. Этим, в общем, характеризуются все четыре состояния желания получить. Но в каждом человеке соотношение всех этих желаний различно.

И вдруг человек получает какой-то импульс сверху и начинает думать о духовном вне зависимости от того, в каком из четырех состояний он сейчас находится. Все прежние желания в нем обостряются, но вдобавок он желает еще насладиться Творцом, Его светом, а поэтому движется к махсому. У него открывается еще как бы и духовное кли, которое он желает наполнить. Он приходит на занятия, видя в них источник духовного наслаждения, к которому он стремится и жаждет получить ради себя.

Далее с помощью занятий он начинает медленно получать наполнение своих желаний. Самого наполнения он не видит, но ощущает его вокруг как *ор Макиф* (окружающий свет), который все больше и больше обращает его желания к духовному, но не может наполнить из-за неисправности его кли. И чем дальше развивается человек, тем яснее видит разницу между светом и неисправленным кли, тем больше у него стремление исправить кли. Но одновременно с этим он понимает, что сделать это собственными силами невозможно.

И тогда, не видя иного выхода, он просит Творца о помощи, получает ее и пересекает махсом, открывающий ему путь в духовный мир, состоящий из пяти миров: *Асия, Ецира, Брия, Ацилут и Адам Кадмон*. В каждом мире ему нужно преодолеть 25 духовных ступеней, а всего от Творца его отделяет 125 ступеней.

Желания, которые раскрываются нам, мы прежде не ощущали. Вдруг я хочу что-то, чего никогда не хотел. Все желания уже заложены в нашу душу в момент создания творений, но скрыты от нас во время спуска души в наш мир. Но как только душа начинает обратный путь снизу — вверх, желания постепенно раскрываются — каждое в свое время. Человек ничего не желает, не думает о чем-либо, пока не раскрывается соответствующее решимо.

Если коту, например, дать желание к музыке, то он начнет ее ощущать, если нет, он сидит, слушает музыку, но не слышит ее. Так и люди не ощущают чего-то, пока им не дают желания к этому. Но мы сами не должны исправлять ни себя, ни окружающих нас. И если нам иногда кажется, что можно кого-то изменить, то это блеф. Нельзя ни давить на кого-либо, ни решать за него. Только Свет, который придет, может исправить свойства человека.

И тьма окутывает нас...

Чем ближе человек к махсому, тем все большая поддержка ему нужна, потому что истинного ответа он не получает. Если он не сможет связать себя со свойствами Бины, то есть идти верой, то впадет в депрессию, разочарование, и жизнь его станет серой и незаметной. Человеку во время движения к махсому нужны дополнительные силы, чтобы устоять перед усилившимися желаниями, чтобы не прийти к внутреннему взрыву.

С одной стороны, я должен желать духовного больше всего на свете, вопреки всем остальным желаниям. С другой, как устоять перед такими страданиями, чтобы не убежать от них? Человек по своей природе устроен так, что, ощутив плохое или предчувствуя его, тут же ищет способ избежать этого. Как же можно наращивать желание, все время быть только в нем и не убежать? В этих состояниях очень может помочь группа, товарищи, которые будут идти с тобой вместе.

Со стороны не видно, прошел человек махсом или нет. Это скрыто от глаз постороннего. Перешедший махсом может видеть только то, что ему дается сверху. Все его материальные желания начинают обслуживать главное желание — связь с Творцом.

Вот, например, человек желает стать профессором в какой-то области. И чтобы он ни желал еще, он при этом не оставляет мысль стать профессором. Все его остальные мысли подчинены главному и служат ему, не мешая при этом.

Перейдя махсом, человек ощущает себя частью Творца, знает Его мысли, желания, Закон творения. Понимает, что надо делать, чтобы получить нужную реакцию со стороны Творца. И все это в той мере, в которой он постиг Творца. Конечно, по мере продвижения по духовным ступеням часть Творца в человеке увеличивается все больше, а соответственно и все то, что раскрывается ему.

И неважно, что все остальные желания этого мира находятся во мне. Они подчинены одному единственному желанию слияния с Творцом, и я выполняю их только для того, чтобы помочь своему исправлению. Поэтому они тоже считаются как бы духовными и наполняются светом Творца.

Страдания, которые мы переживаем, сопровождают нас только до махсома. Это период тьмы и концентрации всех сил и терпения, когда исчезают все наслаждения этого мира, потому что движение вперед происходит не для удовлетворения этих потребностей. Духовные же наслаждения еще не занимают никакого места, о них даже ничего не известно. А все, что изучается о духовном, кажется таким неестественным, и тьма все более окутывает нас.

Если же, находясь в подобном состоянии, мы не найдем в себе силы пережить его, то будет просто невыносимо перенести это состояние. Присоединение же к общей цели может сделать нашу жизнь легкой и красивой. Только тогда мы увидим и ощутим свет, который постоянно светит нам, а вместе с ним наслаждение и совершенство, которые он излучает и наполняет все наши желания и потребности.

Но, в общем, для перехода махсома требуется много терпения и времени. Даже для того, чтобы стать профессором или достичь какого-либо высокого социального статуса, порой не хватает и целой жизни.

Проверка духовной цели

Мы знаем, что нашей природой является желание получать ради себя. И за десять граммов наслаждения мы готовы уничтожить всех, включая и Высшую силу. Это клипа, которая постепенно раскрывается человеку полностью в самом жестоком виде. И это осознание зла, которое мы ощутим, показывает одновременно, что мы не в состоянии ни бороться с ним, ни победить его собственными силами. Но мы обязаны найти тот инструмент, что поможет нам исправиться и ощутить наслаждение. А пока мы только страдаем от отсутствия возможности наполнения наших желаний и заставляем страдать окружающих.

И нет другого выхода, иначе как, переступив через себя, начать объединяться с другими, движимыми общей целью. В этом истина, и она должна осуществиться. Помощь в группе, оказываемая одним человеком другому, поможет объединиться и идти единым строем, аннулируя себя перед всеми остальными и перед Высшим. Тогда можно войти в духовное и подниматься по духовным ступеням.

Если же приходящий на занятия просто сидит, не принимает участия в деятельности группы, не прикладывает усилий, чтобы перечеркнуть свое «Я» перед остальными, то он не сможет ощутить на себе работу Высших сил и почувствовать себя внутри них. Быть зародышем внутри духовной матери — значит подчинить себя полностью всем условиям, всем духовным законам, которые Высший предоставляет зародышу. Он не ощущает себя самого до тех пор, пока не будет готов к рождению, отделению от матери.

Когда товарищ по группе начинает критиковать окружающих, Учителя, занятия, ставит себя выше группы, то это первый шаг к тому, чтобы очутиться вне группы. У человека может быть плохой характер, но если он руководствуется общей целью в своих действиях, то это не противоречит духовному продвижению и не приносит вреда группе.

Есть люди в группе, ради которых не нужно себя аннулировать. Речь идет о тех, кто не связан с главной целью. Перед ними не только не стоит себя аннулировать, а надо думать, как исправить подобное. Если группа идет вперед, то мне стоит быть внутри нее, идти за своими товарищами, по их следам, чтобы заразиться их духом. Аннулирование вовсе не означает идти с закрытыми глазами, а требует постоянной проверки тех, ради которых я это делаю. И если что-то не соответствует духовной цели, нужно говорить о назначении группы, о ее силе, и не только не аннулировать себя, а наоборот, стоять на своем.

В группе каждый имеет свой характер, который он получил сверху и не может его исправить или изменить. Нельзя из вспыльчивого человека сделать флегматика. Однажды он все равно взорвется, да еще и с сердечным приступом. А другого вообще невозможно расшевелить, таков он. Внешние качества вообще не говорят о чем-либо духовном. Быстрота, резвость, активная деятельность одного вовсе не означает, что он быстрее достигнет духовного, чем тот, кто еле двигается. По характеру можно подобрать человеку специальность и занятость. В духовном критерием является желание и тот уровень, на котором у человека находится главная цель. Желание определяется по действиям. По этим показателям судят человека, а не по ловкости, резвости и быстроте.

Два ангела сопровождают человека

Каждый должен пройти период снижения интереса к Каббале, прежде чем постигает ее важность. Проблемы в семье и на работе, усталость, ухудшение здоровья создают большие помехи и дают сбои. Такие состояния нужно анализировать как у себя, так и у других, чтобы знать, как с ними бороться, помогать друг другу, чтобы скорее выходить из них. Поэтому я за то, чтобы в группе раскрывать все без утайки, чтобы дать возможность исправлять подобные состояния. Нужно знать все симптомы этой болезни, воспринимать ее, как смерть для каждого, и находить лекарство для излечения. В духовном ничего не надо скрывать. Вы не можете себе представить, насколько я раскрывал себя перед Учителем. А в группе каждый должен максимально участвовать во всех делах и действиях и из этого получать новое сильное желание к духовному.

Творец всегда дает человеку помехи и страдания в той мере, в которой он может справиться с ними. Тот, кто не идет со всеми в едином темпе, на самом деле недостаточно желает этого. Тот, кто слаб здоровьем, должен соединиться с человеком более здоровым, чтобы вместе с ним делать то, что необходимо для здоровья. Я говорю о прогулках, купании, плавании, закалке организма. И все это должно быть только ради единой цели. Человек не может выйти в духовное, обвиняя Творца в том, что тот не дал ему то или это.

Все зависит от желания человека и его внутренних импульсов. Я вижу порой, что некоторые находят себе такие занятия в группе, которые никто раньше не выполнял. И вдруг все видят, насколько важна эта работа, а ведь раньше она казалась ненужной. Необходимо проявление личной инициативы, нельзя силой тянуть человека. Усилие проявляется тогда, когда приходится преодолевать различные помехи и каждый раз все новые, при той же важности цели. Если так, то человек поднимается в духовном.

Если же помехи и проблемы снижают важность духовного, то человек топчется на месте. Помехи для того и даются сверху, чтобы с ними справляться, причем скорость при этом не важна, она может уменьшиться, например, с возрастом, с приходом болезней. Главное — сделать максимум возможного в каждом состоянии. Наружное выражение может быть различным, но внутреннее отношение к цели не должно терять важности — для того, чтобы продвигаться духовно. Если человек не получает дополнительные помехи в качестве средства продвижения, это признак того, что он стоит на месте.

Левая сторона (помехи) и правая (помощь Творца в преодолении их) дается Творцом. И только возможность присоединить левую линию к правой и объединить их в среднюю линию зависит от самого человека, от его желания уподобить свои свойства свойствам Творца и слиться с Ним в единое целое.

Страдания и помехи нельзя просить, но когда они приходят, нужно сказать «спасибо». Это значит, что человек удостоился возвыситься. Если же помех нет, то он еще не заслужил их. Когда во время занятий Каббалой удерживается цель, ради которой занимаешься, тогда занятия служат средством пробуждения ор Макиф, который возвратит человека к Источнику. В ином случае занятия не принесут никакой пользы.

Каббалисты для того и писали свои книги, чтобы изучающий их смог уподобить себя автору, получая от него очень сильный ор Макиф. Я требую от своих учеников во время занятий желать притянуть к себе ор Макиф. Что же касается группы женщин, то им достаточно один раз в неделю читать статью, слушать кассеты и делать что-то для группы. Женщина готова к исправлению больше, чем мужчина.

Все помехи даются в помощь человеку. Желая что-то требовать от Творца, мы должны, прежде всего, спросить себя, для нашей ли это пользы? В результате выясняется, что нам нечего требовать от Творца, кроме одного: силы для слияния с Ним. И столько, сколько мы получаем от Творца каждую минуту, нам достаточно, чтобы снова и снова просить об этом. На остальные же вещи нужно смотреть, как на положительные или отрицательные. *Ецер тов и ецер ра* (два ангела) сопровождают человека к шаббату.

Человек должен требовать от Творца раскрытия. Но если это произойдет раньше времени, то требующий превратится в раба Творца и не сможет работать ради Творца.

2000 год

ОТЛИЧИЕ ДУХОВНОГО ВИДЕНИЯ ОТ МАТЕРИАЛЬНОГО

Если бы мы приобрели свойства Бины, ор Хасадим, то увидели бы, насколько все купаются в милосердии Творца и Его неограниченной любви. Все раскрылось бы в совершенно ином свете, противоположном настоящему. В духовном каждый получает в зависимости от своего кли, там нет и намека на страдания. Духовное видение в корне отличается от нашего, материального. Но рассказать об этом невозможно из-за нехватки слов.

Каббалисты иначе относятся и к детям, и к смерти, смотрят на все это другими глазами. Это не потому, что они более жестокие и безразличные, а потому, что принимают действительность в более истинной пропорции и видят не просто человека, а человека духовного. Пока человек не входит в духовное, никакие рассказы об этом не помогут, они лишь дают возможность для предварительной работы в нашем мире. Никакие усилия нарисовать себе духовное не соответствуют истине.

Если мы хотим продвигаться по пути истины, то должны все время заботиться о важности духовного, а не о своем плохом настроении. Когда человек все время удерживает важность духовной цели, но, не видя ее постоянно, грызет себя за это, ему кажется, что он вообще не движется. Тогда это не падение, а подъем. Просто он его не чувствует, т.к. воспринимает в получающих келим. Но по прошествии нескольких лет изучения Каббалы мы учимся все воспринимать в радости и обходим плохие состояния.

Беседа по статье «На окончание Книги Зоар»

Мы изучаем, что из Творца нисходит свет, который создает под себя кли согласно всем тем свойствам, которые смогут раскрыть этот свет. Таких свойств в духовном кли пять.

Творение тоже имеет пять органов чувств: зрение, слух, обоняние, речь, осязание. Таково было желание Творца, чтобы кли ощутило свет в пяти качествах. Это ощущение называется миром, т.е. суммой информации, входящей через пять свойств ощущения. Если отключить все пять органов чувств, то никакого ощущения не будет.

Кли было создано таким образом, что в нем отпечатались все свойства света, но в противоположном виде: каждой выпуклости соответствует определенная впадина: так же, как из патрицы создается матрица.

То есть кли познает свет по его действиям и свойствам. Творения должны раскрыть свойства света, чтобы стать им подобным. Приобретя свойства света, станем ли мы с ним единым целым? Да. Это произойдет, в конце концов.

Творец создал в творении 613 свойств-желаний. Исправляя каждое из них на подобное Творцу, творение создает из них источник света относительно Творца и сливается с Творцом. Такое единение свойств творения и Творца начинается только после перехода махсома, когда творение может взять в свои руки второй конец связующей нити между ним и Творцом и постепенно приближаться к Нему.

Но где же взять энергию для этих альтруистических действий? Ведь человек не сможет даже пошевелить пальцем, если не получит какой-либо выгоды для себя при каждом действии. Да, мы созданы эгоистами, но существует путь, который сможет изменить наши свойства с получения на отдачу. Если бы я вдруг почувствовал Творца, то бегал бы за Ним, желая сделать для Него все, что угодно, но при этом ощущая, что я получаю, а не отдаю. И ничего в жизни нам не нужно было бы, только почувствовать все величие, значимость и важность Творца, которому мы могли бы подчинить всего себя, всю свою энергию, ничего не желая иметь взамен. Но Творец сам дает нам вечность, совершенство, огромное количество сил и наслаждений. Это происходит, потому что наше кли становится неограниченным.

Ничего не дается в качестве подарка

Если человек, сидя дома, захочет достичь высот Творца, то это ему никогда в жизни не удастся. Все зависит от окружения. Если мы соединились в группу, которая движима одной целью, но в каждом из нас еще нет понимания важности Творца, мы можем искусственно делать вид, что понимаем величие Творца.

И тогда сила группы начнет работать в нужном направлении и наполнит нас желанием к духовному. А без этого нельзя получить альтруистические келим, в которые войдет духовность.

И этого достаточно для того, чтобы получить заряд энергии для дальнейшего движения вперед. А когда Творец раскроется нам, мы пойдем за Ним. Группа может поднять человека, в котором нет ощущения важности Творца. Группа дает силы завоевать духовное.

В этом мире мы находим силы, например, обслуживать какого-то важного человека. Но войти в духовное с этими силами мы не можем. Если я начну возвеличивать Творца, то получу от Него духовные силы, необходимые для вхождения в духовное, для перехода махсома. И никто другой не может мне этого дать, и произойдет это только тогда, когда имя Творца станет для меня самым важным в мире.

Настоящее окружение человек строит себе сам. Все зависит от того, что он хочет перенять от окружения, что важно для него, какую цель он преследует. Человек очень легко подвержен влиянию окружения, и если это влияние не соответствует его понятиям, то он должен выйти и искать новое окружение.

Отношения: Учитель — ученик

Относительно Творца можно работать только с духовной отдачей. От нас не требуют делать того, что не в наших силах, но от нас зависит выбрать окружение и Учителя. Мы не можем понять, как вместо того, чтобы сидеть возле Учителя и заниматься с ним, можно быть у него в услужении и получить его ум, его достижения и даже его уровень возвеличивания Творца. Отвечая на наше отношение к нему, Учитель передает нам свои духовные постижения *пэ ле-пэ* (из уст в уста). Когда ученик еще не имеет соответствующих келим, ему передается все готовое, подобно тому, как мать кормит ребенка уже сваренной и полностью приготовленной пищей.

Мы должны доставить наслаждение Творцу, при этом мы имеем отдающие келим и слиты с Творцом в единое духовное тело, постигая от Него вечность и совершенство. Чтобы отдавать Творцу, необходимо знать уровень Его величия. И отдача будет восприниматься как получение. Мать всегда наслаждается, когда ребенок ест. Когда ученик сближается с Учителем, выполняет для него действия отдачи, согласно уровню важности, которые он почерпнул в группе, то может получить от Учителя внутреннюю суть духовности. Но ученик не сразу ощутит это.

Постоянно удерживать ощущение важности Творца можно только тогда, когда Творец открывается человеку и свидетельствует о том, что человек больше никогда не вернется к своей прежней природе. Важно первое раскрытие Творца, а затем уже все идет своим чередом. И человек может быть уверенным в том, что не очутится снова под махсомом в нашем мире, а продолжит путь навстречу Творцу.

Учитель всегда раскрывает перед собой Творца, Его величие и вечность и не может упасть. Поэтому если ученик сливается с Учителем, то может через него раскрыть для себя важность Творца, пусть даже и кратковременно. Но и такое раскрытие играет большую роль в построении учеником своих духовных келим. Так, у Элияху а-Нави (пророк Элияху) единственным настоящим учеником стал

Элиша, хотя у Учителя были и другие ученики. Но только Элиша был слит с Элияху воедино и поэтому удостоился постичь многое.

Как же может быть, что ученику положено то же самое, чего достиг Учитель? Да, через Учителя он получает раскрытие важности Творца, а не духовные ступени. Важность Творца для Учителя и ученика не одинакова. И только в этой пропорции ученик может что-то получить от Учителя. Ничего не дается в качестве подарка. Имеет значение только целевое усилие. Уровень отдачи себя явится впоследствии условием образования келим. Сделать сокращение это значит совершить что-то, возвышающееся над умом и сердцем.

2000 год

НАЧАЛО ЭПОХИ МАСС

Важность окружения

Мы знаем, как часто люди неосмотрительно выбирают себе окружение, становясь впоследствии его заложниками. Порой они, не испытывая ни малейшей склонности к тому, что в их окружении занимает особое место, тоже начинают стремиться к этому. Следовательно, если в группе важность Творца не рассматривается как высшая ценность, то ее участники никогда уже не смогут оценить ее в должной мере. В нашей каббалистической группе нам требуется увеличить важность Творца настолько, чтобы всем было приятно и естественно работать ради Него. И пока эта работа не приобретет естественную форму, ничего нельзя будет сделать.

Чем большее по количеству общество возвышает Творца, тем более великим Он будет в глазах каждого из его членов. И чтобы укрепить веру в величие Творца, нужно, как сказано в «Изречениях мудрецов», сделать себе Учителя и купить друга. Каждый должен выбрать себе важного и известного человека Учителем, чтобы с его помощью постичь, что такое Каббала. Через признание значимости Учителя легче перейти к ощущению величия Творца. Насколько в наших глазах важным будет Учитель, настолько естественно будет отдавать ему. А отдача такому человеку воспринимается дающим как получение.

Привыкнув к отдаче Учителю, можно в дальнейшем перейти к тому же по отношению к Творцу, т.к. привычка становится второй натурой. И, кроме того, единение с Творцом не приносит пользы, если оно не вечно, а такое состояние может наступить только после перехода махсома и приобретения экрана для раскрытия Творца. В рамках же нашего мира это состояние приходит и уходит. От нас не требуют невозможного, а только построения нужного общества, которое само сделает все необходимое. Поэтому единение с Учителем, которого мы видим и который находится рядом с нами в нашем мире, принесет пользу, даже если это временно.

Если мы имеем альтруистические келим, то можем отдавать Творцу и иметь с Ним единые свойства. А так как Творец вечен и совершенен, то эти свойства мы и постигаем у Него. Чтобы иметь все это, нужно получить альтруистические келим, слиться с Творцом, а для этого важно правильно оценивать величие Творца и отдавать Ему. Но такая отдача будет для нас получением и даст энергию совершать альтруистические действия.

Как же сделать Творца важным в наших глазах? Если бы он раскрылся, то мы бы увидели, каков Он, и отдали бы себя Ему беспрекословно. Но Он не раскрывается перед нами потому, что хочет, чтобы мы сделали определенное усилие для этого. Мы должны предположить, не видя Его, что Он уже важен для нас. Кто же может создать в человеке такое ощущение?

Каббалисты говорят, что это должно сделать то правильное окружение, которое мы выбираем и которое сможет так повлиять на нас, что нашей главной целью будет важность Творца, как будто мы Его видим. Значит, главное — войти в такую группу и, принизив себя перед ней, дать ей возможность работать над нами.

Чем больше будет численность группы и чем большее значение придадут в ней величию Творца, тем более значимое место займет Творец и в нашей жизни. Но в группе есть человек, значение которого огромно. Это Учитель. Обслуживая его, ты тут же получаешь реакцию на это: он говорит с тобой не просто, как с другим учеником, а передает тебе духовные свойства. Это называется учением именно «из уст в уста». Его передают не через ухо, глаз или другой орган, а прямо в «уста», и этим напрямую наполняют тебя и светом Хохма, и его облачением — отраженным светом, т.е. всем готовым.

Это говорит о том, что человек сам еще не готов к получению света по причине эгоистичности его келим, поэтому от Учителя он получает все готовое для продвижения. По мере сближения с Учителем ученик может получить от него духовную суть. А значимость Учителя в глазах ученика появляется вследствие общения с группой. Учитель не может упасть в скрытие Творца. А если это так, то такой Учитель может передать величие Творца своим ученикам не сразу, а постепенно, строя их келим.

Период самостоятельного подъема душ снизу-вверх

Многие каббалисты, такие, как Рашби, Рамхаль и другие, имели группы учеников. Но не было их в таком количестве и такого уровня, как в наши дни. И их души не были готовы еще к самостоятельному подъему в духовный мир, не могли войти в контакт с Творцом и получить вечность и совершенство. Творец сам выбирал нужные Ему души, внедрял в них желание к духовному, приближал к себе и делал из них каббалистов, посылая в наш мир с определенной миссией: делать исправления, писать книги, заниматься с группой. Так было из поколения в поколение до нашего времени.

Этот период, называемый подготовительным, сменился в наше время периодом самостоятельного подъема душ снизу-вверх. Все частицы, которые некогда составляли единую душу *Адама Ришон* (Первого Человека), должны совершить весь путь по лестнице духовных ступеней от нашего мира до Творца. Этого никогда раньше не было. И поэтому исчезли каббалисты.

Мой Учитель был как бы последним из тех, кто мог вести за собой мир. На его примере я видел, что это был иной тип людей, чем сегодня, и по своему воспитанию и по всей жизни в целом. Начался этот процесс в 20-х годах двадцатого века. После Бааль Сулама и его сына Творец как бы перестал выбирать отдельных каббалистов, дав творениям толчок и стремление самостоятельно подняться над своими животными желаниями, которые Он же в них и создал.

Их количество все время растет. Период развития души в нашем мире сменился периодом развития души в мире духовном. И методика такого развития существует. Она и раньше существовала, но не работала в прежние времена, поскольку тогда души получали необходимую информацию свыше. Для нас же важна эта методика, суть которой заключается в силе выбранного окружения и группы. И, конечно, есть разница в постижении духовного прошлыми поколениями и нынешним. Закончился период столпов в Каббале и начался период масс.

Сегодня тоже есть избранники Творца, но они скрыты, никто их не знает, кроме людей, находящихся в духовном, которым это позволено. Наше же поколение обязано пройти самостоятельный путь, прикладывая усилия, которые приводят к духовному.

Усилие, которое мы прикладываем, основано на эгоистическом желании, но результат, которого достигаем, духовен. Усилие делается с целью больше ухватить ради себя, а взамен нам дают «келим дэ-ашпаа» (сосуды отдачи), как сюрприз. Но усилие должно быть достаточным как по количеству, так и качественно.

Творец дает условие, ставит перед нами цель, а мы должны своими усилиями ее достичь. Но иногда знаки Творца остаются незамеченными и непонятыми нами. Давался человеку шанс, но был упущен. К сожалению, таких людей очень много, больше, чем услышавших Творца. О них пишется, что, не вложив усилий, не жди нужного результата.

Люди, прошедшие клиническую смерть, тут же желали снова вернуться в наш мир, поняв, насколько важно своими силами достичь духовного мира, к которому они лишь чуть-чуть прикоснулись. А это возможно только в нашем мире и в эгоистическом теле.

От группы зависит многое. Даже в том случае, когда из всей группы бездельников и ленивцев только двое желают достичь духовного, эти двое могут повернуть всех остальных на правильный путь, т.к. их желание духовно и намного сильнее животных желаний. Поэтому любую группу можно исправить.

Если же таких большинство, то это — сила, которая может повести за собой всех. Тот, кто помогает группе получить ощущение важности Творца, сам приобретает его от Творца. Спрашивается, зачем же ему нужно влиять на группу, если у него прямая связь с Творцом?

Дело в том, что он не всегда находится в состоянии подъема, поэтому в моменты падения он сам нуждается в группе, которая помогала бы ему. Так все ученики взаимосвязаны и нуждаются друг в друге в тяжелые моменты.

Сверху учитывают, сколько вложено усилий именно в свободное от работы и других забот время. Далее учитывается, к чему приложено усилие, насколько это важно для Цели творения. Следующий фактор состоит в том, могу ли я, и насколько, думать о главном одновременно с необходимой работой и сожалеть о невозможности заниматься, не упуская ни малейшей возможности использовать это время на занятия Каббалой и на мысли о Творце.

Творец дает человеку определенные условия и судит его по реакции на них. Отношение Творца к нам соответствует направленности наших мыслей и действий в группе. Каждый в группе должен рассказывать о своей работе, все должно быть на виду. Это заряжает других, движет ими, придает желание тоже делать что-то ради группы. Если человек по каким-то важным причинам временно не может посещать группу, но сердце его в ней, то Творец учитывает это в том случае, насколько при каждой первой возможности человек возмещает упущенное.

2000 год

СОСТОЯНИЯ ДО МАХСОМА

Что называется творением

Бхина далет (четвертая стадия) еще не называется творением, а только *рацон* (желание). Какой же рацон называется творением? Тот, который самостоятельно просит исправления, тот, который желает быть, как Творец. Творение появляется только после рождения *Адама Ришон* (Первый человек). Сам Адам Ришон еще тоже не творение, потому что создан свыше. Просьба снизу об исправлении говорит о переходе человеком махсома. Затем, поднимаясь по 613 ступеням духовной лестницы, творение получает развитие. Все, что создано сверху, относится к врожденным свойствам — природе.

Все миры, включая Адама Ришон, были созданы Творцом согласно уровням: *домем* (неживой), *цомеах* (растительный) и *хай* (животный), которые на самом деле лишены самоощущений. Только душа способна почувствовать себя таковой: захотела стать, как Творец, и подняла об этом просьбу к Нему снизу-вверх. Она действует по желанию уровня *медабер* (говорящий), наделенного свободным выбором.

Евреи относятся к Г"Э и должны первыми начать исправление, хотя кажется, что именно они самые большие эгоисты. Все остальное человечество относится к АХАП и поэтому продолжит исправление после них, но не по собственному выбору, а вынужденно. В конечном счете, все должны прийти к состоянию единства с Творцом.

Но на каждой духовной ступеньке человек вновь и вновь проходит состояние выхода из Египта. Первый раз такое состояние испытывается при переходе из нашего мира через махсом, затем на каждой ступеньке нужно отказаться от использования *лев а-эвен* (каменное сердце), что тоже соответствует выходу из Египта, а далее идти по трем линиям.

Если мы не идем правильным путем, нам посылаются страдания. Человек чувствует себя плохо и вынужден рано или поздно искать источник своих страданий. И тогда он обращается к Творцу. Но если человек находится в хорошем состоянии, в стадии подъема и не пытается найти связь с Творцом, то он тут же падает. Все падения и прегрешения происходят именно во время подъема, когда присутствует возвышение духа. Если человек забывает при этом, от кого пришло к нему такое состояние и начинает самонаслаждаться им, думать о том, насколько оно прекрасно и не думать о дальнейшей связи с Творцом и о духовном поиске, то подъем сменяется падением.

Как во время подъема, так и при падении хорошо читать какой-то каббалистический материал. При подъеме, когда ощущается свет Творца, можно лучше понять прочитанное и увидеть дополнительную духовную глубину. При падении любая физическая работа хороша, если ее возможно совершить. Но иногда лучше переждать такой период: время сделает свое.

Все сказанное выше относится и к нашему миру, который тоже состоит из ступеней, но в материальном облачении. Конечно, мы не ощущаем эти ступени, но ощущаем смену состояний. Чтение Каббалы поможет и здесь.

Наши оценки происходящего постоянно меняются. Еще вчера я строил свои планы определенным образом. Я жил этим. Но вдруг через какое-то время все мои планы и оценки рушатся. Эти состояния нам нужны, и каждый должен пройти их. Все это внутренние изменения, смена программной дискеты перед получением души. Порой они могут ввергнуть человека в шоковое состояние, а порой даже в ощущение потери рассудка. Но затем человек становится более мудрым.

2000 год

ИЗ КНИГИ «ШАМАТИ»

(Услышанное)

Структура всей действительности представляет собой следующее: над всем сверху находится Высшая Суть, с которой у нас нет никакой связи. Через нее идет на нас влияние, называемое Творцом. А далее находится творение.

Мы знаем, что Творец создал творение с помощью 4-х свойств прямого света: Хохма, Бина, Тиферет, Малхут. Затем, чтобы привести творение, называемое Малхут, в свободное независимое состояние, Он скрыл себя от нее с помощью пяти занавесов, которые называются мирами: Адам Кадмон, Ацилут, Брия, Ецира, Асия. На последней ступени мира Асия творение чуть-чуть ощущает Творца. Под миром Асия Творец создал еще один мир, в котором творение совершенно не ощущает Творца.

Высшая Суть вообще не упоминается в книгах Торы. Она выше нашего постижения. Мы имеем отношение к Творцу, который нас создал, спустил по всем мирам-скрытиям в состояние нашего мира. В нем мы ощущаем себя, находясь в своем животном белковом теле. Ощущение того, что мы существуем, стремимся к чему-то, является нашим желанием, нашим «Я». С помощью своих пяти органов чувств мы ощущаем нашу действительность.

В нашем мире существует несколько уровней жизни: от неживого до говорящего. И ни один из них, включая нас самих, не ощущает Творца. Мы существуем на бессознательном уровне, даже не зная, что над нами находится Высшая сила, Творец, нас это не интересует, мы ничего не слышим и не видим. Мы существуем, как животные.

«Наш мир» делится на две части. В его нижней части находимся мы на бессознательном уровне, верхняя часть называется «Этот мир», в которой жизнь людей приобретает какую-то осознанность, ощущение чего-то Высшего, духовного: Творец существует, это Он нас создал, и Он же нас скрыл от Себя. А почему? Теперь мы должны бежать за Творцом, искать Его.

Как нижняя часть нашего мира, так и верхняя, в свою очередь делятся на несколько ступеней, которые скрывают человека от Творца. Чем выше ступень, тем более желает человек раскрыть для себя Творца. Он начинает искать и приходит к изучению Каббалы. Изучение Каббалы приводит ученика к ощущению того, что в нем вместе с его природой — желанием получить ради себя — есть еще Высшая искра, частица Творца, отличающая его от животного и относящаяся к духовному. Это его душа.

Если свой мир человек хорошо ощущает, то духовное для него совершенно неясно, призрачно и далеко, но желанно. В его получающие келим упала духовная частица, которая взволновала и изменила всю его сущность. Другими словами, используя каббалистические понятия: последний духовный «парцуф» — Малхут мира Асия — спустил свой АХАП, т.е. «келим дэ-кабала», в желания человека, пробудив в нем ощущение чего-то Высшего, духовного, лишив его покоя и дав желание постичь скрытое от него. Чтобы реализовать это стремление, нужна особая система, которая называется наукой Каббала.

Переход от желаний ради себя — «ло лишма» на первую духовную ступень — «лишма» называется переходом через махсом, отделяющим мир материальный от мира духовного. Чтобы пройти эту стену, нужна помощь свыше. Нет никакой другой силы в нашем мире, которая способна помочь человеку в этом, кроме Творца. Человек вкладывает усилия согласно советам каббалистов и удостаивается с помощью Творца перехода в духовное.

Сказание о переходе через *Ям Суф* (Конечное море), символизирующем переход через махсом, говорит о нем, как об особом чуде, которое немыслимо без помощи Творца. Смысл «лишма» раскрывается в духовной природе, которая нам изначально не понятна. Она существует вечно, в самом совершенном и прекрасном виде и находится выше всех наших понятий и представлений.

Благодаря Высшему возбуждению, человек меняет эгоистическую природу на духовную, начиная вечно жить в духовных мирах. И только тот, кто испытал это и ощутил вкус духовного, понимает, о чем идет речь. Бааль Сулам в «Предисловии к ТЭС» пишет о том, что для тех, кому надоело жить в эгоистическом теле, есть только один выход: «Попробуйте и убедитесь, насколько хорош Творец». Это то состояние, которое постигает человек, переходя к «лишма». Перед ним раскрывается Высший свет духовного мира.

Если же наши животные желания не согласны отдаться полностью на служение Творцу, то остается только молитва о помощи, которая является ключом к раскрытию небес и получению ответа свыше на просьбу человека о спасении. Главное — прийти к состоянию молитвы, такой молитвы, когда человек ничего не хочет, кроме как быть рабом Творца.

Диалог с Творцом

Прежде всего, Творец не нуждается в нашем раболепии. Это понятие, как и другие, требует особого разъяснения, их нельзя понять нашими эгоистическими келим. Молитва — это крик сердца, его боль. И чтобы сердце почувствовало ее, требуется особая подготовка, всевозможные вспомогательные действия, предшествующие такому состоянию сердца. Молитва — это концентрация всех предыдущих состояний, способствующих ей.

Итак, чтобы прийти к «лишма», необходима молитва, которая предваряет действия, способствующие созданию именно такой стадии желания, которая вызовет молитву.

Откуда же человек берет ту стойкость, выносливость во время процесса исправлений, которые приводят к «лишма»? Только усилия, без них это невозможно. А приложив усилия, находишь готовые келим и получаешь в них. Когда человек приходит к «лишма», он чувствует Творца. Следующим этапом является получение духовного зрения, и тогда уже человек может не только ощутить Творца, но и увидеть Его.

Во время подготовительной работы человек не может идти выше разума, т.к. это духовное действие. Но можно идти вопреки тому, что человек думает о себе, то есть прислушаться к советам каббалистов, Учителя или воспользоваться помощью группы, которая, со своей стороны, должна все время работать над повышением значения и важности для себя великих каббалистов. Только возвышая в своих глазах роль Рашби, Ари, Бааль Сулама, можно прийти к возвеличиванию Творца.

Подготовительная работа перед выходом в духовное сложна и длинна. Чем больше человек делает, тем скорее теряет силы и надежду на продвижение. Ему кажется, что результат его развития равен нулю, а состояния падения увеличиваются.

А пройдя махсом, человек уже находится в постоянном диалоге с Творцом, путь его ясен. Он идет по трем линиям: левой, правой, средней. Ему есть на кого надеяться, перед ним простирается лестница духовных ступеней, каждую из которых он проходит, получая новые эгоистические желания и исправляя их.

Каббалисты понимают «лишма», как приобретение экрана и намерения ради отдачи, то есть свойств, принадлежащих Высшему миру. Идя путем отдачи — «лишма» — человек становится, как Творец.

Выражение «смягчить сердце» означает, что эгоистические желания не имеют для человека никакого значения, он понимает, что кроме вреда, они ничего не приносят, и от них надо избавляться. Беспредельное развитие техники, технологии, науки — весь технический прогресс — разрушает мир и приводит его к страданиям и несчастьям.

И затем, чтобы прийти к вечности и совершенству, нужно исправить все наши эгоистические желания и увидеть в них зло, которое отдаляет от нас совершенство и которое надо искоренить, — и это называется «смягчить сердце». Не зря люди, которые приближаются к Каббале, чтобы потом с ее помощью пересечь махсом, становятся впоследствии духовными Учителями будущего.

С точки зрения отдачи

Нашими пятью органами чувств мы не можем постичь духовное, несмотря ни на какие технические открытия, усиливающие наши восприятия. Духовное воспринимается внутренним кли, желанием получать ради отдачи, которое называется душой или шестым органом чувств. Кроме того, в пять органов мы только получаем информацию, а ощущение животных желаний и наслаждений рождается в нашем эгоистическом сердце.

А когда появится желание отдавать, то в нем я и почувствую духовное, оно войдет свободно, ему не нужны наши животные органы чувств. И поэтому я назвал его шестым чувством. Но, естественно, оно не относится к ощущениям, никакой шестой орган не вырастает. Просто возле «каменного» сердца есть сердце «живое».

К каждому члену группы нужно относиться не с точки зрения получения, а с точки зрения отдачи группе. И согласно этому оценивать и хвалить его, оказывать ему необходимые знаки уважения и благодарности. Жизнь группы в целом должна быть важнее для каждого, чем его собственная жизнь.

Духовная жизнь группы строится исключительно на лозунге: «Возлюби ближнего, как самого себя». Вообще, неважно, что делает человек, чем интересуется, какой он веры, но если он выполняет закон любви к ближнему в своей группе, он возвышается над материальным и переходит в духовное.

Главное, работать на пользу человечества в меру своих возможностей. Но если кто-то, то ли по состоянию здоровья, то ли от нежелания не вкладывает в группу достаточно, все равно получать от группы должен одинаково с остальными. Наказание должно быть не в этом, а в отношении группы к нему. Дающий заслуживает большего уважения.

Из книги «Шамати»

Этим как бы поощряется отдача. Духовное напрямую связано с отдачей каждого группе.

Как будет выглядеть последнее поколение?

Все по-разному. Главной целью одних будет стремление к Творцу. Другие, не имея нужных келим, будут жить соответственно своему уровню. И только тот, кто истинно нуждается в духовном, получит разрешение на его постижение. Тот, кто живет материальными запросами, пусть возлюбит ближнего в своей среде настолько, насколько сможет. И настолько же он получит свое исправление.

Человеку, в котором не пробудилось желание к духовному, нельзя им заниматься. Общество тех, кто стремится к духовным мирам, должно быть довольно закрытым, со всем необходимым обеспечением внутри и решением всевозможных проблем не силой, а личным примером. А если кому-то не помогают никакие разъяснения, то от такого члена нужно избавляться, чтобы не портить остальных.

Сам человек о себе не должен заботиться, есть специально ответственные люди, которые займутся его проблемами. Как мы видим, все делается для того, чтобы подавить эгоизм. Для обычного человека такие условия могут быть невыносимыми. Остаются те, для кого идея отдачи себя другим близка и дорога, и все его мысли и действия направлены не на себя, а на ближнего. Нужно все время отталкивать от себя мысли о собственных потребностях и переводить их на товарища по группе.

Бааль Сулам писал, что, начиная с 1995 года, Каббала получит большое распространение и охватит многих желающих. И мы видим, что это происходит. Интерес к каббале растет. Человеку запрещается причинять себе телесные страдания. Другое дело — духовные страдания. Если они не находят своего решения, то переходят в молитву к Творцу, в поднятие МАН и разрешаются получением ответа свыше.

Не может быть наполнения сосуда без желания получить его. Без духовного страдания нельзя ничего достичь в духовном. И каждый член группы должен быть не только готов к ним, но и желать их, иначе у него не может быть никакой связи с Творцом. У человека может быть много вопросов, на которые он еще не получил ответа. Видимо, не пришло время. В нашем мире слабый человек берет в руки палку или оружие и ему кажется, что он становится сильнее. В духовном все совсем по-другому.

Новое общество

Мы хотим построить такое общество, которое было бы движимо одной целью: слиянием с Творцом. А наслаждение получало бы от отдачи ближнему, чтобы не было ни одного кли для животного существования. Но и для отдачи у нас еще нет келим, поэтому необходимо обратиться к Творцу. Такая молитва называется МАН и представляет собой желание получить силу отдачи.

Это главная молитва и просьба человека к Творцу. Все остальные молитвы человека с просьбой «Дай, дай, дай» не доходят до Творца. И только истинная просьба — дать силы для отдачи — находит ответ. Для этого человек должен находиться в самом критическом состоянии под «парсой» в полном отдалении от Творца. И тогда такая разбитая душа просит дать ей силы включиться в свойства «хафец хесед», то есть приобрести отдающие келим.

Эта просьба тут же воспринимается сверху и никогда не остается без ответа. Как результат этого, человек связывается с Творцом, и начинается процесс единения и слияния с Ним. Таким образом, прослеживается вся цепочка: разбитые келим, отсутствие сил, поднятие МАН (вознесение молитвы) и получение — МАД — ответа, силы АБ-САГ для исправления получающих келим и превращения их в отдающие на все 620 просьб постепенно.

Я помню, как мы с моим Учителем делали различные упражнения, чтобы хоть немного представить себе, что такое отдача и желание к ней. Для этого мы ездили на рынок, покупали огромную корзину помидоров, а затем начинали делить между членами группы...

Из книги «Шамати»

Нужно все остальные желания подчинить одному — духовному. Продвижение состоит из взлетов и падений. Не бывает света без тьмы. И между ними нужно построить правильные отношения.

Нужно проверить все, полагаясь на разум, но идти, невзирая на него, но и не противореча ему. Человек должен получить поддержку Творца в каждом совершаемом им шаге. Очень трудно находить нужный выход, но если в каждой ситуации делать анализ, то становится ясно, как поступать. Например, если горит дом, нужно не бежать из него, а найти связь с Творцом и выяснить, как поступать.

Только тогда, когда человек приобретает силы отдачи, у него может быть уверенность и гарантия во всех действиях. Нельзя сделать шаг вперед без силы, притягивающей меня к Творцу, и желания выйти из моего настоящего состояния. Бааль Сулам приводит пример с поездом, в котором один паровоз тянет, а другой толкает. Без этого нельзя сдвинуться с места. Недостаточно только одного плохого состояния, нужны еще огромное желание и сила для продвижения к Творцу. Обе эти силы должны быть равны между собой, и работать с ними нужно одновременно.

Творец создал нашу природу получающей — желание получать заложено в нас от природы — и дал нам два пути: путь Каббалы и путь страданий. Сначала человек не видит истины, но постепенно начинает понимать, что все плохое находится в нем самом и зависит от него. А Творец, в котором заключено все хорошее, невидим. И тогда внутри плохого появляется желание быть, как Он. Это желание вызвано той искрой света, которая есть в нас от Творца. Постепенно Творец во мне становится Кетером, я — Малхут, а между нами появляются 10 сфирот. Так человек строит свое кли и весь парцуф.

ПРОДВИЖЕНИЕ К ЦЕЛИ

Продвижение к цели происходит с помощью двух сил: одна — это наша природа с внутренними решимот, которые раньше или позже должны проявиться и постепенно привести нас к концу исправления, хотим мы этого или нет. И благодаря возникновению различных ситуаций, которые даются нам свыше, мы продвигаемся. А вторая — наше окружение. Каждого из нас по различным причинам бросили в нашу группу и продвигают вперед.

Решимот проявляются либо в результате страданий, подталкивающих нас сзади, либо посредством раскрывшейся перед нами цели творения, которая тянет нас вперед. Первый путь называется путем страданий. Можно стараться убегать от страданий, но они не исчезают, а накапливаются до тех пор, пока мы почувствуем удар и перейдем на второй путь — путь Каббалы, потеряв при этом «бесцельно прожитые годы». На путь Каббалы приводит нас необходимость ощутить значимость Цели творения, чтобы, избавившись от страданий, достичь ее.

По независимым от нас обстоятельствам мы вынуждены выстоять в различных ситуациях, справиться с ними. Все, что дается нам, мы должны принять, а если не хотим, то нас заставят сделать это. Человек вообще не знает, что ждет его впереди, и не догадывается о том, какие в нем есть огромные силы, позволяющие перенести любую ситуацию. Сверху нас ведут самым лучшим путем, в лучшее место и состояние.

Главное, соглашаться с тем, что подготовлено нам великими каббалистами. А тяжелые состояния в пути должны раскрываться, чтобы выяснить причины их появления, выработать к ним нужное отношение и затем исправить. Чем больше плохого раскроется перед каждым, тем прекраснее будет конечный результат.

Чем больше исправлений человек делает в одном кругообороте, тем меньше их останется в дальнейшем. Я советую группе и каждому в отдельности не скрывать всевозможные проблемы, а сразу же выяснять их. И не бойтесь, что это приведет к плохим взаимоотношениям. Все забывается. И так должно быть.

Мы каждый момент рождаемся для новых и новых состояний, а то, что было, сгорает. Открывается новая страница. Тот, кто пытается помнить прошлое и делает какие-то свои расчеты, просто безжалостно теряет время. Если человек не использует каждый новый момент для выяснения и прохождения данного состояния, он многократно увеличивает зло, которое будет намного сложнее исправить.

Поэтому не надо стесняться, необходимо выяснять все, относящееся как к группе в целом, так и к каждому в отдельности. Всегда нужно смотреть на все вещи немного со стороны, сверху: кто мы, что нам дают, что делают с нами и какова наша реакция на это. И если снова и снова дается нам плохое состояние, то это говорит о том, что мы, до сих пор хорошо продвигаясь, нуждаемся в дальнейшем развитии и готовы для этого исправить вновь полученное состояние.

Путь к получению альтруистических келим заключается исключительно во внутренней работе над самим собой, в подготовительных действиях, а не во внешних проявлениях. Следующее состояние, которое приходит к нам, мы должны любить, согласиться с ним, желать его и принять.

Если группа не удерживает цель, она распадается. Нельзя судить человека по какому-то моменту. Ситуации, как и люди, меняются. Иногда человеку приклеивают ярлык, который, как оказывается со временем, не соответствует истине. Каждый день нужно смотреть на вещи в соответствии с новым состоянием. Нам всегда показывают, что мы не способны судить по данному моменту. Но острые реакции и характеристики должны быть. Они лучше, чем безразличие.

Когда чувствуют другого, то появляется желание сделать для него что-то, разделить с ним его страдания, прожить часть его жизни, дать ему то, что он хочет. Нужно работать над взаимным единением. Когда человек отдает себя группе, он зарабатывает единение с Творцом. В человеке находится целый мир. Вне его — только Творец. Перед человеком должны раскрываться плохие вещи, чтобы исчезли перегородки, отделяющие его от Творца.

Исправление начинается с того, что объединяются все разбитые келим, которые потом раскрываются и исправляются. Чтобы исправить творение, Творец силой внедрил в него свои свойства, и от этого творение разбилось, т.е. стало еще острее чувствовать желание получить ради себя. Поэтому первым делом нужно поскорее ощутить все зло, которое в нас, не скрывая его.

Если человек испытывает страх, он тут же должен связаться с Творцом и сделать шаг навстречу тому, что ждет нас. Не делая этого, мы показываем, что действие произведено зря, и тут же будет послано гораздо более жесткое действие, которое обяжет выполнить его в страдании. Ни от чего нельзя убегать.

Нужно внедрить такие взаимоотношения в группе, чтобы каждый что-то отдал от себя, но не резко, а постепенно, чтобы почувствовать всю сложность совершения такого шага, но получить при этом толчок для обращения к Творцу за помощью в осуществлении этого действия. Легкое действие не приносит результата. Нужно совершать такие действия, при которых ты отрываешь что-то от своего сердца, когда появляется необходимость обратиться к Творцу за помощью, чтобы Он «оделся» в человека, вошел в него, и человек во всю мощь ощутил бы величие и важность Творца, без которого нельзя даже пальцем пошевелить.

Такого опыта еще никогда не было в истории, нам не у кого учиться, мы можем только пробовать, анализировать, говорить об этом и снова пробовать. А на большое желание придет ответ сверху. Если человек не просит сил у Творца, то это не называется ступенью возвышения.

Нужно делать в группе такие упражнения, которые заставляли бы нас обращаться к Творцу. Каждый должен определить для себя тот уровень сложности упражнения, при котором он смог бы обратиться к Творцу. В своем окружении мы хотим, чтобы всем было хорошо: по справедливости и честности. Поэтому каждый уплатит сегодня за ту порцию, которую он получит, и насладится исключительно этим.

Но мы хотим, чтобы наслаждение вышло за рамки материального. Поэтому начнем «продавать» и «покупать» настроение. Как можно это измерить? Ведь радость ощущается выше желания получить и не во время каких-то расчетов. Само желание получить приводит не к радости, а к моментному наслаждению. Деньги не могут привести к радости и веселью. Особенно, если мне придется платить и еще на несколько долларов больше другого. И дело вовсе не в нескольких долларов, а в том, что другому пошли на уступки. А я плачу, ничего не получая взамен.

Действие, которое выше нашей природы и выше нашего мира, называется духовным. Там действуют силы Творца, которых нет у нас. Как же нам сделать, чтобы на подобную операцию не хватало бы собственных сил? Тогда действие превратится в духовное. Без Творца действие не считается духовным. Для каждого существует свой уровень тяжести состояния, вынуждающий человека под давлением ситуации обратиться к Творцу.

Если человек сможет жить по формуле «отдавать по возможности и получать по потребности», когда нет связи между отдачей и получением, и все же есть желание отдавать, получая минимум, то он совершает духовную операцию. Это называется отдачей. Но без Творца нельзя сделать подобное.

Когда человек способен что-то сделать сам, он не нуждается в Творце. А если как-то пытается, то обманывает самого себя. Даже искусственные попытки обратиться к

Творцу вызовут сверху это состояние, и оно спустится к нам. Снизу ничего не делается. Можно только поднять наверх наше желание, чтобы получить ответ на него. Но уже то, что мы говорим об этом, может вызвать в нас объединенное желание обратиться за помощью к Творцу. Мы увидим, что без Него нельзя сдвинуться с места. Такое состояние приводит к духовности.

И ТОГДА РАСКРОЮТСЯ НЕБЕСА...

Существуют основополагающие базисные желания, которые проявляются в нас постоянно, в течение всей жизни и во всех кругооборотах. Бааль Сулам описывает все человечество как шеренгу солдат, проходящих, как в строю, свои 70-80 лет жизни, затем они умирают, снова приходят, выстраиваются в шеренгу, и все повторяется сначала. Другими словами, есть определенное число душ, хотя и очень приблизительное, которые постоянно возвращаются в этот мир, облачаются в тела, и так повторяется из поколения в поколение.

Для чего это делается? Все происходит по одной и той же схеме для того, чтобы душа (точка в сердце, желание отдавать, желание слиться с Творцом), облачившись в сердце человека (все остальные желания человека — желания получать наслаждения этого мира), в постоянном сравнении, анализе, преодолении стремилась к своему Источнику, к Творцу.

С течением времени эта точка в сердце проходит последовательно в своем развитии все уровни желаний этого мира: от животных наслаждений — к богатству, славе, знаниям. Не представляйте себе человека как биологическое тело. В течение всех поколений эта точка в сердце ведет человека по жизни, переводя его с одного уровня земных желаний на другой, более развитый. На каждом уровне происходит выяснение природы каждого желания, анализ их взаимоотношений, преодоление противоречий, иногда открытая борьба. Это длится в течение тысяч лет до тех пор, пока желание к Творцу не кристаллизируется как основное, главное, наиболее важное из всех.

Рано или поздно, но человек оказывается в состоянии, когда эта борьба прекращается, Творец приоткрывает себя, показывает, что такое Высшая сила, и человек начинает стремиться к ней. Сам Творец дает и силы на этом пути к Высшему, по сравнению с которым все остальные желания оказываются просто не актуальными.

Беспокойство души

На протяжении всей истории каждый человек проходит через это, причем сначала в неосознанной форме. Не зная, для чего он живет, не чувствуя, куда он движется, человек отрабатывает свои телесные желания: еда, секс, семья, дети, затем деньги, слава, почет, жажда знаний. У каждого все эти желания перемешаны в соотношении, свойственном только ему одному, с учетом возраста, образования, внешних условий и внутренних свойств человека. Постоянно анализируя их, он постепенно продвигается к состоянию, когда стремление к духовному становится всепоглощающим.

Бааль Сулам пишет, что это состояние приходит после очень большого числа кругооборотов. В наше время, особенно после 1995 года, приходящие души просто требуют связи с Творцом, и человек входит в очень глубокое противоречие с самим собой, противоречие между точкой в сердце, связывающей его с Творцом, и остальными желаниями, называемыми сердцем человека.

Человек оказывается в очень дискомфортном состоянии, практически разделенным на две части: тело и душу. Под телом тут имеется в виду не наше животное тело. Тело — это все наши желания ко всему, что есть в этом мире. А душа — это искра Творца в нас. Человек начинает беспокоиться, суетиться, думать, куда себя деть, с чем идентифицироваться. Этот процесс тоже длится порой десятки лет, и в каждом кругообороте человек чувствует неудовлетворенность, бессмысленность земных желаний и, умирая, ощущает полное разочарование в них, как бы окончательно решая вообще не прикасаться к ним. В следующем кругообороте все повторяется сначала, и снова возникает это ощущение тщетности существования, пока не накапливается «решимо» — память о принятом ранее решении, невыполнение которого только увеличивает страдания.

И тогда по мере отстранения от желаний этого мира увеличивается желание к духовному. Сначала эти желания равноценны, как бы находятся на одной линии. Затем человека приводят к состоянию, в котором стремление к духовному должно будет реализоваться. То есть человек своими усилиями должен увеличивать стремление к духовному за счет сокращения своих животных желаний до полного слияния с духовным желанием. Это не значит, что человек перестанет пользоваться своими материальными желаниями, но реализация их будет интересовать его лишь в той мере, в которой они обеспечивают, обслуживают его стремление к духовному.

Таким образом, действительно выйти в духовные миры мы можем лишь после того, как увеличим эту точку в сердце до ее постоянного присутствия в максимальной форме. После того, как мы в этом круговороте удостоились ощущения этих двух стремлений, и наша задача — увеличить стремление к духовному по сравнению с материальным будет выполнена окончательно, откроются небеса. **И мы обнаружим, насколько духовное является более совершенным и вечным. Этот круговорот важен именно тем, что мы проходим стадию борьбы между духовным и материальным. Все каббалисты писали и говорили о том, что все души в наше время придут к этому этапу внутренней борьбы между духовным и материальным, и действительно, тысячи людей сейчас начинают интересоваться Каббалой и продвигаться в этом направлении.**

Но как можно стремиться к духовному, если человек не знает, что это такое? Человек действительно не знает, что такое духовность, поэтому стремлением к духовности мы называем его неудовлетворенность материальным. Да, это тоже от эгоизма, а никто и не говорит, что это не так.

Это значит, что все удовольствия этого мира: еда, деньги, почет, знания, покой, дети — неважно, что именно — не отвечают стремлениям человека, он не находит себя. Ни в чем из этого списка желаний нет ему удовольствия, он лишь поддерживает свое существование. Ведь есть немало людей, жизнь которых крутится вокруг какого-то определенного вида наслаждения, например, денег.

Или человек постоянно стремится к власти, или занят поисками животных наслаждений, или новыми путями добычи денег: сводки с биржи, 24 часа в сутки его мысли крутятся вокруг этого, он не спит, не ест, готов пожертвовать другими удовольствиями ради этого, не способен думать о чем-то, что не связано с этим доминантным желанием.

В этом случае у человека ярко выражено желание к конкретной форме наслаждения, находящейся в нашем мире. Он знает, чего именно он хочет, у него в этом смысле нет проблем.

Но тот, кто начинает стремиться к духовному, не находит вокруг себя ничего достойного, нет в этом мире того, что ему хочется, кругом темнота, сплошное разочарование. Речь не о том, что ему трудно найти или он не может этого достичь — просто нечего искать, в этом мире нет ему ответа. Это и называется стремлением к духовному. И в наше время все уже созрело — и с внешней и с внутренней стороны — и проявляется все сильнее и явственнее.

Есть наслаждение, но нет кли

Стремление к духовному не приходит в одеяниях этого мира. Стремление к духовному ощущается в точке внутри сердца, испытывающей свечение сверху. Этот окружающий свет не имеет никакой материальной оболочки, никакой определенной формы, но человек понимает, что есть удовольствие, на которое его пять органов чувств не способны отреагировать, что-то большое и значительное, что может его наполнить и удовлетворить, но его органы чувств беспомощны в этом. Вопрос, каким способом этот свет принять, какими органами его ощутить и удержать — когда есть наслаждение, но нет кли?

Точка в сердце — это зародыш нашего будущего духовного органа, духовного сосуда, который пока еще не имеет экрана. Ведь окружающий свет может войти лишь в духовный сосуд, имеющий экран, поэтому он и светит нам снаружи, как бы обволакивает нас со всех сторон, и мы его чувствуем неосознанно, неявно.

Иногда человек ощущает этот свет довольно близко, совсем рядом с собой, и его жизнь наполняется смыслом — стремлением к этому свету. Это состояние называется *гилуй паним* (раскрытие лица). А иногда этот свет находится достаточно далеко от человека, и наступает спад и разочарование — это состояние *ахораим* (обратная сторона). Это тоже является ощущением света, но только его обратной стороны.

Люди, испытывающие эти состояния, продвигаются в духовном процессе, они чувствуют смену этих состояний. Тот, кто не испытывает подъемов и спадов, — он вне этого процесса, он пребывает в своем обычном животном состоянии.

После махсома любые желания, в том числе и материальные, присоединяются посредством экрана к желаниям с намерением отдавать. Человек может, например, есть кусок мяса ради отдачи, используя наслаждение ради отдачи. Есть в этом нюансы, но в целом, любое желание, вплоть до самого животного, можно сделать желанием на отдачу.

И если вся жизнь человека меняется и переорганизовывается относительно центрального желания к духовному, то все поступки, которые он совершает в этом мире, имеют именно это назначение — придать каждому желанию намерение отдачи.

Затем, когда человек приобретает экран на каждое свое желание, он работает с этими желаниями соответствующим образом. Ни одно желание не теряется, наоборот, они становятся более глубокими, насыщенными, приобретают другой, духовный смысл, например: уважение становится уважением к Творцу, деньги — *кесеф* — становятся *кисуфа* (особенные экраны), знания — постижением Творца.

Ничего нового Творец не создает, он лишь приоткрывает себя, и под влиянием Его света желания человека как бы разбухают, приобретают дополнительный духовный смысл. Осознавая важность Творца, человек начинает использовать свои желания по-другому.

Основные желания, пока человек находится в этом мире, не исчезают. Мой Учитель очень любил то, что готовила моя жена. Он знал в этом толк и мог объяснить каждый вкус, а это был человек, находившийся на очень высокой духовной ступени. Он просто использовал все эти страсти по-другому.

Мы должны понять, что нет иного удовольствия, кроме света, и иного желания, кроме сосуда, т.е. есть Творец и творение. Творение по мере приближения к Творцу начинает получать удовольствие непосредственно из Источника, от ощущения Творца (когда я беру кусок мяса и чувствую Источник наслаждения — мое наслаждение от этого превращается в нечто другое), а не только от той «мясной» оболочки, в которую этот свет облачен. Это удовольствие значительно больше.

Например, вы получаете подарок, который доставляет вам определенное удовольствие. Если, получая этот подарок, вы, кроме него самого, оцениваете дающего, его любовь и уважение к вам, его внимание, которое дающий хотел выразить вам этим действием, то удовольствие может оказаться в миллиарды раз больше. То же самое человек начинает чувствовать во всем, что Творец ему открывает. Открывается Дающий.

Я помню, как мой Учитель мог наслаждаться обычной едой, как вообще он старался во всем почувствовать вкус. Я был тогда очень молодым и не до конца понимал, что человек просто обязан наслаждаться, искать во всем духовное наслаждение.

Состояния, которые мы проходим

Человек, находящийся в состоянии разочарования, отсутствия света, «ахораим» (обратная сторона), знает, что есть Творец, но в данный момент Он отталкивает человека (тут есть как бы два состояния), как бы отдаляется, отворачивается от него, пренебрегает им, и тогда человек сердится, гневается, требует к себе достойного отношения: я ли не прикладывал усилия, не трудился на Тебя, почему я не получаю достойной награды?! Это состояние требования. Своеобразная, хоть и отрицательная, но все-таки — связь.

Возможна и положительная связь, состояние «страдания любви», когда человек вроде бы хочет связи, но Творец невероятно далек, и если человек не увеличит свои усилия, свое желание к Творцу, свое стремление приблизиться к Нему, то эта связь может вообще прерваться, как будто нет Творца совсем, это даже не состояние ахораим.

Человек возвращается в свое животное состояние, и тяга к духовному исчезает из его сердца. На какой период времени? Это зависит от окружения. Если человек находится в группе, он должен приходить на лекции, где все вокруг напоминают ему об этом, стыд перед товарищами — все это быстро возвращает человека к духовному. Если он не находится в таком окружении, где все стремятся к духовному, такой период может растянуться на годы.

Вот недавно вернулся парень, который приходил на занятия около пяти лет назад. Вообще на этой неделе многие вернулись — это особенная примета. У моего Учителя тоже были такие случаи. Иногда звонят после года, двух, пяти лет отсутствия, и говорят: «Может быть, Вы не помните меня, я был тогда-то на занятиях...». Конечно, помню, ведь приходит человек, постаревший на пять лет, но в духовном не изменившийся абсолютно, как будто вышел 5 минут назад и вернулся. Я не чувствую никакого перерыва, это только он сам мне говорит, что прошло столько лет, так как все эти годы прошли в животном состоянии.

Все в итоге зависит от окружения, которое человек строит для себя, и в такие периоды оно вернет человека силовыми методами к духовности, вопреки его отдалению, падению, разочарованиям. Иначе человек может быть отброшен назад на многие годы, и его возвращение зависит лишь от милосердия Творца.

Падения ради подъема

Те падения, которые человек испытывает в процессе своей учебы и продвижения, ему посылаются свыше целенаправленно, чтобы он увеличил свои усилия. Мы говорили о пяти уровнях желаний этого мира и желании к духовному, и для того, чтобы желание к духовному постоянно увеличивалось, и даются человеку ощущения падения, возрастание в нем тяги к земным наслаждениям, чтобы в преодолении этих преград усиливалось его стремление к духовному.

Только человек начинает что-то учить, искать Творца, как все остальные его желания начинают сопротивляться этому, усиливают свое влияние, а если этого не происходит, значит, ждите — произойдет в ближайшем будущем. Обязательно придут желания к деньгам, к славе, к знаниям, к покою — все это, как духовное падение, — поэтому мы должны построить сильное окружение, которое удержит нас в своих рамках в такие моменты, и это не зависит от того, на каком духовном уровне находится человек.

Пока человек живет в этом мире, он терпит неудачи в разных «одеяниях». Этот маршрут необходим, все время усиливаются противостояния — одно против другого, и работа человека — в усилении стремления к Творцу. Человек может быть очень большим, но если нет рядом Учителя, группы, ничто не поможет ему. Группа должна быть очень сильна и жестка в этом смысле, иначе человек упадет, и ничто ему не поможет, он пойдет путем страданий, а не путем Каббалы.

В группе такой опасности нет, мы видим эти вещи, много говорим об этом, открыто учимся на таких ситуациях, видим состояние каждого из учеников. В группе все очень открыто, мы знаем даже распорядок дня каждого (это не относится к женщинам).

Если кто-то не пришел утром на урок — сразу звонят ему, если не выполнил что-то вечером из своих обязанностей — всем известно об этом. Сейчас мы обязуем каждого иметь в машине или рядом с собой магнитофон для прослушивания кассет с лекциями. Это не значит, что конкретный ученик не испытывает падений, ведь за их счет он увеличивает свое стремление к духовному, но преодоление таких состояний происходит значительно быстрее.

- **Вопрос: Чем человек должен руководствоваться в своей работе, чтобы ускорить процесс продвижения?**

Человек не знает, что ему суждено пройти, и сколько падений и подъемов он должен пережить. Пока мы не вышли в духовные миры, на нас действуют разнообразные силы, заставляющие нас поступать так или иначе, и пока не пройдет человек все испытания в соответствии с корнем своей души, пока не наполнится его копилка, не откроется ему истина Творца. Поэтому окружение должно помочь в этом, и чем более жестким, я бы сказал, более жестоким, будет его влияние, давление — как в худшую, так и в лучшую сторону — тем полезнее человеку.

- **Вопрос: О чем я могу просить в своей молитве, чтобы получить ответ на нее, и почему не все молитвы удостаиваются ответа?**

Человек устроен так, что он находится внутри Творца, в конце исправления, в состоянии самом хорошем и совершенном.

Однако существует 6 000 экранов, которые скрывают от нас Творца, и мы должны их постепенно, один за другим, снимать. Приобретая экран на очередное свое желание, мы отменяем действие на нас экрана, скрывающего Творца. Посредством этого действия мы поднимаемся еще на одну ступень, экран за экраном. По мере приобретения своих экранов, то есть исправления своих желаний, мы уменьшаем число экранов между собой и Творцом. Так мы продвигаемся, приближаясь к Нему.

В итоге, у меня есть 6 000 экранов, а Творец не скрыт от меня ни одним сокрытием. Я защищаю себя тем, что закрываю себя, свое желание получать от Него. Всегда есть экраны между мной и Творцом. Эти экраны, поставленные Им относительно меня, называются скрывающими экранами. Так как я строю экран на желание получать и тем самым превращаю это желание в средство обнаружения

Творца, то мои экраны называются раскрывающими. Они постепенно заменяют экраны, скрывающие Творца. Экран, который выставил Творец, скрывает Его от меня, экран, который я выстроил на свое желание получать — раскрывает Его для меня.

Приведу пример. Если бы мне было плохо от звука, приходящего извне, я бы его просто не чувствовал. Но в то время как я устанавливаю, что он хорош, в определенной мере являясь тонким и исправленным, то в этой же мере я реагирую на него, начинаю слышать. То есть без экрана невозможно. И когда это «хорошо» делает Творец, я ничего не слышу, а когда делаю я сам, тогда я начинаю слышать то, что приходит от Него.

На какую молитву отвечает Творец

Мы находимся в своем окончательном исправленном состоянии внутри Творца. Если мы чувствуем себя иначе — страдаем, болеем, умираем, то только из-за того, что экраны скрывают от нас Творца и наше полное слияние с Ним. Эти экраны существуют лишь относительно нас. Поэтому молитва, наше обращение к Творцу достигает Его. И неважно, кто это: абсолютный атеист, какой-то большой человек или младенец. Моя связь с Ним постоянна. А чувствую ли я Его или нет — это уже нечто другое. Насколько эта просьба эффективна? Она эффективна лишь в той мере, в какой я прошу о полезной, хорошей и истинной для меня вещи.

Что называется истинной просьбой? Это просьба об открытии моей связи с Творцом, та просьба, которая усиливает мою связь с Ним, которая позволит создать вместо экрана, выставленного Творцом, свой собственный экран на собственный эгоизм. Такая молитва получает немедленный ответ. И эта молитва называется подъемом МАН.

- **Вопрос: Как же узнать, какая именно просьба будет для меня истинной?**

Человек не может просить в молитве об экране, о желании отдавать, необходимости в котором он не испытывает. Молитва — это работа в сердце. Необходимо работать над тем, чтобы сердце действительно почувствовало, что ему не хватает, и какой именно истинной просьбы ему должно не хватать. Речь идет не о сиюминутных желаниях, когда человеку кажется, что ему необходимо наполниться тем, в чем, на самом деле, нет никакого смысла, а только манит временное наслаждение.

Нужно подготовить сердце к этой истинной просьбе, а не просить о каком-то временном наполнении. Настоящая молитва — в подготовке к ней, она зависит от того, в какой степени мы приближаем себя к истинному желанию, настоящей просьбе.

Истинное желание человек не может приобрести сам по себе, как говорится в статье «Свобода воли», а лишь оказавшись в соответствующем окружении. Он не в состоянии изменить в себе никакие данные от природы качества и желания. Человек не может сам изменить свою духовную структуру, чтобы затем она воздействовала на него. Из всех возможных вариантов есть у него только один: изменить свое окружение так, чтобы оно заранее известным, целенаправленным образом изменило его в заведомо намеченном направлении.

Бааль Сулам говорил, что все зависит от того, в какое общество человек себя помещает, и лишь от этого зависит, что с ним произойдет. Поэтому нам необходимо построить такое общество, которое даст нам определенные желания, даже желания самые фантастичные, о которых я и мечтать не мог. Я должен подставить себя под влияние общества, чтобы оно «промывало» мне мозги так, чтобы я захотел то, что нужно. Так человек устроен.

Каждый может вспомнить примеры из своего жизненного опыта, как под влиянием окружения человек начинает менять свои взгляды, какие-то из них приобретают большую важность, какие-то уходят на второй план в зависимости от того, что принято в этом сообществе людей. Поэтому первостепенную важность приобретает проблема выбора своего окружения. Нет ничего важнее этого.

А если человек не изменяется под влиянием окружения — это признак его невовлеченности, он недостаточно активно участвует в жизни этого общества. Возможно, он присутствует, находится внутри этого общества, но его участие пассивно, он не влился в жизнь коллектива, не прислушивается к мнению окружающих его людей, коллективные цели недостаточно значимы в его глазах. Человек должен ощущать важность тех людей, которые его окружают. Так это работает — меньший учится у большего, получает от него силы продвигаться, всегда надо быть готовым чувствовать себя ребенком среди взрослых.

Если же человек приходит в коллектив с ощущением своего превосходства, с уверенностью, что знает больше других, то он смотрит на всех свысока, критически, осуждающе. Такой человек может сидеть и десять лет на занятиях и не продвинуться ни на йоту только лишь потому, что не организовал правильное отношение к группе, к окружению. И хотя по форме он вроде бы находится в группе, но по сути он — вне ее. И есть такие, как ни прискорбно. Но что не сделает его разум, несмотря на то, что он большой, сделает время. Да и Творец «поможет» — проблемами на работе, в семье, чтобы было легче задуматься и спросить: почему жизнь такова и нет мне никакой радости ни от чего?

- **Вопрос: Что может сделать общая молитва всей группы?**

Общая молитва группы с истинными намерениями способна сделать большие исправления, и нет никакого сомнения в том, что такая молитва будет принята немедленно. Общее желание группы способно сделать все. Например, мы обсуждаем утром какие-то события, произошедшие в стране, и ясно мне, что нужно делать, чтобы предотвратить их дальнейшее нежелательное развитие. И после того, как мы несколько часов посвящаем обсуждению этой проблемы, заметно становится, как наша молитва, наша учеба меняет русло, в котором развиваются события, и как их внешние проявления становятся более сбалансированными и уравновешенными.

- **Вопрос: Можно ли молиться о личном, о здоровье, о детях и т.д.?**

Да. Человек молится о том, чего действительно не хватает лично ему, но главное, он должен подготовиться к этой молитве. Подумать, к кому он ее обращает, кто тот, от которого он ждет помощи, и что человек хочет, чтобы тот почувствовал во время его молитвы. Допустим, вам дано полчаса на то, чтобы изложить свои просьбы тому, кто готов выслушать и помочь вам в этом. Для этого нужно очень хорошо взвесить, проанализировать свои просьбы, в сущности, просмотреть всю свою жизнь, что в ней важно, что менее важно, составить своеобразную систему жизненных приоритетов. Необходимо взвесить саму просьбу, действительно ли она мне во благо, не будет ли она во вред или за счет кого-то другого.

Другими словами, перед такой встречей нужно пересмотреть всю свою суть, направленность мыслей, желаний, интересов, и эта подготовка к встрече, к молитве и есть сама молитва, поскольку после этой внутренней работы не останется темных пятен, сомнений, ответ приходит в процессе анализа, и постепенно становится ясно и понятно, что нужно делать. Сам процесс подготовки — это молитва — выстраивает внутренние келим, сосуды, постепенно подводя человека к ощущению ясности, к ощущению правильного ответа.

Наша проблема в том, что мы кричим, но крик наш неосмыслен, не продуман, не проанализирована причина крика, и потому не организованы правильным образом наши уши, чтобы услышать, наши глаза, чтобы увидеть, а наше сердце — почувствовать этот ответ. При правильной внутренней организации и соответствующей молитве человек получает ответ без задержки, он начинает видеть то, что раньше было от него скрыто, возникают новые причинно-следственные связи в контексте его просьбы, новые аспекты его состояния. Он чувствует, каким образом он должен отнестись к этому, какова должна быть его реакция на происходящее.

Без радости и приподнятого настроения на уроках все может начать развиваться в обратную сторону. Радость — это то, что оживляет человека.

Она придает жизненные силы, вносит смысл и наполняет жизнь счастьем. От критики много сил не получишь, и видно по человеку, откуда он черпает свои силы. Иногда встречаются люди, которые будто бы несут на своих плечах тяжкое бремя, великую ношу, страдающие за все человечество, и такой подход абсолютно противоположен тому, который должен быть на самом деле. Тяжелые моменты могут быть, и они бывают у каждого, но как постоянное ощущение — этого допускать нельзя. Это и на мгновение не должно считаться направлением группы. Это полностью исключено.

Я часто вижу на утренних уроках нерадостных учеников и могу понять усталость, но не грусть. Иногда бывает достаточно поспать 5-10 минут и после этого совершенно другое ощущение — бодрости, нового прилива сил. Моему Учителю и двух минут хватало, чтобы он сказал: «Как хорошо я поспал!». Главное — прервать мыслительный процесс, сделать паузу. Можно послушать музыку, потанцевать.

У меня около кровати лежит книга «Услышанное» и книга анекдотов, которую я читаю одну-две минуты. Это хорошо прерывает мысль. И снова ты возвращаешься к той же мысли — «Добр и творит добро» и «Нет иного, кроме Него».

УКАЗАНИЯ ТВОРЦА

Что такое «Шхина»?

Это взаимообратные отношения как со стороны человека к Творцу, так и со стороны Творца к человеку. Творец «вырисовывается» внутри ощущений человека. «Шхина» — это термин, которым каббалисты обозначают отношения между Творцом и творением.

Все то, что мешает человеку почувствовать Творца и приблизиться к Нему, а также все то, что происходит вокруг (тревоги, страдания, неприятности от окружающих — все, что ощущается в сердце или разуме), — все это помехи, посылаемые «сверху» Творцом, называющиеся *ораа* (указание).

Если человек к ним относится действительно как к указанию, с тем чтобы их преодолеть, то он приходит к связи с Творцом, называемой *бия*. И если в эту связь он привносит всю свою страсть, все свои силы, свою скорость, бывшую ранее, когда он еще был отключен от Творца и не мог достичь с Ним связи, то тогда считается, что он попал в правильную точку, точку духовной связи.

Человеку кажется, что таких точек может быть много, целое поле, что это может быть и в любви, и в хороших отношениях... У нас нет точного определения точки, через которую я мог бы войти в духовное и слиться с Ним, а также через которую Он был бы связан со мной. Именно с помощью указаний по исправлению направлений (как и в случае, когда мы запускаем ракету или самолет), работая над ними, мы корректируем свое направление.

Что нам надо, чтобы верно направить самолет к цели? Знать ошибку траектории, степень отклонения от выбранного направления полета, чтобы каждый раз его корректировать. Если же у нас нет сведений об изменении направления, то мы не знаем, правильно ли мы летим.

В нашем случае нам необходима информация о двух параметрах: о цели и о нашем положении относительно ее. И неважно, на каком расстоянии и с какой стороны от цели мы находимся. Важно лишь знать погрешность нашего положения.

Скажем, мы находимся в отдалении от Творца, то есть в не совсем правильном месте. Творец такой большой, а я, находясь в Его поле зрения, могу связаться с Ним, с тем корнем, из которого вышла моя душа, только из моей точки. Вернуться в свой духовный корень я могу только с помощью Его указаний и исправления моих ошибок.

Всякий раз, когда я получаю удар или впадаю в отчаяние, или когда у меня просто плохое состояние (неважно, в каком виде), тем самым мне показывают степень (угол) отклонения от правильной цели. И если я связываюсь с Ним изо всех сил, несмотря на эту помеху, то считается, что я исправляю направление.

И снова передо мной встает препятствие, то есть обнаруживается смещение от правильного направления в другую сторону. И опять я должен, определяя степень отклонения от цели, с ее помощью исправить себя, оставаясь связанным с Ним на сто процентов, несмотря на эту помеху.

И так я все время должен исправлять свои ошибки в движении к цели, приближаясь к Творцу все ближе от ошибки к ошибке, до тех пор, пока правильность моего движения при всех этих отклонениях от пути не станет достаточной, чтобы связаться с Ним. И тогда это будет называться, что я попал в цель. Для этого должны быть соблюдены три параметра: «в том месте, в то время, в ту женщину» (см. статью «Плоды Мудрости. Письма», письмо со стр. 70). Соединение этих трех параметров вместе возможно только с помощью ораот, то есть указаний Творца.

Указания Творца

- **Вопрос: Как можно идти прямо к Творцу, если мы противоположны Ему?**

Если я хочу противоположного Творцу на сто процентов, если я даже не знаю, что значит эта абсолютная противоположность, то как идти прямо? Идти прямо — это значит, что всякий раз, когда просыпается во мне какое-то желание, или мысль, или чувство, отделяющие меня от Творца, мешающие мне быть в стопроцентной связи с Ним, я исправляю эту связь, несмотря на вставшую предо мной помеху. Тогда это называется «идти прямой дорогой».

- **Вопрос: Что значит «помеха»?**

Помеха — это мое неисправленное желание. Если я чувствую помеху на пути к Творцу, но, несмотря на это, продолжаю укреплять связь с Творцом, то это признак того, что я исправляю ее. И если я связываюсь с Творцом, несмотря на эту помеху, то это означает, что я иду в правой линии.

И если исправлены вместе правая и левая линии, а левая линия при этом помогает быть в еще большей связи с Ним, то это называется средней линией или поднятием на следующую ступень. Поэтому в мере влияния на меня помехи усиливается и моя связь с Творцом. Это означает идти прямо.

Если мы будем так относиться ко всему, что происходит с нами в жизни, то это будет на 100 % верно и эффективно в смысле нашего продвижения. Неважно, что у нас нет истинного ощущения Творца. Мы можем представлять это себе совершенно по-разному, находясь под влиянием нашего самого необузданного воображения, когда нет у нас никакого понятия, кто Он такой.

Начни представлять себе кого-то, кто посылает тебе все это плохое. Начни с этого, т.к. это наиболее правильно. Ведь если тебе плохо сейчас, то здесь хотя бы ясно, что это от Него. Начни об этом думать и ты почувствуешь, насколько это состояние станет «слаще». Ведь все помехи — от Творца.

Помеха — это то, что в какой-то форме уменьшает твою предшествующую связь с Творцом. Или же таким путем тебя пробуждают «сверху» в том случае, когда нет еще у тебя с Ним связи. Помеха — это все то, что есть в твоих чувствах, в твоем понимании, *бэ моха вэ-либа* (в разуме и сердце), все то, что может служить информацией об отрицании Творца.

Мы не можем сказать о человеке, которому просто плохо, что то, что с ним происходит, — это помеха. Необходимо, чтобы вместе с помехой пришло бы также и осознание того, что все это от Творца. Когда человеку плохо, и вместе с тем у него есть мысль о том, что это состояние пришло от Него, только тогда это плохое действительно превращается в помеху.

С этого момента человек должен подумать о том, для чего ему все это послано, ведь, несмотря на помеху, он должен связаться с Творцом. И тогда человек начинает работать над этой проблемой.

В отношениях с Творцом могут быть самые различные состояния. Есть и такие, которые выглядят совершенно не связанными с Ним. Есть также и такие, когда мы чувствуем, что Он посылает нам их специально, причем только для того, чтобы мы потеряли с Ним связь.

Существуют четыре стадии прямого света. От Творца исходит свет, который строит *кли* (сосуд), называемый *бхина Алеф* (первая стадия). Кли при этом хочет насладиться от света, создавшего его. Свет — это наслаждение, строящее для себя желание, точно соответствующее этому наслаждению, т.е. желание, которое удовлетворяется именно этим наслаждением.

В той форме, в которой Творец создал кли, оно выглядит вроде бы совершенным. Оно хочет именно того, что Творец желает ему дать. И ничего более ему не надо. В такой форме в нашем мире находятся *домем* (неживое), *цомеах* (растительное), *хай* (животное) и *медабер* (говорящее — человек), которых мы видим на улице. Есть желание, и есть человек, который хочет, чтобы его желание наполнили.

Мы изучаем, как бхина Алеф, после того, как получила наполнение, то есть наполнилась наслаждением, ощутила, что ее состояние — это и есть то, чего она хотела. Но она также начинает чувствовать внутри этого наполнения, что оно пришло из *бхинат Шореш* (духовный корень). Поскольку эта стадия — замысел Творца насладить творения, то она и есть Творец.

Бхина Алеф начинает чувствовать, что существует она, которая наслаждается, и что есть Хозяин, который дает ей наслаждения, создавший ее. И тогда картина начинает «портиться». Ведь если передо мной стоит еда и присутствует Хозяин, то я уже не могу просто так взять еду, не обращая на Него внимания. Его присутствие «портит» мне жизнь.

И до такой степени бхина Алеф начинает чувствовать Хозяина, Дающего, что ощущает, что Он хочет дать, что у Него только одна мысль — сделать ей хорошее. И она до такой степени проникается этим чувством, что предпочитает быть, как и Он, только дающей, то есть хочет быть похожей на Него. И когда она это осуществляет, то превращается в *бхину Бет* (во вторую стадию) — в Бину.

Мы видим, что если человек чувствует только наслаждение или его отсутствие, то это не может его подтолкнуть ни к чему иному, кроме как смеяться или плакать. Но если он чувствует Дающего наслаждение, это изменяет внутри него свойство получать на свойство отдавать.

С нами в этом мире происходит то же самое. Мы развиваемся в течение тысячелетий (точнее, 6 тысяч лет), как животные, которые чувствуют только или хорошее, или плохое, не связывая ни то, ни другое с Творцом. А теперь, кроме «хорошо или плохо», которое приходит в наши 5 органов чувств, мы начинаем ощущать еще и «шестое чувство».

Что значит «шестое чувство»

Это чувство, которым я ощущаю Его присутствие. С этого момента вся картина начинает изменяться. Все зависит от того, что я предпочитаю: либо чувствовать Его, и при этом мои 5 органов чувств направлены не на собственные ощущения, а на укрепление связи с Творцом, либо я нуждаюсь в Нем только для того, чтобы Он наполнил мои желания. Данный выбор зависит от моей подготовки, от того, есть ли у меня группа, Учитель.

Если я ощущаю это шестое чувство, равно как и то, что оно пришло ко мне от Творца, который начинает показывать мне Свое присутствие, тогда у меня появляется особое отношение к моим обычным 5-ти органам чувств. Он делает так, чтобы мне было плохо в моих 5-ти чувствах. Если я осознаю, что это от Него, то мне уже лучше, — это уже «подслащение». Это первое.

Затем я могу подняться на следующую ступень. Но не для того, чтобы мне было хорошо в моих 5-ти чувствах, чтобы я не чувствовал страха, чтобы была у меня уверенность, чтобы приятно себя чувствовать, чтобы была вера, что все закончится хорошо. Нет, Он мне нужен не для этого.

Я хочу быть в связи с Ним больше, чем с моими 5-ю органами чувств. Я хочу над ними подняться, чтобы мое отношение к Творцу не зависело от моих животных ощущений. Я начинаю желать чувствовать только Его и совершенно не принимать во внимание мои 5 органов чувств. Это означает, что я хочу сделать сокращение.

Неважно, чувствую я себя хорошо или плохо. Главное, что я чувствую Его. Хотя и тут есть много неясностей, например: для чего мне это нужно, т.к. возможно, что я и тут захочу только наслаждаться, чувствовать себя хорошо и приятно. А затем я достигаю такого использования 5-ти органов чувств, при котором хотя и чувствую себя в них плохо, но не убегаю от этого, а строю связь, отношения с Ним.

Несмотря на то, что я чувствую себя плохо, понимание того, что это состояние пришло от Него, помогает мне не только «подсластить» и «оправдать» его, но и начать использовать Его указания для большей связи с Ним.

Все начинается с того, что человек чувствует две вещи: с одной стороны, это пять чувств, как у всех животных, с другой — шестое чувство, называемое «начало человека». Если у него нет этого шестого чувства (некоторое присутствие Творца), то тут, как говорится, «не с кем разговаривать».

Такой человек находится в состоянии, похожем на состояние первой стадии. Если же человек чувствует присутствие Хозяина, то он уже находится в конце первой стадии или в начале второй, постепенно начиная приобретать свойства Бины, свойства Творца. А окончательно приобретать свойства Творца человек начинает с того мгновения, когда Он открывается, пусть даже немного, в мыслях человека.

Когда появляется мысль, что нечто пришло от Него, то это уже не двойное, а простое сокрытие. С этого момента в человеке уже начинает отпечатываться понимание того, что он получает от Творца. И это уже является в какой-то степени исправлением, о котором мы просим Творца в разных формах, типа: «сделай так, чтобы этого у меня не было, убери это от меня». Но даже и такое обращение — это все-таки обращение к Источнику. С помощью учебы мы притягиваем к себе окружающий свет, который и развивает нашу «точку в сердце».

Сказано: «Вкусите, и тогда убедитесь, как добр Творец». Но «вкусить» мы должны именно «ртом», то есть анализатором вкусовых качеств. Рот — это самый надежный инструмент. Посмотрите на детей: им не надо видеть, ведь у них все определения производятся во рту. А взрослые этим уже почти не пользуются.

Всякий раз должна быть подготовка сверху. За то, что ты поработал на кухне или сделал что-то с друзьями, выучил что-то сам, вообще сделал что-то — за все Творец платит тебе, то есть дает почувствовать свое присутствие. И это помимо того, что ты чувствуешь и этот мир тоже.

В тот момент, когда во мне пробуждается мысль, что причиной моего состояния является Он, даже если я ничего не делаю, я уже чувствую себя лучше, то есть мое состояние уже в чем-то исправлено. Таким образом, данная ситуация уже вызвана не мной или кем-то вокруг меня, а тем, Кто является причиной всего, породивший и меня, и все то, что со мной происходит.

И если человек понимает, что Творец является причиной его состояния, то он инстинктивно оправдывает Его в том, что и в этом состоянии есть связь с правильной целью.

И от осознания этого факта человек успокаивается по поводу своего настоящего состояния. И тогда он начинает постоянно нуждаться в Творце, чтобы Он не исчезал из его поля зрения. А иначе будет, как написано в *Теилим* (Псалмах): «Когда сокрыл Ты лик Свой от меня — в испуге я стал пребывать». Когда исчезает Творец, человек чувствует только этот мир, и им овладевает страх. Этот страх — от потери почвы под ногами, от потери уверенности. Нужно просить Творца, чтобы был всегда со мной, чтобы не исчезал, что Он мне нужен, что без Него нет у меня уверенности и ничего хорошего.

Если же я чувствую присутствие Творца, неважно мне тогда, что что-то будет плохо, потому что вижу, что все это приходит вместе с Творцом. И от этого мне хорошо. Нужно начать видеть в плохом что-то хорошее. Думать, почему Он мне это посылает, ведь это дает мне плохое ощущение, точно показывая мне мои отрицательные качества, которые я должен исправить.

Таким образом, мое неисправленное желание, увеличиваясь, начинает чувствовать свет в противоположной форме. Почему я чувствую себя плохо? Все состояния отчаяния — это мои ошибки, отклонения от правильного направления. Как только я признал пользу того, что Он мне открывается таким образом, мне стало легче с моим злом.

После этого я должен начать исследовать мое зло. Я должен начать этим заниматься и сделать так, чтобы улучшить свое состояние. Как я могу это сделать? Легко сказать, но тяжело выполнить. На самом же деле я не должен ничего с этим делать. Несмотря на то, что чувствую себя ужасно, я должен не бежать от этого, а возобновлять все время связь с Творцом.

И тогда все отрицательное, каждое плохое и темное «пятно» должно стать рычагом для построения связи с Творцом. Тогда оно наполнится исправлением. А потом можно будет с ним работать. С одним и тем же отрицательным качеством можно произвести много действий.

Человек должен постоянно думать о том, что все, что есть у него внутри, пришло к нему от Творца. Тут достаточно даже одной мимолетной мысли. И если человек прилагает усилие, чтобы удержать эту мысль, несмотря на то, что его все время путают с помощью всяких посторонних мыслей, то оказывается, что человек работает в правильной точке, в правильном направлении.

Проблема в том, как быть, когда это ощущение у человека исчезает. Пока оно не исчезло, он продолжает работать внутри этой точки. А когда исчезло? Я писал у себя в комнате, в машине, в разных местах одну и ту же фразу: «Нет иного, кроме Него». Но написанного не было передо мной, когда, например, я вел машину. Невозможно это написать так, чтобы было все время перед глазами.

Нужны постоянные средства поддержки, какой-то «будильник». В этом помогает группа, товарищи, работа по распространению. Можно организовать много таких «уловок-напоминаний». Усилием человека считается действие, которое он делает заранее, боясь потерять связь с Творцом. Это помогает ему действительно не потерять ее.

А если даже и теряется связь при этом, то только на мгновение. Иногда ты что-то слушаешь, но оно не доходит, не достигает твоего «уха». Но надо в любом случае продолжать делать это, готовя себя к тому, чтобы услышать.

Вы думаете, что это очень короткий и простой путь? Шесть тысячелетий души проходят по нему, находясь на животном уровне. И все только для того, чтобы приблизиться к раскрытию точки в сердце. После этого проходит еще 20-30 лет существования с точкой в сердце. Только потом достигают души настоящих исправлений, вплоть до конечного исправления.

Период, который мы переживаем сейчас, называется временем подготовки: он тоже требует нескольких лет. И в нем есть много нюансов. Каждый должен пройти его своим способом, у каждого есть личная задача на пути от точки, в которой он находится сейчас, и до конечного исправления. У каждого свой путь, включающий в себя определенное количество ступеней.

Перепрыгнуть же через несколько ступеней сразу вверх не может никто. Ты должен пройти каждую из них отдельно, шаг за шагом. Что значит «шаг»? Левой — правой, левой — правой. И в наших ощущениях на этом пути заключен весь мир.

- **Вопрос: Как можно ускорить этот темп?**

Только с помощью подготовки. Если я нахожусь в каком-то месте, где существует инструкция для продвижения, а вместе с ней и определенное раскрытие Творца, то я работаю в соответствии с теми данными, которые у меня есть. Имея эти два условия, моя реакция на них происходит автоматически: хочу я того или нет, но реагирую я при этом определенным образом.

Но как сделать так, чтобы моя реакция была более быстрой? Наша работа происходит в тот момент, когда к нам что-то приходит. А заключается она в том, чтобы правильно подготовить себя. Работа против каких-то сил не помогает. Мы не должны себе представлять, как придет ко мне отчаяние, какая-то посторонняя мысль или путаница, и тогда я буду бороться с ними... Такой метод не помогает. Это война с «ветряными мельницами»...

- **Вопрос: Когда стоит находиться в левой линии?**

Мы выбираем сами, когда именно в течение получаса в день быть в левой линии. Это состояние должно быть в контролируемой форме и только лишь с целью продвижения. Подготовка заключается в том, чтобы все время связываться с Творцом и постоянно усиливать связь с Ним.

Я советовал всегда в таких случаях «начинать с конца» в соответствии с выражением: *Соф маасе бэ махшава тхила* (конец действия заключен в его начальном замысле). Это значит, что когда встает передо мной какая-то проблема, и я пребываю в панике, не зная, что предпринять, я должен начать с конца, то есть с того места, где я и Творец соединены вместе. Это состояние конечное и истинное.

Он сейчас скрыт от меня, но я нахожусь в Нем. Это — единственное, что Он создал. Я нахожусь с Ним вместе в конечном состоянии наслаждения, вечности и совершенства. Сейчас, когда я могу Его как-то представить (неваж-

Указания Творца

но, в какой форме), я должен видеть в нынешнем состоянии, которое сейчас во мне просыпается, средство для достижения конечного исправленного состояния. В этом и заключается принцип «начинать с конца», то есть анализировать свою первую мысль в начальном состоянии, начиная с конца дела.

Если я исследую только то, что находится во мне сейчас, то это неправильная ситуация, т.к. я делаю анализ неверно, я не знаю, как относиться к этому состоянию, я не представляю себе, как его измерить. Только начиная с конца, то есть из того положения, где Он и я соединены вместе и где все хорошо, я могу представить себе свое нынешнее состояние.

Если я отношусь к тому, что происходит со мной сейчас именно так, то мое отношение к реальности будет правильным. Оно не будет иллюзорным, и я не буду «витать в воздухе». Я буду смотреть на события под правильным углом. Я не отвергаю настоящее состояние, но использую его в качестве средства возвышения.

Если мы будем все время себе повторять: «Добр и творит добро», «Нет иного, кроме Него», — может быть, мы тем самым только будем успокаивать себя и превратимся в «домем дэ-кдуша» (духовно неживое)?

Нет. Книги, которые мы учим, притягивают к нам окружающий свет, который пробуждает в нас «точку в сердце», начало души, кли, *хисарон* — недостаток, желание. И поэтому мы никогда не попадем в состояние, в котором могли бы удовлетвориться только тем, что думаем о Творце, читаем Псалмы, когда у нас все хорошо и дети здоровы... Этого нам недостаточно, т.к. мы получаем наполнение от окружающего света для шестого чувства, для точки в сердце.

А духовно неживые получают наполнение в свои пять органов чувств, то есть совершенно для другого кли. Поэтому они и называются духовно неживыми, т.к. хотят, чтобы им было хорошо в пяти органах чувств. У них нет тяги к духовному, они стремятся только получать хорошее, чтобы им было хорошо как в этом мире, так и в будущем мире тоже, хотя они и могут сказать, что делают все ради Творца. Поэтому они думают, что находятся в *лишма* (ради Творца).

А у нас постоянно существуют неудовлетворенность, претензии к Творцу и недовольство Им. А потом мы снова довольны, и снова недовольны. Это те два шага, которые мы делаем в работе. Таким образом мы продвигаемся. И никогда это у нас не превратится в ходьбу на одной ноге — левой. Потому что у каждого из нас есть точка в сердце. И такой человек не может быть духовно неживым. Духовно неживой — это когда берутся во внимание только пять органов чувств.

Нахождение в левой линии

Вы пытались когда-нибудь находиться в хорошем в течение 23,5 часов? Пребывать все это время в ощущении Его как Доброго?

— Я не могу.

Это называется «война». А вы пытались находиться хотя бы полчаса в плохом, то есть в ощущении зла?

— Тоже не могу.

Это означает исследовать свою левую линию. Вы начинаете чувствовать и то, и другое — это работа. И нет такого, чтобы одно было лучше другого.

Это значит — 23,5 часа не проводить проверок, а оправдывать Его изо всех сил, а полчаса в день оправдывать Его, несмотря на проверку, то есть делать проверку силой.

Это значит — 23,5 часа находиться в работе, представляя Его только как хорошего. А полчаса в день получать ради отдачи, то есть не только отдавать ради отдачи. И в этот период, даже если я чувствую себя плохо — это хорошо. Это называется, что я в работе подобен *Гальгальта вэ-Эйнаим* (отдающим сосудам — Г"Э).

Я начинаю смотреть на действия Творца, как на действия справедливые. И вижу, что то плохое состояние, которое ко мне пришло — это очень хорошо, т.к. связывает меня с Ним. Наша связь с Ним от этого укрепляется. Таким образом надо работать 23,5 часа в сутки, не углубляясь в помехи, строя с Ним связь. А полчаса в день, отстранившись от этих помех, начать их анализировать.

Из разума это постепенно переходит в чувства... Есть более чувствительные люди, а есть менее чувствительные: в соответствии с их природой. Есть больше опирающиеся на разум люди, а есть люди более восторженные. Есть такие, которым их чувствительность мешает в продвижении. Есть и такие, которые больше размышляют, которым недостает чувств.

Духовное продвижение дает каждому человеку большую сбалансированность, как мужчинам, так и женщинам: правильное соотношение между *моха* (разумом) и *либа* (чувством). Но искусственно повлиять на этот баланс невозможно. Зато по мере продвижения это постепенно приходит. Только изначально есть более чувствительные люди и более разумные. Потом все выравниваются.

Я, например, в соответствии с моим характером, человек очень «технический» и «сухой», то есть понимаю только тогда, когда мне дают чертеж, объясняют, что делать с кнопками, как происходит реакция, обратная связь. Если мне начинают рассказывать о душе, мозге, восторге, страхе, хороших чувствах, то я ничего в этом не понимаю.

Я настолько «сух», что даже людей не очень чувствую. Я не чувствую обычных людей и поэтому могу обидеть человека, даже не почувствовав этого: словами или каким-то действием. И это со мной случается до сих пор.

Когда развивается 6-е чувство, это вовсе не означает, что должны развиваться также и 5 остальных чувств. У каждого человека есть только то, что он имеет. Что у нас есть еще, кроме чувств и разума? Чем мы еще живем? Творец открывается нам в «точке в сердце», в 6-м чувстве. А это — и чувство, и разум вместе. Но это уже совсем иные чувства и разум.

Если кто-то ничего пока не чувствует — это не страшно. Мне потребовалось очень много времени, пока я понял и почувствовал хоть что-то. Поэтому в моих книгах много схем и рисунков. В такой форме я, например, лучше «схватываю». Рисую, скажем, прямой свет, обратный свет, кли, экран: так происходит у меня процесс понимания.

Я так и заучивал все в физическом виде. Я так лучше понимаю законы природы и изучал материал именно таким образом много лет.

Из «Предисловия к ТЭС», п. 155: Вначале у человека отсутствуют духовные сосуды, предназначенные для ощущения Творца. Но когда человек, изучая Каббалу, произносит названия светов и келим (даже когда у него нет к этому никакого чувства, даже когда он учит эту науку «сухо», как, скажем, физику), то уже одно упоминание духовных объектов, имеющих отношение к его душе (у каждой души есть связь с этими названиями), заставляет свет в определенной мере светить человеку.

Только это свечение не одевается внутри его души. Он чувствует, что нет у него ничего. Он всего лишь произносит эти имена. Он изучает их чисто технически, поскольку отсутствуют у него келим, способные принять эти света.

Однако свечение, которое он получает всякий раз во время учебы, притягивает к нему *хен ми-мромав* (обаяние, прелесть духовного) — есть такое ценное свойство. И дают ему тогда изобилие святости и чистоты. Что это такое, он не знает. Зато оно изливается на него. В результате это интенсивно приближает человека к тому, чтобы смог он прийти к совершенству. И это все с помощью простого «сухого» занятия.

Состояние подавленности — это признак продвижения. Ты уже не животное, которому плохо, но которое не может связать то, что ему плохо, с Творцом и работать с этим.

Тебе дают чувство, что тебе плохо, а через мгновение выясняется, от Кого это пришло. И вот уже все хорошо. То, чего не делает разум, сделает время. Что такое время? Это ораот, указания, которые Творец дает человеку. Шесть тысяч лет мы накапливали страдания, как животные, а сейчас начинаем накапливать их, как люди. И это уже иная форма «ударов». И скоро она станет правильной.

Мы должны стремиться к тому, чтобы 23,5 часа быть как бы в состоянии Конечного исправления, в обнимку с

Творцом, не расставаясь. Тогда мне неважны никакие помехи. Но оставшиеся полчаса мне не все равно, какие я получаю помехи. Я помещаю их между мной и Творцом. Хватаю Его, вначале как младенец, а затем и как взрослый. Помехи уже помогают мне ухватиться за Него сильнее. В этом и разница между 23,5 часами и получасами в день.

Из книги «При Хахам», письмо на стр. 101

Написано, что человек в любом состоянии должен представлять себе, что связан с тремя точками: Исраэль, Творец и 620 Заповедей. Все прочие точки, все прочие желания, 5 моих видов ощущений называются «народы мира». Моя точка в сердце, желающая Творца, называется «Исраэль». Творец — это мой Источник, с которым я хочу соединиться, в которого я хочу включиться, быть вместе с Ним.

И как я это делаю? С помощью *дархин дэ-орайта* (пути Каббалы), т.е. с помощью тех ступеней, по которым я иду. Эти ступени — все те состояния, которые я прохожу. Я должен взять три вещи: себя, Творца и состояние, в котором я нахожусь, и соединить их так, чтобы все они находились вместе. Таким образом я смогу представить себе конец исправления.

Если человек проделывает это в каждом из своих состояний, то это означает, что он идет вперед. И каждый раз помехи, которые направляют и ведут его (дархин дэ-орайта), будут изменяться. Эти изменения называются продвижением по ступеням, и каждый раз все дальше и дальше вперед...

НЕ УПУСТИТЬ МГНОВЕНИЕ

Человек не может находиться постоянно в статичном состоянии: он или поднимается, или опускается. А если хочет оставаться на месте, то он должен все время работать «против течения». Каждое мгновение он получает новые *авханот* (понятия, качества), его желание получать, то есть эгоизм, растет, и он должен знать это.

Наша жизнь устроена так, что каждое мгновение в нас просыпаются разные *решимот* (воспоминания). Они появляются в нас в соответствии с порядком их выхода, по цепочке. И если я не понимаю, что настоящее мгновение — это каждый раз что-то новое, то я проживаю его так, как будто и не нахожусь в нем. Я начинаю падать, хотя пока этого и не чувствую.

Что нужно делать, чтобы не упускать эти мгновения? Это — первый вопрос. А второй — в том, чтобы я не только не упускал их, но чтобы не обнаружил вдруг через несколько часов или дней, что совершенно отключен от духовного, и живу, как животное, ничем не интересуясь.

А после состояния, когда мне становится все безразлично, я падаю еще глубже — в состояние депрессии или отчаяния. Как можно остановить себя, удержаться от падения? Как сделать так, чтобы быть все время в приподнятом настроении, хорошо себя чувствовать, и продвигаться, что называется, «от силы к силе», приобретая всякий раз только хорошие состояния?

Это можно сделать, находясь все время начеку, ведь в человеке постоянно просыпаются новые *решимот*-воспоминания уровней *домем* (неживой), *цомеах* (растительный), *хай* (животный) и *медабер* (человеческий). В соответствии с ними, каждый человек, находящийся на уровнях домем, цомеах, хай и медабер, продвигается к конечному исправлению, хочет он этого или нет. Если я хочу сделать мой путь короче и приятнее, то должен быть готов к тому, что если я уж взял на себя обязанность идти быстрее, то у меня могут быть как более частые подъемы, так и более частые падения.

К каждому мгновению надо относиться серьезно, ведь оно может продвинуть меня. Каждое мгновение я могу производить какое-то хорошее состояние. Нельзя ни на миг прекращать наблюдать за собой. А это трудно, это требует внимания, это требует непрерывно быть в состоянии готовности, и поэтому необходимо построить систему, которая бы помогала мне в этом.

Во-первых, чтобы кто-то каждые несколько часов напоминал мне, что я нахожусь в процессе исправления.

Во-вторых, я сам должен устраивать себе постоянные тренировки, во время которых важно находиться в хорошем состоянии. Это возможно, когда я уверен, что нахожусь в хорошем состоянии.

Что значит «хорошее состояние»?

Это значит, что я немного чувствую Творца, я согласен с тем, что Он существует, что Он присутствует. Тогда я оправдываю Его действия, объединяюсь с Ним, с Его действиями тем, что делаю в жизни. Хотя эти вещи и не так хороши, как хотелось бы, но благодаря им у меня есть силы и способность оправдывать Его. И не только потому, что мне хорошо по разным причинам, но и оттого что я как-то это контролирую. И мой разум способен оправдывать Его.

Когда я уверен, что нахожусь в хорошем состоянии (относительно Него), тогда мне разрешается самому начать присоединять к этому состоянию всякие чужеродные помехи и мысли. Они являются чужеродными в отношении слияния, продвижения и оправдания, но не в отношении меня самого.

Они присутствуют во мне, внутри меня. Лишь во время хорошего настроения они не мешают мне, они подавлены. Когда святость властвует над душой, точнее, над ее более «легкой», относящейся к духовному, частью, то «плохая» часть души — «клипа», «ситра ахра» (нечистая сила) спускается ниже, то есть ближе к этому миру.

В то время, когда человек находится в хорошем состоянии, ему стоит начать заниматься тем, чтобы поднимать в себе всякие сомнения, что-то плохое. И тогда постепенно он сможет присоединить их к пути слияния с Творцом. С помощью этого он может увеличить меру своего слияния с Творцом, меру оправдания Творца. Кроме таких тренировок, нужны еще и другие: изучать правильные книги, пробуждающие хорошие ощущения и увеличивающие хорошие силы. Но вместе с этим надо пробудить плохие мысли и желания тоже.

И тогда человек как будто бы и сам начинает производить ступени и состояния подъема, от одного состояния к другому. С этого момента он не будет нуждаться в том, чтобы ему дали падение, сбросили бы его с состояния подъема. Теперь он каждый раз сможет подниматься без падений. Он сам начинает производить как плохие, так и хорошие состояния.

Для этого необходимо построить внешнюю систему «группа — товарищи», которая бы влияла на него, напоминала бы о цели, о пути. И дома также все должно быть расписано по часам: все системы необходимо построить заранее.

Если я нахожусь в слиянии с Ним, оправдываю Его, то изначально я нахожусь в ощущении, что мои дела и желания приходят от Него. Как будто я — Его тень: когда Он двигается, то и я двигаюсь. Разве я могу начать желать что-то сам? То, что я двигаюсь, определено Им, потому что Он так создал меня и всю систему.

Поэтому, когда я хочу двигаться к Творцу, то стремлюсь соединить свое движение с Его движением. В этом вся разница между путем страданий, когда я двигаюсь за Ним не по своему желанию, а по принуждению, и путем

Торы — это когда я сам хочу не только наблюдать за Ним, но еще и опередить Его, делая свои движения похожими на Его движения.

Эту систему можно развить до такой степени, что человек приходит к состоянию, когда он делает движения, которые Творец уже не отнимает у него. Такое состояние называется *Гмар тикун* (окончательное исправление). Это происходит, когда все действия человека не только соответствуют действиям Творца, но и совершенно идентичны им.

Они одинаковы до такой степени, что, как написано, *цадик гозер вэ-Борэ мекаем* (праведник указывает, а Творец осуществляет). Постепенно это проявляется на каждой ступени, в зависимости от ее уровня. Но в целом, в совершенном виде это осуществляется на ступени Гмар тикун. Мы говорим, что тогда человек становится равен Творцу.

Нормальный человек не может сам себя бить, причиняя себе страдания. Но в Каббале он и не причиняет себе страдания. В том, что человек поднимает в себе скрытые мысли, заинтересован, прежде всего, он сам: он властвует как в правой, так в левой своих линиях. Он не чувствует при появлении у него чуждых ему мыслей каких-либо страданий. Наоборот: эти мысли для него — только средства. Ударом (страданием) считается то, чего я не понимаю и не хочу, а также то, что не в моей власти и потому нежелательно.

Что значит термин «чуждые мысли»? Это мои пока еще неисправленные мысли, которые против объединения с Творцом. Они против всего моего пути, они не прикрыты экраном. Эти мысли — силы моей души. Если я их исправляю, то они все присоединяются к исправленной части. А если я их пока не исправил, то они находятся в моей испорченной части — *ситра ахра*.

Когда я уверен, что нахожусь в уравновешенном состоянии и не упаду, когда я могу свое состояние контролировать, когда начинаю его исследовать и обдумывать, тогда все мои состояния существуют для того, чтобы, преодолевая помехи, усилить степень слияния с Творцом. Поэтому в дальнейшем я не падаю.

Предположим, что ты находишься в хороших отношениях с товарищем. До этого вы часто ссорились, а сейчас наступило примирение. Теперь вы просто идеальные друзья. Но там, в той точке, где вы раньше ссорились, может что-то снова произойти, и сломается вся эта идиллия. Что делать?

Во время наступления хорошего состояния, когда положение под контролем, когда знаете, что ничего не испортите, вам желательно выяснить все плохие мысли, соединить их именно сейчас с хорошим, чтобы хорошее еще более увеличилось. Так можно предотвратить самопроизвольное появление этих мыслей вновь.

Эти вещи, вероятно, использует и психология. То же самое должно быть и у нас во время нашей внутренней работы. Тут есть несколько этапов. Если человек не знает, как задействовать и использовать этот механизм, то лучше всего для этой цели начинать читать определенные статьи. Тогда в человеке начинают просыпаться нужные мысли...

Вопрос в том, какие именно мысли мне сейчас нужны, какие именно вопросы мне можно поднимать, а какие — нет? Если человек с правильным намерением начинает читать книги, статьи, в которых присутствует левая линия, то свет, который он присоединяет к себе при этом, светит для того, чтобы поднять в определенном порядке помехи и присоединить их к его работе. Как правило, это статьи из «Шамати» и работа в группе. Все это поможет в правильном порядке пробудить соответствующие мысли у человека, одну за другой. И тогда человек сможет их присоединить...

Когда я нахожусь в определенной степени слияния с Творцом в каких-то желаниях и мыслях, а прочие мои мысли и желания находятся в сокрытии, то даже при наличии у меня множества неисправленных мыслей и желаний они не всплывают во мне. При этом я чувствую себя хорошо, в состоянии святости. Если, находясь в подобном состоянии, присоединить еще несколько неисправленных мыслей изнутри, то этим можно увеличить свою связь с Творцом.

Я привел пример из обычной жизни. Скажем, возникло между вами какое-то недоразумение, которое потом, конечно, забывается. В то время, когда оно забывается, начинайте вспоминать, почему вы были в ссоре. И начинайте разбираться, но осторожно, чтобы опять не поссориться. Это непросто, но это вам дает контроль над состоянием.

Если и есть у человека какое-то ощущение присутствия Творца или Его близости, то оно пока еще чисто эгоистическое, то есть только для того, чтобы получить для себя. Это понятно, эгоизм работает только для того, чтобы мне было хорошо, ведь это дает мне надежду и уверенность, и все то, что мне необходимо. И это действительно так, пока мною движут различные расчеты в этом мире. Но как продолжить дальнейшее движение так, чтобы суметь, в итоге, перейти от эгоистического расчета к альтруистическому?

Продолжить его можно при условии, что человек занимается без передышек. И тут нужна сила группы, которая поднимет настроение каждому, но именно настроение относительно цели. Только тогда этот переход станет возможен.

Когда человек находится в хорошем состоянии, он может попытаться принизить себя относительно остальных, постепенно, понемногу. И тогда он увидит, что это помогает ему построить систему для его будущих состояний. С помощью подобных упражнений я принижаю свое значение по отношению к товарищам. А когда ко мне придет какая-то беда, что-то от других, то я буду знать, как себя вести, т.к. состояние уже выстроено у меня внутри.

Это очень похоже на то, как занимаются в армии. Ведь для чего нужны упражнения? Я представляю себе какие-то искусственные ситуации, а потом, когда я получаю какую-то помеху, стараюсь чувствовать себя с этой помехой, как в состоянии, которое построил в предыдущей искусственной ситуации. Точно так же и в примере с товарищем. Сейчас ты сидишь с ним и начинаешь выяснять, почему вы поссорились. Что вы этим достигаете? Насколько это возможно, вы возвращаетесь в предыдущее состояние, но уже с новыми келим. Это и называется упражняться. В следующий раз похожее состояние уже не будет таким трудным, поскольку вы его выясните сейчас.

Я говорю о внутренних помехах человека. Если он не хочет, чтобы у него случались падения, а хочет только постоянно продвигаться, то он должен присоединять к себе каждый раз свои внутренние помехи. И так должен делать каждый в группе — это личная работа каждого.

О ГРУППЕ

Создание группы

Объединение людей в группе никогда не приходит сверху: здесь нет падений или подъемов. Наше соединение в группе — это результат наших личных исправленных состояний. Ради соединения в группе мы должны работать каждый раз с нуля и далее: сверху эти состояния не придут. И это стоит выделить особо.

Если каждый отдельный человек продвигается к цели либо путем Каббалы, либо путем страданий, то группа, в отличие от этого, не продвигается ни путем Каббалы, ни путем страданий: группа должна работать над каждой мелочью, а иначе она не получит ничего сверху.

Пока мы не пройдем весь процесс объединения, мы никогда не получим продвижения сверху. Личное же продвижение происходит, даже если я ничего в это не вкладываю, то есть даже без каких-то моих целенаправленных действий. Но в группе без этого индивидуального вклада никогда не будет ни объединения, ни продвижения, т.к. идет процесс построения кли. А исправление каждого в отдельности происходит или посредством окружающих светов, или посредством страданий.

Если люди не стараются слиться с группой, не вкладывают в это усилий, то возникает вопрос: в какое кли они смогут получить новые определения и свойства? Они могут сидеть на уроках 10-20 лет, они будут потихоньку продвигаться, но только в той мере, в какой им полагается плата от десятины, которую они приносят в группу, или плата за работу, когда им говорят прийти куда-то и сделать что-то.

Если человек не принижает себя относительно группы, то нет у него кли. Его «отмена себя», принижение перед группой — это кли, в которое он получает открытие и продвижение. А если этого нет, то ему не во что получать духовные добавки. В таких случаях мы ждем, пока он не поумнеет, пока не увидит, что стоит делать на самом деле, либо пока ему в какой-то форме не будет послано это сверху...

Сила группы

Сила целой группы больше, чем просто сумма сил и личных исправлений каждого в отдельности, потому что один включается в другого. Группа — это не только сумма келим, скажем, 10-ти товарищей, но и сила их совместного объединения, где каждый принижает себя перед своим товарищем. Тем самым каждый из них соединяется с 9-ю остальными. Тогда каждый — это полное кли, помноженное на 10.

Но на самом деле получается даже не 100, а во много-много раз больше. И это — сила и размер духовного раскрытия, которое может произойти в группе. И от этого в 100 раз большего раскрытия получить силу может каждый...

Это не означает, что он остался один после объединения с другими. Если бы он не соединялся с другими, то был бы один, но поскольку объединился с другими, то умножил свое личное кли в 10 раз. Так как все 10 товарищей делали ту же работу, то их совместное кли увеличилось в 100 раз.

Каждый, бывший одиноким, до того как приложил усилия, получает в 100 раз больше света, чем раньше. Но на самом деле этот рост намного больше. А без группы это было бы вообще невозможно. Поэтому каждый получает в соответствии с мерой его принижения перед группой. Поэтому не все получают в равной степени, но в соответствии с мерой раскрытия своего кли.

Известно, что такая особая группа была только у Рашби. У него была святая группа, в которой каждый являлся исправленным качеством одного из десяти. Поэтому они все удостоились открытия Книги Зоар, т.е. получения всего света, который может открыться. Поэтому они написали Книгу Зоар в начале изгнания. Предполагалось, что эта книга должна открыться в конце изгнания.

- **Вопрос: По каким критериям я выбираю товарища?**

Если уж объединяться с кем-либо, то с человеком, стремящимся к цели, а иначе, куда я могу прийти с ним? Но здесь, на самом деле, существует проблема. Если говорить честно, то ведь никто не знает, каковы расчеты и мысли другого. Но если мы видим своими глазами, как человек, в общем-то, склоняется перед группой, перед путем, перед книгами, перед Учителем, т.е. относительно цели, то объединяемся с ним.

И тут не нужен «микроскоп», ведь сверху специально дано все так, чтобы мы могли увидеть. И каждый из нас не должен посвящать другого в свое видение, да это и не нужно. Любую вещь, о которой спрашивается, вы должны выяснять сами. И проблема не в получении какого-то совета. Человек, получающий совет со стороны, на самом деле не получает его, не постигает его, не впитывает его в свою кровь. В результате у него отсутствуют какие-то качества, критерии.

Лучше, если человек над этим работает сам. Вопрос правильный: постарайся сейчас обратиться к нескольким товарищам или ко всей группе, тем самым показав им, с кем ты хочешь соединиться. Рабаш об этом пишет в своих первых статьях.

- **Вопрос: Что делать, если человеку трудно соединиться с группой?**

Об этом Рабаш тоже пишет в своих первых статьях. Если человеку трудно объединиться с группой, то пусть выберет себе одного или двух членов группы, но и это только временно, чтобы ему было легче начать. Не может быть такого в группе, чтобы люди были соединены больше или меньше. Хотя есть разные работы, и многое зависит, конечно же, от характера человека. Понятно, что я не могу быть внешне связан со всеми в одинаковой степени.

Есть те, с которыми я больше соединен из-за характера, а есть те, с которыми я больше соединен внешне, в соответствии с их работой в группе. Все должны быть вместе в соответствии с целями системы.

В конечном итоге, если размышлять над моим отношением к группе, то я не думаю, что одним пренебрегаю, а другого люблю. И это не зависит от возраста: у души нет возраста. Со временем мы начинаем видеть человека без одеяний, как бы изнутри, как он старается, стремится. В соответствии с тем, как он старается, и приходит понимание. Тогда исчезают и все мои внешние расчеты.

Даже наоборот: отрицательные качества, которые я вижу в товарище, я начинаю оправдывать, думая, что он или не замечает их пока, или не понимает, что их дают ему специально. Нельзя никого судить.

Если же кто-то делает это, то получается, что он не оправдывает Творца, поскольку каждый из его товарищей — продукт, результат действий Творца. Как может быть такое, что я вижу работу Творца над душами, и при этом не могу ее оправдать? Тогда это моя проблема, ведь я не совершенен. И это может стать темой для обсуждения в группе: к кому стоит здесь «прилепиться».

Прилепиться — это значит, что я должен выбрать товарищей: я не могу «проглотить» их всех. Быть хорошим для всех можно только в первый месяц. А затем начинаются проблемы. Но в любом случае, я хочу продвигаться.

Учитель писал, что надо выбрать несколько человек. Он советует делать это в соответствии с характером, в соответствии с тем, кто тебе ближе. Именно в такой форме пытаться начинать. Но я имел в виду более продвинутое состояние, когда я могу быть в более тесной связи с несколькими людьми, например, с 10-12-ю из 70-80 человек: так требует система.

Но это в том случае, если я как бы снимаю вопрос внешней работы в системе. Когда я иду вглубь человека, вглубь его души, я не могу сказать, что забочусь о ком-то или люблю кого-то больше или меньше. И если есть какой-то отбор или неравенство в группе, то это очень большая проблема, как, например, проблема богатых и бедных.

До тех пор, пока мы не исправлены, проблемы в человеческих отношениях создают очень большие пробелы в объединении. Как же я в любом случае выбираю друга? Учитель говорил, что это должно быть в соответствии с чувством в сердце. Я не могу объединиться со всеми: я выбираю несколько таких человек, с кем мне легче. Так должно быть вначале, когда человек приходит в группу.

Надо соединяться с тем, к кому у тебя лежит сердце. Но это только вначале. Впоследствии, если каждый старается, то ситуация выравнивается. Но не надо объединяться только потому, что он нравится тебе, или что с ним легче объединиться из-за его характера. Лишь при условии, что он стремится к цели и находится на том же пути, что и я, я могу его быстрее понять. Проще быть во внешней связи: характер — это внешняя черта. Если ты уже в группе и находишься в связи с кем-то, то начни сближаться с кем-то еще, чтобы быть в равной степени близким со всеми.

Устав группы

Устав группы — это мой внутренний закон, в соответствии с которым я живу. Он помогает, если мне это важно, привести свою жизнь в порядок, понять, зачем я встаю, проживаю день, вообще живу в мире, какое отношение к окружающему миру я хочу сформировать у себя. Бывает так, что человеку неважно, как проходит его жизнь: как течет, так и течет.

Но если я хочу упорядочить свою жизнь в соответствии с какой-то целью, идеей, наиболее эффективной в моих глазах, тогда устав для меня определяет весь мой внутренний порядок. Но может быть и такое, что устав назавтра изменится, ведь и система меняется — так и надо к этому относиться.

Вы должны сделать устав в такой форме, что, если с сегодняшнего дня, например, мы исключаем какое-то условие, то мы не просто его зачеркиваем, а проводим линию, пишем дату, что, мол, с этого времени такой-то закон в нашей группе не существует, или тут существует другой закон.

Может так получиться, что через несколько месяцев мы зачеркнем и его, и тогда будет у нас закон другой. А через год вам самим будет видно, что вы прошли, в каких ситуациях побывали.

Недавно у нас была группа из Москвы. Мы, сравнивая их с нашей группой, начали видеть такие вещи, которые раньше невозможно было увидеть. Вначале они вошли под наш окружающий свет, т.к. мы — это большое кли, в чем-то уже духовное, а они пока маленькие. Но они чувствовали на себе сильные вибрации, несколько ночей они вообще не спали, и целыми днями ходили сами не свои.

И не оттого, что мы им что-то особенное рассказывали. Я только отвечал на их вопросы, не давая ничего нового. Но когда группа оценивает себя в сравнении с другой группой, когда они чувствуют разницу между ними, то это впечатляет. И ты вдруг видишь столько мелочей, о которых зачастую забываешь, которые были когда-то в уставе, и мы как-то прошли мимо этого...

Я считаю, что это именно та вещь, которую надо сделать срочно. Начните только этим заниматься, обсуждать, и вы увидите, насколько жестким должен быть контроль над тем, что нам необходимо, что мы обязаны делать, как мы должны выглядеть изнутри, что от нас требуется, чтобы достичь цели.

У нас есть разные уставы групп, существовавших 500-600 лет назад, и 200-300 лет назад. Интересно и их посмотреть, как в них определены и выражены различные этапы, как группы продвигались. Каббалисты всегда собирались в группы. Это создает путь продвижения.

Устав должен быть символом нашего исправленного состояния. Не обязательно сегодня я должен выполнять все, что в нем есть, но я должен знать, к чему стремлюсь — такая форма желательна. Не надо смотреть на это так, как будто мы сейчас создаем законы. Сама работа по подготовке устава — это уже работа, которая строит группу. Не надо с этим торопиться.

Делайте эту работу, скажем, в течение полугода, начните ее обсуждать, начните видеть, что от вас требуется. И тогда вы увидите, насколько это помогает строить кли.

Принизить себя относительно товарища по группе — это значит оправдать его, когда все, что бы ты ни увидел в товарищах, ты должен стараться принимать с любовью, соглашаясь с тем, что они делают. Мы исходим из того, что все то, что человек делает, на самом деле делает не он, а через него — Творец.

И тогда тем, что я оправдываю каждого, я нейтрализую свое желание получать, и соединяю себя в каждом конкретном состоянии с действиями Творца. Расчет здесь производится именно в соответствии с этим.

Мы не должны смотреть на это так, как будто бы унижаемся перед кем-то. Как будто мне дали 30-40 предметов, и я специально в такой грубой форме говорю о моих товарищах. Я должен понимать, что таким образом Высшее Руководство в моих глазах делится на 30-40 частей относительно меня. Каждый раз я упражняюсь, чтобы иметь возможность оправдать, согласиться с этим Руководством через моих товарищей.

Практически это намного сложнее, чем теоретически, поскольку я работаю как со своим эго, так и с эго другого человека. Но, в сущности, я не вступаю в противоборство с его эго: просто Высшее Руководство спускается до уровня моего эго, с которым я и имею дело.

На всю группу товарищей надо смотреть так, как будто это Творец играет со мной. И с помощью каждого из них как будто говорит мне: «Ну, посмотрим на тебя, как ты с твоим маленьким эго, со всей твоей гордостью сейчас что-то будешь делать».

Так я должен себя вести только относительно группы. Под группой имеются в виду только те люди, которые стараются справиться с той же проблемой, соединиться вместе, принизиться относительно цели. Но не относительно людей посторонних! Людей снаружи я должен принимать и судить своими «животными» мерками.

Вначале я должен сказать: «если не я, то кто же поможет мне?», а потом — «нет иного, кроме Него», тем самым я признал, что все — от Творца. Он был внутри меня, но я ощущаю это только после того, как уже навел там, у себя в мыслях и сердце, порядок.

Я не могу относиться ко всему миру так, как будто это Творец, представляющий мне Себя таким образом. Так я могу прийти к совершенно неправильной реакции по отношению ко всему миру, учитывая всю путаницу, которая есть в народах. Так каждый может прийти ко мне и убить, если я представляю его себе как Высшую силу. Я могу показывать, что я принижаюсь перед всеми только внутри группы.

10-15 первых статей Рабаш о группе надо знать наизусть: это — закон. Их надо присоединить к тому же уставу группы, который вы собираетесь сделать.

И еще, никто из посторонних людей не должен видеть в моем поведении ничего странного, того, что не принято в этом мире.

ВСЕГДА НАЧИНАТЬ С ТВОРЦА!

Как заменить
материальные желания духовными?

Как я могу требовать то, что я не хочу? Этого желания нет у меня, но мне говорят, что я должен это требовать. Мой сын был маленьким и очень хотел велосипед, но он знал, что если попросит велосипед, то я его не куплю. Тогда он подумал и, придя ко мне, попросил купить ему маленькую Тору. После того, как я похвалил его, он сказал, что хочет и велосипед тоже. В этом мире мы можем так сделать: он получил свой велосипед.

А в духовном? В духовном мои слова не могут сделать ничего. Я могу взывать к небесам, но они не открываются, потому что мое сердце не хочет... И я кричу только внешне. И мы на самом деле даже злимся на Творца, поскольку действительно думаем, что хотим духовное. Но, по сути дела, мы не хотим этого.

Только для истинного желания в то же мгновение открываются небеса, и мы получаем все. Но мы хотим и тут немного, и там немного: желания у нас неясные. Когда же определится только одно желание, и это желание будет именно к духовному, то оно в то же мгновение будет принято: нет никаких проблем. Высший свет находится в полном покое и ждет только готовности со стороны келим.

Как же я достигаю вместо желаний этого мира (чтобы все было хорошо: дети, семья, дом, деньги, немного почестей, покой, уверенность, то есть всего того, чего только может человек пожелать) желания к духовному? Как от всех этих естественных желаний я могу вдруг перейти к желанию того, что вообще отсутствует во мне, и я не вижу в этом никакого смысла: как я могу захотеть того, что никогда не пробовал?

Как поменять животное желание на желание к духовному? В тот момент, когда я захочу это по-настоящему, я мгновенно окажусь в духовном. Кли определяет все. Кли определяет наполнение, которое оно получает. Кто хочет наполнения животного — его и получает, а кто хочет наполнения духовного — получает духовное.

Сказано: «приложил усилие и нашел — верь». Необходимо усилие. Мы должны прикладывать усилие в том, что нам скажут, и тогда нам поменяют желание. Получается, что это не я с помощью моей работы и усилий самостоятельно меняю желание: я лишь делаю то, что мне советуют делать. В результате этого сверху мне меняют желание. В том, что я делаю, нет никакой связи со сменой желания, поэтому Каббала и называется «особым средством».

Как в примере с моим сыном, когда я заставлял его учить Тору. Он учит, учит, учит и даже просит, чтобы я купил ему маленькую книжку Торы, и он действительно старается. Но сердце его осталось с велосипедом. Но он старается делать то, что я ему говорю. И только когда я вижу, что он старается достаточное время, определенное ему мной, то я его спрашиваю, что он хочет. И он говорит, что хочет Тору, а я ему говорю: «Ну ладно, возьми велосипед».

То же самое делают с нами. Я говорю совершенно серьезно. Вопрос в том, как поскорее закончить работу, которая есть у каждого из нас: для каждого она своя. У одного, скажем, она весом в 20 килограмм, у другого — в 30 килограмм. Никто не знает точно, сколько у каждого. Но как я могу и в том, и в другом случаях продвигаться в соответствии с тем, что мне говорят сверху?

В этом случае мне может помочь только группа. В ней мы должны объединиться вместе, чтобы у нас было желание, тяга, чтобы мы учились один у другого, чтобы, смотря друг на друга и завидуя друг другу, благодаря нашим естественным свойствам, самым худшим и самым лучшим из них (неважно каким: самое главное — продвигаться), дать определенные требуемые усилия, как в количестве, так и в качестве.

Об этом Бааль Сулам писал в «Предисловии к ТЭС». После того, как человек приложит необходимые усилия, о количестве которых заранее он и не догадывается, тогда только Творец смилостивится над ним и откроет ему небеса. И тогда человек познает все свои плохие качества и свою цель — кто он на самом деле, где находится и что он должен делать — все становится понятным. Он понимает и то, как и зачем над ним работают сверху, и как он должен на это реагировать.

Но до тех пор мы пребываем в темноте, как и сейчас — для нас все проблематично. И мы должны пока производить действия, как «попугаи», делать то, что нам говорят. Сколько мы понимаем, столько нам и достаточно. Но все определяет количество и качество усилий.

Избегай зла и стремись к добру

От группы ты должен получить оценку значимости Цели, и не более. Ты не должен спрашивать: «Насколько я хочу Творца?» Ты должен присоединяться к положительному в группе, а не к отрицательному. Недостаток — это ведь нечто отрицательное.

Недостаток духовного — это тоже нечто отрицательное: я хочу того, что мне не хватает. Бааль Сулам писал о том, что мы должны 23,5 часа говорить о положительном. Если ты присоединяешься к отрицательному в товарищах, тогда вся группа будет находиться в отрицательном настрое. И ничего не получится. Это будет группа, пребывающая все время в слезах.

Разница между путем Каббалы и путем страданий в том, что идущего по пути страданий Высшее Руководство толкает сзади неутоленными желаниями, а идущий по пути Каббалы сам тянется к хорошим вещам, потому что духовный мир намного лучше нашего мира. Мы не должны убегать от этого мира только потому, что он плохой. Даже если он хороший, то я убегаю в духовный мир потому, что он еще лучше. Тогда мы воспринимаем все с положительной стороны, т.к. Творец сотворил все для наслаждения. А тот, кто находится в упадке, не способен наслаждаться.

Нужно, чтобы наш общий групповой *хисарон* (ощущение недостатка наполнения светом) был бы в том, что нам не хватает осознания величия Творца, то есть чего-то очень и очень хорошего. Так давайте же достигнем этого! Но начинать надо с величия Творца и Цели. Величие Цели — это тоже хисарон, которого у нас пока нет. Я говорю об этом, как о положительном: надо видеть не полупустой сосуд, а полунаполненный. И это — хороший хисарон.

Бааль Сулам говорит, что каждый должен объединиться с хисронот других членов группы. Для чего? Нужно объединяться для осознания хорошего, положительного. Нужно, чтобы все говорили о том, до какой степени то, чем мы занимаемся, велико и хорошо, насколько это самое значимое дело, которым стоит заниматься в этом мире. Тогда ты будешь тянуться к хорошему.

23,5 часа в сутки человек должен быть прилеплен к Творцу. А полчаса в сутки — анализировать. Когда человек находится в выяснениях своего состояния (бирурим), он должен быть тоже прилепленным к Творцу. Но есть опасность, что он выйдет из этого состояния. Когда мы постоянно анализируем свои состояния, то как бы говорим тем самым Творцу, что Он нехороший.

Это происходит после всех слов о признании своей виновности в отношении Творца — слов, что я виноват, что я сделал все неправильно. Но даже после этого я все равно обвиняю Его, т.к. все, что есть у меня, — от Него: и плохое, и хорошее. Нет во мне ничего, что бы я сам в себе создал, построил. Все — от Него: как состояния, так и свойства, т.е. абсолютно все.

Короче, если я вижу что-то плохое (неважно, где и в чем), то я тем самым говорю Ему, что Он плохой. Это может происходить и косвенно, так, что я могу даже не отдавать себе в этом отчет. И если я не делаю это в прямой форме, то только потому, что еще многого не понимаю и не могу связать все факторы до конца.

Бирур (анализ) можно проводить полчаса в день только при условии, что ты сможешь оправдать отрицательную сторону восприятия действительности, увидев во всем этом положительный результат, который должен из этого получиться. Таким образом, отрицательное тут же проходит исправление и становится уже положительным.

Только в этом случае и при таких условиях ты можешь проверять, выяснять отрицательное, которое ты открываешь либо в себе, либо в окружении, либо в товарище по группе, неважно где. Только тогда тебе разрешено это делать, и только тогда это на самом деле исправление. И поэтому говорится, что полчаса в день — достаточно.

А все остальное время суток — 23,5 часа — ты считаешь, что ты не воюешь? Ты участвуешь во внутренней войне, но все это время ты не проверяешь, плохо или хорошо. Твоя война в эти 23,5 часа заключается в том, чтобы сразу соотносить все с хорошим. Ты в своих выяснениях не идешь дорогой через плохое, чтобы превратить его в хорошее.

Получать ради отдачи — это очень тяжелая дорога: только полчаса в день занимайтесь этим, работая против своей природы, возвращая ее на путь отдачи. А 23,5 часа — занимайтесь как бы сосудами отдачи, то есть будьте готовы прилепиться к Творцу, оставить все свое зло, все отрицательное.

Таким образом, 23,5 часа надо находиться в правой линии, а полчаса в день — идти через левую линию к правой. Это очень важные правила, которые нужно изучать и внести их в устав группы. Это самая первая и важная Заповедь. Без этого нет продвижения. Если ты не можешь 23,5 часа в сутки быть в правой линии, нельзя тебе и на полчаса спускаться в левую линию.

Так что же делать? Почему у меня нет достаточных сил оправдывать Творца в течение 23,5 часов в сутки?

Это происходит из-за того, что ты не получил от группы достаточно высокую оценку того, что «Творец добр и творит добро», что все Его управление положительно. Ты не очистил себя внутри при помощи этого. И потому ты находишься в плохом настроении. Вообще, оставь эти полчаса в день: все 24 часа должны быть силой переведены на правую линию!

Человек все время должен быть прилеплен к правой линии. Ведь зло все время работает. Ты не думай, что ты все время будешь находиться в правой линии. Постоянно работает эгоизм, постоянно есть помехи: их дают нам сверху для нашего продвижения. Не надо бояться того, что мы останемся все время только в правой линии.

Прежде всего, мы должны поверить (и это на самом деле так), что если мы собрались здесь для того, чтобы создать группу, то мы все относимся к одному и тому же органу в теле Адам а-Ришона. Скажем, его почка — это восьмая сфира дэ-ход дэ-Тиферет Адам а-Ришона. Мы связаны друг с другом в этой почке единой системой. И мы вместе.

Именно поэтому нас и собрали вместе в этом перевоплощении, в это время, в этом месте, со всех концов света. Сейчас и здесь мы должны делать определенную работу, исходя из того, что все мы относимся к определенному органу в теле Адам а-Ришона. Тогда успех каждого в объединении группы влияет на всех.

Наше воплощение свидетельствует о том, что мы относимся к определенной системе Адам а-Ришона (я говорю о тех, кто является группой). Будут те, кто уйдет отсюда, будут и те, кто к нам придет. Не это важно. В конечном счете понятие «группа» относится как к мужчинам, так и к женщинам.

В теле Адам а-Ришона происходит работа как мужской части, так и женской, — это Захар и Нуква. Эта система работает так, что мы связаны один с другим. И каждый должен понять, что если он не выполняет отведенную ему роль, то он выбрасывает себя из этой общей системы, или вообще к ней не относится. Он портит ее до тех пор, пока сама система его не выкидывает.

ШЕСТОЙ ОРГАН ЧУВСТВ

Когда в Каббале говорится об осознании зла, то имеется в виду только осознание зла относительно Творца. Мы должны понять, что мы живем тем, чем нас снабжают наши пять органов чувств, то есть ощущениями этого мира. Это вещь воображаемая, не имеющая места в объективной реальности, находящейся вне нас. Через наши пять органов чувств мы ощущаем Творца, который называется в этих пяти видах животных ощущений «этот мир».

Пять видов ощущений не изменяются. Они являются нашими животными качествами, которые неизменны. Большой каббалист имеет такие же глаза, уши, тело и те же болезни, что и все люди, ему можно пересадить сердце от одного человека, глаза — от другого. Что касается тела и его пяти органов чувств, то тут все люди равны. Но это никак не относится к точке в сердце.

Точка в сердце — это дополнительный орган ощущений, который добавляют человеку к его пяти органам чувств. Если он сможет начать чувствовать в ней новую реальность, то его ощущения тоже будут делиться на пять частей. Как каждое наше животное чувство делится на пять видов ощущений, так и духовное чувство делится на пять частей.

В соответствии с уровнем *авиют* (силой желания) они называются: *Шореш*-корень, *Алеф*-один, *Бет*-два, *Гимел*-три, *Далет*-четыре, или, соответственно: *Кетер, Хохма, Бина, Зеир Аннин, Малхут* — пять сфирот, пять частей в духовном чувстве. То, что я ощущаю в этих пяти частях, делится на духовные *домем*-неживой, *цомеах*-растительный, *хай*-животный и *медабер*-говорящий, подобно тому, как и в этом мире есть домем, цомеах, хай и медабер животного уровня.

Как неизменно животное начало, существующее в нас, в наших пяти органах чувств, так и то, что человек узнает с тех пор, когда он был еще маленьким, или потом, будучи взрослым, или став большим каббалистом, женщиной или мужчиной — остается неизменным. То, с чем он родился, то и останется у него навсегда. Можно более или менее умно использовать все эти навыки, но они в итоге не изменяются.

Нам надо отказаться от попыток изменить что-то в этих животных ощущениях. Я могу освободиться от этого одеяния (на нашем языке это называется умереть), и тогда они уйдут из тела. Далее ко мне может присоединиться другое тело, то есть я могу родиться с другим телом... Это все не относится к душе, к шестому чувству.

В шестом органе чувств у меня есть связь с Творцом: все, о чем мы говорим в Каббале, относится только к этом органу. С его помощью, отдельно от других пяти органов чувств, я соединяюсь с Ним. И тогда все качества, такие, как доброта, милосердие, верность, любовь — все, о чем пишется в книгах, это все относится только к шестому органу чувств и касается только связи с Творцом.

Что такое осознание зла?

Я должен познать свою суть. Мои чувства, то, как я работаю с людьми, хороший я или плохой — все это не относится к осознанию зла. Осознание зла — это мое отношение к Творцу. Как я недоволен Его руководством мной, как я не согласен с тем, что Он делает со мной, как я ругаю Его за то, что Он мне посылает, — только это и называется осознанием зла.

Зло — относительно моего отношения к Нему. И это осознание зла — результат того, что я чувствую в действительности. Почему же это называется осознанием зла, ведь тогда получается, что это осознание правды? Но если я понимаю, что это истинное осознание, когда я чувствую, определяю, что оно плохое, и если я начну заниматься моим ощущением и исправлять его, то я почувствую, что Творец относится ко мне хорошо.

С Его стороны нет никакого изменения. Поскольку я сначала чувствовал себя из-за моих свойств плохо, а потом, после исправления моих свойств, чувствую себя хорошо, то, исходя из этого, я делаю вывод, что у меня есть сейчас осознание зла, а потом — и осознание добра. Этим человек определяет меру исправленности своих свойств через шестое чувство и только относительно Творца.

Все, что мы учим в Торе, все, что относится к духовному, к нашей вечной части, к «человеку» в нас — все это справедливо только относительно Творца. Каббалисты говорят, что это шестое чувство необходимо развить из точки, которую дают сверху как начало ощущения Творца, когда человек начинает стремиться к чему-то.

Дальнейшее познание через это чувство вечности и совершенства зависит от того, как из этой точки будет построен сосуд в десять сфирот, то есть эта точка будет расширена. Расширить этот сосуд можно с помощью Учителя, книг и группы.

Если я хочу больше связаться с духовным, с Творцом, с вечностью, то я должен понять, что, кроме моих пяти органов чувств, с помощью которых я живу в этом животном теле, есть еще и шестое чувство, которое связывает меня с Творцом уже в вечной форме. И оно не исчезнет со смертью моего физического тела, т.к. не относится к его пяти органам чувств.

Постепенно с помощью развития шестого органа чувств человек начинает ощущать действительно полный мир, новое воздействие, которое подавляет все другие пять чувств в картине этого мира. И тогда он начинает отождествлять себя с этим шестым чувством, т.к. ощущает, что в нем он вечен. И тогда для него смерть и жизнь — это, как говорит Рабаш, смена старой рубашки на новую.

Это действительно так и не более. Тело воспринимается как нечто совершенно внешнее. Книги, Учитель, группа — это наши средства для взращивания в себе шестого чувства из точки до десяти полных сфирот, то есть до размера парцуфа. Это ощущение в точке называется началом души, а свет, который в ней светит, называется светом души.

И уже от меня зависит процесс расширения этой точки в большое кли, чтобы туда вошел духовный свет, то есть сам Творец присутствовал бы внутри кли, внутри души, и чтобы это воздействие на меня давало мне ощущение миров.

Что это значит? Кли, называемое душа, построено из пяти частей, подобно пяти органам чувств этого мира: зрение, слух, обоняние, вкус, тактильное ощущение. То же самое есть у нас в духовном кли — точке в сердце. Когда я начинаю развивать ее, то чувствую, что она делится на пять частей: Кетер, Хохма, Бина, Зеир Анпин и Малхут.

В каждой из этих частей я чувствую иную форму восприятия, как, например, зрение, слух, запах или вкус. Вкус в духовном — *дибур*-разговор, но при этом не надо забывать, что имеется в виду именно вкус.

И тогда Творец, который находится внутри моего кли, делится во мне тоже на пять частей, называемых *оламот* (от слова *алама* — сокрытие). Творец не обнаруживается немедленно и целиком, потому что я пока еще — маленькое неисправленное кли, в котором есть открытая и скрытая часть. Поэтому Он и ощущается мной как духовный мир, а не как Творец.

По мере достижения конечного исправления своего кли, исправления этого шестого чувства, миры постепенно исчезают, как туман, и я начинаю чувствовать, что Творец соседствует со мной, постепенно наполняя меня. И когда сокрытие исчезает, такое состояние называется конечным исправлением, в котором существуют только я и Творец, наполняющий меня.

В Каббале говорится только о шестом чувстве, о том, как его развить и достичь связи с Творцом в наиболее совершенной и полной форме. Это работа, которую человек должен сделать за то время, пока он находится в этом мире в своем теле. Может быть, он будет это делать в течение нескольких кругооборотов, умирая и рождаясь в животном теле вновь и вновь.

Но в последнем поколении, когда он уже постиг Творца и находится с Ним в совершенной связи, он тоже должен будет жить в этом теле со всеми его недостатками, желаниями и достоинствами. И это не должно мешать ему. Были люди в течение истории, которые достигали конечного исправления, но и они тоже имели тело, болели или были здоровы, старели...

Тело — всего лишь тело, и не относится к душе. Между этими двумя вещами хотя и есть связь, но не прямая, чтобы на нее как-то повлиять. Человек может быть большим каббалистом, но все равно стареет, болеет и умирает. В отношении тела действует животная система. В духовном мы достигаем вечной жизни, но наше тело живет в другой системе.

Под кругооборотами душ понимается не то, что душа входит в тело, они живут вместе, а после смерти тела душа улетает. Кругообороты душ — это когда в течение жизни одного тела в нем могут меняться души: души могут входить в разные тела. Это не так связано с телом, как себе представляют люди... Вообще существует свобода между телом и душой.

Может быть, сейчас с какой-то целью в твое тело переселяется какая-то душа, а потом, чтобы лучше исправить душу, бывшую в твоем теле, ее пересаживают в тело твоего товарища. Тут вообще нет никакого расчета.

Суть исправления души

Души каббалистов, которые находятся в состоянии приближения к концу исправления или уже достигли его, находятся в связи со всеми прочими душами, которые пока не достигли конца исправления. Эти души каббалистов должны сделать свою работу, помочь другим, поэтому они и приходят в наш мир. Они тоже страдают, потому что существует связь между всеми душами.

Мы относимся к телу, называемому Адам а-Ришон. Все души, как женщин, так и мужчин, относятся к одному телу. И в этом теле каждый из нас — это часть, взаимодействующая со всеми прочими частями тела, как в нашем животном теле. Каждый должен, в конечном итоге, исправить себя и занять как в мозаике свое место в теле Адам а-Ришона в исправленной форме.

И когда он соединится со всеми душами, то наступит общий конец исправления всего тела Адам а-Ришона. Если бы Адам а-Ришон, эта общая душа, изначально не согрешил бы и не разбился, то достиг бы исправленного состояния, получил бы весь свет ради получения ради отдачи и объединился бы с Творцом. И мы также должны были бы достичь этого состояния.

По пути к исправлению мы проходим этапы исправления шестого чувства. Эти этапы заключаются не в том, что мы исправляем себя, а в том, что исправляем свою связь со всеми прочими душами. Человек не должен себя исправлять. Он не должен пребывать внутри своего желания получать. Он лишь должен исправить свое отношение ко всем остальным частям Адам а-Ришона.

Проблема после разбиения Адам а-Ришона в том, что разбился общий экран, который связывал всех и каждого. После разбиения экрана каждый начал думать только о себе, замкнулся в себе и стал называться частной испорченной душой.

Исправление души заключается не в том, чтобы исправить что-то внутри нее, а в том, чтобы исправить ее связи со всеми другими частями. Поэтому исправивший себя каббалист, поскольку он связан со всеми другими частями-душами, все больше увеличивает эту связь с ними, помогая тем самым другим душам в их исправлениях.

Поэтому мы говорим, что распространение Каббалы — дело наиболее важное. Когда каббалист начинает помогать другим в их исправлениях, он получает их желания и исправляет их внутри себя, т.е. фактически он начинает брать на себя их беды.

Мы учим в «Предисловии к Талмуду Десяти Сфирот», что среди этапов, которые человек проходит по ступеням лестницы, вплоть до конечного исправления, исправляя свою душу, есть этап, называемый *мицтаэр бэ-цаар а-цибур* (присоединяется к бедам общества), а следующий этап — *зохе ле нехамат а-цибур* (удостаивается утешения общества).

Каббалист присоединяет к себе все прочие души, которые имеются в теле Адам а-Ришона. А после того, как присоединил все другие души к себе, он сам становится как Адам а-Ришон и получает весь свет, ему полагающийся.

В этих исправлениях, которые делает человек, он страдает за все общество. И тогда он должен болеть, как и все, жить и умирать, участвуя в различных испорченных процессах, существующих в обществе. Он также проходит и падения, и стыд, и все, что происходит в обществе. Это означает соединиться с обществом.

Включаясь в общество, каббалист его исправляет. Кто-то может упасть так, что у него не хватит сил подняться. Но когда это падение переходит к каббалисту, он помогает человеку снова подняться.

Впрочем, это никого не освобождает от личного исправления, поскольку этим готовят каждого для исправлений: в каждом есть часть от всех, и это большая работа каббалистов. Поэтому, несмотря на то, что человек поднимается по ступеням лестницы и продвигается к вечности и к духовности, он болеет, имеет проблемы и беды. Здесь нет того, что кажется глупцу: чем ближе к Творцу, тем должно быть лучше, увереннее, радостнее.

Нет! На каждом этапе есть своя левая линия, когда человеку тяжело, не хватает чего-то, с ним случаются разные беды. Но он немедленно исправляет это и продолжает путь дальше. Работа по исправлению заканчивается только в конце исправления. Каждый делает как индивидуальную работу, так и общую.

С этим можно не соглашаться, но это именно то, что происходит. Оправдать по-настоящему можно только в конце. А поначалу каждый думает: «с какой стати я должен работать для всех, ведь я забочусь о себе...». Но невозможно ничего сделать, не заботясь обо всех.

Каббалист, который проходит этап, называемый «мицтаэр бэ-цар а-цибур», собирает все беды общества на себя, потому что он находится в каждой из душ: так он исправляет свое включение во все прочие души.

В Каббале мы изучаем, что сверху-вниз расположены десять сфирот (*Кетер, Хохма, Бина, Хесед, Гвура, Тиферет, Нецах, Ход, Есод, Малхут*), каждая из которых также состоит из десяти. Кроме того, каждая из них в ширину тоже включает в себя десять сфирот. Тогда получается, что имеются сто сфирот.

Каждая из этих ста сфирот тоже содержит по десять как в высоту, так и в ширину: сто умноженное на сто. И снова они включаются одна в другую, и так до бесконечности. Это и называется кли — полная сфера кли, где между всеми ее частями есть связь: каждая ее часть состоит из всех, все включены в нее, и она присутствует в каждом. Это дает возможность каждой душе быть вместо всех, чувствовать за всех совершенство и вечность, но для этого необходимо быть в связи со всеми. А как ты можешь быть в связи с кем-то? Только путем желания получать, когда берешь его желание получать и начинаешь работать с ним, как со своим.

Когда мы начинаем работать с нашим шестым органом чувств, то работа заключается не в работе над самим собой, а в работе над связью с группой. Другими словами, если человек хочет развить свое шестое чувство и ощутить в нем вечность, духовность и начало пути, то необходимо построить группу, в которой он связывался бы со всеми его товарищами, чувствовал их желания, помогал бы им, а они бы делали то же самое для него.

И тогда в этом маленьком объединении он начинает развивать свое шестое чувство, без которого нет надежды достичь духовного, потому что иначе он остается замкнутым в себе, без связи с другими, в то время как сверху ему могли бы дать группу, систему связи, где можно развить шестое чувство — его духовное чувство...

До того, как сверху дадут экран...

Пока сверху не дадут экран, невозможно достичь связи с товарищами: вне всякого сомнения, до той поры все — ложь, и все — игра. И мы должны знать, что находимся во лжи и играем. Но если мы этого не будем делать, то не дойдем до истины: у нас нет выбора.

Я не люблю никого, мне безразличны все, мне важно лишь то, что имеет отношение только ко мне: это для меня важнее, чем все вместе взятые мои товарищи. Если ты в это веришь, значит, у тебя есть уже какая-то степень осознания истины: тебе неважно вообще ничего, кроме тебя самого.

Человек доходит до того, что ему вообще неважно ничего, включая детей, жену, друзей, семью, родителей, а важно только то, что происходит с ним. В таком состоянии мы находимся до тех пор, пока не входим в духовное, пока не получаем экран, который нас останавливает, отрезает наше эго и дает нам возможность связаться с тем, что вне нас.

А вне нас находится только Творец. Мы начинаем чувствовать Его, чувствовать духовное, начинаем жить другой жизнью. А до этого — нет. Конечно же, до приобретения экрана (это называется выходом из Египта) мы не способны любить кого-то или думать о ком-то. Мы знаем, кто мы такие, но, несмотря на это, работаем, чтобы достичь цели. Мы осознаем эту ситуацию в ее истинной форме, не лжем себе...

Мы знаем, кто мы такие, и что мы должны таким способом тренироваться. Эти тренировки в любви, в попытках благодарить кого-то, поддерживать, что-то делать вместе, и понимание того, что мы делаем это во имя цели (если мы относимся к этому серьезно, без лицемерия), могут помочь нам достичь духовного.

Конечно же, группа дана для того, чтобы показать, что человек сам ни на что не способен, не хочет, не любит — до такой степени он эгоист. Но, несмотря на то, что во мне открывается, я использую группу, чтобы продвигаться к духовному. И не надо тут говорить, что он не любит товарищей, а я люблю... Что значит любит? Все должно быть в очень ясной и подконтрольной форме.

Когда мы находимся в группе, то все как будто играем... Почему лучше быть в игре, чем в иллюзии? В иллюзии так: «я люблю своего товарища, потому что он хороший человек, отзывчивый, интеллигентный»... В этом я лгу. Я должен относиться к нему хорошо, поскольку хочу достичь Творца. Впереди я должен ставить всегда мою цель — Творца, потом — группу, следом — товарища, а затем еще кого-то.

Если мы говорим, что нам хорошо в группе, что мы любим друг друга, то тогда это просто группа «рашаим» (плохих людей), группа «пуштаким» (никчемных людей). В начале всего должна быть мысль, что ты хочешь достичь Творца, поэтому-то и связываешься с группой, поэтому-то и связываешься сейчас с товарищем.

Все надо делать осознанно: на самом деле ты не хочешь любить и никого не любишь. К любви в группе тебя всегда обязывает цель, а не просто хорошие отношения или наличие хороших людей. И группа — это тоже не такая простая вещь, чтобы легко можно было найти хорошую, хотя мы и помогаем друг другу. Но не ради этого мы собрались тут, т.к. это не определяет ни одно мое действие.

Прежде всего должна быть цель, и тогда вы приобретете продвижение, т.к. каждое действие будет приближать к ней. Тут я должен быть в связи с товарищами, которых я не люблю. Истинное осознание зла — это отношение к Творцу, понимание того, насколько я не могу Его оправдать.

И снова я повторяю, что мы должны отойти от всех чувств и ощущений, всех отношений любви или ненависти: все должно быть направлено только к цели. Это не снижает чувство, а наоборот, его усиливает. Но усиливает уже не животное чувство, что нам хорошо и что мы любим друг друга, а любовь и объединение целенаправленные: очень важно сменить одно на другое.

И тогда не будет проблем. Каждый будет знать, что он не испытывает к товарищу ни любви, ни ненависти: мы должны лишь вместе достичь какой-то цели. Ради этого мы все и делаем. Все делается только во имя цели, и нет каких-то личных счетов. Надо пожертвовать животными, личными интересами.

Каждому дали сверху его животные качества, и они никогда не изменяются, и мы не можем их исправить. Каким человек родился, таким и умрет: ничего не поможет. Ты можешь дать ему немного наркотиков, чтобы стал спокойнее, или еще чего-нибудь, чтобы стал более радостным. Но ты не можешь ничего изменить в его животном начале.

Если мы хотим что-то изменить, то должны менять только в духовном. Поэтому надо воспринимать каждого, как животное, находящееся рядом, с которым мы должны исправить нашу внутреннюю природу при помощи нашей духовной связи так, как это предписано Творцом сверху. Он это сделал специально. Так в чем же я виноват?

Если бы я выбирал себе друзей, то выбрал бы других... Никто из моих учеников туда не попал бы. Мы должны понять, что эта группа — наиболее подходящая для меня, что все это собрание душ с их животными качествами — самое лучшее для моего развития и для каждого из них тоже. Не надо обращать внимание на их животные качества, надо относиться к ним, принимая во внимание только нашу общую цель — мы должны сделать на этом акцент.

Наша цель — это связь с Творцом. Как ты чувствуешь кого-то около себя, так же ты должен почувствовать Его около себя. Я уже не говорю о том, чтобы почувствовать, что Он наполняет тебя, определяет все твои желания, все твои мысли и намерения, прошлое, настоящее и будущее. Кто же ты? Чувствующий все это.

Не я сам выбрал себе Учителя. Я искал его везде, но когда пришел к нему... Это не относится ни к моему выбору, ни к моему исследованию. Я это должен воспринимать как мои качества: все они вот такие. Сам бы я сделал себя намного лучше, чем Он сделал. Но нет выбора: Он знал, что делал.

Он знал, что именно с помощью исправления этих свойств я достигну слияния с Ним. И так каждый из нас. Если у меня не будет связи с кем-то, то у меня будет отсутствовать точно это исправление, и я не достигну слияния с Творцом в этом направлении. Все мы привязаны к единой закрытой системе.

Если у человека нет правильного отношения к Творцу

Конечно же, у человека нет правильного отношения к Творцу. Какое же может быть отношение? Я вообще никак к Нему не отношусь, я Его вообще не ощущаю: как же я могу к Нему относиться? Скажем, живет в Северном море какая-то рыба: как я к ней отношусь? Никак, т.к. никогда ее не видел и не чувствовал. Как я могу вообразить ее себе?

Да от нас и не требуется что-то делать. Если у тебя есть какое-то небольшое начальное желание — это признак того, что тебе дают сверху шанс приблизиться к Нему, достичь связи с Ним. Если ты используешь эту связь — хорошо, а если нет, то нет.

Написано в статье «Свобода выбора», что только в этом и есть у тебя свобода выбора: усилить стремление к Нему и только. И нет ничего другого. Написано, что связаться с Ним я могу только с помощью группы. Он дал мне эту группу, и с помощью работы в этой группе я усиливаю свое желание к Нему, приближаюсь к Нему.

И получается, что работа в группе — это единственное средство, которое находится в твоем распоряжении для того, чтобы войти в духовное. Он дал тебе это состояние. Он дал тебе маленькое желание, настолько маленькое, что его почти нет, но все-таки дал тебе возможность быть тут и слушать. Сейчас мяч, если так можно сказать, находится в твоих руках.

- **Вопрос:** Это может мне помочь стремиться и к духовному желанию тоже?

Конечно. Если ты смотришь на всех, и они кажутся тебе глупыми — это нормально, поскольку каждый уверен, что он умнее всех. Но человек, находясь в обществе, попадает под его влияние — «промывку мозгов». Тогда он начинает получать желания окружающих, почитать то, что другие почитают, интересоваться совершенно иным.

Все эти состояния приходят под разными одеяниями, такими, как забота о семье, о доме и т.д. Таким путем,

путем разных одеяний, мы тоже приходим к какой-то связи с Творцом. Хотим мы того или нет, но свободный выбор окружения, общества — это единственный выбор, осуществляемый нами. Можно даже сказать, что группа — это то, к чему, в итоге, приходит человек.

- **Вопрос: После того, как входим в духовное, наша работа меняется?**

После того, как мы входим в духовное, работа меняется, но не так, чтобы она стала другой. Она уже будет между душами, а не между людьми. И это уже работа с Творцом, который открылся тебе. Допустим, что сейчас у тебя есть абстрактная идея, называемая Творец, и есть товарищи. Точно так же потом будет ощущение душ и Творца, но на другом уровне и в более открытой форме.

Нет такой заповеди — просто так любить людей. Если я нахожусь в группе и просто их люблю, то должен спросить себя, для чего я тут нахожусь и для чего я их люблю. В любом случае, человек должен иметь намерение до начала любого действия. Всегда необходимо спросить себя: зачем я так думаю, почему я так чувствую, почему мне хочется этого, и для чего я иду что-то делать.

Важность Творца должна стать девизом всей группы. Должно стать самым важным — почувствовать Его, узнать Его, схватить Его, связаться с Ним. Если человек этого удостаивается, то у него будет вечная жизнь, совершенство, изобилие, понимание всего, уверенность.

Он уже не чувствует себя маленьким щенком, который ничего не знает в жизни, который всегда в страхе, не зная, что случится с ним завтра и который зависит от всего на свете. Все эти вещи должны постоянно обсуждаться в группе, даже в самой эгоистической и животной форме: что я получу за то, что у меня будет связь с Ним? Это очень хорошо. Это называется «ло лишма».

- **Вопрос: Что в этом случае считается осознанием зла?**

Если я думаю о Нем плохо — это не называется осознанием зла. Когда я осуждаю себя за то, что отношусь к Нему плохо, — тогда это называется осознанием зла. А если я отношусь к Нему плохо и мне это неважно — это не называется осознанием зла: я не вижу в этом зла.

Выбор приоритета

Работа по распространению Каббалы зависит только от того, что человек чувствует при этом, что он получает. Бааль Сулам приводит такой пример. Допустим, я работаю в магазине: продаю сметану. Если она стоила мне 20 агорот, а я продаю ее тебе за 40 агорот, то я положил себе в карман прибыль (20 агорот). Таким же образом и за хлеб я выручил 5 агорот прибыли. И каждый раз, когда я что-то делаю, то немедленно зарабатываю. От этих денег я чувствую наслаждение.

Есть люди, которые не чувствуют наслаждения от денег. Тогда у них не будет сил продавать и класть прибыль в карман. Скажем, есть в джунглях Африки некто, не знающий вообще, что такое деньги. Он дает мне хлеб, а я ему взамен — какое-то железо: нет у него понятия важности денег, он не чувствует, что за них можно купить наслаждения.

Есть люди, которые способны работать только в том случае, если они получают деньги немедленно, на месте. Есть такие, которые согласны получать зарплату в конце недели, а то и в конце месяца. А есть люди, которые планируют прибыль только через несколько лет: они вкладывают в дело много денег и времени. Это, как правило, большие планы.

Скажем, есть план строительства электростанции на воде. Это работа, рассчитанная на 5-7 лет при начальном вложении около 2-х миллиардов долларов. При этом планируется вернуть деньги через 10 лет, а через 20 лет начать получать прибыль... И определенные люди готовы вкладывать средства в это дело, чтобы ждать прибыли 20 лет. Тяжело. Но именно так обстоит дело.

Есть люди с развитым мышлением, способные предвидеть на много лет вперед: они знают, что от этого можно много получить... А получат-то они миллиарды... Они не считают прибылью 5 агорот, как за хлеб. А хозяин магазина, проработав 20 лет, не получит миллиарды. Да он и не способен ждать 20 лет большой прибыли. А они готовы ждать, чтобы получить миллиард. Хозяин магазина в течение этих 20 лет получит, скажем, всего лишь миллион. А это, согласитесь, огромная разница, но он не способен к другому. В чем разница между ними? Разница между ними в том, что для каждого существует свой критерий. Если бы мне было важно получить миллиард вместо миллиона в течение 20 лет, то вместо 5 грошей сейчас я бы получил их через 20 лет, а к ним еще 10 грошей, и еще 20... И получил бы, таким образом, потом миллиард вместо миллиона.

Все зависит от цели, которой я хочу достичь, скажем, через эти 20 лет. Тогда я стал бы уже не хозяином магазина, а хозяином электростанции. Разница лишь в предпочтении того, к чему я в итоге прихожу.

Тора дает нам разные советы. Можно пойти на кладбище и подумать о жизни, поговорить о том, что особенного ты вообще приобретаешь или теряешь в своей жизни. Может, у тебя есть возможность стать президентом, а здесь — «только» связаться с Творцом. Человек должен создать систему, которая бы «промывала» ему мозги в самой простой форме. И с этого мы все начинаем.

Я не знаю, что приобретает или теряет человек, решивший войти в группу. Может быть, где-то есть у него какие-то особые возможности, а тут не будет. Но все зависит от того, что в итоге я продаю и что покупаю. Что на что я меняю. От таких простых и низменных вещей мы приходим к чему-то большому.

Человек начинает осознавать зло (из-за воздействия на него окружающего света, находящегося вокруг, который хочет войти и наполнить его душу) в тот момент, когда в ней появится самый маленький экран. Но до тех пор, пока нет экрана, наполнение нас ждет снаружи. Ты чувствуешь разницу между этим светом и своими свойствами — это и есть осознание зла.

Человек начинает чувствовать, стесняться, иногда ненавидеть себя... Но эти вещи не должны его останавливать: он должен относить все к Творцу. Важность группы зависит только от нас. Если мы все время будем говорить об этом — это будет нам важно. Важность группы зависит от того, сколько мы в нее вкладываем. Иногда люди берут чужого ребенка, вкладывают в него свои силы и средства, и он становится как их собственный...

Диалоги

ОГЛАВЛЕНИЕ

Беседа с учеными 309
Закон сообщающихся сосудов 329

БЕСЕДА С УЧЕНЫМИ
Общие сведения

Мы познаем мир, как известно, с помощью наших органов чувств. Мы — как черный ящик, который воспринимает только то, что в него входит снаружи. А вернее в этот ящик не входит ничего, а только воздействует на него, «давит», и он на это реагирует.

То, что «попадает» таким образом в нас, в нашу замкнутую в себе систему через 5 органов чувств, фиксируется, обрабатывается, анализируется. А то, что не улавливается нашими 5-ю органами чувств, мы не ощущаем.

Само внешнее воздействие остается для нас тайной, о нем мы объективно судить не можем. А ощущаем мы только то, что является реакцией на внешнее воздействие. Поэтому все наше познание замкнуто в самих себе. Мы обрабатываем всю поступающую к нам информацию только через наши ощущения.

Все существующие приборы лишь расширяют диапазон наших ощущений, но не позволяют выйти за их рамки. Никакими приборами невозможно создать новый орган чувств. Мы не представляем себе, как бы мы ощущали окружающее нас, если бы имели иные органы ощущений.

Вся совокупность ощущений после анализа, создает в нас внутреннюю картину, называемую нами «наш мир». Это сугубо субъективная картина, ни с чем не сравниваемая. Мы никогда не можем сравнить объективную реальность, существующую вне нас, с субъективной, существующей в нас.

Из этой ограниченности нашего познания нет никакого выхода. Мы навсегда замкнуты в рамках наших ощущений. У всех нас существует общность ощущений, что дает нам возможность общаться друг с другом, обмениваться знаниями, впечатлениями, понимать друг друга.

Все наши органы ощущений, вернее, органы получения информации, получают ее, фиксируют, обрабатывают и оценивают исключительно по признаку полезности.

Любой организм устроен так, что его единственным желанием является желание получения наслаждения. Этот закон существует на всех уровнях природы. Желание получения максимального наслаждения — это основной закон неживой, растительной, животной и человеческой природы.

Существует методика, позволяющая развить дополнительные органы ощущения. Эта методика называется «Каббала» — от слова получить, т.е. получить дополнительную информацию о чем-то существующем во внешнем мироздании. Освоив этот метод, мы почувствуем окружающий нас мир совершенно другим. Он будет называться «будущий мир», а не «этот мир», мир который можно ощутить вновь приобретенным органом ощущений.

Этот мир будет ощущаться вне зависимости от нашего эгоистического тела, в отрыве от нашего «Я». Человек, ощутивший это, называется «каббалист». Каббалист может общаться «каббалистически» с теми, кто находится на какой-либо ступени постижения внешнего мира.

Методика такого постижения внешнего мира очень древняя, научная, в ней существует свой математический аппарат, методологический, психологический. Эта методика разбирает всю механику внутренней работы человека. Она показывает, каким образом в каждой ситуации можно выйти за пределы своих внутренних ощущений для постижения внешних, еще до того, как они влияют на наши органы чувств.

Вооружившись каббалистической методикой, человек, оставаясь в своем физическом теле, живя в нашем мире, как мы, выходит своими ощущениями за рамки своего эгоистического тела, т.е. желания получить. Он приобретает возможность как бы ощущать мир вне себя.

Каббалисты — это такие же люди, как мы с вами. Но, вооружившись каббалистической методикой, они смогли произвести такую работу над собой, что начали ощущать внешний объективный мир. И об этом они рассказывают нам в своих книгах. Книги эти пишутся особым языком, который называется «языком ветвей». Каббалисты знакомят нас с системой духовных миров.

Всего существует 5 миров, 5 уровней познания. Каждый мир является следствием другого. Сигналы исходят из Высшего мира, проходят через более низкие миры и ослабляют сигнал от Высшего мира до такой степени, что могут уже ощущаться нами, находящимися в самом низшем мире.

Все миры построены по общей схеме. Все, что есть в нашем мире: любой атом, клетка, организм — имеет корень, свой прообраз в духовных мирах.

Хотя в Высших мирах нет материальных объектов, а только силы, рождающие объекты нашего мира и наши ощущения, но эти силы, корни того, что есть в нашем мире, мы можем называть именами ветвей, которые эти силы рождают в нашем мире.

Существует четкая определенная связь между силой Высшего мира и ее следствием в нашем мире. Поэтому любой корень сверху мы можем назвать его ветвью в нашем мире. Это и есть «язык ветвей», на котором написаны каббалистические книги.

И хотя, читая все книги Торы, мы представляем поначалу, что речь идет якобы о действиях в нашем мире, каббалисты понимают, что этими словами описывается происходящее в духовных мирах.

Каббалисты, постигая духовные миры, могут дойти до очень высокого уровня, ощутить сам Источник, получить истинную, первейшую информацию, которая говорит о том, что все 5 миров и наш мир порождены с определенной целью: чтобы человек в нашем мире развил в себе дополнительный орган чувств и поднялся до ощущения в себе всех 5-ти миров, чтобы он жил одновременно во всех мирах, не покидая своего тела. И пока человек не достигнет этого состояния, он должен будет заново рождаться, нисходить в наш мир.

Каббалисты своими советами, своими методами призваны помогать нам в прохождении этого пути. Поэтому название «Тора» происходит от слова «ораа» — инструкция, направляющая человека по правильному пути.

Существует несколько разделов в Каббале, хотя все они говорят о постижении единого поля. Есть раздел, занимающийся нисхождением миров и сигналов сверху вниз, который говорит о том, как высшее поле постепенно, по мере нисхождения, сокращает себя, материализуется по 5 ступеням сокращения, вплоть до нашего мира. Каждый из миров представляет собой все большее скрытие Высшего поля.

Есть раздел Каббалы, который занимается изучением только Высших миров, их функционирования, управления, воздействия на нас, того, как мы своими поступками воздействуем на них, и как в зависимости от наших реакций они снова воздействуют на нас. Вся система 5-ти миров представляет собой единое целое, называемое «системой 10-ти сфирот», «10-ти уровней управления».

Следующий раздел Каббалы занимается методикой развития души, внутренней части человека, помещаемой в него из Высшего мира. Человек — это единственный живой организм, в котором существует душа — часть Высшего мира.

Эта часть не имеет ничего общего с той витальной оживляющей силой нашего тела, которая не отличает тело человека от тел животных. Речь идет именно об особой энергетической духовной субстанции, реализуя которую, человек переходит из разряда прямоходящего двуногого в разряд «человек».

Все кругообороты, связанные с нисхождением этой духовной части в биологическое тело, выходом из него после его биологической смерти и нисхождением в новое тело, называются кругооборотами души. У тела кругооборотов нет!

Часть Каббалы, занимающаяся созданием математического аппарата для описания духовных процессов, происходящих с душой, позволяет каббалисту научно подходить к происходящему в нем, изучать на себе воздействие духовных миров, анализировать, градуировать, формулировать связи сигналов воздействия свыше с реакциями в нем и наоборот, получить в итоге практический результат для наилучшей, оптимальной реализации той духовно-энергетической части, души, которую он получил свыше. Этот математический аппарат Каббалы состоит из:

— гематрий — цифровых записей духовных состояний миров и души,
— графиков состояния и зависимости влияния миров на душу и влияния души, человека, на духовные миры,
— таблиц, матриц всевозможных включений свойств миров и душ.

Есть часть Каббалы, которая занимается только воздействием человека на Высшие миры снизу-вверх. И есть часть, занимающаяся влиянием Высших миров на наш мир вне связи с действиями человека. Такие воздействия сверху-вниз называются «будни», «праздники», «суббота», «новолуние», «новый год» и пр. — то, что не зависит от действий человека.

В итоге постижения из нашего мира Высших духовных миров человек начинает ощущать единую систему творения и единый замысел творения. Но еще до ощущения духовного, только начиная изучение Каббалы, человек начинает понимать, что без приобретения шестого, альтруистического, чувства он не сможет выйти за границы своего мира, что все его существование — не более как бегство от страданий.

Конечной целью изучаемой нами духовной энергетической системы является получение человеком полнейшего наслаждения, когда он достигает абсолютного совершенства в своем существовании, абсолютного познания, а как следствие этого полного равновесия своей внутренней системы, души, с внешней системой, называемой «Творец».

В течение тысячелетий существования нашего мира каждое поколение отличается от предыдущего все более эгоистическим характером душ. Поэтому и методика постижения духовных миров в каждом поколении иная. Ведь постижение духовного происходит в самой душе, а если качественно меняется она, то, соответственно, меняется и методика.

Предназначение каббалистов, находящихся в том или ином поколении, заключается в том, чтобы подправлять, корректировать методику постижения Творца, Каббалу, в соответствии с характером душ данного поколения.

Создателем первой каббалистической методики был великий Рашби. Он появился потому, что возникла необходимость в новой методике. И он создал ее в своей Книге Зоар, в IV веке нашей эры.

Потребность в изменении этой методики возникла лишь в XVI веке. Каббалистом, который создал новую методику для нового вида душ своего поколения, был Ари. Как он пишет в предисловии к своей методике, начиная с его времени и далее каждый, желающий изучать Каббалу, может изучать ее, потому что с его времени и далее все нисходящие в наш мир души могут постичь корень своего происхождения и, закончив свое исправление, более не возвращаться в наш мир.

Последним каббалистом, создавшим новую методику для нашего поколения, был Й. Ашлаг — Бааль Сулам (1885-1955 гг.). Он создал комментарии на Книгу Зоар, комментарии на книги Ари и разработал методику постижения внешнего, духовного мира подстать типу душ, нисходящих в наш мир сегодня.

У человека с большим эгоизмом большие возможности постижения духовного. И в человеке так же, как во всей природе, можно выделить разные уровни желания: неживой, растительный, животный и человеческий. Наименьший эгоизм — на неживом уровне, а наибольший — на человеческом.

Поскольку мы изучаем систему духовных миров, из которой исходят все следствия нашего мира, то можно говорить о духовных приложениях знаний Каббалы не только в науке, но и в живописи, музыке и во всех прочих проявлениях деятельности человека.

Изучая Каббалу, человек постигает общие законы мироздания, в том числе и все законы нашего мира. При постижении духовных миров можно видеть следствие и зарождение всех наук в нашем мире. Провести грань между тем, что уже открыто, а что недоступно научным исследованиям ученых, увидеть, где обрывается граница познания с помощью наших 5-ти органов чувств, приборов, логики и где начинается уже внешний мир, — можно только выйдя своими личными свойствами из рамок нашего мира.

Каббалисты объединяются в группы, чтобы вместе заниматься, вместе вызывать на себя более интенсивное высшее духовное воздействие. Когда их намерения и желания едины, они складываются в одно и увеличиваются в зависимости от количества участников. Таким образом, у каждого создается возможность получить больший духовный заряд. Кроме того, связываясь с истинным Источником, с автором, можно с их помощью приблизиться к месту нахождения его души.

Каббалисты внутренне переживают сильные душевные ощущения, но эти ощущения всегда положительные. Связано это с тем, что во время продвижения у них постепенно то изымают духовно-энергетические частички, то снова добавляют, но уже в большем размере. Первое состояние называется падением, второе — подъемом. И чем на более высоком духовном уровне происходят такие падения и взлеты, тем больший контраст между ними. Но именно на таких контрастах и строится духовное постижение.

Дополнительный орган ощущения, в который человек получает информацию об истинной картине мироздания, называется «сосуд» — «кли», а получение высшей, духовной информации называется «получением света», или «обретением души». Есть возможность менять количество и качество получения духовной информации по своему выбору, так называемому «возбуждению снизу». А есть иная, пассивная возможность, возбуждением свыше, тем единым полем, по той программе, которая находится в каждом, где уже заранее запрограммировано, до какого духовного уровня можно дойти, — ждать, пока снизойдет свет свыше.

Путь, которым нас обычно ведут к духовному восхождению, называется «путь страданий». По нему идет все человечество. Подталкиваемые сзади страданиями, убегая от них, мы постепенно должны прийти к осознанию необходимости духовного восхождения. Это пассивный путь, зависимый от времени и длящийся века и возвращения в этот мир.

Второй путь называется «Путь Торы», когда человек сам начинает управлять своим духовным прогрессом. В этом случае он обгоняет свое время. Ему больше не надо возвращаться в этот мир, если он сможет за одну свою жизнь закончить миссию пребывания в самом низшем нашем мире.

Поэтому каббалисты всячески поощряют и приветствуют распространение Каббалы, особенно в наше время, когда души уже практически пригодны для духовной работы.

- **Вопрос: Как узнать, какое учение считается правильным?**

Никаких критериев нет. Я задавал тот же вопрос своему Учителю. У меня одна жизнь, и я хотел бы в ней достичь как можно большего, достичь цели своего предназначения. Поэтому необходимо знать человеку, правильным ли путем он идет. Откуда я могу знать, что мой учитель настоящий?

Никакой возможности проверить это заранее нет и быть не может. Только человек не имеет права останавливаться, если чувствует неудовлетворение своим учителем, а должен идти искать более подходящего для себя, своей души. Не все нуждаются в истинном Учителе-каббалисте. Многие, потому как еще не пришло время их окончательного исправления, ощущают удовлетворение от посещения всевозможных «духовных» кружков.

Для того чтобы проверить, где он находится, человек должен как бы выйти из себя и проверить свое состояние со стороны, имея при этом какие-то орудия для проверки. Но одно я могу сказать: если у человека есть истинное желание, его приведут, куда нужно.

- **Вопрос: Когда появился первоисточник по Каббале?**

Первый источник по Каббале, книга «Разиэль а-Малах», появилась около 5500 лет назад. Второй — это «Сефер Ецира» — написан праотцем Авраамом. Основной первоисточник Каббалы — Книгу Зоар написал 1500 лет назад Рашби.

- **Вопрос: Существует ли какое-то воздействие Высших сил на нас, кроме нашего стремления к совершенству?**

Постоянно спускаются в наш мир души, которые фильтруются, совершенствуются. Но все это происходит под воздействием страданий. Двигаться мы обязаны. Цель задана, и мы должны ей следовать. Хотим мы этого или нет, на нас постоянно действует высшая сила, которая направляет нас, приближая к цели. Это не наш выбор. **Наша свобода воли в том, что после того, как нас привели на лекцию, например, и мы услышали о цели и методе ее достижения, приложить усилия для реализации этой цели.**

- **Вопрос: Каббала — это учение для всего человечества?**

Да. И так сказано у наших пророков: «И все познают Меня, от мала до велика!»

- **Вопрос: Что понимается в Каббале под словом энергия и энергетическое поле?**

Это внешняя духовная сила, которая действует на нашу душу и движет ее к той точке поля, которая ей соответствует. Это подобно движению электрического заряда в потенциальном электрическом поле. Энергия — причина движения всего сотворенного, как материального, так и духовного.

- **Вопрос: Отличие языка Каббалы от других?**

Вся разница только в языке описания духовных миров. Внешний, духовный мир можно описать многими средствами, даже музыкой, как это подчас и делают каббалисты. Письменный язык также имеет несколько уровней описания истинного мира, мироздания, которое открывается каббалистам. Есть язык Танаха, Сказаний, Талмуда, но язык Каббалы наиболее точен в описании «того мира», и потому каббалисты больше всего пользуются им.

Но любое изложение духовной информации, на любом языке, сделано каббалистами, потому что всегда это описание духовного мира, и нет там ни одного слова о нашем мире.

- **Вопрос: Что такое кругооборот душ?**

Это когда в наше биологическое тело помещается духовный потенциал определенного личного векторного направления, более высший или более низший по своей величине. В соответствии с величиной и знаком этого потенциала, душа и стремится к своему Источнику, называемому «Творец».

- **Вопрос: Меняется ли наш мир в лучшую сторону со сменой поколений?**

Нет, совсем наоборот. Путь страданий заключается не в том, чтобы просто давать нам эти страдания, а в том, чтобы привести мир к осознанию источника страданий, показать, что источник страданий находится в нас самих. Но если мы не будем реагировать на это, страдания будут усиливаться. В природе самого эгоизма заключается осознание его отрицания. Если я точно буду знать, что источником моих страданий является мой эгоизм, я его возненавижу и откажусь от его использования. Такое осознание называется «осознанием зла» — «Акарат ра».

- **Вопрос: Что такое «тайное учение»?**

«Тайным» оно называется до тех пор, пока вы его не знаете. Любое учение до постижения его человеком называется тайным. Но отличие Каббалы от остальных наук в том, что для постижения обычных наук человеку нет необходимости менять свои внутренние свойства. Оставаясь совершенным эгоистом и ненавистником всего окружающего, даже с мыслью об истреблении себе подобных, человек все равно может стать большим ученым, быть блестящим физиком или химиком. Вы не должны получать новый, альтруистический орган ощущений, чтобы заниматься какой-то другой наукой.

Каббала называется тайной, потому что информацию каждый получает отдельно в свой 6-й орган чувств. Для других она останется тайной. Вы начинаете постигать тот мир, который для других скрыт. Поэтому только по мере своего личного исправления человек, и только он сам, постигает истинное мироздание и получает огромные силы в свою власть.

- **Вопрос: Собираются ли между собой каббалисты в одном месте, чтобы обсуждать какие-то общие задачи? Есть ли у них тайные собрания?**

Этого я вам сказать не могу! Но для того, чтобы общаться, нет необходимости собираться в одном месте. Это можно сделать даже, если один живет в Австралии, а другой — в Израиле. Каббалисты, постигшие один и тот же духовный уровень, как бы находятся рядом, и нет никакой проблемы общаться через физические расстояния. Нас разделяют только физические поля, единое духовное поле объединяет нас.

- **Вопрос: Пробовали ли Вы когда-нибудь предсказывать?**

Никогда! Правда, единственный раз я сказал по радио «Рэка», что войны не будет, потому что ко мне начали приходить люди в ужасных истерических состояниях, на грани нервных срывов, стрессов, сумасшествий. Мне ничего не оставалось, как сказать по радио, что все будет в порядке.

И еще один раз в 1984 году, называемом на иврите «ташмад», что означает «уничтожение», все ждали чуть ли не конца света. Я тогда выступил и объяснил, что все это относится к духовным корням, а к нам, низшим, отношения не имеет. Настоящие каббалисты никогда не будут заниматься предсказаниями. Да и какой смысл предсказывать людям что-то плохое?

Очень многие люди в наше время занимаются предсказаниями, но это не имеет ничего общего с Каббалой. Они обладают разными энергиями, воздействиями, способностями снимать сглазы, магическими свойствами. Но с духовным их ничего не связывает. Все это свойства физиологического организма. От того, что кошка заранее чувствует землетрясение, вы ведь ее не называете пророком. И то же самое относится к предсказателям.

Вся эта информация заключена в физиологическом, а не духовном теле. Есть люди, которые это лучше чувствуют. Придите к какому-то шаману или бедуину, они вам тоже предскажут что-то. Потому что все органы ощущений у них еще не повреждены технологической цивилизацией, как у нас. Но в последнее время уже те же психиатрические проблемы есть даже у бедуинов в Негеве. Результат «прогресса».

- **Вопрос: Есть ли у каббалиста третий глаз?**

Нет. Но есть «третья линия» — это линия духовного постижения, ничего с надуманным «третьим глазом» общего не имеющая. Надуманным, потому что, очевидно, под этим подразумевается новый орган ощущений, а он может быть приобретен только методикой Каббалы.

- **Вопрос: Где можно что-нибудь прочитать о свободе воли?**

О свободе воли лучше всего говорится в «Предисловии к Талмуду Десяти Сфирот» Бааль Сулама и в его статье «Свобода воли».

- **Вопрос: Другие живые организмы, кроме человека, которые, в общем-то, тоже страдают, они не участвуют в процессе исправления?**

Все живые организмы и вся природа участвует в этом процессе, но только человек исправляет и завершает его, а остальные включаются в этот процесс и достигают исправления благодаря человеку.

- **Вопрос: Что такое — чувство духовного голода?**

Из Творца исходит бесконечное наслаждение. Оно ощущается каждой душой в меру ее голода, желания получить это наслаждение. Ведь недостаточно того, что на столе стоит готовый обед, необходимо, чтобы человек испытывал голод, чтобы у него было желание получить наслаждение от еды.

Наслаждение, которое души могут получить от света Творца, которое они могут извлечь из света, зависит от того, что именно они желают получить, и от меры их голода.

Насладиться светом Творца можно только в меру подобия Ему. Как в примере с радиоприемником и внешней волной. Таким же образом устроены все наши органы чувств. Если колебания наружные соответствуют моим органам чувств, я их воспринимаю. Я не могу воспринять инфракрасные, рентгеновские лучи, ультразвук, космические волны. Так же я не могу своими органами чувств воспринять духовный свет.

Тот орган, которым можно воспринять духовный свет, называется экраном, специальным антиэгоистическим желанием-намерением.

Вход в духовный мир начинается с появления в человеке самого минимального экрана. С его помощью человек начинает ощущать внешний мир и понимать, что это Творец. Затем по методике, которая называется Каббалой, человек развивает в себе этот экран, и естественно, все более и более ощущает Творца. Экран — это сила противодействия собственному эгоизму, мера подобия по свойствам Творцу. Это мера настройки (подобия) внутреннего кли на Творца.

В мире не существует ничего, кроме двух желаний: желания Творца дать и желания кли получить. А весь дальнейший процесс в кли связан с изменением желания получить на желание отдать, т.е. уподобиться по свойствам Творцу и, соответственно этому подобию, сблизиться с Ним, слиться в единое целое, стать по свойствам самим Творцом.

Каждое творение должно достичь такого состояния, живя в этом мире и находясь в животном теле. Можно это сделать за один кругооборот, за одну жизнь в этом мире, можно — за несколько.

Процесс, часть пути, пройденная за каждое пребывание в этом мире, аккумулируется в душах из поколения в поколение. Мы являемся уже следствием предыдущих поколений. Все сегодняшние души (пребывающие сегодня в животных телах в этом мире) уже не раз побывали в подобных состояниях, восходили вверх и снова спускались.

Наша проблема на сегодня, поскольку мы получили уже «позывные», призывающие нас к духовному, использовать эту данную нам свыше возможность и реализовать ее. Для этого не нужны никакие способности, никакие знания, а только желание.

Желание тоже развивается. Если человек имеет минимальное желание и включается в группу под руководством истинного Учителя, то постоянные занятия по истинным каббалистическим источникам, общение между членами группы, совместные усилия способствуют слиянию маленьких желаний каждого в одно большое желание, на которое свыше, от Творца, уже можно получить ответ — силу, позволяющую выйти всем и каждому члену группы в духовный мир.

Пришедшим со всякого рода «духовными» методиками значительно тяжелее в группе. Они прежде должны освободить себя от всех предыдущих знаний, иначе их желания будут отличаться от основных желаний группы. И таких сама группа выталкивает в силу несовместимости духовных желаний.

- **Вопрос: Что такое «подъемы» в духовном, где нет места?**

Изменение свойств в лучшую сторону называется подъемом, в худшую — спуском.

- **Вопрос: Душа — это что?**

Душа человека — это его желание слияния с Творцом и свет, который это желание наполняет. Это желание постоянно меняется. Это значит, что в человеке непрерывно появляется новая душа.

- **Вопрос: Где границы нашего познания в этом и в духовном мире?**

Речь идет о желании насладиться и видах этого желания, ведь ничего более в природе не существует. Желание насладиться называется *материал творения (хомер)*. Существует:

1) материя *(хомер)*;
2) форма (свойства) материи *(цура ше ба-хомер)*;

3) отвлеченная форма (отвлеченные свойства) материи *(цура муфшэтет)*;
4) суть *(маут)*.

Нашему пониманию доступны только два первых параметра. Их и изучает Книга Зоар: *хомер* и *цура ше ба-хомер*. 3 и 4 — это по сути Творец. И их мы не можем постичь. «Я» человека — это по сути Творец.

- **Вопрос: Почему же мы ощущаем себя вне Творца?**

Только из-за той «неисправности» свойств, которая существует в нас.

- **Вопрос: Как может голодный человек думать о Творце?**

У человека должно быть самое необходимое. Но что это — самое необходимое — решает сам человек.

На сегодняшний день необходимое — это иметь дом, жену, детей, работу, обеспечивающую семью. Допустим, для этого потребуется работать 8 часов в день. Значит, это и нужно делать. Каббала обязывает работать, даже если у вас есть «богатый дядя» — не ради денег, а чтобы быть связанным с этим миром и т.о. исправлять его и себя в нем.

Самое главное: что ты делаешь в свободное от работы и забот о семье время? Это может быть час, два в сутки. Именно на это время делается расчет. И как ты относишься к остальным несвободным часам: сожалеешь ли, что не можешь заниматься Каббалой. Если да, то и это время засчитывается тебе как усилие к духовному, как посвященное выходу в Высшее. Таким образом, даже если человек посвящает учебе 2 часа в сутки, но все его желания и мысли в этом, он как будто все 24 часа в духовной работе.

- **Вопрос: За «неиспользованное» время наказывают?**

Наказаний вообще не существует: есть определенная коррекция дальнейшего пути в соответствии с предыдущими поступками человека. Например, он сделал что-то, чем удалился от духовного — этим он сам спустился на иной уровень, и ощущение этого уровня и воспринимается им как наказание. Или для того, чтобы его привлечь снова к необходимости духовного возвышения, необходимо дать ему ощущение страдания.

Но всегда страдания — только для движения вперед, а не как кара за прошлое! Ведь только страдания и движут вперед. Пока нас не стукнут хорошенько, мы не поймем. Есть огромный механизм, который вводит каждую частичку творения в самое наилучшее для духовного продвижения состояние.

Для духовного возвышения необходимо каждый раз подбавлять эгоизм из миров нечистых сил. «Хуже» или «лучше» — можно воспринимать двояко: либо относительно моего эгоизма, либо относительно близости к Творцу. Если я ближе к Творцу, то все отрицательные действия воспринимаются мною, как положительные. Так же, как больной, у которого после долгих мучений обнаружили причину болезни, воспринимает предстоящую операцию как спасение.

Главное — знать, что все отрицательные явления воспринимаются нами таковыми в силу нашего эгоизма и несоответствия наших свойств свойствам Творца, а когда мы начнем приближаться к Нему, ощутим все их же как положительные.

- **Вопрос: Вы объясняли, что в прежние времена в наш мир спускались высокие души, альтруистические. А сейчас спускаются самые низкие, эгоистические. Как же можно говорить о строительстве Третьего Храма в духовном понимании?**

Действительно, вначале нисходили наименее эгоистические души. Этим относительным возрастанием эгоизма — из поколения в поколение — одно поколение и отличается от другого. Наименее эгоистические души были и наиболее примитивными. Эгоистическое начало в них было столь мало, что не давало им никакого толчка к развитию, к техническому прогрессу.

Поэтому многие века проходили в полузастывшем общественном состоянии. Но постепенно в душах накапливается какое-то количество страданий, которое приводит к качественному развитию душ, к развитию большего эгоизма в них.

А это заставляет людей, в которых эти души облачены, искать ответа на те потребности, которые в них появляются. Что и дает толчок к развитию науки, культуры, техники.

Наше поколение и будущее особенно близки к исправлению, потому что эгоизм достиг таких высот, для которых потребностью является не только завоевать этот мир, а прорваться уже и в духовные миры.

Вы видите, сколько вокруг говорят о мистике, о непознанных объектах и явлениях. Все это свидетельствует о том, что человечество ищет ответ на последний вопрос: «Каков смысл моего существования?» Его задавали еще и столетия назад, но он не стоял так остро по сравнению с остальными проблемами.

Храм олицетворяет собой исправленное состояние человечества, души. Храм — это определенное духовное состояние, которого надо достичь, и оно действительно подобно альтруистическому отношению между людьми.

- **Вопрос: Зачем Создателю нужно, чтобы мы отказались от себя и якобы заботились о другом?**

Создателю это совершенно не нужно, это необходимо нам. Потому что таким образом мы вырабатываем в себе дополнительное чувство: чувство внешнего, за пределами нашего эгоизма — тогда мы начинаем видеть и понимать не только то, что входит в нас, но и то, что находится вокруг нас. А все то, что существует вне нас, и называется духовным. При таком условии и создастся Третий Храм.

- **Вопрос: Но ведь наши души все более эгоистичны?**

Такого состояния могут достичь только самые эгоистические души, потому что именно они поймут, что эгоизм является препятствием к достижению духовных ценностей. Эгоизм в них настолько велик, что они осознают, насколько он их ограничивает и не дает возможности получить максимальное наслаждение. И насколько ранее они желали только эгоистических наслаждений, настолько пожелают избавиться от эгоизма во имя духовного совершенства.

- **Вопрос: А Третий Храм, он действительно будет построен физически?**

Речь идет только о духовном состоянии, а не о какой-то укладке камней. Хотя внешнее его существование материализует строительство в сердце каждого нового духовного сосуда.

- **Вопрос: Машиах — это какая-то духовная субстанция? И он действительно приедет на белом осле?**

Машиах — это духовная сила, которая вытащит человека из состояния эгоизма до самого совершенного. А насчет белого осла, имеется в виду, что осел — на иврите хамор, или, что то же — хомер (материал). Материал — желание — станет неэгоистическим, т.е. белым.

В нашем мире, возможно, это будет овеществлено под предводительством какого-то большого человека, возможно, это будет группа каббалистов, которые распространят учение настолько, что человечество сможет с их помощью дойти до нужного состояния.

- **Вопрос: Что называется молитвой?**

Молитва — это то, что ты ощущаешь в сердце: все плохое и хорошее, что ты испытываешь. Но Творец прежде всего отвечает на возвышенные желания. Он отвечает в результате на все, ничего не остается без ответа, но если в возвышенных желаниях есть примеси материального, то такая молитва является нечеткой, и человека еще больше опускают вниз, в ощущения эгоистического зла, чтобы выбить из него эту примесь и оставить только одно единственное желание к Творцу. Тогда эта настоящая молитва и крик души, на которые тут же следует ответ Творца.

Человек — до того как в нем появляется одно-единственное желание к духовному, — должен пройти через все остальные недуховные, чтобы в конечном итоге выделить в себе только одно желание — желание к Творцу, которое будет построено на перечеркивании всех предыдущих желаний и переводе их в одну, но «пламенную страсть» — желание ощутить Творца.

Интенсивное свечение окружающего света во время наших занятий Каббалой ускоряет этот длинный путь поиска. Прийти на занятия помогает нам Творец первоначальным свечением. Но когда ты уже пришел в группу, все зависит от твоих усилий во время занятий, от твоих намерений.

Малхут мира Бесконечности принимает в себя весь свет, делает Цимцум, ставит экран, создает миры, затем создает парцуф Адам, в него входит свет, и он разбивается. Во всем этом только действия Творца. А где же воля человека, его действия? Она проявляется только после того, как его приводят в группу, к Учителю. Важно, сколько усилий он прикладывает к учебе, сколько свободного времени уделяет этому.

Есть такое состояние человека, которое называется духовным. Что значит быть вне времени, вне пространства, вне передвижения? Что значит быть в состоянии свободы воли и, с другой стороны, знать, что для тебя уже все предопределено? Я этот вопрос объяснить не могу. Существует на эту тему тысячи страниц, но ответа в пределах нашего узкого разума нет! Бааль Сулам не отвечал на этот вопрос.

Чем больше ты осознаешь могущество Творца, и вопреки этому осознанно продолжаешь действовать сам, тем интенсивнее ты движешься к духовному, потому что понимаешь, что не можешь сложить в себе эти две противоположные вещи вместе.

- **Вопрос: Когда человек ест или танцует — это называется работой или наслаждением?**

С одной стороны, человек тратит много энергии, а с другой, получает наслаждение. Не важно, затрачиваешь ли ты усилия, важно то, как ты их оцениваешь. Если тебе доставляет наслаждение делать что-то ради другого, то сама работа уже является твоим вознаграждением.

Я приводил пример о том, как приезжал известный человек из Америки, и один торговец бриллиантами в Бней-Браке купил новую машину, заплатил за нее 300 тысяч долларов, и все это для того, чтобы быть у него водителем неделю. Все его затраты были лишь для того, чтобы испытать удовольствие. А предложи кому-то другому неделю возить старика, он скажет, что за это ему надо заплатить.

Важно то, для кого ты это делаешь, насколько это важно для человека, тогда отдача обращается в получение. То есть не важно действие (получение или отдача), важно, получаешь ли ты при этом удовольствие. А оно зависит от величия того, кому ты даешь...

Так вот, в духовном мире можно получить бесконечное удовольствие и наслаждение от получения ради отдачи. Именно этот принцип позволяет творению быть бесконечным. Совершенства можно достичь только тогда, когда оно во всех своих категориях бесконечно, а бесконечность — это когда действие и результат не связаны в одном объекте. Я могу отдавать бесконечно и получаю наслаждение соответственно. Разумом понять это невозможно, т.к. это не записывается на наших эгоистических келим.

620 Заповедей — это 620 духовных ступеней. Никто никогда не мог в нашем мире, в действии, соблюдать такое количество Заповедей, потому что это включает и святость земли, и жертвоприношения, и все, что связано с Храмом, с Коэн Гадоль, с погребением, разводом и пр.

В духовном же необходимо пройти все 620 ступеней. Каббала не занимается выяснением и выполнением механических заповедей, а приведением человека к духовному выполнению всех 620 заповедей. Все заповеди, все их духовное выполнение, ставит целью исправить все части эгоизма и выполнить с его помощью альтруистические действия.

Каббалист обязан выполнять духовную Заповедь на каждой духовной ступени, иначе он не сможет подняться на следующую. Каждая верхняя ступень — это дополнение к нижней, а не перечеркивание ее.

ЗАКОН СООБЩАЮЩИХСЯ СОСУДОВ

- **Вопрос: Если мы ищем в каждом хорошее, то этим помогаем ему продвигаться?**

Конечно. Если я пробуждаю товарища, то, прежде всего, это значит, что я склонил голову перед ним. А вследствие этого я могу получить от него его положительную силу, я могу объединиться и действовать с ним вместе.

- **Вопрос: А если я не могу думать хорошо о ком-то, что делать?**

Думать хорошо или плохо обязывает меня мое желание получать. Я либо поднимаю свое желание получать над желанием получать другого и тогда думаю о нем плохо, либо смиряюсь, склонив перед ним свое желание получать, и тогда думаю о нем хорошо.

Весь вопрос в том, насколько я принижаю себя. Если я смиряю, принижаю свое желание получать, то я могу получить от товарища силу. В соответствии с законом сообщающихся сосудов жидкая среда с более высокого уровня всегда перемещается на более низкий.

Поверьте мне, что я нахожусь немножко выше своих учеников, но я с их помощью наполняюсь. Именно из-за того, что я выше, я могу сделать себя ниже. Ученик не чувствует того, что проходит через него, а я это чувствую. Высший свет присутствует в любом месте. Он находится в каждом. Объединиться можно с любым.

Самое главное — это преклонить свой эгоизм перед ним. Если сумел это сделать, то все, что есть в другом, переходит в меня. И здесь уже разница не в ступенях, а в усилии. Именно через ученика Учитель может многому научиться. Это не потому, что он учится на ученике. А потому, что Учитель делает работу, принижая себя перед учеником, и тогда получает через ученика очень много.

- **Вопрос: А что должен делать ученик?**

Он должен преклонить себя перед Учителем. В этом обоюдном процессе каждый из участников получает по мере приложения усилий в деле принижения своего эгоизма. В каждом проявляется особенный свет в соответствии с его свойствами. Если я принижаю себя перед каждым в группе, прислуживаю всем, нахожусь в единой системе (как в теле), тогда я собираю все, что находится во всех других частях единой системы: собираю свойства, понятия, определения.

- **Вопрос: На работе я часто сталкиваюсь со сложными ситуациями. Тогда я думаю, что, если Творец не поможет мне сейчас, я могу ошибиться или сделать что-то плохое.**

Важно то, как ты относишься к Нему. Если ты подписываешь с Ним договор, чтобы Он был твоим партнером, тогда ты согласен поделиться с Ним процентами от твоей прибыли. Ты спрашиваешь: не называется ли это «получением ради получения»? Совершенно необязательно, чтобы это действие называлось получением ради получения.

Если я и вправду знаю, что все, что я делаю, определяется жизненной необходимостью, и все, что я зарабатываю, я получаю только для того, чтобы все остальное время я смог бы потратить только на встречу с Ним, тогда это вообще не называется «ради получения».

Я просто хочу, чтобы Он сопровождал меня в любом процессе моей жизни: на работе, в семье, на кухне и т.д. Я хочу, чтобы Он был со мной всегда! Это не называется, что я приобретаю от Него что-то, а называется, что я хочу достичь Его духовно. Человек неделим: так зачем же Его делить на части?

- **Вопрос: Получается, что я использую Творца для удовлетворения своих животных потребностей?**

Это не называется использованием. Мы — животные, которые должны иметь все: дом, детей, семью, работу, жену-мужа, пищу и т.д. Но предпочитаем из всего этого мы продвижение к духовному. Прежде всего, должны быть организованы эти составляющие, в которых — так же, как и в духовном процессе, — должен участвовать Творец, в равной мере во всем.

Допустим, ты говоришь Творцу: «Сейчас у меня прибыльное дело, поэтому оставь меня; когда я вернусь к Тебе, вот тогда и поговорим...» В этом случае считается, что ты не веришь в Управление, и что ты не связан с Ним, и что ты вообще не хочешь быть связан с Ним, как положено. Тогда «тело» (все твои желания) — это не Его.

В конечном же итоге, человек должен достичь ощущения, что именно Творец наполняет его всеми наслаждениями (неважно, самыми грубыми или самыми тонкими) путем разных одеяний, но все идет через Творца.

Если ты сможешь во главе всего поставить Цель творения, а затем уже все твои просьбы, тогда все будет благополучно. Так начинается истинная связь. Тогда ты не лжешь, а совершаешь действие с помощью своего тела. Именно так обстоят дела в действительности. Если я буду оправдывать Творца, то, конечно же, буду чувствовать себя хорошо. Поэтому праведник всегда доволен имеющимся.

Оправдать Творца — значит объединиться с Его управлением. И даже если бы я действовал «сам», то есть без Него или, скажем, Он бы об этом не знал, то я бы все равно сделал бы то же самое, без каких бы то ни было других расчетов. Именно это и называется оправдывать. Конечно, праведник будет радоваться, потому что если бы и делал «сам», то получил бы то, что он сам хочет. Поэтому праведник всегда рад.

Мы не должны все время говорить о цели, так как частые разговоры о ней притупляют ее вкус, то есть ощущение ее важности. То, о чем говорят постоянно, обесценивается.

Все, что бы ты ни делал в своей жизни, начни изначально связывать с Ним: это очень простая техника. По мере этих упражнений ты придешь к тому, что говорил

Бааль Сулам: «нет иного, кроме Него». В конечном итоге, ты должен прийти к подобному состоянию.

Но из-за того, что мы идем не так, как весь мир, а идем против желания получать, в нас постоянно будут открываться неприятные состояния. И они постоянно будут мучить нас и не давать нам покоя.

И сколько бы мы ни хотели быть хорошими в обществе, оправдывать Творца, думать о важности цели, все равно мы будем постоянно спотыкаться о нашу неспособность ко всему этому. Почему мы, в сущности, не можем сделать это?

Это именно то, о чем Бааль Сулам говорит в своей статье «Преимущество земли во всем» (из книги «Шамати»):

Известно, что все раскрывается в своем истинном виде, только исходя из познания его противоположности.

Иначе говоря, раскрытие чего-либо невозможно без предварительного раскрытия его противоположной формы. Так построен мир.

Как сказано: «Преимущество света — из тьмы». Каждое явление указывает на свою противоположность. Это значит, что при помощи противоположности можно постичь истинную суть явления.

Таким образом, если я хочу прийти к правде, то я должен перед этим до конца понять, что такое ложь. Каждый раз, когда мне что-либо раскрывается, мое кли, то есть место получения раскрытия, является передо мной полной противоположностью получаемого раскрытия. И так всегда — вначале я обязан спуститься в самую глубь своих келим.

Исходя из вышесказанного, нельзя постичь в полном виде того, чему нет противоположного, указывающего на плохое, например: горькое — сладкое, ненависть — любовь, голод — насыщение, разлука — слияние, жажда — наполнение и т.д.

Абсолютно все, что мне раскрывается, заранее требует раскрытия противоположного в самой неприятной форме. Точно в той мере, в которой я в дальнейшем раскрою хорошую сторону объекта, перед этим я должен войти в плохое состояние, полностью противоположное тому хорошему, что мне приготовлено.

Отсюда понятно, что невозможно прийти к слиянию и любви иначе, как только через постижение ненависти к разлуке.

Мы должны ощутить разлуку, всю глубину страданий из-за того, что находимся в этом состоянии, понять, насколько это состояние плохо для меня.

И тогда из осознания зла и разлуки мы начинаем стремиться к соединению с Ним, начинаем приближаться к Нему.

Таким образом, посредством плохого ощущения и осознания зла мы приобретаем кли для осознания добра, хорошего.

День начинается с ночи

- **Вопрос: Как можно знать, что я уже до конца все выяснил и провел анализ зла?**

Нельзя знать. Но каждый раз мы осознаем немного зла и немного добра, немного плохого и немного хорошего. Из того, что мы чувствуем себя то плохо, то хорошо, можно извлечь большую пользу. Никто не показывает мне, что я сейчас спустился на самое «дно». Сейчас — темнота, смерть, безысходность. Но потом я выхожу из этого состояния, и все становится нормально — я все забываю... И так до следующего раза...

Следующее плохое состояние приходит еще худшим, чем прошлое. Необходимо понять, что, если я должен прийти к Цели творения через 6 000 ступеней, то на каждой ступени есть у меня как плохое, так и хорошее состояния, которые называются обратная, а затем и лицевая сторона ступени. Вначале опустошение, затем — наполнение сосуда... И так каждый раз...

Тогда возникает вопрос: «Так что, я должен все 6 000 лет страдать и наполняться, а потом опять страдать, и опять наполняться? И это называется правильный путь? Таким путем мы приходим к бесконечному наполнению?» Лицо ступени — это ее наполнение. Разве это наполнение?

Например, после того, как муж с женой поругались, рассорились, после всего этого они ведь все равно любят друг друга и говорят красивые слова. Разве не бывает такого?

Вопрос в том, что если я должен прийти к состоянию бесконечного наслаждения, то получается, что я должен до этого пройти все ситуации бесконечного страдания? Я должен пройти ужасные ощущения?... И это называется путь Каббалы в духовном?... Не может быть такого!

Скоро мы поймем, как мы можем пройти все это. Из этого следует, что, очевидно, есть что-то, с помощью чего мы можем «подсластить» такие состояния, когда находимся на обратной стороне ступени. Мы знаем, что день начинается с ночи. Каждая следующая ступень начинается с ее обратной стороны, с построения кли, с плохого, с осознания зла.

Преимущество света перед тьмой — в чем оно? Сначала тьма, чувство недостатка света, голод, аппетит, тяга, стремление к свету, а потом — свет приходит, открывается и наполняет. Если я знаю, что сначала должен войти глубоко во тьму, и только тогда получу свет, то я убегу от этого.

Это — и не работа, и не оплата. Но что можно сделать? Я должен каким-то образом исправить тьму, чтобы она стала в моих ощущениях, как состояние света... И это возможно! Тогда весь мой путь, со всеми его черными и белыми полосами, станет белым, как свет. И это именно то, что мы достигаем с помощью науки Каббалы. Без нее наш путь всегда будет черно-белый. И человек не сможет выдержать это.

- **Вопрос: Если человек знает, что это плохое состояние, и что есть путь, ему легче будет продвигаться?**

Нет, этого недостаточно. В тот момент, когда я нахожусь в светлой полосе, у меня хорошее настроение, и я думаю, что если придет ко мне сейчас что-то плохое, то я буду сильным, меня ничто не волнует, я на самом деле готов вынести любое состояние... А потом приходит плохое... И где же я? И где моя сила? Ничего не хочется...

Каждая ситуация проверяется определенным состоянием, которое приходит в данный момент. Если перед его приходом человек говорит, что хочет его, а когда входит в него, понимает, что не хочет, то он может убежать из этой системы. Когда человек входит в черные полосы, он может убежать от них. Как сделать так, чтобы человек не убегал, чтобы из темноты ощущалась подсветка? Мы увидим это в продолжение статьи.

Чтобы возненавидеть разлуку с Творцом, человек обязан прежде узнать, что значит, в общем, разлука, и от Кого он отдален. Только тогда можно будет сказать, что он желает не отдаления, а сближения с Ним.

Вообще, человек должен сам решить, от кого и от чего он в отдалении. Только тогда он постарается исправить это состояние и соединить себя с Тем, с кем находится в разлуке поневоле. Если человек понимает при этом, что выиграет от сближения, то он может оценить возможный ущерб от того, что останется в отдалении.

Разлука с Ним или потеря Его приводят человека к требованию о соединении.

О чем здесь говорится? Суть проста. Мы находимся в стадии окончательного исправления, когда свет наполняет нас. Когда свет, наполняющий нас, светит в прямом виде, тогда кли чувствует недостаток света и страдает оттого, что не в состоянии его получить. Это называется ощущение тьмы.

Подобное ощущение кли получает в Йом Кипур (Судный день). В этот день действуют 5 запретов (запрещенные виды действий), и кли чувствует себя очень плохо, поскольку оно ощущает себя полностью противоположным свету окончательного исправления.

А потом приходит наполнение...

Таким образом, сам свет приносит кли плохое ощущение, тьму, пустоту, недостаток. А потом, когда кли исправляет себя с намерением ради отдачи, свет наполняет его. Все делает свет. И плохое, и хорошее ощущение приходит от одного и того же света. Разница только в получающем кли: есть ли у него экран или нет. Мы должны понять, что ощущение обратной стороны — это та же лицевая сторона, только нами ощущаемая как обратная. Помните статью, где говорится об олене? Олень, убегая, смотрит назад. Также и Творец. По сути, Он не убегает, а строит в тебе кли. При этом у тебя возникает ощущение, что Он, якобы, не существует... В этом и заключается суть того, что один и тот же свет сначала строит кли, а затем его наполняет.

Степень выигрыша и проигрыша измеряется величиной наслаждения и страдания. Оттого, что человек ощущает страдания, он отдаляется и ненавидит это. И мера отдаления зависит от меры ощущения страданий, потому что человек по своей природе старается избегать страданий.

Отсюда ясно, что одно зависит от другого: в мере своих страданий человек старается и делает все возможное, чтобы отдалиться от того, что вызывает в нем страдания. Страдания вызывают у него ненависть к их источнику. И в этой мере он отдаляется от зла.

Например, я не могу сидеть спокойно. Как мне сделать так, чтобы я сидел спокойно? Я должен окружить себя такими обстоятельствами, чтобы я не прыгал. Делая так, я просто заставляю, дрессирую себя (как животное) быть таким: я не исправляю этот недостаток, я как бы приобретаю ранее не бывший у меня инстинкт не делать так. А как же можно по-другому?

Вся наша работа заключена в том, чтобы открыть зло того, что я сейчас делаю, причем не с точки зрения выгоды, которую я от этого получаю, а от самой сути этого, от понимания того, насколько это портит мой путь к Цели. И тогда постепенно я отдаляюсь от зла.

Если действия, которые я хочу произвести, не находятся в рамках моего исправления, то я должен прежде много раз подумать о том, что я собираюсь делать. Если я делаю что-то в течение дня, то дает ли мне это возможность духовного продвижения? Как мне узнать это? Для этого нужно проанализировать это с точки зрения Цели творения: кто получает от этого наслаждение? Творец дает тебе тысячи желаний, но это не значит, что ты их все должен использовать в той форме, в которой Он дает их тебе.

- **Вопрос: Почему я не должен использовать свои желания в той форме, в которой Он дает их мне? Какова должна быть форма используемого желания?**

В каждом желании, которое ты используешь, ты должен быть в соединении с Ним. Наша проблема в том, что мы не видим того, что происходит внутри человека, мы не чувствуем его душу. И сам человек не чувствует свою душу. Она находится под многими слоями...

- **Вопрос: Мои товарищи из группы говорят мне, что любят меня, а я этого не чувствую.**

Так почему же ты не требуешь от них этого ощущения? Если они хотят открыть свою любовь по отношению к тебе, то они должны позаботиться о том, чтобы ты это почувствовал. Как ты можешь почувствовать их любовь, если до этого не чувствовал разлуку с ними? Как можно этого добиться?

Как может открыться свет, если я не хочу его? А если я хочу его, и он мне открывается, то откуда я получу его желания? Какой же есть выход? Если я начну сейчас думать о каждом из 50-ти моих товарищей по группе, всматриваться в то, как он ко мне относится, как я к нему отношусь, то я никогда не смогу думать о Творце. Это в основе своей неправильный подход!

Ты должен удерживать только одну мысль: есть Творец! И мы все вместе по отношению к Нему представляем собой один общий сосуд. И именно по этой причине я люблю их всех. Никакая другая причина и никакой другой подход здесь неприемлем. Начинаем анализ всегда с «последней» точки: есть Творец и Цель. Он светит всем нам. Я в Его глазах — один из группы. Он относится ко мне, как к неотделимой от всей группы частице.

Мы все — одно общее кли по отношению к Творцу. Именно потому, что мы все (и я в том числе) по отношению к Творцу и в Его глазах представляем собой один общий сосуд, именно поэтому я люблю всех своих товарищей по группе. Нет другой причины для любви. И я не должен относиться к товарищу как к отдельной единице.

А если при определенных обстоятельствах я должен отнестись к кому-то лично, то тогда нужно следующим образом выстроить цепочку своего отношения к нему: сначала Творец, потом — кли. Мы — одно общее кли по отношению к Творцу. Так Он создал нас, и именно в такой форме Он нас воспринимает всех вместе.

Только после этого анализа я выхожу на личные отношения с кем-то из своих товарищей по группе. Но никак не наоборот! Всегда начинать с Творца!

Чем измеряется потребность в Творце

- **Вопрос: Я пытаюсь видеть в товарище только хорошее, но не всегда получается.**

Скажем так: я хочу видеть в нем хорошее, так как мы идем вместе к Цели. И не пытаюсь проверять, сколько есть в нем хорошего, а сколько плохого. Иначе я буду судить своих товарищей каждый раз в зависимости от своего настроения и т.п. Я никого не сужу. Я люблю всех, как любят детей. Своего ребенка я люблю в любых обстоятельствах и в любых его проявлениях, какой бы он ни был. Величина моей любви к товарищам — это показатель моей потребности в Творце.

Каждый отменяет себя. Он, как и все, на совершенно равных правах является частью общего кли и не более того, т.к. нет у него ничего выдающегося по сравнению с другими. И тогда он хочет со всеми объединиться, ощутить себя как часть общего кли, ощутить общее желание.

Это отмена себя! Я не чувствую разницы, где я, а где все остальные. Я чувствую, что все мы вместе. Я не чувствую себя отдельно и не хочу чувствовать себя отдельно от всех. Если я выстроил всю систему таким образом, что мы по отношению к Творцу — одно общее кли, то я вообще не могу чувствовать себя отдельной частичкой.

Наоборот, от этого ко мне приходит желание участвовать, жить в общих чувствах и ощущениях. Это происходит без слов, передается от одного к другому между нами. Я думаю, что если бы вы воспринимали общее кли по отношению к Творцу, тогда бы вы почувствовали, что на самом деле вы все — одна группа, относящаяся к одной Душе.

Вы начнете подниматься и почувствуете, что на самом деле между вами есть что-то общее, и только в этой форме Творец видит все это. Он не видит никого из нас отдельно: для Творца мы все вместе представляем собой целый орган из тела Первого человека.

Из сказанного следует, что человек должен узнать, что означает подобие свойств. Узнать для того, чтобы понять, что он должен делать, чтобы прийти к слиянию, называемому подобием свойств. А из этого он уже узнает, что означает отличие свойств и разлука.

Известно из книг, что Творец добр и творит только добро. Исходя из этого, Его управление постигается низшими как доброе. И мы обязаны в это верить. Поэтому, когда человек видит происходящее в окружающем его мире, в себе и в других, насколько все испытывают страдания от Высшего управления, а не наслаждения, которые должны исходить из доброго управления, то тяжело ему утверждать, что Высшее управление — доброе и посылает низшим добро.

Если мы смотрим на себя и на все, что находится вокруг нас, то мы ощущаем только страдания. Как выйти из этого состояния? Бааль Сулам пишет нам об этом в продолжении статьи, что так и должно быть, что таким образом свет проявляется в нас. Чтобы в итоге проявилось, обнаружилось в нас кли, и выявилось бы преимущество света перед тьмой.

- **Вопрос: Должен ли я планировать свой день?**

Человек обязан иметь распорядок дня. Он обязан построить для себя определенную систему дел и подчиняться ей. Если я знаю, что должен в течение недели написать 20-30 страниц статей, проверить что-то, подготовить себя к беседам на радио и т.д., то я распределяю свое время и не могу от этого графика отойти.

Так каждый должен взять на себя определенную должность или обязанность, чтобы выполнять ее. Я говорю о рамках, в которые ты себя ставишь. Надо знать, как заполнить время.

Кроме этого, мы должны стараться все время думать положительно, вспомнив статью «Нет иного кроме Него». Но не думайте, что это новая Тора, которую придумал Бааль Сулам или я. Невозможно продвинуться, если человек не настраивает себя на позитивное восприятие управления Творца миром.

В тот момент, когда я оправдываю ступень, мне опять дается какая-то неудача, чтобы я опять оправдал ее, и опять приходит следующее испытание, и опять я оправдываю Управление свыше и т.д.

Мы все время исходим из того, что оправдываем действия Творца в соответствии с нашим желанием получать: нам не кажется справедливым Его Управление. Поэтому думать о хорошем, о величии Цели, о справедливости Управления — это самое важное. И это не относится к тому, что я в данный момент делаю. Я могу при этом быть на работе или находиться с Книгой Зоар в руках... Неважно, чем я занят.

- **Вопрос: Что делать, если у меня есть несколько желаний?**

Когда есть много желаний, это говорит о том, что человеком не произведен настоящий анализ, и эти желания вообще не засчитываются сверху. Если ты изо всех своих сил хочешь быть главой правительства — ничего не сможет устоять перед настоящим желанием... Это может быть самое глупое желание, но оно должно быть одно. Тогда очень может быть, что оно исполнится.

Но если ты хочешь быть и главой правительства, и адвокатом, и бизнесменом... Может быть, ты и хочешь все это, внутри тебя все это может быть. Но осуществить это невозможно, мы понимаем это даже разумом.

В духовном все просто: желание сосуда должно быть одно. А если оно рассеивается... Об этом пишет Бааль Сулам в книге «Паним маирот у масбирот», что если желание человека распыляется (оно и к деньгам, и к знаниям, и к животным наслаждениям, и к духовному), то он ничего не достигнет. Он завершает кругооборот с самыми незначительными прояснениями, но не делает ничего существенного.

Мы должны произвести анализ 5-ти основных желаний, а затем увеличить желание к духовному по сравнению с другими желаниями. Под каждым из этих 5-ти основных желаний есть еще сотни желаний внутри. Нужно, чтобы желание к духовному было самое большое. А остальные желания, даже если бы и остались, то существовали бы в нас только потому, что нет другого выхода. К этому надо стремиться.

Если человек стремится к этому, то результат, который при этом получается, — уже не его проблема. Самое главное, что он стремится провести анализ своих желаний и настроить себя на то, что первостепенное — это достижение Цели творения. А если не делает так, то напрасно проживает это перевоплощение: он вернется опять и начнет с детского сада, со школы...

Только стремление к Творцу дает мне правильное и наполненное кли. То же самое и в нашей жизни. Бааль Сулам пишет об этом в «Послесловии к Книге Зоар», что, если человек просит что-то, без чего не сможет прийти к Цели творения (для него это жизненная необходимость), то он получит это.

А если он просит не необходимое, то вместо просимого он получит, наоборот, нечто такое, что научит его не просить то, что не является для него жизненно важной необходимостью. В этом источник всех наших бед и страданий.

Правильный анализ желания должен быть следующим:
1) Самое важное для меня — достичь Цели, соединения с Творцом.
2) Все остальные желания только сопровождают это основное желание, но не более того.

Если у человека есть настоящая цель, то все остальные желания вторичны. И он выполняет их только потому, что обязан...

Сефер Ецира

Книга Создания

ОГЛАВЛЕНИЕ

Часть 1 345
Часть 2 347
Часть 3 348
Часть 4 350
Часть 5 352
Часть 10 355

ЧАСТЬ 1

Мишна 1: Тридцатью двумя скрытыми путями мудрости установил Властелин воинств, Властелин постигающих Его, Повелитель жизни и Царь сокрытия, Бог всемогущий, Милостивый и Милосердный, Возвышенный и Вознесенный, Восседающий Вечно и Отдельно, имя Его Возвышенный и Отделенный, Он и создал свое сокрытие тремя книгами — книгой, рассказчиком и рассказом.

Мишна 2: Десять сфирот сокрытия, двадцать две основные буквы, три праматери, семь двойных и двенадцать простых.

Мишна 3: Десять сфирот сокрытия, по числу десяти пальцев, пять против пяти. И единый союз, расположенный посреди, словом язык и словом обрезание.

Мишна 4: Десять сфирот сокрытия — десять, но не девять, десять, но не одиннадцать. Пойми мудростью, будь мудр пониманием. Различи их, исследуй, восстанови предмет на место его и верни Созидателя в Его обитель.

Мишна 5: Десять сфирот сокрытия — размер их таков, что нет им конца. Бездна начала и бездна конца, бездна добра и бездна зла, бездна возвышенности и бездна низменности, бездна Востока и бездна Запада, бездна Севера и бездна Юга — и Единый Хозяин, Творец, Верный Царь, Правящий всеми с Отделенного места Своего вечно.

Мишна 6: Десять сфирот скрытых выглядят как вспышки, назначение их описать невозможно, но обсуждай их снова и снова, чистым речением преследуй Его, пред троном Его преклоняйся.

Мишна 7: Десять сфирот скрывающих, искрящихся, конец их вначале, их начало в конце, как пламя, держащееся на угле, их Хозяин Един, нет иного, пред Одним, что ты расскажешь.

Мишна 8: Десять сфирот скрывающих, задержи от речений уста свои, от дум о Нем сердце свое. Если обсуждать стремятся уста твои, думать сердце твое, опомнись, как сказал пророк Ихэзкель: «Животные идут, возвращаются, и на этом основан союз».

Мишна 9: Десять сфирот, скрывающих Дух Повелителя Жизни, благословенно и благословляемо имя Живущего Вечно, голос, дух, речь и Он, Дух Святой.

Мишна 10: Два духа из духа, отпечатал и вырубил в нем двадцать две основные буквы, три праматери, семь двойных и двенадцать простых, дух один из них.

Мишна 11: Три воды из ветра, отпечатал и вырубил в них двадцать две буквы из хаоса и пустоты, глину и песок впечатал как вязь, вырубил как стену вокруг них.

Мишна 12: Четыре, огонь из воды впечатал и вырубил в нем Трон Чести: Серафим, Офаним, Святых Животных и Ангелов Служителей. Из трех них основал место Обители своей, как сказано: «Делает Ангелов своих Духами, служители его — огонь обжигающий».

Мишна 13: Избрал три простых буквы тайной трех праматерей: Алеф, Мэм, Шин. Утвердил их в Его великом имени, опечатал ими шесть сторон. Пятым запечатал высь. Обратился к выси и запечатал в имени юд — хей — вав. Шестым запечатал низину. Обратился вниз и запечатал именем хей — юд — вав. Седьмым запечатал на Востоке. Обратился пред ним и запечатал именем вав — юд — хей. Восьмым запечатал Запад. Обратился за ним и запечатал именем вав — хей — юд. Девятым запечатал Юг. Обратился к правой его стороне и запечатал именем юд — вав — хей. Десятым запечатал Север. Обратился к левой его стороне и запечатал буквами хей — вав — юд.

Мишна 14: Это десять задерживающих сфирот. Но Дух один Повелителя Жизни, Дух из Духа, Вода из Духа, Огонь из Воды, Высь и Низ, Восток и Запад, Север и Юг.

ЧАСТЬ 2

Мишна 1: Двадцать две основные буквы, три праматери, семь двойных и двенадцать простых. Три праматери Алеф — Мэм — Шин. Основа их — чаша заслуг и чаша преступлений, но язык весов закона, склоняющий в пользу одного из них. Три праматери: Мэм молчащая, Шин свистящая, Алеф воздух, дух, склоняющийся между ними.

Мишна 2: Двадцать две основные буквы впечатал, вырубил, сочетал их, взвесил и заменил. И сформировал все создание ими, все, что будет когда-либо сформировано.

Мишна 3: Двадцать две основные буквы, впечатал их в голос, вырубил в духе, уставил в устах в пяти местах: Алеф, Хет, Хей, Аин — в горле; Гимел, Юд, Хаф, Куф — в небе; Далет, Тэт, Ламед, Нун, Тав — в языке; Заин, Самех, Шин, Рэйш, Цади — в зубах; Бэт, Вав, Мэм, Пэй — в губах.

Мишна 4: Двадцать две основные буквы, установил колесом их, как стену с 231 вратами, колесо повторяется спереди и сзади. Знак тому: нет в добре более высокого, чем наслаждение, нет во зле более низкого, чем проказа.

Мишна 5: Каким образом взвесил и заменил: Алеф со всеми и все с Алеф, Бэт со всеми и все с Бэт, и вернулась назад. Так получаются 231 врата, а всякий сформированный и произнесенный именем одним рождается.

Мишна 6: Сформировал Действительность из Пустоты, того, которого не было — создал. И — есть, вырубил великие столбы из воздуха, уловить невозможно их. И тому знак: Алеф со всеми и все с Алеф наблюдает и замещает, и делает каждого сформированного и каждого произнесенного в имя одно. И знак тому двадцать две вещи в теле одном.

ЧАСТЬ 3

Мишна 1: Три праматери Алеф — Мэм — Шин. Основа их чаша прегрешений и чаша заслуг. Язык весов — закон решающий между ними.

Мишна 2: Три праматери Алеф — Мэм — Шин. Тайна большая удивительно скрытая, шестью печатями запечатана, из них выходят воздух — вода — огонь, из них родились праотцы, из праотцев поколения.

Мишна 3: Три праматери Алеф — Мэм — Шин. Впечатал их, вырубил, сочетал, взвесил, заменил и сформировал ими три праматери Алеф — Мэм — Шин в мире, три праматери в году, три праматери в душе мужчины и женщины.

Мишна 4: Три праматери Алеф — Мэм — Шин в мире: воздух — вода — огонь. Небеса созданы из огня, земля из воды, воздух из духа склоняется между ними.

Мишна 5: Три праматери Алеф — Мэм — Шин в году: жара — холод — успокоение. Жара создана из огня, холод из воды, успокоение из духа склоняется между ними.

Мишна 6: Три праматери Алеф — Мэм — Шин в душе мужчины и женщины: голова — живот — тело. Голова создана из огня, живот — из воды, тело — из духа склоняется между ними.

Мишна 7: *(Баба 1)* Утвердил букву Алеф в духе, привязал к нему Кетер, сочетал один с другим и сформировал ими воздух — в мире, успокоение — в году, тело в — душе, мужчина в Алеф — Мэм — Шин и женщина в Алеф — Мэм — Шин.

Мишна 8: *(Баба 2)* Установил букву Мэм в Воде, привязал к ней Кетер, сочетал друг с другом и сформировал

Часть 3

ими землю в — мире, холод — в году, живот в — душе, мужчина в Мэм — Алеф — Шин и женщина в Мэм — Алеф — Шин.

Мишна 9: *(Баба 3)* Установил букву Шин в огне, привязал к ней Кетер, сочетал одно с другим и сформировал ими (огонь) небеса — в мире, жар — в году, голову — в душе, мужчина в Шин — Алеф — Мэм и женщина в Шин — Алеф — Мэм.

ЧАСТЬ 4

Мишна 1: Семь двойных «Бэт, Гимел, Далет» «Каф, Пэй, Рэйш, Тав» происходят двумя путями. Бэт — Бэт, Гимел — Гимел, Далет — Далет, Каф — Каф, Пэй — Пэй, Рэйш — Рэйш, Тав — Тав. Строение мягкое и твердое, строение сильное и слабое.

Мишна 2: Семь двойных «Бэт, Гимел, Далет» «Каф, Пэй, Рэйш, Тав» основа их мудрость, богатство, семя, жизнь, власть, мир, красота.

Мишна 3: Семь двойных «Бэт, Гимел, Далет» «Каф, Пэй, Рэйш, Тав» — в речи и в замещении: вместо мудрости глупость, вместо богатства бедность, вместо семени пустыня, вместо жизни смерть, вместо власти рабство, вместо мира война, вместо красоты уродство.

Мишна 4: Семь двойных «Бэт, Гимел, Далет» «Каф, Пэй, Рэйш, Тав» — верх и низ, восток и запад, север и юг. Центральный зал Храма расположен в центре и держит всех он.

Мишна 5: Семь двойных «Бэт, Гимел, Далет», «Каф, Пэй, Рэйш, Тав». Семь, а не шесть, семь, а не восемь. Различи их, исследуй, поставь вещь каждую на место ее и верни Созидателя в обитель Его.

Мишна 6: Семь двойных основных «Бэт, Гимел, Далет» «Каф, Пэй, Рэйш, Тав» впечатал их, вырубил, сочетал, взвесил, заменил и сформировал ими 7 звезд в мире, 7 дней в году, 7 врат в душе мужчины и женщины.

Мишна 7: Семь звезд в небе: Сатурн, Юпитер, Марс, Солнце, Венера, Меркурий, Луна. Семь дней в году — семь дней недели. Семь врат в душе мужчины и женщины: два глаза, два уха, две ноздри и рот.

Мишна 8: *(Баба 1)* Утвердил букву Бэт в мудрости, привязал к ней Кетер, сочетал одно с другим, сформировал ими Луну в мире, первый день в году, правый глаз в душе мужчины и женщины.

Мишна 9: *(Баба 2)* Утвердил букву Гимел в богатстве, привязал к ней Кетер, сочетал одно с другим, сформировал ими Марс в мире, правое ухо в душе мужчины и женщины.

Мишна 10: *(Баба 3)* Утвердил букву Далет в семени, привязал к ней Кетер, сочетал одно с другим, сформировал ими Солнце в мире, третий день в году, правую ноздрю в душе мужчины и женщины.

Мишна 11: *(Баба 4)* Утвердил букву Каф в жизни, привязал к ней Кетер, сочетал одно с другим, сформировал ими Венеру в мире, четвертый день в году, левый глаз в душе мужчины и женщины.

Мишна 12: *(Баба 5)* Утвердил букву Пей во власти, привязал к ней Кетер, сочетал одно с другим, сформировал ими Меркурий в мире, пятый день в году, левое ухо в душе мужчины и женщины.

Мишна 13: *(Баба 6)* Утвердил букву Рэйш в мире, привязал к ней Кетер, сочетал одно с другим, сформировал ими Сатурн в мире, шестой день в году, левую ноздрю в душе мужчины и женщины.

Мишна 14: *(Баба 7)* Утвердил букву Тав в красоте, привязал к ней Кетер, сочетал одно с другим, сформировал ими Юпитер в мире, седьмой день в году, рот в душе мужчины и женщины.

Мишна 15: Семь двойных «Бэт, Гимел, Далет» «Каф, Пэй, Рэйш, Тав», которыми впечатаны семь миров, семь небосводов, семь суш, семь морей, семь рек, семь пустынь, семь дней, семь недель, семь лет, семь семилетий, семь пятидесятилетий, Центральный Зал Храма. Поэтому возлюбил седьмых во всем поднебесье.

Мишна 16: Два камня выстраивают два строения, три камня выстраивают шесть строений, четыре камня выстраивают двадцать четыре строения, пять камней выстраивают сто двадцать строений, шесть камней выстраивают семьсот двадцать строений, семь камней выстраивают пять тысяч и сорок строений. Отсюда и далее иди и высчитывай то, что уста не могут произнести и не может услышать ухо.

ЧАСТЬ 5

Мишна 1: Двенадцать простых: хей вав заин, хэт тэт юд, ламэд нун самех, аин цади куф.

Основания их: речение, сомнение, ходьба; зрение, слух, поступок; вожделение, нюх, сон; злость, чревоугодие, легкомыслие.

Мишна 2: Двенадцать простых: хей вав заин, хэт тэт юд, ламэд нун самех, аин цади куф.

Основания их: двенадцать ребер по диагонали:

ребро восточное сверху	ребро северо-восточное	ребро восточное снизу
ребро южное сверху	ребро юго-восточное	ребро южное снизу
ребро западное сверху	ребро юго-западное	ребро западное снизу
ребро северное сверху	ребро северо-западное	ребро северное снизу

Расширяются и уходят в бесконечность. Это границы мира.

Мишна 3: Двенадцать простых — хей вав заин, хэт тэт юд, ламэд нун самех, аин цади куф. Основал их, впечатал их, вырубил, сочетал, взвесил, заменил и сформировал ими двенадцать Созвездий в мире, двенадцать месяцев в году, двенадцать Вождей в душе мужчины и женщины.

Мишна 4: Двенадцать Созвездий в мире: Овен, Телец, Близнецы, Рак, Лев, Дева, Весы, Скорпион, Стрелец, Козерог, Водолей, Рыбы.

Мишна 5: Двенадцать месяцев в году: Нисан, Ияр, Сиван, Тамуз, Ав, Элуль, Тишрэй, Хешван, Кислев, Тевет, Шват, Адар.

Мишна 6: Двенадцать Вождей в душе мужчины и женщины: две руки, две ноги, два легких, желчный пузырь, тонкий кишечник, печень, кишечник, желудок, селезенка.

Часть 5

Мишна 7: *(Баба 1 из первой)* Утвердил букву Хей в речении, привязал к ней Кетер, сочетал одно с другим и сформировал ими Овна в мире, Нисан в году, ногу правую в душе мужчины и женщины.

(Баба 2 из первой) Утвердил букву Вав в сомнении, привязал к ней Кетер, сочетал один с другим и сформировал ими Тельца в мире,Ияр в году, легкое правое в душе мужчины и женщин.

(Баба 3 из первой) Утвердил букву Заин в ходьбе, привязал к ней Кетер, сочетал одно с другим и сформировал ими Близнецов в мире, Сиван в году, ногу левую в душе мужчины и женщины.

Мишна 8: *(Баба 1 из второй)* Утвердил букву Хэт в зрении, привязал к ней Кетер, сочетал одно с другим и сформировал ими Рака в мире, Тамуз в году, руку правую в душе мужчины и женщины.

(Баба 2 из второй) Утвердил букву Тэт в слухе, привязал к ней Кетер, сочетал один с другим и сформировал ими Льва в мире, Ав в году, легкое левое в душе мужчины и женщин.

(Баба 3 из второй) Утвердил букву Юд в действии, привязал к ней Кетер, сочетал одно с другим и сформировал ими Деву в мире, Элуль в году, руку левую в душе мужчины и женщины.

Мишна 9: *(Баба 1 из третьей)* Утвердил букву Ламэд в вожделении, привязал к ней Кетер, сочетал одно с другим и сформировал ими Весы в мире, Тишрэй в году, желчный пузырь в душе мужчины и женщины.

(Баба 2 из третьей) Утвердил букву Нун в обонянии, привязал к ней Кетер, сочетал один с другим и сформировал ими Скорпиона в мире, Хешван в году, тонкий кишечник в душе мужчины и женщины.

(Баба 3 из третьей) Утвердил букву Самех во сне, привязал к ней Кетер, сочетал одно с другим и сформировал ими Стрельца в мире, Кислев в году, желудок в душе мужчины и женщины.

Мишна 10: *(Баба 1 из четвертой)* Утвердил букву Аин в злости, привязал к ней Кетер, сочетал одно с другим и сформировал ими Козерога в мире, Тевет в году, печень в душе мужчины и женщины.

(Баба 2 из четвертой) Утвердил букву Цади в чревоугодие, привязал к ней Кетер, сочетал их один с другим и сформировал ими Водолея в мире, Шват в году, кишечник в душе мужчины и женщины.

(Баба 3 из четвертой) Утвердил букву Куф в легкомыслии, привязал к ней Кетер, сочетал одно с другим и сформировал ими Рыб в мире, Адар в году, селезенку в душе мужчины и женщины. Сделал их в сплетении, расположил как стену, устроил войну.

ЧАСТЬ 10

Мишна 1: Вот они три праматери Алеф — Мэм — Шин. Из них три праотца. Они воздух, вода, огонь. Из праотцов потомки, три праотца и их потомки, и семь звезд, и их армии, и двенадцать ребер по диагонали.

Мишна 2: Три праматери Алеф — Мэм — Шин — воздух, вода, огонь. Огонь наверху, вода внизу, воздух дух, закон склоняющий между ними. Знак тому огонь, поддерживающий воду. Мэм молчащая, Шин свистящая, Алеф воздух дух, закон склоняет меж ними.

Мишна 3: В мире как на троне, круговорот в году как царь в государстве, сердце в душе как царь на войне.

Мишна 4: Также одно против другого создал Творец: добро против зла, зло против добра, добро из добра, зло из зла, добро различает зло и зло различает добро, доброта хранится для хороших и зло для злых.

Мишна 5: Трое, каждый из них самостоятельно стоит: один защищает, и один обвиняет, и один склоняет меж ними. Семь, трое против троих и закон один склоняет меж ними. Двенадцать стоят в войне: трое любят, трое ненавидят, трое оживляют и трое умерщвляют. Трое любящих — сердце и уши, трое ненавидящих — печень, желчный пузырь и язык, трое оживляющих — две ноздри и селезенка, трое умерщвляющих — два отверстия и рот. Творец, Царь верный, управляет всеми из места святого Его навечно. Один над тремя и трое над семью, семь над двенадцатью, все связаны плотно друг с другом.

Мишна 6: Вот двадцать две буквы:

ה י⎕ה יהו⎕ה אלהים אלהים יהו⎕ה יהו⎕ה צבאות אלהים צבאות אל שדי יהו⎕ה אדני

которыми отпечатал и создал три книги, из них весь свой мир сотворил, сформировал ими всех сформированных и всех будущих сформированных.

Мишна 7: Когда пришел Авраам, посмотрел, увидел, понял, исследовал, установил и вырубил — получилось у него творение, как сказано: «И душу, которую сделал в Харане». Немедленно открылся ему Господин всего, Благословенный — навсегда Его имя, усадил его у Себя, поцеловал в голову, назвал именем Авраам, мой любимец, установил с ним и с потомством его союз навечно, как сказано: «И поверил в Творца и засчиталась ему праведность». Установил с ним союз между десятью пальцами рук — это союз языка. И между десятью пальцами ног — это союз крайней плоти. Привязал двадцать две буквы Торы к языку его, открыл Аврааму тайну свою, очистил водой и поджег их огнем, развеял ветром и сжег семью (7), распределил их между двенадцатью созвездий.

Конец книги «Сефер Ецира»

Сказка о печальном волшебнике

или
«*Как тоскливо одному...*»

Это сказка для взрослых о печальном волшебнике. Я написал ее, надеясь, что читатель, раскрыв свое сердце сказке, позволит заодно войти в него и чему-то большему...

СКАЗКА О ПЕЧАЛЬНОМ ВОЛШЕБНИКЕ
ИЛИ
«КАК ТОСКЛИВО ОДНОМУ...»

*Волшебник может все,
только чтобы не быть одному...*

Знаете ли Вы, почему сказки рассказывают только старики?
Потому что сказка — это самое мудрое в мире!
Ведь все проходит, и только истинные сказки остаются...
Сказка — это мудрость.
Чтобы рассказывать сказки, надо очень много знать,
Необходимо видеть то, что не видно другим,
А для этого нужно долго жить.
Поэтому только старики умеют рассказывать сказки.
Как сказано в главной, древней и большой книге волшебства:
«Старец — это тот, кто обрел мудрость!»

А дети...
Они очень любят слушать сказки,
Потому что есть у них
Фантазия и ум думать обо всем,
А не только о том, что видят все.
И если ребенок вырос, но все же видит
То, чего не видят другие,
Он знает, что фантазия — это истина!
И остается ребенком, мудрым ребенком,
«Старцем, познавшим мудрость»,
Как сказано в большой древней книге волшебства —
Книге Зоар.

Сказка о печальном волшебнике

Жил-был волшебник.
Большой, особенный, красивый и очень-очень добрый.
Но он был один, и не было никого,
Кто был бы рядом с ним,
Не было никого, с кем бы мог он играть,
К кому мог обратиться,
Кто бы тоже обратил на него внимание,
С кем бы мог он поделиться всем,
Что есть у него.
Что же делать?..
Ведь так тоскливо быть одному!

Задумался он: «А что, если создам я камень,
Хотя бы очень маленький, но красивый?
Может, этого будет достаточно мне?
Я буду его гладить и чувствовать,
Что есть кто-то рядом со мной,
И тогда вдвоем нам будет хорошо,
Ведь так тоскливо быть одному...»

Сделал он «Чак!» своей волшебной палочкой,
И появился рядом с ним камень,
Точно такой, как задумал.
Глядит он на камень, обнимает его,
Но тот никак не отвечает, не двигается,
Даже если ударить камень или погладить его —
Он остается, как и был, бесчувственным!
Как же дружить с ним?

Начал пробовать волшебник делать еще камни,
Другие и разные,
Скалы и горы, земли и суши,
Земной шар, солнце и луну.
Заполнил камнями всю вселенную —
Но все они, как один камень —
Нет от них никакого ответа.
И как прежде, он чувствует,
Как тоскливо быть одному...

Подумал волшебник:
«Может быть, вместо камня создам я растение —
Допустим, красивый цветок?
Я полью его водой,
Поставлю на воздух, на солнце,
Я буду ухаживать за ним —
Цветок будет радоваться,
И вместе нам будет хорошо,
Ведь очень тоскливо быть одному...»

Сделал он «Чак!» волшебной палочкой,
И появился перед ним цветок,
Точно такой, как хотел.
Начал он от радости танцевать перед ним,
А цветок не танцует, не кружится,
Почти не чувствует его.
Он реагирует только на то, что волшебник дает ему:
Когда волшебник поливает его — он оживает,
Не поливает — он умирает.
Но как можно так скупо отвечать такому
доброму волшебнику,
Который готов отдать все свое сердце! Но некому...
Что же делать?
Ведь так тоскливо быть одному!..

Начал волшебник создавать всякие растения,
Большие и малые, сады и леса, рощи и поля...
Но все они, как одно растение —
Никак не отвечают ему.
И по-прежнему очень тоскливо быть одному...
Думал волшебник, думал и придумал:
«А если я создам какое-нибудь животное?
Какое именно? — Лучше всего собаку. Да, собаку!
Такую маленькую, веселую, ласковую.
Я все время буду с ней играть,
Мы пойдем гулять, и моя собачка будет бегать
И впереди, и позади, и вокруг меня.
А когда я буду возвращаться домой, в свой замок,

Так вот, когда я буду возвращаться в наш замок,
Она уже заранее выбежит навстречу мне,
И так хорошо будет нам вместе,
Ведь так тоскливо быть одному!»

Сделал он «Чак!» своей палочкой,
И появилась рядом с ним собачка,
Точно как хотел.
Стал он заботиться о ней,
Давал кушать и пить, обнимал ее,
Мыл и водил гулять —
Все делал для нее.
Но любовь собачья...
Вся она только в том,
Чтобы быть рядом с ним,
Лежать у ног, ходить за ним.

Увидел волшебник с сожалением,
Что даже собака,
С которой он так хорошо играет,
Все-таки не способна вернуть ему ту любовь,
Которую он дает ей.
Она просто не способна быть его другом,
Не способна оценить,
Что он делает для нее!
А ведь этого так желает волшебник!

Начал он создавать вокруг себя
Рыб и ящериц, птиц и животных —
Но стало только хуже:
Никто не понимает его,
И по-прежнему тоскливо ему одному...

Долго думал волшебник и понял:
«Настоящим другом может быть только тот,
Кто будет очень нуждаться во мне
И будет искать меня везде.
Это должен быть кто-то,
Кто сможет жить, как я,

Кто все сможет делать, как я,
Сможет любить, как я,
Понимать, как я.
Только тогда он поймет меня!

Но быть как я?..
Кто же может быть таким, как я?
Чтобы оценил то, что я даю ему,
Чтобы смог ответить мне тем же,
Ведь и волшебник нуждается в любви.
Кто же может быть таким,
Чтобы вместе нам было хорошо,
Ведь так тоскливо быть одному!..»

Подумал волшебник:
«Может быть, это человек?
И, правда... а вдруг именно он
Сможет стать близким и другом мне,
Сможет быть, как я.
Только надо помочь ему в этом.
И тогда уж вместе нам будет хорошо,
Ведь так тоскливо быть одному!..

Но чтобы вместе было нам хорошо,
Он должен прежде ощутить,
Что значит быть одиноким, без меня,
Ощутить, как я... без него,
Насколько тоскливо быть одному!..»

Снова сделал волшебник «Чак!» —
И появилось далеко от него место,
И в нем — человек...

Но человек настолько далек от волшебника,
Что даже не чувствует, что есть волшебник,
Который создал его и все для него:
Камни, растения, животных и птиц,
Дома и горы, поля и леса,
Луну и солнце, дождик и небо,

Сказка о печальном волшебнике

И еще много чего... весь мир...
Даже футбол и компьютер!
Все это есть у человека...
А вот волшебник так и остался один...
А как тоскливо быть одному!..

А человек... Он даже не подозревает,
Что существует волшебник,
Который создал его,
Который любит его,
Который ждет и зовет его:
«Эй, неужели ты не видишь меня?!
Ведь это я, ...я все тебе дал,
Ну, иди же ко мне!
Вдвоем нам будет так хорошо,
Ведь тоскливо быть одному!..»

Но как может человек, которому и так хорошо,
У которого есть даже футбол и компьютер,
Который не знаком с волшебником,
Вдруг пожелать найти его,
Познакомиться с ним,
Сблизиться и подружиться с ним,
Полюбить его, быть другом его,
Быть близким ему,
Так же сказать волшебнику:
«Эй!.. Волшебник!..
Иди ко мне, вместе будет нам хорошо,
Ведь тоскливо быть без тебя одному!..»

Ведь человек знаком лишь с такими, как он,
И только с тем, что находится вокруг,
Знает, что надо быть, как все:
Делать то, что делают все,
Говорить так, как говорят все,
Желать того, чего желают все.
Больших — не злить, красиво просить,
Дома — компьютер, в выходные — футбол,
И все, что хочет, есть у него,

И зачем ему вообще знать,
Что существует волшебник,
Которому тоскливо без него?..

Но волшебник — он добр и мудр,
Наблюдает он незаметно за человеком...
И вот в особый час...
Тихо-тихо, медленно, осторожно
Делает... «Чак!» своей палочкой,

И вот уже не может человек
Жить как прежде,
И ни футбол, ни компьютер теперь
Не в радость ему,
И хочет, и ищет он чего-то,
Еще не понимая, что это
Волшебник проник маленькой палочкой
В сердце его, говоря:
«Ну!.. Давай же,
Иди ко мне, вместе будет нам хорошо,
Ведь теперь и тебе тоскливо быть одному!..»

И волшебник — добрый и мудрый —
Вновь помогает ему:
Еще один только «Чак!» —
И человек уже ощущает,
Что есть где-то волшебный замок,
Полный всяких добрых чудес,
И сам волшебник ждет его там,
И только вместе будет им хорошо...

Но где этот замок?
Кто укажет мне путь к нему?
Как встретиться с волшебником?
Как найти мне его?

Постоянно в его сердце «Чак!»... «Чак!»,
И уже не может он ни есть и ни спать,
Везде видятся ему волшебники с замками,

Сказка о печальном волшебнике

И совсем уж не может быть один,
А вместе будет так хорошо им!..

Но чтобы стал человек, как волшебник,
Мудрым, добрым, любящим, верным,
Он должен уметь делать все,
Что умеет делать волшебник,
Должен во всем быть похожим на него,
Но для этого «Чак!» уже не годится, —
Этому человек должен сам научиться.
Но как?..

Поэтому волшебник незаметно... осторожно,
Медленно... нежно... «Чак — Чак»... «Чак — Чак»...
Тихонько ведет человека
К большой древней книге волшебства,
Книге Зоар...
А в ней все ответы, весь путь,
Чтобы было в конце хорошо,
Сколько ж можно быть одному...

И человек торопится быстро-быстро
Пробраться в замок, встретиться с волшебником,
Встретиться с другом, быть рядом с ним,
Сказать ему: «Ну!..
Вместе нам будет так хорошо,
Ведь так плохо быть одному...»

Но вокруг замка высокая стена,
И строгие стражники на ней,
И чем выше взбирается на стену человек,
Тем грубее отталкивают его,
Тем больнее падает он,
Обессилен и опустошен
Кричит он волшебнику:
«Где же мудрость твоя,
Зачем мучаешь ты меня,
Зачем же звал ты меня к себе,
Потому что плохо тебе одному?

Зачем сделал ты так,
Что плохо мне без тебя?..»

Но... вдруг чувствует «Ча...ак!» — и снова
Он стремится вперед, вверх по стене.
Обойти стражников, взобраться на стену,
Ворваться в закрытые ворота замка,
Найти своего волшебника...

И от всех ударов и неудач
Обретает он силу, упорство,
Мудрость.
Вдруг из разочарования растет желание...
Он учится сам делать все чудеса,
Которые делает волшебник,
Он сам учится создавать то,
Что мог только волшебник!

Из глубин неудач растет любовь,
И желает он больше всего и только одного:
Быть с волшебником, видеть его,
Все отдать ему, ничего не прося взамен.
Ведь только тогда будет ему хорошо,
И совсем невозможно быть одному!..

И когда уже вовсе не может без него,
Открываются сами большие врата,
И из замка навстречу ему
Спешит волшебник, говоря:
«Ну! Где же ты был! Иди ко мне!
Как нам будет теперь хорошо,
Ведь мы оба знаем как плохо,
Как тоскливо быть одному!»

С той минуты они уже вместе всегда,
Верные, неразлучные и любящие друзья,
Нет выше и глубже их чувств,
А любовь заполняет настолько сердца,
Что не может даже припомнить никто,
О том, как тоскливо быть одному!..

Сказка о печальном волшебнике

Если чувствует кто-то в сердце своем
Тихо-тихо: «Чак... Чак...»
(Прислушайтесь внимательно, каждый),
Услышите, что главное в жизни —
Встреча с волшебником,
Соединение с ним, слияние с ним,
И только тогда будет Вам хорошо,
А пока так грустно и плохо...
Обратитесь к группе помощников волшебника
«Бней Барух»...

Мы ждем...
Ваши: «Чак-Чак»...

Пылающий терновник в Коцке

ОГЛАВЛЕНИЕ

Траурные дороги Польши 373
Великие в своей смерти 374
Чтобы поднять небеса 375
В начале дней 377
Мои сердце и плоть возрадуются 378
Случай с яблоками 379
Рабби Мендл ищет духовного руководителя. На распутье... 380
В Люблине у Провидца 382
Это Бог мой 382
Счастлив, взваливший на себя ярмо 384
Стол Творца 385
Большой враг — тело... 387
Молитва без слов 389
В Пшиске у рабби Симхи Бунима 390
Стены предстали перед судом 390
Поднимите глаза свои вверх 392
Говорящий правду в сердце 393
Уединение в лесу 394
Яблоко и яблоня 394
Я не вмешался в спор 395
Деньги — тьфу!.. 396
Последнее расставание 397
Рабби выбирает себе учеников 398
Рабби — «оживить живых людей» 401
Триста поднимающихся людей 402
Лезвие бритвы 403
Равенство в материи и в духе — в этом мире и в грядущем 404
Огонь, горящий в Томашове 405
Слезы жен 406
Из Томашова в Коцк 408

Бедный и богатый в знаниях	409
Заповеди скрыто — проступки открыто	410
Стопка водки в Йом Кипур	412
Разговор в молчании	415
Умному достаточно намека	416
Вся Тора в одном слове	417
Беседы хасидов	418
Истина не подчиняется мнению большинства	419
Молитва Правды	421
Третье место	422
Вера и знание в одном высказывании	423
Начало и конец	424
Освободиться от пут	425
Слова, проникающие в душу	426
Намек или даже меньше чем намек	427
Рабби Мендл уничтожает рукописи	429
Достижение внутренней точки	430
Путь для единиц	431
Прерванный танец	433
В одеянии молчания	434
Ангел, спустившийся в этот мир	435
Терапевт и хирург	436
Туча над рабби	437
Товарищ и два ученика	438
На двух концах лестницы	439
Чистый не может дотрагиваться до нечистого	440
Путь ученика	441
В Коцке нет места для компромиссов	443
Два мира	445
Темриль	447
Деньги в Коцке	448
Огонь пожирает огонь	451
Время беды для Яакова	452
Та суббота	453
Рабби — а не ангел	454
В Томашов — без благословения рабби	455

ПЫЛАЮЩИЙ ТЕРНОВНИК В КОЦКЕ

Траурные дороги Польши

...По заснеженным дорогам Польши идут люди и едут телеги. Их путь ведет к Коцку. Коцк — это маленькое местечко в Люблинском воеводстве Великой Польши. Неказисты домики Коцка. Низкие и грустные, они стоят в большой тесноте, как будто кто-то специально прижал их друг к другу. Тонкие белые струи дыма поднимаются над трубами.

В маленьких бедных лавочках и за покосившимися прилавками базара стоят евреи в надежде продать бутылку керосина, селедку или другую мелочь крестьянам из окрестных деревень. Но сегодня, 22 швата 5619 (1859) года, в местечке остановилась повседневная жизнь, оно затаило дыхание.

И нет сегодня ни одного человека, обсуждающего с крестьянами или домочадцами проблемы доходов, прибыли, торговли. Мысли всех обращены к праведнику, прикованному к постели. Сердца всех жителей местечка тревожно бьются, и их губы шепчут молитву с просьбой продлить жизнь. Жизнь рабби Менахем-Мендла.

Известие о болезни рабби Менахем-Мендла быстро распространилось по всей Польше. Оно ворвалось и в большие города, в которых живут десятки тысяч евреев, и в полузаброшенные деревни, где живут лишь одна-две еврейские семьи. В какое бы место ни приходило это известие, евреи немедленно прерывали обычный ход жизни.

Изучающие Тору прекращали свою учебу, праведные торопились закончить свои молитвы, торговцы закрывали двери своих магазинов, ремесленники прекращали работу в своих мастерских. Длинные колонны евреев трогаются в путь. Все они идут в одном направлении — в Коцк.

Движутся по дорогам великие мудрецы Торы в белых капотах и чулках, в черных шляпах, богатые, бедные — все. Большинство бедных идет пешком. Городской базар и улицы Коцка уже запружены телегами и каретами, но дороги, ведущие в местечко, все еще черны от огромного количества людей, карет, телег, приближающихся к Коцку. Прибывающие люди обходят постоялые дворы, в которых они раньше обычно останавливались. Исчезло обычное радостное возбуждение паломничества — ведь Коцк был признанным местом паломничества евреев. Эта радость возникала у каждого еврея по мере приближения к Раву. Казалось, что даже окрестные поля как будто прекратили песнь восхваления и начали петь грустную мелодию. Траурные дороги Польши ...

Глаза всех были устремлены к одной комнате, в которой Рабби провел значительную часть своей жизни.

Великие в своей смерти

Духовный вождь — его личность проявляется даже во время его ухода из жизни. Он воплощается в завещании, в том, что он передает в последние минуты своей жизни. Великие духа подводят итоги перед смертью.

Ученики, которые были близки учителю при жизни, собираются вокруг него перед его смертью, когда он передает из своих уст в их уста квинтэссенцию своего учения и повторяет его основы перед тем, как физически отделиться от них навеки. В день своей смерти великие учителя говорят обычно о жизни. Последние слова учителя отпечатываются в сердцах учеников как духовное завещание, как инструкция для жизни.

Большинство великих царства духа умерли со словами своего учения на устах. Они ушли из этого мира с чувством, что они выполнили свою миссию. Чувство страха не омрачило их смерти. Они закрыли свои глаза с чувством удовлетворения, их учение захватило сердца людей, и их работа не пропала даром.

В последнем взгляде учителя на учеников отражается его духовное удовлетворение. Он знает, что ученики сохранят его учение, которому он отдал без остатка всю свою жизнь. Ученики, окружающие своего рава в его последние минуты, также чувствуют слияние своих душ с душой рава, которая поднимается ввысь.

Некоторые из духовных руководителей собирали своих учеников на лоне природы — на вершине горы, на берегу реки. Другие шептали слова своего духовного завещания, лежа на постели, с которой они уже не поднялись. Иногда бывало, что учитель, уходя из жизни, назначал вместо себя кого-либо из учеников и вручал ему свое духовное наследие и венец духовного вождя.

В таких случаях ученики чувствовали лишь смену караула — караул ушел, новый караул заступил на его место. Много рассказов и легенд существуют о смерти великих людей, о том, как они оставляли наш мир.

Чтобы поднять небеса

Но о кончине рабби Менахем-Мендла из Коцка рассказывают совершенно другое. Старым и успокоившимся ушел рабби Мендл из этого мира. В затуманенной комнате, в которой он жил жизнью отшельника, лежит он прикованный к постели.

На маленьком столике возле стены, недалеко от его кровати стоят в беспорядке пузырьки с лекарствами. Рабби не обращался к врачам и не принимал их лекарств. Даже когда боли были особенно сильными, рабби не принял снотворное, чтобы ослабить страдания: «Снотворное, — сказал рабби, — мешает ясности ума».

Когда состояние рабби ухудшилось, его ученик, помогавший ему рабби Цви из Томашова, по настоянию врачей попробовал сам влить лекарство в рот больному. Но рабби Мендл прикрикнул на него и сказал: «Так? **Меня** заставляют?! Ты помнишь, что когда силы еще не покинули меня, ни один человек не смел указывать, что я должен делать. Никто не смел что-нибудь сделать против моей воли. Сейчас, когда силы оставили меня, тоже ничего не должно измениться».

Рабби Мендл постепенно угасал. Уже несколько дней его трясло в лихорадке, и он лежал на постели с закрытыми глазами. Все стремились прийти сюда, чтобы быть возле своего рава в его последний день. В бейт-мидраше, находившемся рядом, зажгли свечи, но не слышно было обычной молитвы. С затаенным дыханием следили люди за комнатой рава, за его последними вздохами.

Внутри комнаты собралась маленькая группа самых близких ему учеников, бывших постоянно рядом с ним, находившихся в его тени. Они служили раву при жизни, и теперь они уединяются с ним в его последние минуты перед кончиной.

Но даже они, самые близкие ученики, не осмеливаются подойти к постели рава, а только издали смотрят на его лицо. Они стоят в полной тишине, без единой слезинки. Они молятся. Они молятся в сердце, внутри себя, без слов. Творец слышит их молитвы и так, ведь настоящая молитва — она в сердце. Так учил их рабби Мендл. С немой скорбью прощаются они со своим равом.

Время от времени рабби Мендл приходит в себя, открывает глаза и смотрит на лица своих учеников. В его взгляде — благодарность тем, кто не оставил его в самые тяжелые минуты его бурной жизни. Его уста бормочут несколько слов, смысл которых непонятен даже самым близким ученикам. Постепенно физические силы оставляют его. Телесные страдания терзают его, но с его духом не произошло никаких изменений. Его сознание, как и раньше, не замутнено ничем.

Рабби Мендл всю свою жизнь стоял на пороге, соединяющем этот мир и мир вечности. Еще немного, и он окончательно переступит через этот порог. Рабби поднял руку, показывая, что он хочет, чтобы они подошли к нему. Он слышит их скорбные вздохи и говорит: «Весь мир не стоит того, чтобы по нему вздыхать».

Приближаются последние минуты, по мере их приближения тишина все больше сгущается. Последние слова рабби Мендла: «Я буду говорить с Ним лицом к лицу... Открыто, а не загадками... И образ Творца увидит»... С этими тремя словами: «И образ Творца увидит» душа Рабби Менахем-Мендла поднялась ввысь.

В начале дней

Рабби Менахем-Мендл, которого называли «Старым Мудрецом из Коцка», не был коронован сверкающей короной, и его образ не окутан шлейфом легенд вроде тех, что рассказывают о Бааль-Шем Тове. Из рассказов о Бааль-Шем Тове прорывается волшебство весны, в них слышится пение маленьких детей-учеников, которых Бааль-Шем Тов ведет по переулкам местечка, прорываются из них трели пастушеских дудок, свист кнута в руках извозчика. В рассказах же о рабби Мендле сквозит грусть, они похожи на осенний день, на тучи, предвещающие бурю ...

В жизни рабби Мендла четко выделяются три периода. Первый — период Люблина и Пшиски. В то время он нес в себе предвидение освобожденного мира и человека. Он был уверен, что он сможет воспитать учеников, которые, исправляя себя, поднимутся в духовные миры, триста человек, которых не будут интересовать ценности материального мира, которые поднимутся вместе с ним на вершины мира и провозгласят: «Творец — Ты наш Создатель!»

Второй период — в местечке Томашов и первые годы в Коцке — годы внутренней борьбы и внутренней бури, в которых он искал разгадку тайны жизни, годы душевных страданий, когда душа то взлетает на духовные высоты, то проваливается в бездну.

Третий период — это двадцать последних лет, когда он уединяется в комнате, скрывается от людей и скрывает от них свою Тору.

Рабби Мендлу было 53 года, когда он скрылся от внешнего мира и закрылся в комнате, но фактически, это его уединение было лишь последовательным шагом, вытекавшим из его предыдущей жизни, из его духовных качеств, которые отпечатались в нем со времен детства и отрочества.

Образ рабби Мендла навсегда останется связан с годами его затворничества, с детских лет ему были присущи мятежность и склонность к уединению. Эти свойства развились и привели к своему логическому завершению, когда он прервал контакты со своими учениками. В жизни рабби Мендла ничего не шло гладко. Вся его бурная жизнь состояла из взлетов и падений.

Мои сердце и плоть возрадуются

Рабби Мендл родился в 1787 году в местечке Гураи, родился с крыльями, крылья воображения возносили его ввысь. Часто маленьким убегал он от ватаги своих сверстников на песчаный холм. Там он строил из песка здания. Строил — и разрушал, как будто он создавал миры, а потом разрушал их.

Когда рабби Мендл вырос и стал духовным руководителем, ему было странно слушать стариков своего поколения — о чем они думали в детстве? Менделе, еще будучи ребенком, размышлял о смысле творения — есть ли в нем логика и противоречия. Похоже, уже тогда его мучил вопрос — в чем смысл его жизни? Несет ли он в себе семена разрушения и небытия? Этот вопрос волновал его всю жизнь.

Однажды, когда мальчик немного подрос, его учитель повел учеников гулять в зеленеющие поля, окружавшие местечко. Менделе был вместе с ними, но на обратном пути исчез. Он остался в поле, поднялся на вершины окрестных гор и там, будучи один, начал плясать и петь: «Жаждет Тебя моя душа, сердце мое и плоть моя радуются Тебе, живой Бог». Он много раз повторил: «Сердце мое и плоть моя». Как будто это не уста пели и ноги танцевали, а само сердце хотело слиться с Неведомым, как будто пела сама плоть. Уже тогда жаждал он невиданной жаждой, уже тогда у него было желание постичь Источник Всего.

Менделе-подросток погрузил свой ум в безбрежный океан Талмуда. Его учителя отмечали его таланты и его быстрое и четкое схватывание материала. Но были периоды, когда во время рассмотрения какой-нибудь проблемы из Талмуда, Менделе зажмуривал глаза и уносился на крыльях своего воображения в другой мир, далекий от мира владельцев коровы и осла (много места в Талмуде уделяется именно им). Однажды, когда учитель в хедере (начальной религиозной школе) с возбуждением объяснял какую-то проблему в Талмуде, Менделе задал вопрос: «Когда наши предки шли по пустыне и ели манну, когда каждый получал свое пропитание в равной мере со всеми — *омер* (единица объема) на человека — как они выполняли тогда заповедь благотворительности?»

Учитель и другие ученики изумленно посмотрели на него и ничего не ответили. Тогда ответил сам Менделе: «Наши предки осуществляли благотворительность в знаниях. Тот, у кого было больше знаний, делился с тем, у кого их было меньше».

Случай с яблоками

С раннего возраста Менделе был отмечен знаком противоборства с окружающим. Он не был близок сверстникам, потому что его не интересовали их дела и игры. У него был всего лишь один друг, которому он поверял свои чувства и размышления. Это был сын портного. Он так же, как и Менделе, был мечтателем, был склонен к уединению.

Уже в раннем детстве начала проявляться его натура, его подход к жизни, который впоследствии сделает его рыцарем Истины.

Однажды в дом его отца ворвалась разгневанная женщина, торговавшая на рынке, и пожаловалась на то, что Менделе перевернул ее корзину с яблоками и рассыпал их по базару. Когда же отец спросил его, зачем он это сделал, Менделе ответил, что когда он проходил мимо, то увидел, что эта женщина кладет хорошие яблоки сверху, а гнилые прячет под ними. Менделе не мог перенести эту ложь, он подошел и перевернул корзину на глазах у всех, чтобы никто не смел скрывать правду от глаз людей.

Странным мальчиком был Менделе, и странными были его поступки. Он не танцевал в кругу вместе со всеми, не участвовал в детских играх, не вступал в беседы детей. Обычно он убегал от своих сверстников в поля, распластывался на земле и смотрел на небо. Его глаза следили за облаками, проплывавшими над местечком, за солнцем, садящимся за горизонт. Он любил карабкаться на окрестные горы, взбираться на их вершины и смотреть с большой высоты вниз, обозревая просторы. Смотреть с высоты на все...

Ему нравилось очарование ночи. Он любил вслушиваться в звуки своих быстрых шагов, раздававшихся во время его прогулок в долгие зимние ночи.

Рабби Мендл ищет духовного руководителя. На распутье...

Рабби Мендлу еще не было 20 лет, в нем боролись острый ум и бурные чувства. Дом его отца в Гурае и дом тестя в Томашове были полны светом Торы, исходившим из комнаты Виленского Гаона, рабби Элияу, проникавшим и сюда, в маленькие местечки Польши. Образ Виленского Гаона витал в доме, где родился и вырос Менделе. Этот образ требовал от молодого человека ни на минуту не расслабляться, не отрываться от учения.

И действительно, Менделе, который чрезвычайно почитал Виленского Гаона, постоянно погружался в глубокий и безбрежный океан Талмуда и его комментариев. Но буря, бушевавшая в сердце Менделе, не успокаивалась во время изучения Талмуда. Он не нашел там ответы на вопросы, волновавшие его душу. Наоборот, чем больше он учил Талмуд, тем больше возникало у него вопросов и сомнений.

Длинными зимними ночами Менделе уединялся в углу синагоги, от заката и до утра открытая книга лежала перед ним, но его мысли витали в других мирах, в мирах, которые недоступны описанию человеческими словами. Его наполняли вопросы о Тайнах Творения, Мироздания, тайны Начала, Космоса и его последних дней. Он старался слиться с Тайной Бытия. Его душа не могла удовлетвориться простым изучением Талмуда, она жаждала **Каббалы**...

Рабби Мендл ищет духовного руководителя

Хотя Менделе был еще очень молод, один из богачей Томашова взял его себе в зятья. Не случайно был заброшен в это маленькое местечко старый хасид. В одну из ночей, когда они остались в синагоге вдвоем, старик открыл для Менделе мир хасидизма.

Он рассказал о свете, который спустил в наш мир Бааль-Шем Тов, об его учениках, об учениках его учеников, которые разносят свет Бааль-Шем Това, идя новым путем. Менделе внимательно слушал, и словно свежим ветром обдуло его. «Он умел рассказывать, — сказал Рабби Мендл о своем тесте, — а я умел слушать».

Надо сказать, что хасидизм возник как чисто каббалистическое течение. Это была первая попытка распространить Каббалу в самых широких массах. По непонятным для нас причинам хасидизм был встречен в штыки величайшим каббалистом — Виленским Гаоном.

Кстати, Виленский Гаон получил известность именно как каббалист, и лишь потом он стал известен и как большой знаток Талмуда и других частей Торы. Его противодействие хасидизму основывалось именно на разногласиях в вопросах Каббалы. Но в чем именно заключались эти разногласия, нам непонятно.

Сторонники простого, пресного изучения Торы, фактически втаптывающие Ее в грязь, подняли Виленского Гаона на свои знамена и организовали настоящую травлю хасидов. Пережитки этой борьбы сохраняются по сей день. В те времена в юго-восточной Польше, где жил рабби Мендл, проходил самый настоящий фронт между хасидами и их противниками — митнагдим.

Были местечки, где преобладали хасиды (Томашов, Люблин), а были местечки, где заправляли митнагдим (Гураи). Как мы вскоре увидим, этот водораздел прошел и по семье рабби Мендла — его отец был решительным противником хасидизма.

После беседы с тестем молодой Менделе отправился в Люблин, к великому каббалисту рабби Якову Ицхаку, которого называли «Провидец из Люблина», источнику хасидизма и раву равов в своем поколении.

В Люблине у Провидца

Сияющий венец коронует голову рабби Якова Ицхака. Лучше всего передал его величие Рабби Ашер из Ропшиц, который сказал: «Приехавшему в Люблин к Провидцу казалось, что Люблин — это Земля Израиля, двор синагоги — Иерусалим, сама синагога — Храмовая гора, Провидец — Святая Святых, а его голос — голос Шхины (Божественного откровения)».

Но рабби Мендл пришел к Провидцу не как все хасиды, заполнявшие дороги, ведущие в Люблин. Его гнал духовный голод. Он знал, что просить у человека, которого он предназначил быть своим духовным учителем, Равом. Но то, чего он хотел, он в Люблине не получил.

Не помогла та приязнь, которую проявил Провидец к нему с того самого момента, как Мендл переступил порог его комнаты, не помогла длинная беседа наедине, чего удостаивались лишь избранные — ведь старый каббалист видел духовный потенциал юноши.

Рабби не приобрел сердце Мендла даже тогда, когда присоединил его, никому не известного парня, к группе своих избранных учеников, в которой были только лучшие из лучших, люди, серьезно учившие Каббалу. Все эти почести, которые Мендл получил от Провидца, лишь ослабили его желание быть его хасидом. Не для того приехал он в Люблин, чтобы получать почести, а для того, чтобы найти Рабби.

Это Бог мой

Пребывание Мендла в Люблине, его контакты с Провидцем испортили его взаимоотношения с отцом. Отец Мендла, рабби Лейбуш, был ярый митнагед, т.е. противник хасидизма и Каббалы. Он был чистым талмудистом и уделял все внимание педантичному исполнению заповедей. Когда до него дошли слухи, что его сын стал на путь хасидизма, он немедленно отправился в Люблин и потребовал от Мендла, чтобы тот вернулся на старый, испробованный путь «классического» иудаизма (как его понимали противники хасидизма), т.е. путь пресного, схоластического изучения Талмуда, без понимания его внутреннего, каббалистического смысла, путь механического, бездумного, педантичного исполнения заповедей. Отец Мендла и ему подобные считали, что от такого пути вреда не будет, чего не скажешь о Каббале и новоявленном хасидизме. Но Мендл жестко возразил: «Разве не написано в Торе: «Это Бог **мой**, и я Его, Бог моего Отца и Его восхвалю я». Человек должен сначала сказать: «Это Бог **мой**, и только после этого он может восхвалить Бога отца своего ...»

Рабби Мендл хотел постичь Творца своим собственным путем, а не путем, доставшимся ему по наследству. Провидец буквально излучал возможность постижения Творца, он был готов поделиться этой возможностью с каждым, но Рабби Мендл не хотел ничего готового, никакого проложенного пути. Он хотел постичь Творца по-своему, своими силами. Он не хотел света, полученного по наследству, он хотел обрести свой собственный, внутренний свет. Он искал рава, который не даст ему готовое, а поможет найти дорогу, подходящую для его, и только его, души.

Рабби Лейбуш, который всегда считал, что его сын станет великим, содрогнулся от такого дерзкого ответа Мендла. Он подумал немного и спросил:

— Ну, Мендл, нашел ли ты свой путь здесь, в Люблине?

— Никогда человек не достигнет своей цели, если не будет к ней идти. Прежде всего он должен идти, идти искать учителя, идти и искать путь в жизни, идти и выйти из рутины. Даже если не смог найти того, чего искал, — **сам путь становится для него оплатой...**

Так же, как он не был в восторге от рава, так же ему не очень нравились его друзья в Люблине. Они шли по течению, делали все то, что им говорил рав, — и это было против самой сущности Мендла. У них все было просто и гладко: «Так делает рабби». Раз так делает рабби, значит, все нужно делать только так. Но рабби Мендл родился для непрерывного поиска, и этот поиск всегда был связан с **сомнениями**.

Уже в Люблине рабби Мендл почувствовал, что он не такой, как все. Не то чтобы он был выше или ниже других —

он был **другой**. Корень его души был другим. Это ощущение оказало главное влияние на формирование его личности и привело к освобождению от привычных для всех рамок, к прокладыванию своей собственной дороги. Ощущение того, что он отличается от других, прошло несколько этапов развития, пока не достигло пика своего развития на 53-ем году жизни, когда он закрылся в одиночестве.

Старый каббалист, Провидец сразу увидел, с кем он имеет дело. Уже во время их первой встречи он сказал Мендлу: «Мендл, твой путь ведет к меланхолии, и он не нравится мне!»

В дерзком ответе четко проявляется одна из главнейших черт личности рабби Мендла — абсолютная независимость. Так ответил никому неизвестный парень всеми уважаемому раву-каббалисту: «Если путь, который я избрал, нравится мне, почему бы мне не идти по нему, неужели только потому, что он не нравится Вам, уважаемый рав?!»

Будучи человеком совершенно независимым, рабби Мендл не боялся, что его путь не понравится другим, пусть даже самым великим и достойным. Этому же он учил и своих учеников, когда сам стал равом.

Счастлив, взваливший на себя ярмо

Уже в молодые годы было видно, что у рабби Мендла есть огромные стремления, как и положено человеку, рожденному быть вождем. Его товарищи в Люблине скоро обратили внимание на то, что Мендл старается отдалиться от других, что он часто исчезает и уединяется. Один товарищ однажды спросил его: «Почему ты уединяешься? Ты хочешь быть вторым Бааль Шем Товом?»

Рабби Мендл нисколько не смутился и сразу ответил: «Точно! Разве не может появиться новый Бааль Шем Тов, даже более великий, чем первый? Разве запрещено достичь его уровня?»

Рабби Мендл был тогда всего лишь 20-летним юношей, но уже тогда он думал о том, чтобы достичь уровня Бааль

Шем Това. Он уже видел в себе силы не только достичь этого уровня, но и подняться выше.

Мятежная душа рабби Мендла, похоже, не смогла укорениться на почве добропорядочного Люблина. Тем не менее, один из лучших учеников Провидца, рабби Яков Ицхак, очень понравился рабби Мендлу уже во время их первой встречи. Рабби Якова Ицхака все называли «Святой Йегуди из Пшиски», потому что он взвалил на себя огромную ношу духовной работы.

Йегуди — происходит от слова *ихуд* — *соединение, слияние* — имеется в виду соединение человека с Творцом. Поэтому неправильно переводить Йегуди как *«еврей»*, происходящее от слова *эвэр* — *перешедший из-за* реки. Так называли Авраама жители Ханаана, потому что он пришел к ним из-за реки, из Месопотамии.

Позже рабби Мендл рассказывал о своей первой встрече с Йегуди:

— Когда я пришел первый раз к Йегуди, он сказал мне: «Шалом, — и продолжил, — Мендл, помни, что сказал величайший мудрец: «Счастлив, взваливший на себя ярмо с отрочества». Эти слова глубоко запали мне в сердце.

Взвалить на себя тяжелую ношу — эта идея очень подходила рабби Мендлу, действительно, рабби Мендл взвалил на себя тяжесть всего мира, он страдал страданиями всего мира, и эти страдания не давали ему покоя всю его жизнь.

Так Мендл выбрал себе Рава, по этому же принципу он выбирал себе учеников, когда сам стал равом. Он не терпел учеников, искавших себе рава, который гладил бы их по головке. Рабби Мендл выбирал тех, кто так же, как и он, был готов взвалить себе на плечи весь мир.

Стол Творца

Личность рабби Якова Ицхака Йегуди, его образ жизни, его учение — все это пришлось по душе рабби Мендлу. Он почувствовал подлинное родство душ с Йегуди. Здесь, у рабби Якова Ицхака Мендл научился правильной пропорции между «работой в сердце» и «работой разума» — пропорции между чувством и знанием. Новые друзья в Пшиске тоже пришлись по душе Мендлу. Это была группа лучших из лучших — у всех блестящий ум, все дерзкие, самостоятельные в решениях, знающие. Здесь были рабби Моше Аарон (Гаон из Котна), рабби Давид Ицхак из Пиотракова, рабби Ицхак, впоследствии ставший рабби из Верки, который был близок рабби Мендлу, как брат, их мировоззрения были противоположны; рабби Ханох Гейнех, впоследствии ставший рабби из Александра. Здесь же Мендл встретил своего будущего рава — Симху Бунима, большого знатока Торы, человека с острым, критическим умом. Он был старше Мендла на 22 года. Тогда же и возникла между ними прочная связь, продолжавшаяся до самой смерти рабби Бунима.

В те времена, когда Мендл был еще новичком в царстве хасидизма, его друг рабби Ицхак вернулся от праведника из Чернобыля. Мендл спросил его: «Что ты там видел, в Чернобыле?» Рабби Ицхак ответил ему: «Я видел там стол Бааль Шем Това», (т.е., ему открылся путь Бааль Шем Това).

Мендл сказал ему: «Ты видел стол, которому приблизительно сто лет (со времени кончины Бааль Шем Това), а наш ребе из Пшиски показывал нам стол, которому около 6000 лет. Он показывал нам стол Творца — Небо и Землю и Того, кто сотворил их ...»

Атмосфера у Йегуди была иной, чем у провидца из Люблина: здесь, в отличие от Люблина, не витали в облаках, здесь не были слышны рассказы о чудесах. Ученики не считали своего рава чудотворцем. Они дали ему имя «Золотой колос», подчеркнув этим, что ожидают от него не чудес, а совсем другого — что его действия будут чисты, подобно тому, как золото чисто от примесей. Мысли рава должны быть чистыми, без греха, как золотой колос, в котором все чисто от примесей.

Однажды, в один из зимних дней по пути из Томашова в Пшиску, Мендл встретил телегу, полную хасидов. Он сел на эту телегу и уселся между ними. Мороз в этот день был страшен, а в кармане — ни гроша. Не сказав никому ни слова, Мендл сошел с телеги на одной из промежуточных остановок и вскоре вернулся с бутылкой водки в руке, но без пальто. Из-за безденежья продал он пальто, подаренное ему богатым тестем, и купил вместо нее водку, чтобы развеселить сердца замерзших хасидов, едущих к своему Ребе.

Большой враг — тело...

Пшиска была школой для достижения полноты развития человеческой души. Именно здесь рабби Мендл осознал, какие вещи бьют по человеческой сущности. Прежде всего Йегуди научил его не считаться с желаниями тела. Он слышал, как Рабби как-то раз назвал тело: «Мой большой враг», — враг изощренный, стоящий на пути развития души человека. Одним из важнейших условий для продвижения духа человека вперед считалось пренебрежение желаниями тела.

И еще одно правило рабби Мендл твердо выучил в Пшиске — никто другой не должен знать о твоем духовном уровне. Поведение, доброе дело — все должно быть скрыто от глаз посторонних. В особенности — духовный подъем. Йегуди учил своих учеников: «Так же, как известность вредна в нашем мире, так же она вредна и в мире духовном».

Это не значит, что человек должен отделиться от своих товарищей, чтобы они не могли обсуждать его. Напротив, человек должен быть связан с другими людьми, помогать им, но внутренне, духовно, он должен быть удален от всех.

Йегуди учил своих учеников мудрости быть одновременно и внутри группы, и вне нее. Даже внутри группы не должно быть ни одного фактора, влияющего на самостоятельное мировоззрение человека.

Во дворе Йегуди ходило высказывание: «Если ты можешь показать себе фигу, покажи ее всему миру!» Человек, чья самокритика и самоконтроль достигли высокого уровня, может не считаться с мнением других. В Пшиске поняли значение намерения (каваны) в действии. Внешнее, механическое исполнение Заповеди, исполнение без правильного намерения — ущербно. Заповедь без правильного намерения — как тело без души. Действие, исполнение Заповеди — это лишь внешнее проявление желания человека. «Заповедь — это сосуд, намерение — это суть, наполняющая его».

Из этого следует выход за пределы принятых рамок в отношении молитвы. Существует четкое время для каждой молитвы. А что делать, если человек внутренне не готов к ней? — Можно отложить молитву до того момента, когда душа будет готова к ней. Главное — это молитва в сердце, которой не нужны слова. Поэтому хасиды Пшиски опаздывали на молитвы, но если они уже начинали молиться — то это была настоящая молитва, — «вся моя сущность говорит», т.е. все их существо молилось, — но, прежде всего у них было намерение, цель. Святой Йегуди говорил: «Если молящегося рубят мечом, и он чувствует боль, то его молитва не стоит ничего!»

Связь между действием (исполнением заповеди) и намерением объяснил рабби Мендлу однажды рабби Ханох Гейнех из Александра: «Мендл, до того как мы пришли к Йегуди, мы спрашивали себя: «Что освящает Субботу? Меховая шапка, одеваемая в этот день? Мы чувствуем дух Субботы в ней? Субботний пирог, который мы едим?» Но когда мы пришли в Пшиску, мы поняли истинную сущность Субботы: не внешние действия являются сутью Субботы, а внутренняя наполненность, т.е. слияние наших мыслей с Тем, кто дал нам Субботу».

Еще одну важную вещь выучил рабби Мендл в Пшиске. Йегуди говорил своим ученикам, что у праведника каждую ночь исчезает все постижение, которое он приобрел в течение дня, и он падает со своего духовного уровня. Ночь, с точки зрения Каббалы, это духовное падение, отсутствие света — обязательный этап в развитии человека. Так же, как природа обновляется каждый день, так и человек должен начать новый день как бы сначала, чтобы достичь своего нового уровня. Нет места привычкам. «Сегодня» — это не продолжение «вчера» — это нечто совершенно новое. Каждый день — это новое творение. Если стремление души, с помощью которого он достиг вчерашнего духовного уровня, не возобновляется сегодня, то и вчерашнее достижение отрезается от естественной подпитки и исчезает. Отсюда постоянное стремление к обновлению.

Молитва без слов

Как только рабби Мендл получил от своего рава основы его учения, он немедленно, еще в Пшиске, начал прокладывать свой собственный путь. Уже здесь он отошел от рутины. Его молитва была беззвучной, она рвалась изнутри, из глубин сердца, и ей не нужны были слова, сотрясания воздуха. Во время смертельной болезни, которая унесла Святого Йегуди, его ученики истово молились, они наполнили звуком Небо и Землю. Лишь рабби Мендл стоял на своем месте, смотрел в одну точку — и молчал...

Потом рабби Мендл сам рассказывал о том случае своему ученику рабби Ханоху Гейнеху из Александра:

— Все ученики говорили Псалмы. Я же стоял рядом с печкой и молчал. Ко мне подошел рабби Буним и спросил: «Почему ты так сильно требуешь?»

Рабби Мендл требовал от Творца не с помощью слов, а своим молчанием. Рабби Мендлу было 27 лет, когда умер его первый рав — Святой Йегуди. Это было в 1814...

После кончины своего рава Мендл погрустнел. Йегуди открылся ему во сне и утешил его в трауре: «Не волнуйся, я был тебе равом при жизни, я буду тебе равом и после смерти». Но ученик, чья душа была слита с душой рава при жизни, ответил: «Я не хочу иметь мертвого рава, рава из того мира...»

В страхе проснулся рабби Мендл, с бурей в сердце пошел посреди ночи в синагогу. Там он нашел нескольких своих товарищей. Вдруг к нему подошел рабби Симха Буним и сказал: «Рабби больше нет, но он оставил нам трепет перед Творцом. Знай, Мендл, что трепет перед Творцом нельзя спрятать в табакерку. Там, где слышны слова Рабби, там он и находится... Мысли его, слова, которым он нас учил — это сам Рабби, его внутренняя сущность без тени материальности».

В Пшиске у рабби Симхи Бунима

Осиротевшее место в Пшиске недолго оставалось пустым. Ученики посадили на него самого великого своего товарища — Рабби Симху Бунима. Еще при жизни Рава все знали, что рабби Буним — старший среди учеников. Он был известен как человек образованный, знающий много языков, дипломированный фармацевт, купец из Данцига. Но друзья знали, что это лишь маска, за которой скрывается совершенно другой человек — великий каббалист. Рабби Буним хорошо постиг науку маскировки, которой учил его Рав. Йегуди называл его: «Острие моего сердца». Под этими словами он имел в виду, что это был единственный ученик, который смог проникнуть в глубины его учения. Рабби Буним научил свой внутренний глаз и свое внутреннее ухо видеть и слышать то, что ускользает от обычных, внешних глаз и ушей.

Стены предстали перед судом

Однажды рабби Буним вместе со своими учениками ехал в телеге. Лучи заходящего солнца окрасили все в красный цвет. Они увидели издалека хижину и остановились помолиться. Зайдя в хижину, они увидели, что та полуразрушена. Один из хасидов сказал, что не следует молиться в этой развалюхе, и что недалеко отсюда есть просторный постоялый двор, и там молиться гораздо лучше.

Все быстро сели на телегу и поспешили к этому постоялому двору. Рабби Буним ехал в телеге и размышлял. Через некоторое время он сказал: «Я слышу голос, прорывающийся из той несчастной хижины. Знайте, что ее стены предстали пред Небесным Судом, и их спрашивают, почему мы пренебрегли ими ...» Они вернулись в ту хижину и с воодушевлением помолились там.

Новый бейт-мидраш рабби Бунима стал прямым продолжением дела Йегуди, его мировоззрения. Рабби Буним, разумеется, добавил и новое к основам, которые заложил его великий Рав. Из бейт-мидраша рабби Бунима был полностью выброшен культ авторитетов. Ученики видели в своем новом Раве дерзкого вождя и воспитателя, прорубающего дорогу себе и готовящего учеников идти вслед за ним. Его авторитет основывался на совершенно других началах, чем у других хасидских адморов. Ученики из Пшиски, бывало, говорили: «Наш рав может извлечь душу из тела, очистить ее от грязи — и вернуть ее, уже чистую, на свое место».

Рабби Буним отказался от масс. Он предпочел находиться среди небольшой группы избранных молодых учеников, интересующихся только духовным, тех, которые могли отбросить заботу о материальном. Для простых, обычных людей не было места в Пшиске рабби Бунима. Член группы должен быть умным, с полетом мысли, и знающим. Все эти способности четко выделялись в личности рабби Мендла, и все признали в нем главного в группе учеников.

Рабби Буним тоже ценил величие этого своего ученика. Как-то раз, во время пасхального седера рабби Буним сидел за своим столом в окружении своих лучших учеников. Но прежде чем начать седер, рабби выбрал один из кубков, которые стояли перед ним на столе, поднял его и сказал: «Этот кубок принадлежит человеку, у которого ум самый большой из всех нас!» — встал и поставил кубок возле места, где сидел рабби Мендл.

Надо сказать, что под умом рабби Буним, как и все каббалисты, подразумевал совершенно другое, чем простое значение этого слова. С точки зрения Каббалы словами «ум», «разум» обозначается способность человека постигать духовное с постижением Творца, а не способность человека быстро и глубоко мыслить.

Перед тем как посвятить своего ученика в тайны своих мыслей, рабби Буним объяснил, что такое тайная Тора (Каббала), которую он получил от своего Рава: «Знаешь ли ты, что такое тайна? Тайна — это то, что открыто говорят всем, но никто не слышит, кроме человека, которому она предназначена».

Это объяснение учили еще в Люблине у Провидца. Рабби Ицхак из Верки рассказывает:

— Никогда я не подходил к столу Провидца. Я не приближался к нему ближе, чем на полдороги между мной и им. Вещи, которые я должен был услышать, я слышал издалека, а вещи, которые мне не предназначались, я не слышал даже вблизи.

Поднимите глаза свои вверх

С самого начала своего пребывания на месте Рава, рабби Буним требовал от своих учеников, чтобы они думали перед тем, как что-нибудь сделать. Знание и Истина — это были два принципа, на которых стоял бейт-мидраш рабби Бунима. Свой путь в Каббале рабби Буним основывал на коротком высказывании Самого Мудрого: «Скажи мудрости — сестра ты мне». Он учил своих учеников любить мудрость так, как любят единственную сестру в семье. Мудрость — это знание того, в чем заключается Цель Творения и какова в ней роль человека.

Мудрость рабби Бунима привела его к выводу, что вера человека в Творца должна сопровождаться постижением, познанием Его. Чтобы выполнить заповедь правильно, во всех тонкостях, необходимо намерение и для мозга, и для сердца, с помощью понимания (познания) исправляется весь человек. С помощью познания Творца выявляется вся внутренняя сущность человека.

Но постижению Творца должен предшествовать этап пристального изучения и созерцания мира, его содержимого. И так, познавая творение, можно познать Творца. Поэтому первым требованием рабби Бунима к ученикам было: «Поднимите глаза свои вверх. Ваши глаза должны смотреть вверх, вследствие вашего страстного желания постичь Творца».

Но, кроме того, что рабби Буним требовал от своих учеников поднять глаза вверх, он также требовал, чтобы они смотрели внутрь себя, в свой внутренний мир. Не сможет человек познать внешний, большой мир, пока он не освоил мудрость постижения самого себя, своего внутреннего мира, пока не познает свою душу, спрятанную внутри него, скрытую огромным количеством внешних одеяний. Рабби Буним сказал: «Дефектами, открытыми постороннему взору, я не интересуюсь. Эти дефекты известны всем, для чего же тут нужен рабби? Я стараюсь раскрыть недостатки, скрытые от глаз человека».

Говорящий правду в сердце

В бейт-мидраше рабби Бунима ученики стремились познать и Творца, и самих себя. Но ни один из этих видов познания невозможен без развития в себе чувства Истины. Приобретение этого чувства стояло в центре системы рабби Бунима.

— Я могу привести к раскаянию всех грешников, — сказал как-то рабби Буним, — но с одним условием — они не должны врать! Если человек не будет врать себе, если он будет видеть свой внутренний мир таким, какой он есть на самом деле, если он придет к ощущению Истины, то грех исчезнет сам.

В другой раз рабби Буним высказал ту же идею в еще более острой форме:

— Если ложь станет ненавистной людям, то в мир придет Освобождение. Никто не будет пытаться доказать, что, например, разврат — это не прегрешение, никто не будет преуменьшать его вредность. Но пока существует ложь, то человек врет сам себе, и поэтому он не видит, что ему надо исправлять.

В Пшиске требовалось, чтобы человек не допускал лжи даже в мысли. Человек должен выбросить из себя лживые мысли. Как и у всего остального, у правды должно быть внутреннее содержание — намерение. Недостаточно просто не врать вслух, нужно иметь при этом правильное намерение. Действие без чистых, правильных намерений — это вообще не действие, оно не соответствует Истине. Поэтому рабби Буним категорически запретил делать хорошие дела публично, из-за возможности того, что человек что-то сделает не из внутреннего побуждения, а ради одобрения другими людьми, ведь человеку это присуще даже на подсознательном уровне.

Уединение в лесу

Еще находясь у рабби Бунима, рабби Мендл начал стремиться к уединению. Рабби Буним часто беседовал со своими учениками не в бейт-мидраше, за столом, как это принято у других равов, а в поле или в лесу. Там, под чистым небом или под сенью деревьев излагал он им свое учение. Далеко не всегда рабби Мендл присоединялся к ним, часто он оставался один на постоялом дворе или уединялся в лесу.

Это стремление к уединению, к обособленности, которое было заложено в рабби Мендле с детства, приобрело в Пшиске свою законченную, крайнюю форму. Почти всегда он ходил один, погруженный в свои мысли, сосредоточенный. Его скептическое восприятие мира тоже делало свое дело. В нем боролись два противоположных свойства. Одно — восхищение окружающим миром, его великолепием, другое — скептицизм, критическое восприятие, толкающее его познать тайны Мироздания. Так или иначе, но внутренней гармонии у него не было.

Яблоко и яблоня

У рабби Мендла был старший брат-купец, решительный противник хасидизма. Когда рабби Мендл первый раз вернулся из Люблина, то брат спросил его:

— Ты что, Мендл, совсем с ума сошел? Зачем ты связался с хасидами?

Рабби Мендл ответил ему:

— Ты помнишь, брат, яблоню, которая росла у нас во дворе? Когда мы были маленькими, мы забирались вместе с другими детьми на самую верхушку и рвали там яблоки. Даже в субботу мы не могли удержаться от этого. Однажды в субботу я тоже забрался на эту яблоню и уже держал в руке яблоко, собираясь сорвать его, и в эту минуту я вспомнил, что сегодня суббота, и не стал срывать его.

Но я все же остался на дереве и решил его сорвать ртом, так как считал, что если сорвать ртом, а не руками, то это не будет прегрешением. Но в момент, когда яблоко уже было зажато моими зубами, мне пришла в голову мысль, что я все равно нарушаю субботу. Я оставил яблоко и спустился вниз. С тех пор я сначала думаю, а потом делаю.

Когда старший брат выслушал это, он вспомнил, что когда Мендлу было всего 4 года, этой яблони у них уже не было.

Скептицизм, критическое, недоверчивое восприятие, склонность ничего не принимать на веру, создали стену отчуждения между ним и даже самыми близкими друзьями. Он отличался от них и мыслями, и поведением. Он не сблизился ни с одним из учеников рабби Бунима. Он общался только с теми, кто был хоть немного близок ему по духу.

В Пшисской группе был молодой человек с выдающимися способностями по имени Ицхак Меир из Варшавы. Несмотря на возраст, он уже был широко известен в религиозных кругах. В народе этот человек был известен по названию написанной им книги — «Хидушей рабби Ицхака Меира». Он чувствовал величие Мендла и решил во всем ему подражать — и во внешнем, и во внутреннем, скрытом постороннему взгляду.

Как-то раз, в праздник Рош а-Шана, лучшие ученики рабби Бунима собрались за праздничным столом. Когда приблизились сумерки, они все встали и начали молиться. Вдруг рабби Мендл, который тоже там был, сказал, что не хочет и не будет молиться в данный момент. Именно тогда рабби Ицхак Меир сблизился с рабби Мендлом, и между ними возникла духовная связь, которая не прерывалась до конца их дней.

Я не вмешался в спор

В одной из бесед в те дни рабби Мендл начал рассказывать о древних временах, о событиях, которые происходили в предыдущих перевоплощениях так, как будто они происходили сейчас, в этот момент. В частности, рабби Мендл подробно описывал спор между Моше Рабэйну и его противником Корахом.

Он рассказывал так живо и подробно, что один из учеников не выдержал и спросил: «А на стороне кого, Моше или Кораха, был ты сам, Мендл?» Рабби Мендл ответил улыбаясь: «А я не вмешался в этот спор».

К удивлению товарищей, рабби Мендл продолжил:

— Корах не был базарным торговцем. Моше сам намекает на это, говоря людям Кораха: «Попросите также священство». Разумеется, у Кораха было достаточно оснований просить священство, конечно, Корах знал много. Кто слышал требования Кораха — стоял перед серьезным испытанием, чтобы преодолеть соблазн и не присоединиться к лагерю Кораха. Тем, что я стоял в стороне, я оказал большую услугу Моше.

Уже в Пшиске рабби Мендл не скрывал свой буйный дух и свои мысли. Для него не существовало никаких ограничений, никаких авторитетов, даже самых величайших. Тем не менее, ему это прощалось, так как все чувствовали его величие.

Деньги — тьфу!..

Рабби Мендл имел крайне оригинальное мышление, он сам был источником мудрости. Тем не менее, иногда он называл себя «Талмид-хахам» («Ученик Мудреца»), объясняя, что он ученик мудреца рабби Бунима. Однако трудно считать рабби Мендла чьим-то учеником в обычном смысле этого слова. Разумеется, рабби Мендл много взял от двух своих великих равов — Святого Йегуди и рабби Бунима, но его постижение Творца и величие пришли к нему путем его самостоятельной духовной работы.

Рабби Мендл продолжал идти по пути своих равов, но его шаги были шире и энергичнее. Две черты, которые составляли основу учения его равов — Истина и Знание, приобрели у рабби Мендла свою законченную форму, и никто другой не смог бы сделать это так, как он.

В этот период жизни у рабби Мендла была великая мечта, точнее замысел, причем он свято верил, что сможет осуществить его. Он попросил своих самых близких товарищей пойти с ним на прогулку в лес. Они гуляли по лесу много часов, прежде чем рабби Мендл открыл им свой замысел — создать хасидизм совершенно другого, нового типа, лишенный внешней хасидской мишуры, который бы полностью основывался на Каббале, фактически это была бы чистая Каббала. В это время он искал определенное число молодых парней, настойчивых, твердых в своих убеждениях, которые были бы готовы во имя распространения Каббалы среди масс порвать со всем материальным.

Влияние рабби Мендла на своих товарищей было безграничным, он стоял в центре группы молодых людей, мысливших в масштабах всего мироздания. Рабби Мендл был прирожденным вождем, духовным руководителем. С помощью одного взгляда, не говоря ничего, он правил другими, передавая им свои желания и влияние.

До нас дошел один рассказ об этом периоде, который передал рабби Фейбель из Грицы, основатель династии адморов из Александра:

— Это были тяжелые дни. В доме рабби Мендла не было даже буханки хлеба, у его жены не было денег купить кровать для детей. Рабби Мендл отказывался принимать подарки даже от самых близких.

Я предложил рабби Мендлу рассудить тяжбу между двумя богатыми людьми, жителями Варшавы. Эта тяжба была очень сложной и запутанной. Рабби Мендл спросил меня: «Ну, а что будет мне от этого?» Я ответил: «Оплата за твои старания». Рабби Мендл вскинул свои черные брови, взглянул гневно на меня и сказал только три слова: «А? Деньги? Тьфу!» — и плюнул. Рабби Фейбель добавил, что эти три слова врезались в его сердце до такой степени, что с тех пор его тошнило при виде денег.

Рабби Мендл, будучи человеком истины, крайне презирал деньги, так как видел в них главную причину существования лжи в мире, причину для насилия и жестокости.

Последнее расставание

Тринадцать лет проучился рабби Мендл у рабби Бунима. Ученик был предан своему раву, связан с ним всеми фибрами души. Ему и только ему поверял рабби Мендл все, что было у него на душе. Странным было расставание великого ученика с великим равом.

Хасиды рассказывают так: состояние здоровья рабби Бунима все ухудшалось. Врач сказал, что положение критическое. Многие хасиды начали читать Псалмы. Рабби Мендл не проронил ни слова. Он ринулся в бейт-мидраш и там ходил из угла в угол. Его лицо было словно охвачено пламенем.

Он знал, что приговор уже подписан. Сегодня десятый день месяца Элуль, а свадьба сына рабби Мендла, Давида, назначена назавтра, на одиннадцатое элуля, в местечке Опочня. Рабби Мендл предпочел остаться со своим равом в его последние минуты. Его сын сможет и сам, без него, стать под хупу. Но рабби Буним позвал его и приказал немедленно ехать в Опочню, ввести сына под хупу. Ученик выполнил приказ своего рава. Через 2 дня, 12 элуля, рабби Буним скончался.

Рабби Мендлу сообщили о кончине его рава в тот же день. Он поспешил в Пшиску, но на похороны не успел. Когда он вошел в бейт-мидраш, он не сказал ни слова. Он попросил ключ от комнаты, в которой рабби скончался. Он вошел в эту комнату и оставался в ней несколько часов. Рабби Мендл вышел оттуда и сказал товарищам: «Никто из вас не был на похоронах рабби, кроме меня»...

Согласно другой версии, рабби Мендл покинул Пшиску сразу после кончины рабби Бунима, не захотев участвовать в его похоронах. В то время, когда по дорогам Польши двигались огромные колонны хасидов, кто на телеге, а кто пешком, стремясь попасть в Пшиску на похороны, рабби Мендл уехал оттуда.

— Когда рабби был жив, мы были тесно связаны духовными узами. А сейчас — какое мне дело до трупа рава?..

Рабби Мендлу было 40 лет, когда скончался его второй рав, это было в 1827 году.

Рабби выбирает себе учеников

Осиротели хасиды после смерти своего рава. Пустота вошла в их сердца, растерянность воцарилась в Пшиске.

Рабби выбирает себе учеников

Хасиды совсем отчаялись, потеряв надежду. Они ищут того, кто смог бы занять место рава — и их мнения расходятся. Ветераны, умеренные, с устоявшимися взглядами, во главе с рабби Ицхаком «Праведником, Обладающим Золотым Сердцем», склоняются избрать сына умершего рава, праведника, сына праведника, рабби Авраама-Моше.

Молодые же, крайние в своих взглядах, напротив, ищут высшую цель, они хотят избрать самого лучшего из них — рабби Мендла. Но он, рабби Мендл, отворачивается от них, отталкивает их с бранью:

— Вы предполагаете, что и дальше дела пойдут тем же образом, как они были раньше. Рабби будет работать за вас, а вы будете подбирать остатки?! Рабби один будет прикладывать усилия в духовной работе, а вы спрячетесь в его тени?! Он будет служить Творцу, а вам это принесет спасение?! Вы хотите рабби, который держал бы в руках ключи от Небес и раздавал бы вам заработок, согласно вашим желаниям. Вы продолжите варить кашу и есть ее все вместе, а ваш рабби будет молиться, чтобы ваши взрослые дочери вышли замуж за хороших женихов или чтобы ваши жены выздоровели. Нет! Я не пеку баранки, Творец не дал мне корзинку бубликов, которую бы я мог раздать вам. Я не пастух, ищущий пастбище для своего скота. Человек рожден для работы, для страдания! У меня вам придется самим заботиться о себе — и о материальном, и о духовном. Каждый о себе.

Хасиды испугались и отступили. Они знали точность рабби Мендла. Они знали, что он — «Пылающий Огонь». Знали они, что их попытки являются наглыми. Поэтому они решили выбрать рабби Ицхака Меира, единственного, кто был похож на рабби Мендла, но более умеренного, более сдержанного, имеющего более спокойные черты характера. Но он тогда не был в Пшиске. Было известно, что он находится в Самоте, маленьком местечке, прилегающем к Томашову. Группа хасидов, среди которых был и рабби Мендл, отправилась туда.

Хасиды остановились на постоялом дворе, и двое кандидатов на место Ребе — рабби Ицхак Меир и рабби Мендл уединились во внутренней комнате. С первым лучом солнца они вдвоем вошли в комнату, где хасиды всю ночь не смыкали глаз. Не сказав ни слова, рабби Ицхак Меир зашел во вторую комнату и вынес оттуда сосуд для омовения рук и полотенце. Он подошел к рабби Мендлу, вылил ему на руки воды из сосуда и подал полотенце. Хасиды поняли, что рабби Ицхак Меир показывает им этим, что он принимает руководство рабби Мендла и все, что он сделал — для того, чтобы услужить ему.

После молитвы «Шахарит» и утренней трапезы рабби Мендл и рабби Ицхак Меир снова закрылись в отдельной комнате до самого захода солнца. Из комнаты раздавались голоса двух гигантов духа. Они спорили, причем о таких вещах, что далеко не каждый человек может выдержать. Во время заката несколько хасидов прижали уши к закрытой двери и услышали, что рабби Мендл спрашивает рабби Ицхака Меира: «Если так, — или ты ко мне, или я к тебе!» Рабби Ицхак Меир вышел из комнаты один и сказал присутствующим: «Подготовьтесь к молитве, сейчас ребе выйдет молиться. Наш Ребе — истинный «йегуди». Он выделил слово «истинный».

Среди хасидов началось определенное брожение. Они чувствуют, что путь Рабби Мендла слишком трудный для них, они хотели бы, чтобы рабби Ицхак Меир был их Ребе. Вся группа продолжила свой путь в Варшаву, в дороге все еще шли споры, между хасидами явно были серьезные разногласия. Вечером в субботу собралось большое количество хасидов в бейт-мидраше в Варшаве. Приготовились к трапезе. Во главе стола, вокруг которого сидят величайшие знатоки Торы и хасиды, сидят двое — рабби Ицхак Меир и Рабби Мендл. Вдруг рабби Ицхак Меир встал со своего места, открыл бутылку вина, налил его в бокал и поставил его на ладонь рабби Мендла. Этим субботним вечером судьба была определена — рабби Мендл стал вождем общины. О том случае рабби Ицхак Меир сказал хасидам так: «Я увидел пламя живого огня и преклонился пред ним!»

Рабби — «оживить живых людей»

Рабби Мендл и его община вошли в Томашов. Возле дома Ребе хасиды построили большой серый барак, без какой-либо краски снаружи или украшений внутри. Хасиды создавали хорошо организованную общину. Это были дни весны рабби Мендла и его группы, дни расцвета нового хасидизма, построенного на чистой Каббале, т.е. духовной работе, служении Творцу.

Над теми, кто остался в Пшиске, смеялись, так как в Пшиске остались «сын-праведник, заработок и глоток водки». Этим они хотели сказать, что в Пшиске все осталось по-старому, как в любом другом хасидском дворе, без всяких изменений, а здесь — все было по-новому.

Однажды встретил хасид рабби Мендла другого хасида, который похвалялся могуществом своего Ребе. Выслушав его рассказы, хасид рабби Мендла сказал: «Действительно, твой Ребе может воскресить мертвых, но мы удовлетворяемся Ребе, который может воскрешать живых людей. Оживлять мертвых мы оставляем на долю Творца...»

В это время рабби Ицхак Меир пишет рабби Ханоху Гейнеху из Александра: «Знай, так же как были звуки грома и молнии во время получения Торы, так же и сейчас в Томашове происходит получение Торы со звуками грома и молниями».

Когда они потом встретились, то рабби Ицхак Меир так объяснил свои слова, сравнивающие Томашов и стояние возле горы Синай:

— Но когда народ стоял возле горы Синай и слышал повеления: «Не убей, не укради», — добропорядочные переглянулись и спросили себя, ради чего привел их Моше сюда? «Мы ожидали услышать какие-то откровения, а нам говорят прописные истины — «не укради», «не возжелай»! И это говорят **нам**?!» И они начали отступать от горы Синай.

Тогда Моше заставил их остановиться и закричал: «Не двигайтесь! Эти высказывания относятся и к вам тоже, добропорядочные знатоки Торы. Ведь если вы хорошенько себя проверите, то обнаружите, что внутри каждого из вас скрыто и желание убивать, и желание украсть, и, разумеется, желание к чужой женщине. Только на первый взгляд кажется, что у вас всего этого нет. Заповеди, которые вы слышите, должны вырвать из вас даже малейшую мысль о краже, скрытую в глубинах сердца».

Рабби Ицхак Меир продолжил:

— Наш Ребе в Томашове заставляет нас помнить об этом и не дает нам врать самим себе. «Не укради» — это относится к внутреннему вору, тому, который сидит глубоко-глубоко внутри человека.

Триста поднимающихся людей

В Пшиске рабби Авраам Моше не удостоился долго занимать место отца — он умер вскоре после того, как был избран Ребе. С момента смерти рабби Бунима один из его учеников — рабби Ицхак все время скучал по рабби Мендлу. Между ним и рабби Мендлом существовала духовная связь.

После смерти рабби Авраама Моше, рабби Ицхак во главе большой группы хасидов поехал в Томашов. Он вошел к рабби Мендлу и сказал ему, что они все хотят, чтобы он стал их Ребе. Правда, они просят его, чтобы он, рабби Мендл, был связан с ними, вмешивался в их дела, прислушивался бы к их просьбам и советовал бы им в делах этого мира.

Но именно это условие противоречило самой сущности рабби Мендла! «Ицхак, зачем ты привез ко мне этот сброд?! У этих людей нет собственного мнения, как у скотов, и тот, кто присоединится к ним, станет такой же скотиной, как они».

Рабби Мендл отказался быть вождем черни. Аристократ духа, он видел опасность для себя в контакте с чернью. Если вождь близок к ним, он может влиять на них и поднимать их до своего уровня, но в то же время всегда существует угроза обратного влияния простых людей на вождя: «Ицхак, извозчик — он тоже вождь, но горе тому извозчику, которым начнут править его лошади».

Они, эти средненькие хасиды, искали Ребе, который бы излучал добро к ним, но рабби Мендл оттолкнул их:

«Ицхак, мне не нужно много хасидов. Мне нужно 300 молодых парней, каждый из которых одел бы лист капусты на голову, подпоясался бы набедренной повязкой из соломы, поднялся бы на вершину мира, поднял бы палец вверх и провозгласил бы: «Вся земля и все ее содержимое принадлежит Творцу!»

Рабби Ицхак, праведник с добрым сердцем почувствовал, что их пути расходятся, набрался смелости и сказал: «Ты не добудешь 300 таких, а даже если и добудешь, все они будут как Мендл, а 300 Мендлей — это еще не весь народ Израиля!» Рабби Ицхак Меир так сформулировал отношение рабби Мендла к ученикам в те дни: «Только молодые, чья цель пред их глазами, присоединятся к вам, а остальное — чепуха!»

Лезвие бритвы

Рабби Мендл не любил мелких и ничтожных людей. Но еще больше он не любил средних, и вообще все среднее, посредственное. В то время рабби Мендл нес в своем сердце великую идею и великую веру в то, что духовное освобождение мира придет с помощью духовного исправления человека, верящего в свою способность исправиться и освободиться.

Средние, посредственные люди, которые не освободились от забот материального мира, никогда не смогут осуществить эту мечту. Более того, рабби Мендл искал молодых парней, которые были бы готовы пожертвовать ради Истины не только женой и детьми, но и своей долей в грядущем мире.

Рабби Мендл был последователен на всех этапах своей жизни. Он всегда ходил по лезвию бритвы. Он не терпел среднего, а только крайности, не любил сумерки и переходные этапы. Или — или: будни или праздники, свет или тьма, все или ничего, освобожденный мир или выжженная пустыня. Словом, он был ярко выраженным максималистом. Освобождение мира не придет благодаря посредственным людям, которые полуспят — полубодрствуют.

Человеку, не имеющему сильного собственного желания, нечего было делать у рабби Мендла. Колеблющийся человек, человек, склонный к компромиссам, не мог задержаться в группе Рабби Мендла, которая хотела преобразить весь мир. С другой стороны, рабби Мендл был готов поделиться мудростью с другими, помочь своим «тремстам молодым» освободиться от материальных забот и подняться в высшие духовные миры, к Творцу.

Однажды к рабби Мендлу пришел в первый раз парень, известный в своем городе как большой знаток Торы и возвышенный человек. Как только он переступил порог комнаты рабби Мендла, тот сразу же сказал ему: «В Торе ты возвышен, но в духовной работе это не играет роли. В духовной работе ты должен прикладывать усилия, как кузнец, кующий деталь...»

В те же дни рабби Мендл как-то позвал одного из своих любимых учеников и сказал ему: «Если ты согласишься не иметь даже ломаного гроша в кармане, чтобы купить кусок хлеба, то я готов поднять тебя в духовный мир, и ты увидишь оттуда, что об этом вообще не стоит просить».

В другой раз, стоя в поле, окруженный своими хасидами, рабби Мендл сказал: «Я могу взять любого из вас, погруженного в страсти этого мира, и сделать так, что он даже не захочет слышать о них, а если услышит об этих страстях, его стошнит».

Подобно мудрецам древности, рабби Мендл представлял себе этот мир, как сон. Он смотрел на жизнь человека, как на падающий лист, как на тающее облако, как на молнию, сверкнувшую на минуту, и чей свет исчез во мраке ночи. Словом, в те дни рабби Мендл верил в возможность создать ядро из избранных людей, верил в то, что из этого ядра взойдет росток, из которого вырастет новый мир.

Равенство в материи и в духе — в этом мире и в грядущем

Рабби Мендл был как неиссякаемый источник. Он часто гулял со своими учениками по полям и там беседовал с ними о духовных мирах. Нередко эти беседы длились по 10 часов — и все они были на уровне осознания тайн, т.е. на уровне Каббалы, внутреннего понимания Торы.

В этот период в их бейт-мидраше, большом сером бараке, каждый вечер были трапезы. Во время этих трапез выковывались души учеников, и из них образовывалась группа единомышленников, знающих, на что они идут. Все ученики рабби Мендла в Томашове жили коммуной. У них была общая касса, где брались деньги на все их трапезы, которые всегда были совместными. Они зарабатывали себе на хлеб простым тяжелым физическим трудом. Каждый день несколько десятков учеников выходили на работу и к вечеру приносили свой заработок. Все деньги передавались ответственным за кассу, и каждый вечер все садились за скудную трапезу: кусок хлеба из непросеянной муки и водка. Рабби Мендл сидел вместе с ними за столом, щедро делясь тем, что у него было — духовной пищей, духовным изобилием.

Равенство между членами группы было абсолютным, и в материальном, и в духовном. Они делили не только материальное, но и, что, разумеется, более важно, все свои духовные приобретения. Все заповеди и все прегрешения членов группы они делили поровну. Они постановили, что и доля каждого в грядущем мире у всех будет одинаковой.

Огонь, горящий в Томашове

Рабби Мендл и его ученики прожили в Томашове около двух лет. Это были годы огромного духовного взлета. По местечкам Польши пошел слух о необыкновенном человеке в Люблинском воеводстве, который превратил искру, зажженную в Пшиске, в мощное пламя.

Рабби Мендл притягивал сердца хасидов, слетавшихся к нему, как бабочки на свет. Молодые парни приходили в Томашов, как будто притянутые волшебными канатами. Желание познать сокровенное, внутреннюю часть Торы, т.е. Каббалу, гнало людей в Томашов. Их воображение разгоралось от рассказов о рабби Мендле, о ярком черноволосом человеке, покоряющем всех, — и великих знатоков Торы, и простых людей.

Люди оставляли все — молодых жен, столы своих богатых тестей, другие бросали свои магазины и лавки. В Томашов ехали знаменитые раввины, известные знатоки Торы, которые сами были духовными руководителями целых хасидских направлений. Некоторые из них уже сами достигли духовных миров.

В этот период духовное напряжение хасидов достигло кульминации. Ученики, окружавшие своего рава, совершенно забыли о материальном мире. Они отбросили заботы о материальном и взвалили на себя ношу совершенно другого рода. Они перенесли себя в мир духовного. Рабби Мендл видел, что он приближается к цели. С такими людьми можно прорваться в духовные миры!

Слезы жен

Об этом периоде рассказывает преданнейший ученик рабби Мендла, рабби Ицхак Меир:

— Работа спорилась. Все томашовские хасиды оказались способными достичь высочайшего духовного уровня, уровня самого Бааль Шем Това, но... но и темные силы не дремали.

Тут стоит напомнить, что никакой «самостоятельности» у темных сил нет. Бааль-Шем Тов говорил: «Тот, кто говорит, что в мире существует еще иная сила, кроме силы Творца, например, *клипот* (темные силы), тот является идолопоклонником... Только Творец управляет миром». Великий каббалист нашего времени рав Барух Ашлаг пишет: «Нет никакой другой силы в мире, у которой бы была возможность что-либо делать против воли Творца».

...Помехи пришли со стороны. Толпы разъяренных женщин ворвались в Томашов. Они искали своих мужей на постоялых дворах. Мужья прятались от них, где только могли, и не хотели их видеть. В гневе и со слезами на глазах жены окружили большой барак и ворвались в него. Они подошли даже к двери комнаты рабби Мендла. Женщины размахивали палками возле его окна и требовали, чтобы он вернул им их мужей. Они кричали, что их дома опустели и разрушаются, что дети растут без отцовского присмотра и воспитания, что голод навис над ними...

К толпам женщин присоединились родители хасидов и родители их жен, которые тоже были крайне недовольны поведением своих сыновей и зятьев. Но их плач и стенания остались без ответа. «Слезы созданы для женщин» — так считали томашовские хасиды. Они относились к слезам, как к чему-то несущественному, никчемному. «Они уже научились показывать фигу всему миру»...

Рабби Мендл прекрасно знал заранее, что его путь идет наперекор всему материальному миру и всем известным идеологиям и мировоззрениям. Тот, кто хочет познать Истину, не может быть лавочником или быть привязанным к переднику жены. Рабби Мендл никогда не склонялся перед мнением других, даже если это было мнение всего мира. Это мнение сопровождалось слезами. И рабби Мендл, и его ученики остались глухи к требованию женщин.

Но все же появилась причина, заставившая рабби Мендла задуматься о перемене места. В Томашове поселился один из учеников Провидца из Люблина, рабби Йосеф из Ярчева. Еще будучи в окружении Провидца в Люблине, рабби Йосеф противился новому пути Святого Йегуди. Он был одним из тех, кто требовал от старого рабби Авраама Ешуа отлучения рабби Бунима и его учеников.

Еще больше, естественно, он противодействовал рабби Мендлу, чья концепция была еще более радикальной, чем у его учителей — Святого Йегуди и рабби Бунима. Несмотря на то, что рабби Йосеф тоже был хасидом, а не митнагедом, он решительно боролся с этими хасидскими равами. Своим разумом благообразного, добропорядочного еврея он чувствовал, что Святой Йегуди, рабби Буним и, особенно, рабби Мендл вышли уже за рамки хасидизма — они проповедовали чистую Каббалу. Поэтому он и ополчился на них.

Времена Бааль Шем Това прошли. Хасидизм все более приобретал внешнюю чепуху и мишуру, постепенно отдаляясь от внутреннего понимания Торы — Каббалы. Этот процесс продолжается и в наши дни: хасидские адморы не очень-то жалуют Каббалу, забывая, что хасидизм возник именно как массовое каббалистическое течение. Рабби Йосеф усилил требования бунтующих женщин и призвал жителей города изгнать рабби Мендла и его хасидов.

Напомним слова рабби Ицхака Меира: «Все томашовские хасиды оказались способными достичь высочайшего духовного уровня, уровня Бааль Шем Това, но...» Но победило противодействие.

Рабби Мендл собрал своих учеников и сказал им: «Вы помните, что сказано в Талмуде: «Два мудреца живут в одном городе и не довольны друг другом в вопросах выполнения заповедей — один из них умер, а второй был изгнан». Я, — намекнул рабби Мендл, — предпочитаю быть изгнанным.»

Ученики поняли его намек. За считанные дни они собрались и переехали из Томашова в Коцк. Это произошло в 1829 году, когда рабби Мендлу было 42 года.

Из Томашова в Коцк

Почему они выбрали именно Коцк? Одна из версий гласит, что это произошло потому, что один из учеников рабби Мендла, рабби Матитьяу Ковнер из Косова был в Коцке главным раввином. Он-то и пригласил своего рава в Коцк.

Но хасидам больше нравилась другая версия, согласно которой все было как раз наоборот. Рабби Мендл и его хасиды скитались из местечка в местечко в поисках нового пристанища. Но какое бы местечко хасиды не предлагали, рабби Мендл говорил: «Нет!»

Однажды они пришли в маленькое местечко Коцк. Жители местечка, зная о странном поведении рабби Мендла и его хасидов, встретили их градом камней и спустили на них собак. Рабби Мендл, увидев это, вскинул свои брови, улыбнулся и сказал ученикам: «Мне нравятся жители этого местечка — они умеют постоять за то, что они считают Истиной. Город, в котором бросают камни — это действительно город! Остаемся здесь!»

Из Томашова в Коцк

С тех пор, как рабби Мендл избрал Коцк местом своего пристанища, городок превратился из серого дремлющего местечка в символ духовности, в символ Каббалы, известный всему еврейскому миру. По сей день короткое сочетание букв — «Коцк» будоражит сердце и воображение, хотя с тех пор прошло более полутора веков.

Бедный и богатый в знаниях

В Коцке нет системы и нет формул. В Коцке все находится **над** любой системой и выходит **за** рамки любой привычной схемы. Не придается никакого значения одежде (традиционным черным одеяниям) и внешней форме бейт-мидраша. Вообще не уделяется никакого внимания ничему внешнему.

Бейт-мидраш в Коцке был высоким, длинным, лишенным всяких украшений. Он стоял в центре пустого двора. Стены — с облупившейся штукатуркой. Окна летом — пустые, а зимой затянуты тряпками. Длинные столы из неструганых досок стоят покосившись, шатаясь при малейшем прикосновении. Книги, которые лежат на столах, порваны, без обложек.

Хасиды выглядят так же, как и их бейт-мидраш. Чистое внутреннее содержание без малейшего внимания на внешнее. Хасиды в Коцке не **носили** одежду. Она как бы **висела** на них. Шелковые плащи были потрепанными и позеленевшими, штреймлы — истрепанные и облезлые. Вместо поясов они подпоясывались обычными веревками. На голове — капустный лист, на ногах — деревянные башмаки, как будто только они одни существуют в мире пред Творцом, и не надо никого стесняться.

По вечерам они собирались все вместе, ели кусок хлеба и пили немного водки. Водку пили для того, чтобы еще больше сблизиться. Деньгам в Коцке не придавалось никакого значения. Богатым считался не тот, у кого было много денег, а тот, у кого было много знаний, духовного постижения, близости с Творцом.

В шкале ценностей Коцка количество материального имущества не имело места. Во главу ставился бедный хасид. В народе говорят: «Бедность не позор, но и почестей не приносит». В Коцке же бедность стала идеей, воспитательной задачей, вырывающей у человека любовь к деньгам.

Богатый хасид чувствовал себя в Коцке чем-то исключительным, ненормальным. Слово «богач» стало в Коцке ругательным. В Коцке существовало правило: каждый хасид, в первый раз переступивший порог бейт-мидраша, должен был дать деньги на покупку водки на всю братию. Но если приходил богач, открывал кошелек и хотел дать больше, чем необходимо на хлеб и водку, у него денег не брали, чтобы у группы не появлялись деньги, чтобы полагаться только на Творца. Более того, когда хасиды Коцка пили водку, они заворачивали бутылку в тряпку, чтобы никто не видел, сколько осталось драгоценного напитка в бутылке.

Заповеди скрыто — проступки открыто

В Коцке полностью отменили все социальные, возрастные и прочие различия, отделяющие человека от человека. Все материальные приобретения человека отменялись. Бывали случаи, что ученик получал от богатого тестя деньги из приданого, предназначенные на открытие своего торгового дела. Но вместо того, чтобы ехать в город покупать товары, ученик бежал в Коцк и все деньги отдавал в общую кассу, а сам ходил, как и остальные, в тряпье.

Коцкие хасиды не придерживались правила «не выделяйся из общества». Они отделились от других, и у них был целый ряд признаков обособления. Их путь был в скромности. Они скрывали свои действия, особенно хорошие. Все делалось скромно и скрыто. Никто внешне не проявлял теплые чувства, и на первый взгляд казалось, что коцкие хасиды равнодушны ко всему. Никаких гримас, никакой жестикуляции. Внутри горит испепеляющий огонь, все бурлит — а человек даже глазом не моргнет.

Словом, у коцких хасидов служение Творцу внешне никак не проявлялось, из их уст не слышались речи из

Торы (диврей Тора), их служение Творцу было глубоко запрятано в потайные уголки сердца.

Однажды рабби Мендл сказал своим ученикам: «Пророк рассказывает про жителей Ниневии, что когда на них обрушились неприятности, они громко позвали Творца. Служение жителей Ниневии было грубой работой, работой крестьян. Обращение к Всевышнему не должно быть громким, а должно рваться изнутри, из глубин сердца, незаметно для посторонних. Посторонний не должен ничего знать о том, что у меня в душе, в сердце». Коцкие хасиды были внутренне очень серьезны, но умели скрывать серьезность под маской легкомысленности.

В Коцке объясняли: «Во всем мире заповеди выполняют открыто, а проступки (грехи) совершают тайно, а у нас, в Коцке, все наоборот, мы выполняем заповеди скрыто, а проступки совершаем открыто». Одно из распространенных выражений, известных из Коцка: «Легче поймать другого на грехе, сделанном скрыто, чем поймать коцкого хасида при выполнении заповеди открыто».

Коцкие хасиды умели молчать. Рабби Мендл как-то спросил их: «Что значит «молчание — ограда мудрости?» Если молчание — это лишь ограда для мудрости, в чем же тогда сама мудрость?» Сам спросил, и сам же ответил: «Человек, умеющий оставлять при себе свои мысли, не высказывающий их вслух, еще не настоящий мудрец. Такое молчание только граничит с мудростью, но не является ею. Настоящий мудрец не обратит внимание ни на плохие чувства, ни на хорошие чувства. Обычный мудрец молчит, но истинный мудрец молчит в сердце».

Никто не видел коцких хасидов, учащими Тору публично, днем: они учили Тору по ночам. Бейт-мидраш в Коцке не был погружен во тьму по ночам. Всегда в его окнах горел свет. Ученик мог всю ночь простоять возле книжного шкафа, читая в одиночестве, а потом на рассвете прочесть утреннюю молитву, и лечь после этого в постель, и притвориться спящим. Когда все вставали, он тоже вставал. Но когда все начинали молиться, он уже начинал работать.

Коцкие хасиды хорошо умели скрывать свои намерения от посторонних. На первый взгляд они выглядели проказниками, но их озорство всегда содержало глубокий смысл. Внутри внешнего озорства была заключена внутренняя серьезность.

Коцкие хасиды оставались такими же и в старости: умирает старый коцкий хасид, он лежит на смертном одре, окруженный близкими, такими же, как и он, коцкими хасидами. Вдруг он открывает глаза и говорит: «Друзья, а я ведь первый раз в жизни лежу на кровати. Согласно Закону Торы я должен сказать благословение «Шеэхияну», ведь тот, кто пробует что-то в первый раз, должен сказать это благословение». Исчезла серьезная атмосфера в комнате умирающего, вместо нее засияли улыбки.

Стопка водки в Йом Кипур

Очень разнообразны рассказы о силе притяжения Коцка, о силе, которая заставляла людей, выросших в достатке, бросить родное спокойное гнездо и отправиться в Коцк. Расскажем одну из самых странных и интересных историй о том, как попал в Коцк рабби Лейбеле Эйгер, представитель очень знатной династии мудрецов Торы, сын известного противника хасидизма и признанного знатока Торы рабби Шломо Эйгера из Варшавы и внук рабби Акивы Эйгера из Позна, руководителя еврейского мира того времени.

Рабби Лейбеле женился на девушке из очень богатой и знатной семьи знатоков Торы, жившей в Люблине. Там они и поселились. Его тесть, рабби Эзриэль Меир Герчин, тоже был большим противником хасидизма. Во время сватовства рабби Лейбеле с его дочерью он настоял на внесении в *ктубу* (свадебный контракт) специального пункта, запрещавшего любые контакты с «членами секты», т.е. хасидами вообще, и с хасидами Коцка в особенности.

В то же время рабби Мендл в разговоре с одним из своих учеников, жившем в Люблине, намекнул, что хорошо бы, чтобы этот талантливейший парень, внук рабби Акивы Эйгера, Лейбеле, присоединился к ним. Человеку с такой

Стопка водки в Йом Кипур

великой душой, как рабби Лейбеле, место в Коцке. Этого намека было достаточно для того, чтобы заставить коцких хасидов, живших в Люблине, серьезно задуматься над тем, как привлечь рабби Лейбеле к себе.

Эта задача была совсем не простой. Зная о привязанности рабби Лейбеле к Торе, они решили попробовать с ее помощью привлечь рабби Лейбеле. В том же бейт-мидраше, в котором рабби Лейбеле просиживал дни и ночи над Талмудом, были и коцкие хасиды. Двое из них, большие знатоки Торы, имевшие, как и все коцкие хасиды, острейший ум, садились недалеко от рабби Лейбеле и начинали ввести дискуссию между собой в надежде, что рабби Лейбеле не выдержит и вступит в спор. Но ничего не получалось: чем ближе подсаживались коцкие хасиды к нему, тем старательнее он отворачивался от них. Запрет тестя, противника хасидизма, и специальный пункт в ктубе побеждали. Он не слушал их дискуссию и не вступал в беседу. Но коцкие хасиды не были бы коцкими хасидами, если бы они сдались. Они продолжали свое дело, надеясь, что рано или поздно они добьются успеха.

И вот настала ночь Йом-Кипура. Вечерняя молитва давно окончилась, все отдыхают в своих домах, собираясь с силами для дневных молитв. Только рабби Лейбеле сидит в бейт-мидраше возле горящих свечей. Он сидит в одиночестве за столом и учит Рамбама. Потихоньку в бейт-мидраш входит некто в будничной одежде, он приближается к столу, за которым сидит рабби Лейбеле. Тот на мгновение отрывает глаза от книги, чтобы посмотреть на подошедшего и узнает его — это рабби Эльазар из Белостока — один из самых непреклонных коцких хасидов. Рабби Эльазар берет одну из книг, лежавших на столе, открывает ее и начинает читать, потом он кладет на открытую страницу свой красный платок... и ложится на скамейку спать!

Звук храпа в пустом бейт-мидраше злит рабби Лейбеле. Разве так должен вести себя еврей в Йом-Кипур?! Пока он размышлял о смысле такого странного поведения рабби Эльазара, дверь с шумом распахнулась и в бейт-мидраш ввалились еще несколько молодых коцких хасидов. Все они были какие-то подозрительно веселые. Они тоже подошли к столу, за которым сидел рабби Лейбеле, недалеко от скамьи, где храпел, развалившись, их товарищ Эльазар.

Рабби Лейбеле сделал вид, что он не обращает на них никакого внимания. Коцкие хасиды начинают вполголоса напевать коцкую мелодию. Рабби Эльазар вроде бы просыпается, трет глаза, потирает руки и, обращаясь к одному из парней, приказывает принести ему немного водки. Тот вытаскивает из кармана бутылку водки и ставит ее на стол, из другого кармана он достает стакан и наливает в него немного водки.

Рабби Лейбеле содрогнулся, он ошеломлен и напуган, его сердце тревожно стучит от страха. Неужели они совсем забыли о святости этой ночи, ночи Судного Дня. Он уже был готов вмешаться, прикрикнуть на них, но тут он вспомнил о своем обещании тестю не разговаривать с «членами секты». Рабби Эльазар, недолго думая, подносит стакан к губам. Тут рабби Лейбеле не выдержал. Предотвращение страшного нарушения, ведущего к духовной смерти, перевешивает любое обещание. Он вскочил с места и закричал рабби Эльазару: «Ты что, совсем с ума сошел?!»

Лед тронулся. Рабби Эльазар не очень-то испугался этого окрика. Он отодвинул стакан ото рта и, продолжая держать его в руке, наивно спросил:

— Что за шум?

— Так ведь сегодня Йом Кипур! — ответил рабби Лейбеле.

— Ну и что? Что будет, если я выпью немного водки в Йом Кипур? Где написано, что это запрещено?

— Что за вопрос «где?». Тора повелевает нам поститься в этот день!

— Ну и что, что Тора запрещает, — продолжает притворяться наивным рабби Элазар.

— Но ведь Тора дана нам Всевышним!

— Ну и что? Кто этот Всевышний, которого я должен бояться?

— ?!!!

— Парень! если ты хочешь узнать, кто такой Творец, — поезжай с нами в Коцк! Перед началом Йом Кипура все обеты были отменены. Запрет, который твой тесть написал в ктубе, уже потерял свою силу.

Замысел хасидов удался. Рабби Лейбеле присоединился к ним. Позже он стал главой большой хасидской общины в Люблине и руководил ею 34 года.

Разговор в молчании

«В Коцке живет поколение знания. Там ничего не видят и ничего не слышат. Тем не менее, тот, у кого есть глаз, тот видит, а тот, у кого есть ухо — слышит». Это высказывание было широко распространено среди хасидов рабби Мендла.

В Коцке ничего не видели и ничего не слышали. Там говорили на языке намеков. У них не было свободного времени, чтобы читать лекции. Каждую свободную минуту старались использовать для того, чтобы углубиться в свои мысли. Человек должен был пройти много испытаний, прежде чем его принимали в группу учеников в Коцке. После того, как он проходил их все, к нему подходил один из членов группы, хлопал его по плечу и говорил: «Теперь ты один из нас, ты поймешь начало тайны...»

Посредственность не могла проникнуть в Коцк. Ученик рабби Мендла должен был быть выдающимся. В те дни каждый день в комнате у рабби Мендла собиралась маленькая группа для совместного изучения Торы. Ученику, не участвовавшему в обсуждениях в течение 3-х дней, намекали, что он может вернуться домой к жене и магазинчику.

Но кроме учебы, коцкий ученик должен был понимать тайный смысл Торы. В Коцке нет бесед, и нет легенд и притч. Музыка тоже не занимает важного места — вместо всего этого здесь постигают тайный, каббалистический смысл всех деяний Творца в мироздании, во всем происходящем. Не сказанное ценится выше, чем сказанное. Целые миры заключены в краткие, как молния, как удар грома высказывания, состоящие из считанных слов.

Умному достаточно намека

Коцкие хасиды, в отличие от других, не рассказывали истории о величии своего Ребе, и тем более истории о сотворенных им чудесах. Они скупились даже на передачу слов рабби Мендла о Торе. Там царило строжайшее ограничение на разговоры. В Коцке выражали мысль словом-намеком, а иногда даже лишь выражением лица. Это касалось и рава, и хасидов. К разговору в стиле «умному достаточно намека» рабби Мендл был привычен еще со времен юности.

Как-то, в молодые годы, рабби Мендл ехал вместе с рабби Ицхаком из Верки в Пшиску, к своему раву — рабби Буниму. Уже прошло изрядно времени, и они проголодались. Когда телега приблизилась к местечку, они увидели женщину, несущую корзину с бубликами. Рабби Ицхак слез с телеги, а рабби Мендл остался в ней. Рабби Ицхак подошел к женщине и начал торговаться — та хотела пять монет, а рабби Ицхак предлагал ей четыре. Рабби Мендл не выдержал, высунулся из телеги и сказал:

— Ицхак, разве: «Не разговаривай», — не стоит монеты? — он имел в виду заповедь: «Не разговаривай с женщиной чрезмерно».

На языке Каббалы под «женщиной» подразумевается эгоизм человека, его эгоистическое желание наслаждаться, ничего не отдавая взамен. Следовательно, на языке Каббалы эта заповедь звучит так: «Не прислушивайся к эгоистическим желаниям».

Однажды в бейт-мидраш рабби Бунима в Пшиске приехал один большой знаток Торы из Литвы. Поговорив с ним о Торе, рабби Буним посоветовал ему подойти к рабби Мендлу из Гураи. В ходе беседы с рабби Мендлом, мудрец из Литвы заявил, что он сможет разрешить любой трудный вопрос из Талмуда, какой только ему предложит хасидский мудрец, т.е. рабби Мендл.

Рабби Мендл, который ненавидел хвастовство такого рода, спросил его: «Объясни мне вопрос о «капитане».

Литовский мудрец не понял, о чем идет речь, и рабби Мендл пошел своей дорогой. Один из хасидов Пшиски объяснил ему, что речь шла о капитане корабля, на котором плыл пророк Йона. Вопрос заключался в том, что же спросил капитан Йону в тот момент, когда разбушевавшаяся пучина могла поглотить корабль. А спросил он: «Ты что? Уснул? Встань и обратись к Богу твоему...»

Вся Тора в одном слове

Рабби Мендл передавал своим ученикам знание о том, как выразить глубокие мысли с помощью мудрости намеков. Часто огромный смысл был заключен в одном-единственном слове.

Еще более характерным для рабби Мендла была способность выражать свои мысли с помощью интонации и пауз. Однажды в субботу, в которую читали недельную главу из Торы «Святыми вы будете», один из старейших коцких хасидов не выдержал и спрятался возле двери в комнату рабби Мендла. Он хотел подслушать, как рабби Мендл трактует эту недельную главу.

До него донесся глухой голос рабби, который проворчал с вопросительной интонацией: «...И возлюби ближнего как самого себя... — А? Как самого себя?» ...И после длительной паузы продолжил: «Ага, как самого себя!»

Подслушивавший хасид не понял, что имел в виду рабби. Он рассказал то, что слышал, рабби Гиршу, одному из самых близких раву людей. Тот объяснил, что сначала рабби спросил — Тора обязывает любить товарища так же, как ты любишь себя — «как самого себя». Но разве человеку разрешено любить самого себя?

Ведь это идет вразрез с тем, что говорит Каббала, что всегда учили в Коцке — **корень всего плохого заключается в любви к себе, в эгоизме**, именно эгоизм приводит к самообману, к фальши. Разве любовь к себе, эгоизм — это не тот самый «вор», который скрыт в каждом человеке, которого каждый из нас должен поймать и исправить. Ответ рабби: «Как самого себя!» Именно в этом и заключается задача человека в этом мире — исправить себя, исправление за исправлением, пока не достигнешь совершенства — только тогда ты сможешь любить своего товарища как себя.

Беседы хасидов

Рабби Мендл пользовался языком тонких намеков и этим же языком пользовались его хасиды. Одним из старейших хасидов в Коцке был рабби Залижель из Пштитика. Когда он состарился, старость притупила ему зрение, согнула его, но он не потерял сияния Коцка. Он и в старости обладал острым и язвительным умом. У рабби Залижеля было свое постоянное место в конце одного из столов, там он обычно сидел и учил. Однажды он увидел, что молодой ученик вошел в бейт-мидраш и с зазнайством и высокомерием молодого бунтовщика начал шагать из угла в угол, погруженный вроде бы в свои мысли. Старик встал со своего места, спокойно подошел к молодому ученику, подозвал его пальцем и шепнул на ухо: «Парень, посмотри на меня, у меня тоже когда-то была жена и свадебная ночь...» Сказал то, что сказал, и спокойно пошел на свое место возле стола.

Коцкий хасид как-то объяснял противнику хасидизма разницу между ними в служении Всевышнему:

Вы, митнагдим, противники хасидизма, служите Творцу по часам. Все у вас идет по распорядку. Утром — утренняя молитва. Когда стрелки часов приближаются к полудню — вы читаете полуденную молитву, когда приближаются к ночи — вечернюю молитву. Мы же служим Творцу сдельно — заканчиваем одну работу и, когда нам хочется начать новую работу, мы с радостью ее начинаем. В Коцке нет часов, в Коцке есть душа.

Конечно, заповедь молиться в миньяне очень важна, но если в данное время сердце не пробуждается для молитвы? Мы молимся в ту минуту, когда сердце пробуждается. Если молитва в одиночестве может углубить намерение (кавану), то мы молимся в одиночестве. Если сокращение молитвы приводит к увеличению концентрации — то можно сократить молитву. Лучше меньше, но с правильным намерением всего сердца к Творцу, чем длинная пустая молитва.

В Коцке молитва была короткой. Одевали затасканные талиты и быстро ходили по бейт-мидрашу из угла в угол, молясь. Во время молитвы «Шмона эсрэ» стояли в углу или возле столба минуту-другую и быстро снимали тфилин. Даже в Йом-Кипур вечером они читали обычную вечернюю молитву без праздничных добавок. В молитве «Дней Трепета» они опускали пиютим — стихи и песни. В их бейт-мидраше вообще практически не было махзоров — молитвенников на особые праздничные дни.

Пиют «Унтане токеф», который во всех общинах произносят очень громко, в крике, голосами, раздирающими сердце, в Коцке произносили шепотом и с огромной скоростью. Однажды в Коцке вспыхнул пожар. Рабби Мендл сказал, что это произошло потому, что рабби Гирш Парцубер, хазан — молящийся перед остальными, слишком долго молился в Йом-Кипур в пиюте «Унтане токеф» и слишком долго думал во время пиюта «Кто в огне». Таким был стиль жизни группы учеников, которая собралась в Коцке.

Истина не подчиняется мнению большинства

Те хасиды, которые пришли в Коцк вместе с рабби Мендлом, привязались к нему всем сердцем. Коцк был для них высокой стеной, которая скрыла их от внешнего мира. Ученики рабби Мендла создали сплоченную когорту хорошо обученных воинов. Их девизом было: «Трус не выходит на войну! Мелкий и трусливый — пусть возвращается домой!»

Что же притягивало людей в рабби Мендле? В силу чего рабби Мендл превратился в магнит, притягивающий людей со всех сторон Польши? Где спрятано то очарование, с помощью которого он брал людей в плен?

В длинной череде великих людей духа, которыми так богат народ Израиля, рабби Мендл занимает особое, уникальное место. Он отличается от всех течением своей мысли и образом жизни. Это отличие проистекает только из одного источника — рабби Мендл был источником Правды. Правда — вот что связывает все остальные звенья, характеризующие образ рабби Мендла. Он был самим воплощением Правды. Любая ложь больно ранила его душу.

Мидраш рассказывает, что когда Творец решил создать человека, Он «посоветовался» с ангелами, и при этом их мнения разделились. Ангел Милосердия сказал, что стоит создать человека, потому что он будет заниматься благотворительностью. Ангел Правды сказал, что не стоит создавать человека, потому что человек — это сплошная ложь. Ангел Справедливости сказал, что стоит создать человека, т.к. он будет совершать справедливые дела. Ангел Мира сказал, что не стоит, т.к. человек любит ссоры. Что сделал Творец? Взял Правду и скрыл ее в Земле, сказав, что Правда взрастет из земли. Тем самым в большинстве оказались ангелы, одобряющие создание человека — Милосердие и Справедливость — против Мира, оставшегося в меньшинстве.

Рабби Мендл спросил: «Почему Всевышний отправил вниз именно Правду, а не Мир, ведь ангел Мира тоже противился созданию человека? Потому, — ответил рабби Меир, — что если бы Правда осталась наверху, она никогда не покорилась бы мнению большинства. Мир же всегда миролюбив и, скрепя сердце — ради мира, — он все же согласился (на создание человека). Голос ангела Правды, что человек — это сплошная ложь, был бы более истинным, звучал бы убедительнее, чем голоса большинства — Милосердия и Справедливости, даже если бы ангел Правды остался бы в одиночестве, без ангела Мира. У Творца вроде бы не было выбора, только отправить Правду вниз, скрыть ее в Земле, а в ее отсутствие другие ангелы пойдут на компромисс...

Этот ангел Правды, посланный на Землю в момент создания мира, один раз в несколько поколений воплощается в человека, точнее, это существо не является ни человеком, ни ангелом. В результате рождается человек, спорящий со всем, противостоящий всему, который идет и кричит, что человек — это сплошная ложь... Этот человек всегда очень крайний в своих суждениях, для него всегда — либо все, либо ничего. Ему бросаются в глаза все, даже самые мелкие дефекты в человеческом обществе. Там, где обычный человек все видит совершенным, человек Правды находит недостатки и борется с ними. Ведь любой компромисс и соглашение ведут к отклонению от Истины.

Отличие рабби Мендла от всех остальных людей как раз и заключалось в его непрерывном поиске правды, в том, что он был Человеком Правды. Это и привело к его крайним взглядам, но именно это и притягивало людей к нему.

Молитва Правды

В один из первых дней их пребывания в Коцке рабби Мендл зашел в бейт-мидраш и увидел молодого ученика, быстро шагающего из угла в угол. Он был погружен в свои мысли и не замечал, что его шляпа сдвинута набок. Рабби Мендл остановил его и сказал:

— Парень, я не люблю дымную трубу без горящей печки. Ты сегодня молился?

— Да, — ответил ученик с дрожью в сердце.

— Говорил ли ты в молитве «Шмона Эсре» — «И на милосердие твое великое полагаемся».

— Да, — сказал ученик, и дрожь в сердце усилилась.

— Посмотри мне прямо в глаза и скажи мне, правда ли это? Действительно ли ты полагаешься только на милосердие Творца? Как ты можешь стоять пред Всевышним и врать Ему прямо в лицо?

Этот вопрос рабби Мендла нанес сильнейший удар по сердцу ученика и заронил в него мысль о том, что нужно всегда взвешивать истинность того, что он думает, и слов, которые он говорит.

Один из молодых хасидов, острый умом, ходил во время молитвы в рассеянности по бейт-мидрашу, как, впрочем, и многие другие молодые коцкие хасиды. Рабби Мендл подошел к нему, поймал его за одежду и закричал:

— Что ты мелешь, парень?! Слова, слова. С рассветом ты сказал: «Благодарю я Тебя». Ты подумал кто это «я» и кто это «Ты»? Ведь сказано «предпочитает стихам мелодию». Творец предпочитает песням мелодию, т.к. не все можно описать словами. Чувства словами не выразишь. Творец выбирает абстрактное понятие, отделенное от любой шелухи;

мысль, стоящую выше любого выражения... Творец требует молитву, идущую из внутренней точки в сердце.

В другой раз: ночь праздника Симхат-Тора в Коцке. В бейт-мидраше царит атмосфера веселья, музыки и танца, круги, круги вокруг возвышения с Торой. Начали петь строки, которые говорят во всех общинах Израиля: «Давид, Царь Машиах возрадуется с нами весельем Торы, Святая Шхина внутри нас ...» Вдруг рабби Мендл повернул голову к людям, и в зале бейт-мидраша раздался голос, который мгновенно заглушил все остальные звуки:

— Какие же вы сваты Давиду, Царю Машиаху! Какие разговоры у вас?! Как вы смеете, вы, недостойные, взывать к Шхине и царю Давиду, чтобы они пришли и веселились с вами?!

В механическом, рутинном исполнении заповедей, в привязанности к постоянным, заученным формулам, лишенным всякого смысла, рабби Мендл видел большую степень фальши, граничащую с ложью.

Третье место

Рабби Мендл пользовался своим уровнем правды не столько для достижения вершин духовного мира, а для проникновения в глубины души человека. Пока человек не исправил свое «Я», пока есть в нем зерна любви к себе, он не сможет приблизиться к Истине, к Творцу.

Рабби Мендл говорил о себе: «В течение своей жизни человек попадает в три положения. Положение зависти, положение страсти и положение почета. В первых двух состояниях я не был долго, я быстро прошел эти этапы. Но третье состояние, состояние почета... Я потратил много сил, чтобы подчиниться и вырвать это желание с корнем. В молодые годы, когда я был в Люблине, Провидец воздал мне много почестей. Он пригласил меня молиться вместе со своей святой группой... Годы я работал над собой, чтобы исправить следствие этого».

Действительно, вначале в Коцке среди учеников была группа, доступ в которую был очень ограничен. Эта группа каждый день учила вместе с рабби Мендлом Талмуд и Рамбама. Они учились много часов подряд, в основном ночью. Учились, когда были голодны, и чем больше голод усиливался — увеличивалось желание и увеличилась глубина постижения. Хасиды рассказывали, что после такого урока, после нового сказанного рабби Мендлом, вставал каждый из учеников с чувством, что его больше нет, что он ноль в творении. Только после глотка водки, они достигали подъема и начинали чувствовать, что «ради меня был создан мир».

Вера и знание в одном высказывании

Узкий путь, выбранный рабби Мендлом, не был гладким и ровным. Рабби Мендл как-то сказал: «Я стою одной ногой на седьмом небе, а второй в преисподней... Для человека, чья цель жизни — достижение абсолютной Истины, обязательно будут отклонения с правильного пути, ведущего к Ней. Обязательно будут **подъемы и падения**. Подъемы до седьмого неба и падения в преисподнюю. Эти подъемы и падения являются признаками усилий и признаками правильности пути».

Одной из неразгаданных загадок личности рабби Мендла является то, что даже его ближайшие друзья не понимали его до конца. В рабби Мендле четко выделялись две черты: с одной стороны, бесконечная наивность в вере, полное слияние с Творцом. Рабби Мендл не ездил в большие города. Он говорил: «Стены больших городов скрывают Небеса». С другой стороны, ему было присуще стремление к доскональному исследованию и скептический, аналитический склад ума. На первый взгляд кажется, что эти две черты несовместимы. Но то, что кажется противоречивым и даже несовместимым обычному человеку, выглядит совершенно иначе для человека, страстно жаждущего Истины.

У рабби Мендла эти две черты — наивная вера и стремление к доскональному, педантичному исследованию — происходили из одного источника — Правды, поэтому у него они не только не противоречили одна другой, но и дополняли друг друга. Из этого же источника берут начало и **сомнения**, но, тем не менее, эти сомнения не мешают вере. Они дают возможность бороться с ними. Если природа человека — Правда, то он не подавляет ни одного своего желания, даже готового выплеснуться наружу. Правда противится любой попытке затуманить понимание. Свет Творца, свет Правды сжигает все ограничения в душе, т.к. в противном случае Правда перестала бы быть Правдой.

Пред Богом ходил рабби Мендл все дни своей жизни. Доскональное исследование всего, сомнения — только усиливали веру. Обычно у рабби Мендла разум был холоден и беспристрастен: «Холод царил в чертоге его мозга». Его логика была острой, как бритва. Но рабби Мендл, развивший логику до максимума, сначала согрел одну из стен «чертога» — веру. Он разжег в разуме пламя души. **Страстно стремиться понять, познать то, во что веришь — не только не вредно, но и полезно для веры!**

Сомнение росло из того же корня, что и вера, поэтому оно поглощалось верой, как звено в цепочке. С одной стороны — пламенная решительность, потому что нет места в мире, которое бы Творец не заполнил Собой. С другой стороны — желание всеми силами ощутить Его внутри себя, в своей душе. Человек Истины не может согласиться с мыслью о том, что человек не сможет постичь чего-либо, даже того, что всеми считается непознаваемым. Он всегда стремится познать это самое «непознаваемое».

Однажды, еще будучи в Пшиске, рабби Мендл увидел одного ученика, читающего книгу Рамбама «Морэ невухим». Он подошел к нему и сказал: «Знай, для того, кто уже полон Торой, эта книга — «Морэ» («Поводырь»), а для того, кто еще нет, — «невухим» («ищущих»). Исследование, если оно не связано с верой, только увеличивает растерянность. Но если сомнение переплетено с верой, идет с ней рука об руку — сомнение становится учителем...»

Начало и конец

Рабби Мендл не удовлетворялся поверхностным исследованием первопричины существования мира. Зная «первичное» звено, на которое подвешена причинно-следственная цепочка творения мира, он начал все более углубляться в исследование, стремясь постичь последнее звено — цель всего творения и его смысл. Он не удовлетворился знанием ответа на вопрос: «**Кто** создал это?» Он хотел знать: «**Почему** создано это?» — и этот вопрос — «почему» — всю жизнь будоражил его душу.

Однажды рабби Мендл обратился к своему лучшему ученику, рабби Ицхаку Меиру: «Если бы я знал, как открыть вход в грядущий мир, я бы начал плясать посреди города». В этих словах скрыт источник всей внутренней борьбы рабби Мендла, его страданий, которые он перенес с дней молодости до самой смерти, источник его священного бунта и душевной бури.

Рабби Мендл был не из тех цадиков, которые призывали к спокойствию. Он был из тех гигантов духа, «которым нет покоя в этом мире и не будет в грядущем мире». Удел таких — вечные духовные страдания. Есть те, которые несут в себе всю мировую скорбь в спокойствии, а есть такие, кто несет ее с болью.

Освободиться от пут

Образ рабби Мендла воплощал собой идею, которая вдохновляла великих духа. Это идея осознания зла в человеке и в мире, ведущая к освобождению мира. Как и все великие искатели Правды, рабби Мендл впитал в себя всю мировую скорбь. Подобно им, рабби Мендл ощущал ее, как свою личную боль. Но он отличался от них определением причин отрицательных явлений в человеке и обществе.

Как личность совершенно духовная, рабби Мендл полагал, что материальные условия не являются причиной всех несправедливостей в обществе. Он считал, что **корнем зла является любовь к себе, эгоизм**. Человек порабощен не обществом, а самим собой, своим эгоизмом, желанием получить наслаждения, ничего не отдавая взамен. Эгоизм сковывает человека, привязывает его к земле.

Человек сам накладывает на себя эти путы. Мир не будет исправлен, пока не будет исправлен человек. Исправление человека — это поиск Творца в себе, стремление узнать, в чем **смысл жизни**. Только человек, который найдет ответ на этот вопрос, т.е. тот, кто сможет исправить себя, сможет исправить и весь мир.

В бейт-мидраше рабби Мендла больше, чем в других местах, уделялось внимание развитию личности **каждого** человека. Освобожденный человек — это человек, который смог освободить свою личность, свою душу от эгоизма.

Существуют и другие дороги, ведущие к освобождению человека от эгоизма, проложенные другими каббалистами, но дорога, которую предлагал рабби Мендл, была особенно тяжела, усеяна рытвинами, полна препятствий.

Великие гиганты духа возносятся на крыльях орлов, достигая духовных миров, срывают там звезды и приносят их всем остальным людям. Есть и такие, кто входит в сады Высших миров и приносят оттуда цветы. Но рабби Мендл не был таким, как они. Воображение рисует его спуск из духовного мира, как возвращение с поля битвы, и приносит он оттуда не звезды или цветы, а мечи и стрелы.

Рабби Мендл как-то сказал: «Я сжимаю в руке бич мира». И этот бич больно хлестал его учеников, оставляя глубокие чувствительные раны. Жесткими были требования рабби Мендла к ученикам, — ведь они должны вырвать с корнем свой эгоизм. Великими были испытания, перед которыми рабби Мендл ставил своих учеников.

Слова, проникающие в душу

В Коцке возникла уникальная манера выражения мыслей. Рабби Мендл не пользовался заимствованными выражениями. Ход его мысли и способ ее выражения — все было уникальным, присущим только ему, рабби Мендлу. Его высказывания были испепеляющими, все они основывались только на правде. Эти высказывания были порождены острым умом и пламенной душой. Мысли рабби Мендла превращались в короткие, жесткие, без прикрас, высказывания, содержащие глубочайший смысл. Это были высказывания-молнии, сопровождающиеся громом. Каждое высказывание несло на себе личную печать рабби Мендла.

Слова рабби Мендла не содержали тайн Торы, которые были бы непонятны другим людям. В них нет загадок. Слова рабби Мендла проникали прямо в сердце слушающим, вызывая душевную боль.

Однажды хасид рабби Мендла встретился с хасидом Любавического Ребе. Они разговорились о путях, по которым идет каждый из них. Хабадник восхвалял систему своего Ребе, которая полна высказываний и полна страстного желания постичь Творца. Коцкий хасид сказал коротко и остро: «Ученик твоего Ребе взмывает до Небес, а ученик нашего Ребе спускается до самого низа».

В высказываниях рабби Мендла делалось ударение на Правду, а не на красоту. Рабби Мендл делал упор на внутреннее содержание того, что говорил, а не на внешнюю форму. Каждое его высказывание исходило из глубин его души. Пламенная душа рабби Мендла зажигала костер в сердцах других. Его высказывание было угольком, искрой, зажигающей этот костер. Речь рабби Мендла была лишена прикрас. Эта речь была шероховатой, так как слова выходили из головы и сердца напрямую, без всякого фильтрования. Красота выражения его мысли была похожа на бурю, вырывающую деревья с корнем.

Намек или даже меньше чем намек

Рабби Мендл избегал пользоваться сладким языком, в котором есть позорная лесть. Он видел в возвышенных словах, отточенных предложениях некую разновидность лжи, некое желание что-то скрыть. Подобно мудрецам прошлых поколений он выражал свои мысли очень малым количеством слов. Рабби Мендл никогда не говорил «вокруг да около». Все, что он говорил, было конкретным и лаконичным. Рабби Мендл выражал свою мысль с помощью намека, а иногда — еще меньше, чем намека. Часто рабби Мендлу было достаточно вскинуть свои длинные черные брови — и сердце слушавшего мгновенно уходило в пятки.

Рассказывает один коцкий хасид, рабби Яков Ицхак из Влацлавка: «Когда я в первый раз пришел в Коцк и увидел рабби Мендла в его комнате, он предстал передо мной словно стоящим напротив меня и кричащим: «Знай, откуда ты пришел, знай, куда ты идешь, знай, перед Кем ты предстанешь в будущем, чтобы отчитаться!» Это видение врезалось мне в сердце на всю оставшуюся жизнь. Когда я вернулся домой, после того как пробыл в Коцке восемь недель, все страсти и наслаждения были мне противны.

А сам рабби Мендл не сказал ни слова своему ученику. Но он излучал невидимые лучи Правды, которые проникали в любого, переступившего порог его комнаты. Он излучал также и страх, излучал всей своей сущностью, своим молчанием, своим взглядом.

Однажды рабби Мендл вошел в бейт-мидраш и увидел, что один из учеников носится из угла в угол, приговаривая: «Властелин всего Мира! Владыка!». Рабби Мендл подошел к своим лучшим ученикам и сказал: «Видите того парня? Можно подумать, и конечно, он и сам такого же мнения, что ему открылся Творец, но на самом деле внутри него бродит мысль о доме, о жене и детях».

Рабби Мендл презирал людей, если видел, что они не отдаются полностью служению Творцу: «Всякий, у кого есть мысль о суете этого мира, — пусть идет к черту. Кому он нужен такой?»

Он никогда ни с кем не считался. В гневе он мог не сдержаться и приказать выгнать палками ограниченных умом и слабых в вере. Иногда он кричал в гневе: «Скоты! Что вы хотите от меня?!»

Его преданный ученик рабби Ицхак Меир так объяснял эту черту, присущую его раву: «Среди трех патриархов, от которых пошел еврейский народ, только Яакову присущ гнев. Потому что Яаков символизирует голую правду. Человек, чья сущность — правда, не может дышать в атмосфере, которая кажется ему лживой. Злость, раздражение против лжи и несправедливости в мире прорываются у такого человека наружу. Только человеку, имеющему чувство правды в такой степени, как рабби Мендл, позволено гневаться. Он знал, когда и как пользоваться гневом.

Рабби Мендл уничтожает рукописи

Рабби Мендл чувствовал огромнейшую ответственность, доходящую до страха, за каждое слово, вышедшее из-под его пера. Причиной этой ответственности была вся та же правдивость, столь присущая рабби Мендлу. Он не оставил после себя ни строчки: когда его душа не могла больше терпеть, он изливал свои мысли и чувства на бумаге, но затем все тщательно уничтожал.

Перед каждым праздником Песах, во время поисков квасного, рабби Мендл искал по всем закоулкам любой кусочек бумаги, на котором было бы им что-то написано. Если он такой обрывок находил, то сжигал его вместе с квасным. Он не хотел показывать свои рукописи другим, т.к. боялся, что недостойные смогут их прочитать.

Но еще больше он боялся, что достойные люди прочтут, неправильно поймут или истолкуют его слова и навредят этим себе. Поэтому он не хотел писать книги. В духовном мире царит молчание. В том мире еще не созданы словесные одеяния, в которые это молчание могло бы облачиться. Слово — это материальное одеяние мысли, но оно не может выразить чистую духовность, заключенную в нем. Слово притрагивается к мысли, но не содержит ее. Духовный мир — это мир чувств, а чувства нельзя передать словами.

Но, возможно, есть еще более скрытый смысл в сжигании рукописей рабби Мендлом. Рабби Мендл, будучи человеком правды, не мог удовлетвориться тем, что он написал. В глубине души он всегда считал — это написано недостаточно хорошо, это не правда. Точнее, это не та правда, которая сидит в глубине его души, а ее передать, записать невозможно. Чувства передать нельзя. Буквы могут передать логику мысли, но не душевную бурю. Человек может перенести на бумагу свое учение, свое знание, но ни свою душу, ни те душевные страдания, которые породили ту или другую мысль. Получается, что Правда в написанном ущербна, и поэтому рабби Мендл приговаривал ее к огню. Он предпочитал, чтобы его слова оставались в сердцах учеников, а не на бумаге.

Согласно одной из версий, рабби Мендл десять лет писал книгу, которая должна была бы содержать лишь одну страницу и называлась бы «Книга человека». На этой единственной странице рабби Мендл хотел выразить мысль о цели существования человека в мире с его страданиями, о цели Творца при создании человека. Но и эту книгу рабби Мендл не пощадил. Огонь пожрал эту единственную страницу, как и все другие его рукописи.

Достижение внутренней точки

Жажда правды толкала рабби Мендла проникнуть в глубины каждого явления в жизни и переосмыслить любые привычные штампы и стереотипы. Зрение человека, ищущего Истину, не притупляется со временем, привычка не может повредить его. Взгляд такого человека всегда хранит самостоятельность и оригинальность идеи. Человек Правды проникает сквозь оболочки, которые время пытается набросить на идею.

Рабби Мендл никогда не придерживался общепринятых мнений. У него были силы сбросить с любой идеи оболочку рутины и представить ее во всем великолепии. Он нередко говорил: «Они замарали хасидизм!»

Он проник в корень хасидизма — Каббалу. Он стремился вернуть хасидизму его первозданную суть — суть, основанную на Каббале, без внешних прикрас, которые были добавлены потом.

В тот период, первый период Коцка, рабби Мендл требовал от своих учеников хранить внутреннюю точку хасидизма, его главную сущность — Каббалу, и не делать из внешних атрибутов хасидизма культа.

Однажды, когда рабби Мендл стоял в кругу своих учеников, завязалась беседа о получении Торы на горе Синай. Рабби Мендл намекнул: «Об этом событии сказано: «И весь народ видел голос». Большинство народа видит только внешнее, то, что может увидеть обычный, «физический» глаз. Поэтому большинство народа впечатлилось от голоса, молний и т.д., то есть от внешнего, не связанного с сущностью дарования Торы. Только единицы не обратили внимания на голос и прочую внешнюю мишуру, они сосредоточились на внутреннем смысле Торы».

В другой раз рабби Мендл объяснил сказанное в Торе про действия Ешуа и Калева в ответ на высказывание их товарищей о невозможности получения Земли Израиля. В Торе сказано, что, услышав это, они порвали на себе одежды. Рабби Мендл объяснил:

— Все двенадцать посланцев, которые шли разведать Землю Израиля, были руководителями еврейского народа. Они были одеты в соответствующую одежду, подобающую вождям и священникам. Когда Ешуа и Калев увидели, что можно клеветать на Землю Израиля и при этом быть одетым в одежду священника, то они порвали свои, такие же дорогие, одежды священников. Зачем нам меховые субботние шапки и особые белые одежды, если это внешние сосуды, которые не могут сохранить чистоту содержимого?

Путь для единиц

Когда отмечают величие человека, то в большинстве случаев не перечисляют все черты его личности. Величие, которое впечатляет нас, не охватывает всех сторон его жизни. Ведь кроме великих деяний, великий человек живет и обычной жизнью, совершает обычные действия.

Но не таким был рабби Мендл. Величие пронизывало всю его жизнь, у него не было ничего будничного, не великого. Он всегда жил в своем внутреннем мире и не делал ничего, выходящего за его рамки. Поэтому обычные люди мало что понимают в жизни рабби Мендла. Они не видят внутренних причин того или иного его действия. Редкими были моменты, когда рабби Мендл спускался на землю.

Душа, чей корень Правда, такая, которая была у рабби Мендла, никогда не останавливается на середине пути. Он не хотел останавливаться на какой-либо ступени духовного мира, он хотел подняться до самых вершин. Он не считался ни с какими препятствиями на своем пути. Силой духа он преодолевал любую черту в себе, которая могла бы задержать его.

Но тем, кто удостоился быть его учениками, было тяжело с ним. Еще в Томашове рабби Мендл знал, что его путь не предназначен для многих. Он заранее отказался от всех посредственных, средненьких, слабохарактерных. Их душа все время болтается в непрерывной борьбе сил тела, которые опускают ее вниз, на землю, и скрытых сил, которые толкают ее вверх.

Душа должна не болтаться, а сама участвовать в этой войне. Только люди, цельные в своем желании, могут победить свои слабости. И только таких людей рабби Мендл принимал к себе в ученики. Еще в Томашове рабби Мендл сказал ученикам, окружившим его: «Тот, кто заботится о детях, жизни и пропитании, тот, кто слушает свои стоны и стоны своих детей, тот удовлетворится мелочью в трепете перед Всевышним. Трусливый, мягкий сердцем пусть возвращается домой...».

В Коцке требования рабби Мендла к своим ученикам еще более ужесточились. Он не мог слушать просьбы хасидов, связанные с их материальными нуждами. Хасиду, который передавал Ребе записку с просьбой о заработке, о том, чтобы дочери вышли замуж, рабби Мендл говорил: «Такому, как ты, нужно сидеть за печкой в бейт-мидраше и читать Псалмы, а не совать свой нос в Коцк».

Один хасид приехал к рабби Мендлу и начал жаловаться о нужде в доме:

— Я остался без заработка.

— Молись Творцу, чтобы он помог тебе, — ответил рабби Мендл.

— Я не знаю, как молиться, — сказал хасид.

— Если так, то у тебя есть проблемы поважнее, чем заработок, — ты должен хотя бы научиться молиться...

Когда случаи с подачей записок с просьбами о помощи участились, рабби Мендл взорвался: «Тот, кто думает о доходе, пусть идет ко всем чертям!»

Путь для единиц

В другой раз, когда к рабби Мендлу пришел один из учеников рабби Шломо Лейба из Лечена, то в ходе беседы с ним рабби Мендл сказал: «Спроси своего Ребе, почему он так сотрясает миры и кричит Творцу, чтобы Творец послал Машиаха? Почему он не кричит своим хасидам, чтобы те вернулись к Творцу и этим заслужили приход Машиаха?»

Природная склонность рабби Мендла к крайностям увела его с протоптанной дорожки на тропинку, по которой большинство людей пройти не сможет. Рабби Мендл следил, чтобы эта тропинка так и осталась тропинкой для избранных, а не торной дорогой, по которой могли бы идти все. По этой тропинке могут идти лишь люди, которые хотят познать Творца и готовы ради этого пожертвовать всем. Нестойким и слабохарактерным не было места в Коцке. Но и избранных ждали тяжелые испытания, которые выдержали далеко не все. Требования рабби Мендла, сформулированные в коротких, острых выражениях, разили, как удар молота. Немногие выдерживали эти удары.

Прерванный танец

В Коцке начала возникать другая атмосфера, отличная от той, которая была в Томашове. В Томашове во времена расцвета веселье царило среди хасидов. Там они были похожи на веселую удалую компанию парней, которые хотят переплыть океан или покорить горы.

Они были полны надежд на новый путь, которым их поведет рабби Мендл. В минуты, когда грусть входила в их сердца, они начинали петь и танцевать. Хасиды из Томашова рассказывали, какая могучая сила заключена в танце. Хорошо, что человек отрывает себя от земли хотя бы на мгновение.

Но не такой была атмосфера в Коцке. Первое время рабби Мендл еще часто общался со своими молодыми учениками: они гуляли в лесу, в поле, доходили до реки Виэпзели, чьи воды тихо текут до самой Вислы. Но постепенно рабби Мендл все больше уходил в себя, и на Коцк спускалась все большая и большая серьезность.

Иногда рабби Мендл еще выходил из своей комнаты в бейт-мидраш, танцевал и веселился вместе с остальными. Но это было только внешнее. В душе у рабби Мендла уже угнездилась сжигающая все грусть. Считанные минуты был рабби Мендл в кругу танцующих веселящихся хасидов, а потом бежал назад в свою комнату, в одиночество.

Внезапный выход рабби Мендла из круга только усиливал притягательность танца. Танец длился часами. Внешний мир забывался в это время. Танцующие оставались сами с собой, с закрытыми глазами они страстно желали слиться с Творцом. Однажды, когда пламенность танцев достигла кульминации, открылась дверь, и в проеме появился рабби Мендл. Он внимательно посмотрел на танцующих и закричал:

— Что это за внезапная радость? Ценность ваших молитв, как у понюшки табака, уровень ваших знаний ничтожен. А вы не стыдитесь гладить свое брюхо и говорить: «Радуйтесь, мои кишки». Мало вам того, что вы недостаточно служите Творцу, так вы еще и осмеливаетесь веселиться!»

Рабби Мендл сказал это и ушел в свою комнату, хлопнув дверью. Песня и танцы оборвались, грустная тишина сгустилась над двором и бейт-мидрашем...

В одеянии молчания

Прошли недели, потом месяцы, а рабби Мендл не давал никому из своих учеников разрешения оставить на время Коцк. Ученики напрягали свой мозг, свое сердце, чтобы постичь Творца: «В Коцке нет часов, в Коцке есть душа». Душа, жаждущая слиться со своим корнем — Творцом, от которого она была отсечена.

Исчезает забота о потребностях тела. Обрываются связи с домом. Они больше не думают о пропитании жен и детей. Голодные и неопрятные ходят они, и все их мысли прикованы к одному — к Творцу.

Однажды, еще в Томашове, рабби Мендл и его ученики, охваченные мечтаниями, вышли в горы. Когда рабби Мендл стоял у подножия горы, к нему присоединилась большая группа. Рабби Мендл карабкается и поднимается все выше и выше, гора становится все круче и круче.

Ноги начинают скользить. Они поднимаются и падают, пытаются карабкаться, снова и снова падают. У слабых начинается головокружение уже на первых шагах. Более сильные постепенно тоже начинают уставать, и даже самые крепкие и выносливые отчаиваются достичь вершины.

Слишком велика напряженность мысли, которой рабби Мендл требует от них. Недели и месяцы бродят они во дворе рабби, в их сердцах зарождаются семена разочарования. Ради чего до предела напрягать свою мысль, если рано или поздно придется отступить. Рабби требует от них невозможного. Для рабби нет ничего невозможного, но есть невозможное для других. По мере появления зерен отчаяния, просыпаются от спячки грусть по семье, по детям.

Меланхолия пришла в Коцк. Отчаявшись в пути своего рава, хасиды начинают вспоминать дворы других раввинов, где климат мягче. В других местах образ рабби излучает любовь. Его слова успокаивают и услаждают душу. В сердце просыпается грусть по нежной мелодии, сопровождающей стол Ребе, по веселью и кругу танцующих хасидов, по ласкающей руке Ребе, по приятному слову, которое успокоит сердце, нуждающееся в поддержке.

Они тоскуют по теплому взгляду, по улыбке на лице у Ребе. Они тоскуют по рабби, простирающем над ними крылья любви. А что тут, в Коцке? Пугающий кнут в руке рабби. В последнее время рабби все время молчит, и его молчание вселяет ужас. Он не жалует никого даже взглядом. Нет ободряющего слова. Или полное молчание, или гневные окрики. Печаль витает над хасидами. Узкая тропинка, проложенная рабби Мендлом, полна острых камней, ходьба по ней больно ранит ноги идущего.

Ангел, спустившийся в этот мир

Рабби Ицхак Меир часто говорил:
— Наш Ребе — это ангел, спустившийся в этот мир. Лестница Яакова, по которой поднимались и опускались

ангелы, одним концом все же касалась земли. Лестница же рабби Мендла вообще земли не касалась. Он поднял всю лестницу вместе с собой. Если бы это было в его власти, он вообще отрезал бы себя от всех материальных потребностей. Рабби Мендл призывал и нас преодолеть все трудности, но разве Творец дал нам хоть немного такой силы? Тропинка, по которой шел рабби Мендл, была проложена только для него, и нет у обычного смертного сил не только присоединиться к нему в пути, но и вообще прикоснуться к нему».

Один из учеников зашел как-то в комнату рабби и попытался раскрыть ему свои чувства и сомнения, грызущие сердце. Вскинул рабби Мендл свои черные брови и проворчал: «Сердце разобьется, крылья разобьются, небо и земля исчезнут, но человек от своего не отступится!»

Чистая правда, которую воплощал собой рабби Мендл, не знала отступлений и компромиссов. Поэтому в сердца других, недостаточно крепких, чтобы соответствовать требованиям атмосферы, царившей во дворе рабби Мендла, закрадывалась мысль покинуть Коцк. Черта Истины, заложенная в личность рабби Мендла, черта, которая очаровывала и притягивала людей, она же теперь отталкивала их от него.

Правда волшебна, но как тяжело оставаться в ее власти до конца! Но не так-то легко оставить Коцк. Тому, кто хотя бы один раз прикоснулся к ручке двери, за которой сидел рабби Мендл, тяжело было уйти. Так же, как нужно было приложить усилие, чтобы приехать в Коцк, так же нужно было усилие, чтобы оставить его.

Но колебания и неуверенность усиливались — и потом возникла растерянность. Когда усиливалось давление из дома и приходили письма от жен и детей, часть хасидов не выдерживала и оставляла Коцк. Оставляли Коцк с тяжелым сердцем, приняв решение больше туда не возвращаться.

Терапевт и хирург

Сын одного из хасидов, оставивших Коцк в то время, рассказывает:

— Когда папа вернулся домой и сказал нам, что он больше не вернется в Коцк, то я спросил его:
— Папа, почему ты оставил Коцк?
Отец ответил:
— Послушай, сынок. Ты ведь знаешь меня и знаешь, что когда меня мучают телесные боли, я обращаюсь к врачам. Но у меня нет ни малейшего желания обращаться без крайней нужды к хирургу, в особенности ложиться на операционный стол. Так вот, сынок, в Коцке сидит хирург, который лечит человека, ампутируя ему внутренние органы. Ой, какая это болезненная операция! Как велики страдания! Рабби из Коцка не делает наркоза, он режет органы по живому. Боль, — говорит рабби, — очищает человека и вырывает нечистую траву, растущую из сердца. В Коцке распространено выражение, что рабби Мендл может вынуть из человека поврежденное сердце и вставить вместо него чистое сердце. Но кто готов пережить такую операцию? Теперь ты понимаешь, почему я покинул Коцк?

Туча над рабби

На рабби тоже сошла печаль. Он все отчетливее видит, как увеличивается разрыв между тем, как он представлял себе духовный путь в период Пшиски и Томашова, и тем, что происходит в повседневной жизни. Он видит, как растет стена отчуждения между ним и его учениками. Его сердце тоже гложут сомнения. В вере тоже возникли трещины. В вере, которая была у него, когда он мечтал, что сможет воспитать триста учеников, которые пойдут вместе с ним по пути, который он проложит перед ними. Рабби Мендл не видит их. Они не выдерживают даже легких испытаний и отступают перед трудностями, которыми изобилует новый путь.

— Нет у меня сил для вас, — сказал однажды рабби Мендл, — вам нужен рабби сильный, как Эсав!

— Что вы хотите от меня? — спросил он в те дни рабби Ицхака Меира, — всю неделю каждый из вас делает что хочет, а перед встречей субботы вы надеваете меховые шапки, шелковые одежды и думаете, что вы уже посватаны с «Леха Доди» (субботняя песня, в которой Творец представляется как жених, а душа человека как невеста, идущая к Нему под свадебный балдахин). Но я говорю тебе: то, что вы делаете в будние дни, то же вы делаете и в субботу.

Постепенно рабби Мендл разочаровывался в людях и начал отдаляться от своих учеников и хасидов. Он не принимает больше участия в совместных трапезах. Целые дни и даже недели он проводит один в своей комнате. Даже субботние и праздничные трапезы он ест в одиночестве. Месяцами он не говорил ничего, ни слова. Туча омрачила лицо рабби Мендла. Сначала это было лишь легкое облачко, но со временем оно все больше сгущалось, превращаясь в тучу, скрывшую лицо рабби Мендла от людей.

Товарищ и два ученика

Среди учеников и близких рабби Мендла, которые все были людьми необычными, талантливыми, возвышенными духовно, все же выделялись три человека: рабби Ицхак из Верки, рабби Ицхак Меир и рабби Мордехай Йосеф.

Великий образ рабби Ицхака — «Йегуди с Золотым Сердцем» — отличается от общей картины Коцка. Хотя и у рабби Мендла, и у рабби Ицхака был общий источник духовности — оба они учили Тору в Пшиске у рабби Бунима, тем не менее, их дороги разошлись, после того как рабби Мендл стал вождем после смерти их рава.

Но два других человека — рабби Ицхак Меир и рабби Мордехай Йосеф развились под влиянием рабби Мендла. Они оба всей душой были очень привязаны к рабби Мендлу, но один из них — рабби Ицхак Меир остался ему верен всю жизнь, а второй — рабби Мордехай Йосеф прошел с ним длинный путь, но потом откололся — в тот момент, когда ему показалось, что путь, на который дерзнул рабби Мендл, непроходим, — слишком уж он крут. Этот путь слишком узок, и только один человек может идти по нему — тот, кто его проложил.

На двух концах лестницы

Рабби Мордехай Йосеф Лейнер был моложе рабби Мендла на четырнадцать лет. Несмотря на разницу в возрасте его душа привязалась к душе рабби Мендла еще в то время, когда они оба были под крылом рабби Бунима. Уже там, в Пшиске, Мордехай Йосеф был в числе самых острых умом, среди избранных, которые были в группе рабби Мендла.

После кончины рабби Бунима, Мордехай Йосеф был одним из тех, кто добивался избрания рабби Мендла руководителем. Он был одним из тех, кто полностью разделял мечту рабби Мендла создать маленькую группу избранных, которые учили бы только Каббалу. Эта группа разобьет оковы материальности и поднимется в духовные миры.

Рабби Мордехай Йосеф пережил вместе с рабби Мендлом все превратности судьбы. Он поднимался за ним ступень за ступенью и достиг вместе со своим равом самой вершины лестницы. Но уже здесь, на вершине лестницы, Рабби Мордехай Йосеф вспомнил о своих товарищах, которые так же, как и он, хотели подняться вверх.

Он посмотрел на них с высоты птичьего полета и... Ой! — Как велика бездна, отделяющая руководителя, приблизившегося к вершине лестницы, который уже держит в руке ключ от Небес, от тех, кто идет позади, от тех, кто из последних сил борется, чтобы подняться на самые нижние ступени лестницы. В сердце рабби Мордехая Йосефа проснулось сострадание, простое земное сострадание к товарищам, которых раздирают на части природные человеческие желания, которые не дают им подняться вверх.

Вдруг рабби Мордехай Йосеф почувствовал тонкую перегородку, которая поднимается между ним и его равом, рабби Мендлом, святым и очень уважаемым им человеком. К своему удивлению он обнаружил, что стоит на перепутье. Его рав будет продолжать идти по своему пути, а ему, рабби

Мордехаю Йосефу, нужно отклониться и выбрать себе другой путь.

Чистый не может дотрагиваться до нечистого

Его рав, рабби Мендл, не может дышать загрязненным воздухом мира, он ненавидит ту смесь добра и зла, которой наполнен этот мир. По рабби Мендлу — или добро, или зло. Или — или, третьего не дано. Более того, его рав не терпит даже легкого облачка, застилающего синеву Небес. Он жаждет лишь чистого неба. Всю свою жизнь рабби Мендл искоренял зло, чтобы изгнать из себя грешника. Он хотел силой искоренить даже искру нечистоты, зла. Чистый должен оставаться чистым, как снег.

Он вспомнил, как его рав однажды спросил: «Почему, когда нечистая сущность касается чистой, то чистая становится нечистой, а не наоборот? Почему, если чистый коснется нечистого, тот не становится чистым?» — и он же ответил: «Знай, Мордехай Йосеф, что чистый по своей природе просто не сможет дотронуться до нечистого, даже если они близки друг к другу. Он не может быть вместе с ним даже одно мгновение. Сущность истинно чистого противоречит всему, что не так чисто, как он...»

И вот он, рабби Мордехай Йосеф, считает иначе. Он тоже чувствует всю грязь, в которой живет человек, он тоже видит, что правда и ложь перемешаны, и люди пользуются только этой смесью. Но, согласно его мнению, все в этом и заключается, именно так и должно быть. Творец специально так создал мир.

Очень важна игра: свет — тень, смешение черного и белого. Именно этим и отличается мир человека от мира ангелов. Мир ангела — это прямой, плоский мир. Ведь ангел — это сам свет, без малейшего пятна тени, он весь — правда, без пятнышка лжи. Он весь — послушание, без малейшего собственного желания.

Человек же — наоборот, ему предопределено жить в мире с размытыми границами, в мире подъемов и спусков.

Тесто нашего мира замешано из непросеянной, грубой муки, муки пополам с отрубями. Творец дал человеку мир для того, чтобы он отделил добро от зла. Чтобы он нашел тот тонкий луч света, скрытый во тьме.

— Стань похожим на Творца! Как Он — так и ты! Как Он — Творец находится вместе с вами в вашей нечистоте — так и ты. Предопределено тебе жить в мире, произрастающем из зерен нечистоты и искр сияния. Задача человека в этом мире — спуститься на самый низ, в самую бездну и поднять оттуда искры света, упавшие туда с самой вершины.

Путь ученика

— Этот путь неверен! — сделал вывод рабби Мордехай Йосеф, — путь нашего рава не годится для обычных людей. Он чувствовал, что контакт между рабби Мендлом и его хасидами с каждым днем ослабевает. Более того, возникла перегородка между ним и хасидами.

Его мир далек от их мира. Рабби Мендл изгоняет из головы любую мысль, касающуюся потребностей человека в повседневной жизни. Он видит в таких мыслях лишь препятствие на пути духовного продвижения. Это путь, по которому идет рабби. Рабби стоит на страже с мечом в руке и внимательно следит за тем, чтобы пыль случайных прохожих не скрыла эту дорогу.

Тот, кто хочет идти вместе с равом, должен оставить все склонности, которые тянут человека вниз. Рав требует всего человека, все его существо, он приказывает тому, кто хочет быть с ним, очистить свои мысли от всего постороннего и сосредоточиться лишь на одной точке — на Творце.

А его хасиды, которые слились с ним, все же не выдерживают давления материальной жизни. Рабби Мордехай Йосеф видит, как все больше разверзается пропасть между рабби Мендлом, который находится на небе, и его хасидами, прибитыми к земле.

Рабби Мордехай Йосеф знал истинные возможности обычных людей, их ограниченные силы и пришел к выводу, что духовный руководитель, которому Творец дал высшее предназначение, обязан спускаться к другим людям.

Спускаться — чтобы поднять других. Он обязан иметь связь с ними, чувствовать их земные проблемы, даже если эти проблемы выглядят в его глазах ничтожными. Еще рабби Мордехай Йосеф пришел к выводу, что его рав, рабби Мендл, единственный, у которого желание и возможность совпадают, а у других смертных возможность меньше, чем желание.

Сущность человека — вечная борьба между желанием и возможностью. Поэтому рабби Мордехай Йосеф выбирает более легкий путь, более понятный, соответствующий требованиям хасидов и их способности постичь духовное. Вместо узкой нехоженой тропинки, усеянной многочисленными острыми камнями, режущими ноги идущих, он предлагает широкую мощеную дорогу, продвижение по которой безопасно. Эту дорогу проложили наши предки: Тора, «Шульхан Арух», хасидизм — без углубления в его внутренний смысл, в Каббалу, — словом, путь приятный и дающий уверенность в сердце.

Постепенно эти пути разошлись. Рабби Мордехай Йосеф чувствовал все больше и больше, что перегородка, отделяющая его от рабби Мендла, растет, превращаясь в непреодолимую стену, намертво отделившую его от рава. Хасиды, в чьих сердцах угнездились сомнения, начали постепенно переходить на новый путь рабби Мордехая Йосефа.

В то время, когда рабби Мендл уединился в своей комнате, уйдя в свой духовный мир в одиночку, хасиды начали собираться вокруг рабби Мордехая Йосефа. Они жаждали поддержки от кого-нибудь сверху. Сначала только единицы осмеливались приходить к нему, но постепенно, по мере того как атмосфера в Коцке становилась все более гнетущей (рабби Мендл все больше отворачивался от своих учеников), число приверженцев рабби Мордехая Йосефа росло.

Рабби Мордехай Йосеф умел красиво говорить. Он любил гулять с хасидами по берегу реки, беседуя с ними. Он создал отдельный постоялый двор, где накрывался стол, там проходили трапезы, и рабби Мордехай Йосеф сидел вместе с хасидами, поднимая их дух речами из Торы. Слова рабби Мордехая Йосефа маслом разливались в душах хасидов, истосковавшихся по общению с рабби. Снова в Коцке были слышны песни, снова начались танцы. Веселье вернулось в Коцк.

(*Примечание переводчика:* Только куда этот путь ведет? Он затем и привел выдающихся учеников и начинающих уже каббалистов к простому, обычному массовому хасидизму. Отметим, что есть очень эффективный каббалистический путь, более «мягкий», чем путь рабби Мендла, не менее правильный, а более мягкий, потому что предназначен для нашего поколения, нисходящих сегодня душ — путь Бааль Сулама, рава Й. Ашлага, переданный им своему старшему сыну, рабби Баруху Ашлагу. Методика этого пути получена от рабби Баруха Ашлага его учеником и секретарем, равом Михаэлем Лайтманом и применяется в наше время в действии в каббалистической группе «Бней Барух».)

В Коцке нет места для компромиссов

Рабби Мендл, будучи человеком очень последовательным, и к тому же крайних взглядов, не знал, что такое отступление, соглашение, компромисс. Он с сожалением смотрел на своего великого ученика, который после совместного восхождения на вершину покорился действительности, влиянию и запросам хасидов. Этот ученик ищет промежуточную дорогу, дорогу *балабайтим* — живущих бытовыми интересами.

Раньше рабби Мордехай Йосеф был главой группы собственных учеников с полного одобрения рабби Мендла, который сам посылал к нему лучших людей. В сердцах у членов этой группы, как и у самого рабби Мендла, горел огонь «Святого бунта». Рабби Мордехай Йосеф успешно учил и воспитывал их в духе правды, желания постичь Творца, пренебрежения к желаниям материального мира.

Еще в самом начале рабби Мендл отправлял своих хасидов к рабби Мордехаю Йосефу получить «благословление». Рабби Мендл всячески приближал к себе рабби Мордехая Йосефа, как самого избранного из учеников. Ему, рабби Мордехаю Йосефу, во время их прогулок наедине он поверял все тайны, ему он рассказывал о своей духовной работе. Рабби Мендл надеялся, что, по крайней мере, рабби Мордехай Йосеф поднимется с ним до самого верха и там останется.

Однажды рабби Мендл рассказывал рабби Мордехаю Йосефу:

— О Моше Рабэйну сказано: «И сказал Творец: «Моше, поднимись на гору и будь там». Зачем нужно было добавлять «и будь там», ведь понятно, что если Моше поднимется на гору, то он там «будет»? Это следует понимать так: человек может заставить себя подняться на вершину высокой горы, и, тем не менее, не быть там. Он стоит на вершине, а его мысли, его намерения совсем в другом месте... Ты понимаешь? Человек, поднявшийся на гору, должен остаться там, он должен «быть там» всем своим существом...»

Что же делать, если даже такой ученик, на которого я полностью полагался и считал, что он будет со мной до конца, даже он покорился действительности, заботам человека о материальном? Даже он выступает за облегчение пути. Вместо того чтобы поднять других, он спустился к ним, к их ничтожным желаниям, — приблизительно такие мысли посещали рабби Мендла. В то время, когда рабби Мендл прикладывал усилия, чтобы поднять своих учеников на самый верх, объявился он, самый лучший из них, и пытается все перевернуть.

Росло негодование рабби Мендла на поведение своего ученика. Он видит в этом поведении отклонение от своего пути, отклонение, которое может уничтожить основы идеи, которую рабби Мендл несет в своем сердце с юности. Рабби Мендл хотел, чтобы его связь с учениками была духовной, основанной на постижении Творца, родстве душ, на близости ни от чего не зависящей, а он, Мордехай Йосеф, просит у Творца доходов для своих хасидов, молится за них, чтобы у них все было хорошо в материальном мире.

Рабби Мендл как-то сказал в гневе:

— Мордехай Йосеф, что за базар ты тут развел? Этому мы учились в Пшиске? Зачем возник Коцк? Во имя чего вся наша борьба, страдания? Чтобы создать еще один обычный хасидский двор, каких десятки развелось в последнее время? Мелких хозяйчиков и выразителей их интересов хватает во всем мире! Зачем я вам нужен?

Рабби Мендл вызвал рабби Мордехая Йосефа к себе и в ходе беседы намекнул ему, что его путь — это путь компромисса с желаниями тела, а «в Коцке нет места для компромиссов». Любая уступка противоречит Абсолютной Истине, а Коцк удовлетворяется только ею.

Но рабби Мордехай Йосеф, как истинный ученик своего рава, нисколько не смутился и не испугался слов рабби Мендла. Разве рабби Мендл не учил его, что человек должен быть предан своим взглядам и стоять на своем, даже если это не нравится другим, даже более великим, чем он?

Когда рабби Мордехай Йосеф вернулся на свой постоялый двор, к нему пришла группа хасидов. Он сел с ними за стол и сказал словами Торы: «Солнце всегда делает одно и то же. Оно посылает свои лучи в мир. Но одного оно просто греет, а другому слепит глаза. Одного солнце лечит, другого — испепеляет, как огонь. Разве всегда человек может стоять под солнцем?» Намек был понятен. В Коцке назревал бунт против «Святого бунта».

Два мира

Скрытое напряжение в Коцке нарастает. Приближается столкновение двух противоположных миров. Мира вечной субботы, чистой духовности, и мира, где суббота и будни перемешаны (духовное и материальное). Столкновение между миром одной души, поднимающейся с одной духовной ступени на другую и желающей достичь самого верха, и миром посредственностей, чьи ноги прикованы к земле.

На первый взгляд кажется, что все, находящиеся в Коцке, привязаны к своему раву, жаждут каждого его слова. Но это только внешне. На самом деле между ним и хасидами пролегла пропасть. Он, одинокий, погруженный в мир вечной субботы, не выносит ничего материального, омрачающего сияние его мира. Он видит в своем предвидении освобожденный мир, а они не могут терпеть муки, в которых рождается освобождение. Он занимается пророчеством, думая, как сорвать путы с Машиаха — Высшей освобождающей силы, сидящего в вышине, и привести его на землю, а они думают о пропитании своем и своих домочадцев.

Рабби тоже чувствует, что преграда между ним и его хасидами растет. Небеса иногда могут поднять человека к себе, но сила притяжения все равно тянет к земле. Требования хасидов, чтобы Рабби позаботился об их материальном благополучии, усиливаются. Но рабби Мендл не из тех людей, которые уступают. Чем больше усиливается на него давление хасидов — тем больше растет буря в его душе. Он с каждым днем все больше молчит, избегает смотреть на лица своих хасидов. Он все чаще уединяется в своей комнате.

Один хасид, по виду которого видно, что он один из старейших в Коцке, вошел в комнату рабби Мендла с просьбой:

— Рабби, помолись за меня и за членов моей семьи — я нуждаюсь в милости Творца.

— Разве ты сам не можешь помолиться? — упрекнул его рабби Мендл.

— У меня нет даже талита для молитвы, — оправдывается хасид. Он надеялся в тайне, что такой ответ смягчит сердце рава и тот помолится о его пропитании, — ведь у него действительно ничего нет. Но вместо этого он услышал от рава:

— Ну и что? Вместо четырех концов талита укрываются четырьмя концами земли — и молятся! Если нет талита, одевают вместо него Творца.

В другой раз рабби Мордехай Йосеф сам попытался войти к нему, попросить помолиться за материальные просьбы хасидов. Он намекнул рабби Мендлу на подавленность, царящую в Коцке. У одного жена плачет, просит, чтобы смилостивился над ней и вернулся домой. У другого жена больна и уже не может содержать хозяйство, лавка разорена. Третий хасид уже несколько месяцев не знает о судьбе своей семьи.

Хасиды оборваны и голодают. Рабби Мордехай Йосеф просит рабби Мендла, чтобы тот услышал этот вопль отчаяния, сжалился над своими хасидами, дал им свое благословение и разрешил им ехать домой. Рабби Мендл сидит в раздумье. Потом он вскинул свои брови, взглянул на своего ученика и сказал:

— Что мне до просьб разорившихся... Наши мудрецы сказали: «Ворота слез не закрыты». Если эти ворота никогда не закрываются, то зачем они вообще существуют? Эти ворота закрыты для дураков, плачущих по пустяковым вещам. Ты слышишь, Мордехай Йосеф, ворота стоят для дураков!

Рабби Мендл хотел подвести своих хасидов к последнему экзамену, проверяющему их на преданность его пути. Время проверки готовности к этому экзамену пришло.

Темриль

Согласно одному из рассказов, в то время в Коцк приехала Темриль, известная богатая женщина из Варшавы. Она привезла с собой много денег. Вообще, Темриль из семьи Бергсон была легендарной личностью, широко известной польским евреям. Она была женой реба Берки и невесткой реб Шмуэля Якубовича. Реб Шмуэль был основателем династии Бергсонов, его именем назван большой район возле Варшавы — Шмуливицка.

Бергсоны были для евреев Польши тем же, что Ротшильды для евреев Западной Европы. Семья Бергсонов владела поместьями, лесами, полям и фермами, она вела дела с известными богачами и даже с царским двором. Корабли Бергсонов везли зерно, кожу, древесину вниз по Висле, в Данциг. Темриль принимала самое активное участие в торговых операциях семьи.

Однако свою известность среди евреев Польши она получила не как удачливая купчиха, а как женщина, тратящая огромные деньги на благотворительность, помогающая большому количеству людей. Говорили, что в Варшаве не было ни одной синагоги, которая бы не получила помощь от Темриль. Она помогала всем еврейским организациям, занимающимся благотворительностью. Она помогала больницам и вообще всем страждущим.

Темриль широко помогала также и хасидским дворам в Польше. Много хасидов работало в ее поместьях и в ее лесопильнях. Она предоставляла работу даже адморам (хасидским ребе) в ее торговых домах и в управлении. Рассказывали, что она собственноручно стирала рубашки знатокам Торы, рассматривая это как большую честь для себя.

Деньги в Коцке

Слухи о материальных трудностях в Коцке достигли ушей Темриль. Она слышала, что хасиды в Коцке ходят голодные, оборванные, нуждающиеся в самом необходимом. Ей также передали, что рабби Мендл в последнее время отказывается принимать деньги от богатых хасидов, а денег, которые зарабатывают сами коцкие хасиды, не хватает даже на буханку хлеба.

Темриль приказала своему кучеру выбрать четырех лучших коней и запрячь их в свою прекрасную карету. Карета быстро понеслась по дорогам, ведущим из Варшавы в Коцк.

Польша в те времена, как известно, была захвачена Россией. В 1794 году вспыхнуло польское национально-освободительное восстание против русского царя. Восстание было жестоко подавлено. Русские солдаты и казаки бесчинствовали в городах и селах Польши, расправляясь, разумеется, не только с поляками, но и местными евреями. Много еврейской крови пролилось тогда.

Тесть Темриль, реб Шмуэль поставил тогда у себя во дворе две бочки с золотыми рублями. Он платил за каждого живого еврея два рубля, а за каждого мертвого — только один. Русские сразу же перестали убивать евреев, предпочитая получать по два рубля. В то же время они принесли трупы уже убитых евреев, которые и были похоронены согласно Торе. Когда первые две бочки опустели, реб Шмуэль приказал выставить новые — он разорился в то время, но много евреев благодаря этим деньгам было спасено.

Темриль вспомнила другой случай, когда уже она выставила бочку с деньгами. Светский еврей, Йосеф Перил из Тарнополя, борющийся против религии, написал книгу, направленную против хасидизма. Так вот, Темриль платила каждому, кто приносил ей эту книжку, которую она изымала. Ей принесли целую гору этих книжонок. Тогда она облила их нефтью и с сияющим лицом подожгла их.

Теперь она едет в Коцк, она хочет полностью избавить коцких хасидов от заботы о заработке. Она хочет выделить им огромные деньги, которые позволили бы им служить Творцу, не думая о хлебе насущном.

Приезд Темриль вселил надежду в сердца хасидов. Они увидели в этом перст Божий: страдания уменьшатся, голод уйдет, и они смогут послать немного денег домой. Кроме того, их сердца гложет сомнение — а нужны ли вообще страдания?

Рабби Ицхак Меир зашел в комнату рабби Мендла, и рассказал о приезде Темриль, и добавил, что она собирается все время давать деньги хасидам, чтобы они смогли все свое время посвятить служению Творцу, не заботясь о пропитании. Рабби Мендл встал с места и гневно сказал:

— Ицхак Меир, не дай Бог, если у нас не будет нужды! — и после короткой паузы добавил, — Творец проклял Змея, искусившего Хаву, и сказал: «Проклят ты из всех животных полевых, на брюхе своем будешь ты ползать, и прах будет твоей пищей все дни жизни твоей». Разве это было бы проклятием, если бы Змей ел прах, и при этом чувствовал вкус еды? Более того — это было бы благословение: где бы Змей ни ползал — везде есть прах, т.е. его пропитание. Но Творец сказал Змею: «Я дал тебе все, жри все, чего тебе захочется, никогда ты не будешь чувствовать ни в чем недостатка, более того, тебе не нужно будет обращаться ко мне за помощью». Ты слышишь! Наказание Змея как раз и заключается в том, что **ему ничего не надо от Творца... Ему незачем к нему обращаться...**

В глубокой задумчивости вышел рабби Ицхак Меир из комнаты рава. Хасиды видели в приезде Темриль спасение, посланное с Небес, а рабби Мендл увидел в этом приезде испытание, посланное с Небес, с помощью которого, наконец, определится степень верности людей его пути, степень их исправления.

Вдруг рабби Мендл подошел к двери, ведущей из комнаты в бейт-мидраш, взял один из мешочков с золотыми монетами, привезенными Темриль, и высыпал его содержимое на пол. Потом он вернулся, стал возле двери и сказал: «Сейчас я узнаю, кто может вытерпеть кнут, а кто не стоит даже того, чтобы его кнутом ударили!»

Рабби Мендл стоял возле входа в свою комнату и смотрел на своих хасидов. Темриль тоже стояла возле входа в бейт-мидраш, только снаружи, и тоже смотрела на разбросанные по полу золотые монеты.

В бейт-мидраше настала тишина. В этой тишине можно было услышать биение сердец хасидов. Никто не шелохнулся, никто не нагнулся за монетами, которые рассыпались по всему бейт-мидрашу. Вдруг один из хасидов нагнулся и протянул руку к монетам. Секунду он медлил, не решаясь прикоснуться к ним, как будто монеты были раскалены. Но, в конце концов, он не выдержал. Он упал на кучу монет и начал загребать их. Вслед за первым сломались и другие.

Рабби Мендл окаменел. Его взгляд разил, как удар меча. Этот взгляд был похож на взгляд пророка, спускающегося с горы со скрижалями Завета и увидевшего, что люди, ради которых скрижали были высечены, танцуют вокруг Золотого Тельца. Отчаявшийся и разочарованный, тяжелой поступью вошел рабби Мендл в свою комнату, но когда рука коснулась ручки двери, он вдруг повернул голову к своему помощнику рабби Гиршу Бару и сказал:

— Если кто-нибудь **из этих** посмеет постучать в мою дверь, выгони его палками! Моя дверь теперь будет всегда закрыта перед **этими, протягивающими руку**. Машиах — освободитель собирается освободить мир, но некого освобождать.

Сейчас у рабби Мендла больше не было сомнений — его ученики не смогли подняться над средней, серой, посредственной массой. Рабби Мендл оказался единственным героем, оставшимся на поле боя. Он смотрит по сторонам и не видит других воинов, с кем можно было бы продолжать борьбу. С каждым днем ощущение одиночества все усиливается. Он чувствует себя одиноким, даже когда находится среди своих лучших учеников. Время от времени он врывается в бейт-мидраш, с гневом и горечью обрушиваясь на хасидов, в чьи силы он верил и на которых опирался.

Огонь пожирает огонь

Усталость и расслабленность пришли к рабби Мендлу. Он приказал закрыть дверь своей комнаты, оставшись в одиночестве. Рабби Мордехай Йосеф видит растерянность хасидов, и ему кажется, что это стадо овец, заблудившееся в пустыне. Стадо, которое оставил пастух. Он обрек его на гибель от бурь и палящего солнца.

Хасиды прильнули к рабби Мордехаю Йосефу, моля его о том, чтобы он их приблизил и подбодрил. Рабби Мендл в закрытой комнате живет в своем, духовном мире, а рабби Мордехай Йосеф сидит в комнате на постоялом дворе, окруженный хасидами.

Для хасидов уже не секрет, что существуют разногласия между рабби Мендлом и его великим учеником. Об этом шепчутся и в бейт-мидраше, и на постоялых дворах. Тоска и подавленность пришли в Коцк, так как все больше проявляются противоречия между двумя системами. Рабби Мордехай Йосеф сказал:

— Уже в Пшиске нашего рава называли «Сжигающий Огонь». Разумеется, он достоин этого имени. Более того, сейчас он уже достиг более высокого уровня — «Огонь, пожирающий огонь». Но разве можно жить вместе с огненным столпом, горящим все время? Но разве не опасно приближаться к нему, ведь приблизившийся может сгореть.

Рабби Ицхак Меир ответил на это:

— Это верно, Мордехай Йосеф, человек горит в огне, но в это время в нем сгорают пятна проказы — эгоизма, которые спрятаны в человеческой душе. Огонь очищает душу. Разве не ради этого мы пришли в Коцк?..

Есть ли силы у хасидов находиться между этими двумя горами?..

Время беды для Яакова

Ореол тайны висит над той субботой, в которую произошла буря, во время которой туман, окутывавший рабби Мендла, сгустился и превратился в тучу, скрывшую его от глаз человеческих.

Хасиды почти ничего не рассказывают об этой субботе. Все, что они говорят о ней, можно свести к одной фразе: «Та суббота, когда наш Ребе заболел». Так рассказывают о развитии событий:

— Это было в те недели, когда рабби скрылся от своих хасидов. Он в одиночестве сидел в своей комнате. Только рабби Ицхак Меир и рабби Гирш из Томашова могли заходить к нему. Рабби Ицхаку Меиру рабби Мендл поверял свои тайны.

В последнее время рабби Мендлу стало известно о несчастьях, постигших евреев Польши. В этом, 1839 году, вновь обострилась борьба между польскими революционерами и царскими властями. Евреи опять оказались между двух огней. Десятки евреев были повешены русскими по подозрению в шпионаже в пользу поляков. В то же время десятки евреев были убиты польскими повстанцами за чрезмерную, с их точки зрения, верность русскому царю.

Несмотря на то, что рабби Мендл был погружен в духовные миры, несчастья еврейского народа приносили ему огромную боль. Будучи человеком правды, рабби Мендл не находил успокоения в словах утешения, которые всегда произносятся в таких случаях. И вот пришло время недельной главы из Торы, которая называется «Толдот», в которой рассказывается о гневе Эсава на своего брата Яакова.

Та суббота

Субботняя ночь в бейт-мидраше. Хасиды, все напряженные, сидят возле стола, ходят по бейт-мидрашу, стоят возле столбов. Время приближается к полуночи. Вдруг дверь комнаты рабби Мендла с шумом открывается, и на пороге появляется рабби, грозный и пугающий, как будто несущийся на крыльях бури. Он быстрыми шагами подходит к главе стола. По его горящему лицу видно, что он возбужден до предела. Было видно невооруженным глазом, что его душа достигла самого высокого уровня.

Мертвая тишина воцарилась в бейт-мидраше. Стало так тихо, что было слышно, как горят, оплавляясь, свечи, как шумит ветер за окном в ночной тьме. Рабби посмотрел пронизывающим взглядом на бокал для благословения и на субботние свечи. Было видно, что внутри него идет страшная борьба, борьба между величием и возвышенностью, Бесконечностью и бездной действительности.

Его мысли блуждали где-то в Высших мирах. Казалось, что все замученные евреи всех времен встали из своих могил и ворвались в бейт-мидраш Коцка, как будто все жертвы еврейского народа собрались здесь. Рабби Мендл будто слышал их шаги, когда они поднимались на плаху, будто слышал их предсмертное «Шма Исраэль», которое рвалось из их уст во время сожжений на кострах в Толедо и Кордове, пение «Алейну Лешабеах», идущих на смерть в Вермизе и Шпеере, крик евреев Немирова и Тульчина. Рабби Мендл слышал, как каждая еврейская община, пострадавшая от резни, погромов и притеснений кричала:

— *Почему?! За что?!*

Рабби взял левой рукой бокал, полный вина, и поставил его на ладонь своей правой руки. Его рука дрожит, эта дрожь сердца распространяется на все тело. Вдруг рабби поставил бокал на стол. Напряжение в сердцах хасидов нарастает. Рабби погружен в свои мысли, его глаза зажмурены. И в этот момент его горе, которое накапливалось в его сердце, выплеснулось, и с его уст сорвался крик:

— Я требую суда! Я требую справедливости! Разве недостаточно?! Сколько слез, сколько еврейской крови уже пролилось из-за трех слезинок, которые выдавил из себя Эсав после того, как Яаков забрал у него благословение!

Хасиды, стоявшие вокруг стола, испугались силы гнева рабби Мендла. Сердца забились еще быстрее, а колени затряслись. Рабби открыл глаза, вскинул свои брови, опустил их, всмотрелся в лица хасидов и увидел, как они дрожат от страха. Те, самые лучшие из его учеников, на которых он полагался, — испугались не меньше других. Буря приблизилась к своему апогею, и рабби Мендл взревел: «Чего вы боитесь? Вы вруны, лицемеры! Идите ко всем чертям! Оставьте душу мою!»

Возбуждение рабби перешло все границы. Его силы иссякли, и он бессильно повалился на стул, не удержался и упал возле него. Он был в глубоком обмороке.

Хасиды перенесли его в комнату. Эта комната была темна, так как в ней не зажгли свет до начала субботы. Ученики побежали за врачом, а пока уложили рабби Мендла на кровать. Чтобы облегчить состояние, они сняли с него пояс, одежду. Его близкие — знатоки Торы, великие люди его поколения, почувствовали, что возникла опасность для жизни. Поэтому они разрешили перенести свечку из бейт-мидраша в комнату, где лежал рабби Мендл. Спасение жизни важнее, чем соблюдение субботы.

Рабби — а не ангел

Рабби Мордехай Йосеф был оттеснен в угол бейт-мидраша. У него тоже в сердце бушует буря, у него тоже возбуждение достигло наивысшей точки. Он видит ошеломленных, ватных от страха хасидов. Они потрясены силой гнева рабби Мендла, обрушившегося на них. С дрожью в коленях они жмутся по углам бейт-мидраша, прячутся под столами, некоторые из них в панике бегут прочь, прыгают в окна.

Лицо рабби Мордехая Йосефа бледнеет, и он кричит: «Нет! Народ Израиля свят! Тот, кто клевещет на народ Израиля, пусть идет прочь! Пусть он идет искать ангелов.

Рабби поднялся на уровень ангела, а ангелов у Творца предостаточно и без него. Нам нужны люди, которые бы повели общину...»

В следующую субботу — недельной главы «Ваеца» — рабби Мордехай Йосеф сидел во главе стола в одном из постоялых дворов Коцка, окруженный своими хасидами. Он понимал, какая душевная буря бушует в каждом из них. Он сказал:

— «И вышел Яаков из Беер-Шевы, и пошел в Харан». Во время ухода из дома отца, по пути к Лавану, Яаков переполнился грустью. Он считал, что он ниже своего отца и деда. Те всегда занимались только духовными делами, а он вынужден заниматься мелкими приземленными проблемами, пасти в Харане скот у Лавана Арамейца, заботиться о пропитании себя и своей семьи... Но когда Яаков был еще дома у Лавана, он понял, что даже когда занимаешься материальными делами, все равно можно служить Творцу. Потому что Творец находится повсюду...»

В Томашов — без благословения рабби

Бунт рабби Мордехая Йосефа еще не приобрел открытой формы. Во время болезни рабби Мендла он даже был среди тех немногих, для которых дверь в комнату рабби была открыта. Но старые хасиды, много пробывшие в Коцке, поняли истинные намерения рабби Мордехая Йосефа и отвернулись от него.

Прошла зима, прошло лето. Только осенью 1840 года рабби Мендл выздоровел. Еще во время болезни ему стало известно о поведении его ученика и о том, что он говорил тем, кто был готов его слушать. Рабби Мендл хотел показать, что их дороги разошлись, и он заявил об этом открыто.

Было принято, что каждый год в праздник Симхат Тора рабби Мордехаю Йосефу предоставлялась честь сделать «акафа шель Йосеф Цадик» — пройти со свитком Торы вокруг возвышения для чтения Торы. Такой чести удостаивались лишь избранные.

Пылающий терновник в Коцке

В праздник Симхат Тора в этом году ему это право предоставлено не было. «Акафа» была отдана другому. Рабби Мордехай Йосеф поймал полный гнева взгляд рабби Мендла и понял смысл произошедшего.

В тот же вечер рабби Мордехай Йосеф вместе с преданными ему хасидами покинул бейт-мидраш. На следующий день эта группа ушла в лес и там они сделали акафот отдельно.

После окончания субботы «Берейшит», после полуночи, рабби Мордехай Йосеф и его хасиды сели на телеги и двинулись по дороге, ведущей из Коцка в Томашов, чтобы создать там новое хасидское течение. Раскол произошел.

На следующий день, в воскресенье, гробовая тишина царила в Коцке, тишина после бури. Немногие остались в нем. Только сильные духом и преданнейшие из преданнейших, во главе с гаоном рабби Ицхаком Меиром. Тем не менее, преданные ученики, оставшиеся в Коцке, сохранили теплоту по отношению к их великому товарищу, оставившему их путь.

Рабби Ицхак Меир сказал: «Принято считать, что, «тот кто связан с чистым — тот чист». Спрашивается, достаточно ли обычному человеку, который не прикладывал усилий, связаться с человеком, который все свои силы, всю свою жизнь отдает служению Творцу, духовной работе, для того чтобы самому стать чистым? Иногда важнее понять величие чистого человека и привязаться к нему, чем самому быть чистым.

Найти в себе силы не быть высокомерным и понимать, что тот, другой, выше меня, а я только «прилепляюсь» к нему, тогда я смогу получать его чистые духовные свойства, желание отдавать, альтруизм. Эту тайну не понял Корах во время своего спора с Моше. Корах до своего бунта против Моше не был обычным человеком. Он был одним из самых уважаемых руководителей народа Израиля, обладал большим острым умом, имел духовное постижение. Он был праведником.

Все вроде было у него хорошо. Он не знал только одного — тайну привязанности к более великому, тайну принижения, отмены себя по отношению к более Высшему.

В Томашов — без благословения рабби

Местом Кораха в передвижном Храме был духан — особое возвышение, а место Аарона было во внутреннем зале. Когда Корах поднимался на духан, он получал большое духовное постижение. Что сказал себе Корах? Он сказал: «Если я буду стоять во внутреннем зале, в Святая Святых, я получу еще большее постижение Творца».

Однако Корах, несмотря на свою прозорливость, не видел, что это все связано. Все его постижение на духане зависело от Аарона, стоявшего внутри, в Святая Святых. Первосвященник, стоящий в Святая Святых, излучает свет для него. Корах не знал тайны подчинения Высшему, потому что он был эгоистом. Когда он оборвал нить, связывавшую его с Моше и Аароном, он потерял все свое духовное постижение».

Рабби Ицхак из Верки, чей путь отличался от пути рабби Мендла, тем не менее, тоже выразил свою досаду по поводу раскола, вызванного рабби Мордехаем Йосефом. Он поспешил в Томашов и там уединился с рабби Мордехаем Йосефом, выразив ему свое недовольство. До нас дошло содержание разговора между ними:

— Мордехай Йосеф, почему ты ушел от нашего рава? — спросил рабби Ицхак.

— Творец приказал мне быть руководителем общины, — ответил тот.

Рабби Ицхак, который никогда не злился, гневно сказал:

— Ты должен был быть осторожным, как пророк Шмуэль. Несмотря на то, что Шмуэль слышал голос с Небес, приказывающий ему стать пророком, он не стал руководителем общины, пока не получил разрешения от своего рава — старого священника. Ты должен был получить разрешение.

Рабби Лейбел Эйгер, один из самых благородных и скромных людей, присоединившихся к рабби Мендлу, так сказал о расколе в Коцке: «Тот, кто считает, что знает причину, по которой произошел раскол, — тот ошибается».

После того, как многие из людей, преданных рабби Мендлу, оставили его, туча скрыла огненный столп. Рабби Мендл скрылся за дверью своей комнаты, закрыл ее на засов — на всю оставшуюся земную жизнь...

* * *

Здесь я привожу несколько его высказываний (нумерация соответствует пунктам книги «Йошэр диврэй эмэт»):

п. 23: Знанием называется постижение Творца. (Также и все наши знания являются не более чем данными о действиях Творца на нашем, наинизшем уровне творения). Постигающий начинает постигать и видеть во всем в мире только Творца, Его действия, и, из раскрывающегося ему, изучает законы Творца в мироздании. Но не постигающий этого ощущает пустое место, в котором находится наша вселенная. Ему кажется, что Творец на небе где-то (верующий) или что Его вообще не существует (неверующий).

п. 24: Вся Тора, как устная, так и письменная, каждая ее буква выясняет только одно — как уподобиться Творцу в Его действиях, потому как для этого дана Тора. И называется Тора, потому что указывает путь, которым необходимо идти. (*Тора* означает Учение, указание). 613 *Эйцот* (советы) Торы дают человеку совет, как приклеиться к Творцу.

п. 43: Хотя в начале и учил *каванот* — намерения, но совершенно не пользуюсь ими, потому что основное намерение — это разбить свое сердце в любви, страхе и простоте. А тому, кто достигает этого, уже нет необходимости изучать, какие намерения у него должны быть, а сам, изнутри своего сердца, ощущает их. И это то, что описывает великий Ари, и сказаны они для подобных ему, не стремящихся уже ни к каким обычным наслаждениям, а только к духовным. Поэтому есть только одно намерение во всех делах и молитвах человека — устремление сердца к Творцу.

п. 51: Основное во всей Торе и Заповедях — это слияние своим желанием с Творцом. (Именно этому и обучает Каббала.)

п. 55: Обратный (отраженный) свет (*ор хозер*) называется так потому, что возвращает души к их Источнику.

Желающим более подробно ознакомиться с явлением «Коцк» я советую книги «Снэ боэр бэ Коцк», «Шишим гиборим сviво», «Асараф», но главное — книга изречений предводителя Коцка «Йошэр диврэй эмэт».

Йехид и Йехида

И. Башевис-Зингер

ОГЛАВЛЕНИЕ

Часть 1 461
Часть 2 464
Часть 3 467

ЧАСТЬ 1

В замке, где дожидаются своей участи души, осужденные на изгнание в ад, то есть на Землю, как его еще называют, томилась душа женского пола, Йехида. Йехида много грешила в том мире, в котором жила, куда спустилась когда-то с *Кисэ аКавод* — с Престола Творца.

Но души свое происхождение забывают. Пуро, ангел забвенья, владычествует повсюду, только Эйн Соф ему не подвластен. Йехида позволяла себе дебоширить, устраивала скандалы, подозревала каждую ангелицу в шашнях со своим возлюбленным, с Йехидом. Случалось — и богохульствовала. А то и вовсе отрицала существование Бога.

По нелепым ее представлениям получалось так, будто души никем не сотворены, а появляются как-то сами собой, безо всякой цели и замысла, и поэтому, значит, *эйн дин ве эйн даян* — нет ни законов, ни судей. Судьи, однако, там есть, и законы они применяют по всей справедливости. Потому-то и приговорили они Йехиду — когда очередь дошла до нее — к изгнанию на маленькую планету Земля.

Адвокат подавал аппеляции все выше и выше, вплоть до Верховного демона, но мнение о Йехиде сложилось такое, что никто уже не мог ей помочь. Йехиду разлучили с Йехидом, отрубили ей крылья, остригли волосы и надели на нее длинное одеяние, саван для тех, кто подлежит аннигиляции. Ее перестали питать небесной музыкой, благовониями рая, тайнами Торы, лучезарным сиянием шхины — отблеском Бога. Она не купалась больше в бальзамных фонтанах.

Сумрак нижнего мира, заранее поданный в камеру, наводил тоску. Но гораздо страшнее была тоска по Йехиду. Йехида потеряла способность общаться с ним телепатически. Связь ясновидения тоже между ними была прервана. Да что там, отняли даже слуг — несколько душ юных отроков и отроковиц. Ничего не оставили бедной Йехиде, кроме страха смерти.

Смерть — гостья вовсе не редкая, но несчастье это обычно случалось с душами низменными, пустыми, не ведающими любви. Что происходит с умершей душой — этого Йехида не знала, да и не очень интересовалась. Скорее всего, душа просто гаснет, исходит, как свечка. Хотя некоторые полагают, что искра духовности, некоей жизненной субстанции, сохраняется в ней.

Снаружи, во всяком случае, душа сразу же принималась гнить, покрывалась коростой и струпьями. Потом могильщик опускал ее в могилу, которая называется «лоно». Там она превращалась в опухоль, фунгус, паразитическое образование, называемое «дитя». Затем наступали муки Исхода: рождения, роста, работы.

Если верить мудрым книгам, то смерть — не конец, не последний приют бытия. Душа очищается в смерти и опять возвращается в родные пенаты. Откуда мудрые книги черпали все эти сведения? Ведь насколько Йехида себе представляла, а была она весьма просвещенной, до сих пор с Земли никто еще не возвращался, да и что там может вернуться после того, как душа сгниет дотла и рассеивается во мраке?

А теперь она, Йехида, сидит и ждет смерти. Ангел Смерти — Малах аМавет с его огненным мечом и тысячью глаз — мог появиться в любую минуту.

Первое время Йехида плакала днем и ночью. Потом слезы иссякли, но мысли о Йехиде мучали ее, не переставая, наяву и во сне. Где он сейчас? С кем он? Она отдавала себе отчет в том, что вечную верность хранить он не станет.

Храмы полны юных девственниц, ангелиц, серафимиц и херувимиц, девиц-аралим и прочих прелестных созданий. Как долго сможет он устоять? Ему ведь считаться не с чем, ведь он, как и она, Йехида, — атеист. Собственно, это именно он и внушил ей, что дух — никакой не плод творе-

Часть 1

ния, а побочный продукт естественно-природного процесса, который он называл эволюцией.

Йехид не признавал Божественного промысла, свободы выбора, святости и греха. Что может теперь побудить его к воздержанию? Небось, разлегся уже на коленях какой-нибудь крылатой бабенки и рассказывает ей про Йехиду, как рассказывал ей, Йехиде, про других. Хвастал своими победами. Как же быть? Что предпринять? Все каналы к нему перекрыты. Ждать милостей не от кого. Прощенья не будет.

Путь один — вниз, на Землю, в неуютную плоть, в этот ужас, называемый «тело». Тело — мясо и кровь, нервы, мозг, дыханье и прочая мерзость, от которой при одной только мысли пробирает мороз. И эти еще с их воскресением! Душа, видите ли, не остается, согласно их проповедям, вечно прозябать на Земле. По отбытии наказания душа, якобы, снова поднимается вверх, в мир, откуда спустилась.

Какое ханжество, какое грубое суеверие, рассчитанное на простаков! О какой еще душе можно толковать после того, как она была тлением, гнилью, так называемой плотью? Нет, воскресение — это миф, греза, наукой не подтвержденная. Утешительная ложь для душ примитивных и трусливых. Почему-то никто еще добровольно на кладбище это — на Землю — не отправлялся. Разве что несколько помешанных самоубийц.

ЧАСТЬ 2

Как-то ночью, когда Йехида лежала в углу своей камеры, терзаясь воспоминаниями о Йехиде, о наслаждениях, которые он мастер был доставлять, о поцелуях его, о таинственном шепоте, играх, которым он ее научил, — явился Малах аМавет. Точь-в-точь такой, как в мудрых книгах: с огненным мечом и тысячью глаз.

Он обратился к ней:

— Сестра, твое время пришло.

— И нет никакого выхода?

— Живым отсюда никто еще не выходил.

— Что ж, делай что полагается.

— Не торопись. Сначала покайся в грехах. Раскаяние облегчает. Даже сейчас.

— Сейчас? Сейчас, когда меня собираются сбросить на Землю? Нет уж, раскаиваться мне не в чем, разве только, может быть, в том, что я меньше грешила, чем могла бы. Она умолкла и упрямо ждала. Молчал и Малах аМавет. Потом он сказал:

— Сестра, я знаю, что ты гневаешься на меня. Но я-то в чем виноват? Я не сам назначил себя Малахом Мавет — ангелом смерти. Я — благородного происхождения, из верхнего мира. Там я много грешил, как ты здесь, и меня спустили сюда. И сделали палачом. Мне так же не хочется тебя убивать, как тебе — умирать. Но поверь, смерть не так уж страшна, какой ты себе ее рисуешь. Кое-что в моем ремесле я все же постиг. Да, спуск на Землю и погружение в лоно — дело малоприятное. Но затем — девять месяцев сладостного полубытия. Там ты все позабудешь. А потом — начало второго периода смерти, выход из лона. Тоже труд-

Часть 2

ный момент. Зато детство — золотая пора. Тело гибкое, свежее. Ты обнаруживаешь и изучаешь все его слабости, познаешь законы нового существования, приспособишься к нему. А потом оно так становится тебе дорого, что начинает казаться, будто смерть — это жизнь. А со временем начинаешь даже страшиться того дня, когда смерть прекратится...

— Если ты должен убить меня, — прервала его Йехида, — делай свое дело. Но слушать твой бред, твои вульгарные россказни я не желаю.

— Сестра, я говорю правду. Смерть длится только несколько десятилетий. Лишь самые закоренелые из преступников остаются в мертвых сто лет. Смерть, можно сказать, — это карантин перед новой жизнью...

— Красиво сказано... Ну, хватит!

— Тебе следует знать: там тоже свобода выбора и ответственность за содеянное.

— И этот про свободу выбора... Знаешь, даже тебе, Ангелу Смерти, эта чушь не к лицу...

— Да, и свободный выбор, и ответственность за поступок. Среди ужасов смерти, в глубине преисподней — та же Тора, те же законы и воздаяние по ним. По тому, как пребывала ты в смерти, воздастся тебе, когда ты вернешься сюда. Смерть — как бы период реабилитации душ. И кто это понимает, тот ее не боится.

— Ну, достаточно... Приступай.

— Не торопи меня. У тебя еще есть капля времени, и я должен дать тебе необходимые наставления. Так вот. На Земле тоже бывают деяния добрые и деяния злые. Самое большое преступление — это кого-нибудь оживить.

Даже в том горестном состоянии, в каком она находилась, Йехида расхохоталась:

— Это как же, один мертвец оживляет другого?

— Именно. Дело в том, что плоть состоит из такой непрочной материи, что от малейшего прикосновенья рассыпается в прах. Ты вот считаешь, что воскресение вещь невозможная. А между тем, это проще всего. Смерть — она как паутина. Достаточно самого слабого дуновения ветра...

Так что вернуть кому-нибудь жизнь, даже себе самой — страшное злодеяние. Сокращать срок смерти нельзя. За это последует новая кара и новая смерть. Но мертвецов не только нельзя оживлять — их нельзя убивать! Подобно тому, как здесь, — жизнь под охраной закона, там под охраной закона — смерть...

— Вранье. Ложь. Домыслы Ангела Смерти...

— Нет, все это истина. Все законы там зиждутся на одном принципе: смерть ближнего тебе так же должна быть дорога, как твоя собственная смерть. Запомни эти слова, они пригодятся тебе в дольнем мире.

— Все! Это невыносимо...

И Йехида заткнула уши.

— Пойдем, сестра.

ЧАСТЬ 3

Прошли годы. Йехида совсем позабыла тот мир, в котором когда-то жила. Но там оставалась мать — и каждый год она зажигала поминальные свечи по дочери. Здесь, на Земле, у Йехиды была новая мать — мертвая. Как и мертвый отец. И мертвые братья. Мертвые сестры. Йехида была студенткой горнорудного техникума и одновременно посещала семинар в университете.

Университет носил пышное имя «Ригор мортис» (Оплот мертвых) и располагался в центре молодежного городка мертвецов, поставляя мертвые кадры для кладбищенских нужд.

Была весна, время года, когда гниль на Земле расцветает всей своей коростой — зеленым и красным. От могил, от деревьев, надгробий, от вод, в которых омываются трупы, поднималось зловоние. Мириады существ, еще недавно под снегом живых, выбрались на волю, становясь то цветами, то мухами, то бабочкой, то червяком — всякий сообразно своему преступлению и своему наказанию.

Они исторгали крики, рычание, шорохи — разноголосье агонии. Но Йехида уже успела породниться с этим «эвель авалим», суетою сует мертвецов, и потому все вокруг представлялось ей жизнью. Она сидела в парке на скамье, устремив взгляд к Луне — вечному черепу, освещающему темную Землю.

Как всякий мертвец женского пола, Йехида мечтала продлить свою смерть: предоставить могилу своего лона кому-нибудь из вновь умерших. Но чтоб это стало возможным, нужен был еще Он, мертвец-самец. С ним ей следовало соединиться, а как это сделать без ненависти — без чувства, которое на лживом языке мертвецов называют любовь?

Йехид и Йехида

Йехида сидела на скамье, глядя в пустые глазницы и провал носа на черепе мертвой Луны, и тут на другой край скамьи присел молодой мертвячок, в белом саване, в соломенной шляпе и башмаках, сшитых из кожи теленка. Два мертвеца стали в сумерках пялиться друг на друга, таращить глаза, которые и при солнечном-то свете — непроглядно слепы. Потом незнакомец спросил:

— Извините, фройляйн, не скажете, который час?

На этом обширном кладбище время всегда отмеряют. Каждый мертвец в глубине своего существа ждет, чтобы ссылка его поскорее закончилась. Ждет и надеется. Но сам про это не знает. Напротив, всем им даже кажется, что жаль каждой ушедшей минуты.

— Который час? — так и вздрогнула отчего-то Йехида.

На запястье у нее был некий прибор, отмеряющий время, деля его на доли и дольки. Но знаки на циферблате были так мелки, а свет такой тусклый, что она ничего не могла разобрать. Заметив это, молодой мертвячок, не без умысла, придвинулся к ней, предложив:

— Позвольте, я взгляну. У меня стопроцентное зрение!

— Взгляните, пожалуйста.

Все, что на кладбище этом делается, — одно притворство. Для всего ищут повода, видимости, зацепки — чего-нибудь для отвода глаз. Не зря называют Землю *олам ашекер*, ложный мир. Собеседник взял в свою руку руку Йехиды и наклонился над циферблатом. Не в первый раз ее за руку брало мужское существо, но сейчас она вся почему-то затрепетала. Он долго рассматривал цифры, потом сказал:

— Четверть одиннадцатого или около этого...

— Так поздно? — всполошилась Йехида. — Мне пора...

— Разрешите представиться, Йехид.

— Йехид? Как вы сказали: Йехид? Это же я — Йехида.

— Йехида?.. Невозможно... Такое редкое имя — и вдруг!

Оба они умолкли. Оба сидели, прислушиваясь к смерти в крови. Потом Йехид сказал:

— Прекрасная ночь.

— Удивительная.

— Есть нечто в весне, чего словами не передашь.

Часть 3

— Словами ничего не передашь...

И как только она это произнесла, оба поняли, что обречены стать парой и подготовить могилу для нового мертвеца. Потому что, как ни мертвы мертвецы, в них всегда остается искра жизни — искра знания, заполняющего мир и не дающего нам заблудиться во мраке.

Смерть — это маска, личина. Через эту личину всякий раз пробивается тоненький луч сверкающей правды. Мудрецы про смерть говорят: мыльный пузырь; он висит не больше мгновенья, и проткнуть его можно соломинкой. Но мертвецы — глупцы. И гордецы. Они, видите, стыдятся смерти своей! Обряжают ее словесами, иносказаниями. Чем мертвее мертвец, тем разговорчивей он, тем речистей.

— А можно спросить, где вы живете? — спросил Йехид.

«Где же я его видела? — мучительно припоминала Йехида. — Откуда мне так знаком этот голос?»

— Да здесь, неподалеку, — отвечала она.

— Вы не будете возражать, если я вас провожу?

— В этом нет необходимости, благодарю вас... Но если вам хочется...

— Да, конечно! Все равно мне еще рано отправляться спать...

Йехид поднялся, Йехида встала следом за ним. «Так это и есть мой суженый, мой нареченный, тот, о ком я мечтала с детства? — спрашивала она себя. — Йехид! Это же надо, совпаденье какое! Случайно ль оно? Может, это судьба? Да, но что такое судьба? Лишь вчера профессор нам объяснил, что судьбы не бывает. Никакого Промысла Божьего нет. Вселенная — это определенный физико-химический процесс, результат космического взрыва...»

Мимо проехали дрожки, и Йехида услышала, как Йехид ей говорит:

— Вообще-то я по природе своей очень скромный... Не хотите ли прокатиться на дрожках?

— Прокатиться?.. Куда?

— Просто так. Прогуляться. Здесь такие аллеи...

Она не обиделась, не рассердилась, как обычно, когда ей, бывало, предлагали подобное. Она только сказала:

— Может, лучше не надо? Зачем вам тратиться?..

— Ах, что деньги? Живем один раз!

Дрожки подъехали и они сели. Йехида сознавала, что напрасно она согласилась так сразу, поехала, толком даже не зная с кем. И потом, что он подумает про нее? Что она какая-то шлюха, готовая с кем попало отправиться... Ей хотелось ему объяснить, что и она тоже очень скромная, и совсем не такая, как ему может показаться, — но она поняла, что поздно: она безнадежно скомпрометировала себя!

Йехида молча сидела, прислушиваясь к себе и удивляясь. Какой-то неведомой близостью веяло от него. Она почти могла читать его мысли. Ей хотелось, чтобы эта ночь не кончалась. Вот так ехать и ехать рядом с ним. Что это, любовь? Но разве так вот бывает, чтоб сразу? «И что же я, счастлива?» — спрашивала она себя. И снова прислушивалась к себе и ответа не получала. Мертвецы счастливыми не бывают. Никогда. Даже пляшут они с тоскою в глазах. Йехида сказала:

— Странное у меня ощущение. Будто все это со мной уже было.

— В психологии это явление известное: дежа вю.

— А что, если это так?

— Что именно?

— Что мы уже были с вами знакомы. В другом мире.

— В каком еще мире? У нас с вами один только мир — Земля.

— А у наших душ?

— Абсолютно исключено. И уж кому-кому, а мне это известно доподлинно. Я студент-медик.

Он вдруг обнял ее за талию. И хотя Йехида никому, даже приятелям детства, такого не позволяла, ей сейчас как-то было неловко начинать вырываться, требовать, чтобы он отнял руку. Она сидела потрясенная, сама поражаясь своей уступчивости, обо всем сожалея, стыдясь того, что случится с ней ночью.

Часть 3

«У меня совсем нет характера, — ругала она себя. — Я ханжа: сама делаю то, что в других осуждаю. Но в одном он, конечно, прав: если не существует души, значит, нет и Бога, нет Закона, нет свободного выбора и ответственности за него. Мораль — надстройка, следствие экономических отношений...»

Йехида закрыла глаза и откинулась на спинку сиденья. Лошадь ступала ровно, шаг за шагом. Ночь сгущалась. И всякий в этой ночи мертвец — человек и каждая тварь — громко оплакивали свою смерть: кто — хохоча, кто — крича, щебеча, кто шорохом крыл. Прошла группа скелетов, напившихся зелья, давшего им ненадолго забыться в этой геенне, в этом аду.

Йехида вся погрузилась в себя; тишина и оцепенение объяли ее. Она задремала, совсем ненадолго, но когда мертвые спят, у них восстанавливается связь с прошлой жизнью. Во сне исчезает иллюзия времени и пространства, причины и следствия, масштаба и соразмерности.

Во сне Йехида опять очутилась в родном ее мире. Видела мать, подруг и учителей. Йехид, должно быть, тоже вздремнул, потому что и он оказался там. Они узнали друг друга и обнялись. Смеялись от счастья и плакали. Им открылась истина: смерть на Земле только призрак. Только стадия, ступень на подъеме к высшей, более святой любви.

Юная парочка проезжала мимо дворцов, островов, где распевают небесные птицы, рощ, в которых пасутся божественные стада, мимо оазисов с выздоравливающими душами. Они поравнялись с тюрьмой, заглянули в оконце. Там сидела душа, приговоренная к изгнанию на Землю. Йехида знала, что это ее будущая дочь. И, уже просыпаясь, услышала голос:

Могила и могильщик нашли друг друга. Погребенье — сегодня ночью.

От издателя

Михаэль Лайтман
КАББАЛА
ТАЙНОЕ УЧЕНИЕ

Готовятся к изданию:

Наука Каббала

Эта книга — основной вводный курс для начинающих изучать «Науку Каббала». Великий каббалист 20 века, почти наш современник, Бааль Сулам «перевел» основные каббалистические источники, создававшиеся в течение тысячелетий, на язык современных поколений, которым предназначено проникнуть в Высшие духовные миры. С помощью книг Бааль Сулама древнее учение становится доступно массам (как и предсказывали каббалисты прошлого).

Главная часть книги — «Введение в науку Каббала» — приводится с комментариями последователя и наследника Бааль Сулама, современного каббалиста Михаэля Лайтмана. Учебный курс включает большой альбом графиков и чертежей духовных миров, контрольные вопросы и ответы, словарь каббалистических терминов. Том II — каббалистический словарь.

Основы Каббалы

Настоящий сборник является основной книгой для начинающих изучать Каббалу. Книга в доступной форме позволяет желающим проникнуть в тайны науки, на тысячелетия скрытой от глаз непосвященных. Автор разворачивает перед читателем всю панораму строения и системы мироздания. Открывает структуру Высших миров и законы Высшего управления.

Желающий познать Высшее найдет в этом сборнике ответы на множество своих вопросов. В первую очередь на главный вопрос человека: «В чем смысл моей жизни?». Книга захватывает и увлекает, позволяет человеку проникнуть в самые глубинные тайны мира и самого себя.

Книга Зоар

Книга Зоар — основная и самая известная книга из всей многовековой каббалистической литературы. Хотя книга написана еще в IV веке н.э., многие века она была скрыта. Своим особенным, мистическим языком Книга Зоар описывает устройство мироздания, кругооборот душ, тайны букв, будущее человечества. Книга уникальна по силе духовного воздействия на человека, по возможности ее положительного влияния на судьбу читателя.

Величайшие каббалисты прошлого о Книге Зоар:

...Книга Зоар (Книга Свечения) названа так, потому что излучает свет от Высшего источника. Этот свет несет изучающему высшее воздействие, озаряет его высшим знанием, раскрывает будущее, вводит читателя в постижение вечности и совершенства...

...Нет более высшего занятия, чем изучение Книги Зоар. Изучение Книги Зоар выше любого другого учения, даже если изучающий не понимает...

...Даже тот, кто не понимает язык Книги Зоар, все равно обязан изучать ее, потому что сам язык Книги Зоар защищает изучающего и очищает его душу...

Талмуд Десяти Сфирот

Совершенно уникальная книга, написанная величайшим каббалистом Бааль Суламом (Властелин Восхождения). Автор использовал материалы Книги Зоар и фундаментальную работу великого Ари «Древо Жизни» (16 томов классической Каббалы). Соотнеся их со своими постижениями Высшего управления, он создал гениальный научный труд, раскрыв глубинные пласты Каббалы современным поколениям.

Книга является самым мощным учебным пособием даже для самых серьезных каббалистов. Она совершенно логично, мотивированно, подробно и доказуемо разъясняет все причинно-следственные связи Высшего Замысла творения и его воплощения. Ни один момент в процессе создания мироздания не остался за пределами настоящей научной работы. Нет во всемирном архиве книги, могущей соревноваться с Талмуд Десяти Сфирот по глубине познания, широте изложения и величию объекта изучения.

Эта книга принадлежит к числу самых важных книг человечества.

Уроки Каббалы

(Виртуальный курс)

Крупнейший ученый-каббалист современности Михаэль Лайтман снимает завесы тайны с науки, уникальной по точности и глубине познания. В древней Книге Зоар (Книга Свечения) сказано о времени, когда пробудится в людях стремление вырваться в Высший мир, овладеть Высшими силами. Сегодня десятки тысяч учеников во всем мире получили возможность изучать скрытую до недавних пор методику постижения Высшего благодаря трансляциям виртуального курса Международной академии Каббалы.

Изложенный в книге материал виртуального курса явится вдохновляющим пособием для учащихся первых лет обучения и послужит всем, кто стремиться постичь Законы мироздания.

Учение Десяти Сфирот

Материал книги основан на курсе, прочитанном руководителем Международной академии Каббалы ученым-каббалистом Михаэлем Лайтманом по фундаментальному каббалистическому источнику Талмуд Десяти Сфирот.

В книгу вошли комментарии на 1, 3 и 9 части уникального научного труда Бааль Сулама, описывающего зарождение души, ее конструкцию и пути постижения вечности и совершенства.

Каббалистический форум

Книга «Каббалистический форум» является избранным материалом из каббалистического интернет-сайта Международного каббалистического центра «Бней Барух». Форум содержит более двух миллионов вопросов изучающих Каббалу со всего мира.

В сборник вошли лишь наиболее интересные, любопытные и полезные для продвигающихся путем Каббалы слушателей ответы Михаэля Лайтмана.

Настоящая книга рекомендована читателю, интересующемуся проблемами происхождения душ, корректировки судьбы, отношения Каббалы к семье, воспитанию, роли женщины.

Международный каббалистический центр
«Бней Барух»

BNEI BARUCH P.O.B. 1552 RAMAT GAN 52115 ISRAEL
Адрес электронной почты: russian@kabbalah.info

Международная академия Каббалы
заочное отделение

Виртуальный курс для начинающих

- Международная академия Каббалы транслирует по всемирной системе Интернет курс заочного обучения «Введение в Науку Каббала».
- Участие в этих занятиях обеспечит освоение основ Науки Каббала, постижение высшего мира, знание о своем предназначении, причинах происходящего с вами, возможность управления судьбой.
- Курс рассчитан на начинающих и предназначен для дистанционного обучения на языках английском, русском, иврите.
- Занятия транслируются в видео- и аудиоформатах, с демонстрацией чертежей, возможностью задавать вопросы и получать ответы в режиме реального времени.
- Во время прямой трансляции, действует служба технической поддержки.
- Курс бесплатный, включая рассылку учащимся учебных пособий.
- Успешные занятия поощряются поездкой на семинары, происходящие 2 раза в год в разных странах мира.

Адрес подключения
http://www.kab.tv

Архив курса
http://www.kabbalah.info/ruskab/virt_uroki/virt_urok.htm

Русское отделение
http://www.kabbalah.info/ruskab/index_rus.htm

Международный каббалистический центр
«Бней Барух»

Издательская группа
kabbalah.info
+972 (3) 619-1301

Для книготорговых организаций
(заказ учебных пособий)

Америка и Канада............... info@kabbalah.info,
+1-866 LAITMAN
Израиль........................... zakaz@kabbalah.info,
+972 (55) 606-701
Россия............................. +7 (095) 721-7154, 109-0131
109341, Москва, а/я 42

Запись в группы изучения Каббалы
(обучение бесплатное)

США (Восточное побережье)............ +1 (718) 288-2222, 645-3887
США (Западное побережье)............. +1 (650) 533-1629
Канада............................... +1-866 LAITMAN
Израиль.............................. +972 (55) 606-701
Россия............................... +7 (095) 721-7154, 109-0131

Заказ книг и учебных материалов на английском языке
+1-866 LAITMAN

Международный каббалистический центр
«Бней Барух»
http://www.kabbalah.info

Учитывая растущий интерес к знаниям Каббалы во всем мире, Академия Каббалы под руководством рава М.Лайтмана издает серию книг «Каббала. Тайное учение», транслирует виртуальные уроки, совершенствует интернет-сайт, открывает по всему миру группы изучения Каббалы. В рамках нашего заочного университета занимаются более 700 000 учащихся с 68 стран мира (на 1.01.2003).

Вся деятельность Академии Каббалы осуществляется на добровольные взносы и пожертвования ее членов. Каббалистические знания вносят в мир совершенство, безопасность, высшую цель.

Мы с благодарностью примем Вашу помощь.

Наш счет:
wire transfer
Bnei Baruch
TD Canada Trust
7967 Yonge Street
Thornhill, Ontario
Canada L3T 2C4
Tel: 905 881 3252
Branch / Transit #: 03162
Account #: 7599802
Intuition Code: 004
Swift Code: TDOMCATTTOR

Михаэль Лайтман
серия
**КАББАЛА
ТАЙНОЕ УЧЕНИЕ**

РАЗВИТИЕ ДУШИ

Научно-просветительский фонд
«Древо Жизни»

Издательская группа
kabbalah.info
+972 (3) 619-1301

ISBN 5-902172-13-06

Подписано в печать 10.12.2003. Формат 60х90/16
Печать офсетная. Усл. печ. л. 30.
Тираж 5000 экз. Заказ №
Отпечатано в ППП Типография «Наука», 121099, Москва,
Шубенский пер., дом 6.